本书的出版受山东政法学院出版基金、山东政法学院纪检监察

职务犯罪讯问中的动机研究

ZHI WU FAN ZUI XUN WEN

ZHONG DE DONGJI YNJIU

高新平 / 著

山东人民出版社 · 济南
国家一级出版社 全国百佳图书出版单位

图书在版编目(CIP)数据

职务犯罪讯问中的动机研究 / 高新平著. — 济南 :
山东人民出版社, 2024.3
ISBN 978-7-209-14786-6

Ⅰ. ①职… Ⅱ. ①高… Ⅲ. ①职务犯罪—预审—研究
—中国 Ⅳ. ①D924.304

中国国家版本馆CIP数据核字(2023)第193706号

职务犯罪讯问中的动机研究
ZHIWU FANZUI XUNWEN ZHONGDE DONGJI YANJIU
高新平　著

主管单位　山东出版传媒股份有限公司
出版发行　山东人民出版社
出 版 人　胡长青
社　　址　济南市市中区舜耕路517号
邮　　编　250003
电　　话　总编室(0531)82098914
　　　　　市场部(0531)82098027
网　　址　http://www.sd-book.com.cn
印　　装　山东新华印务有限公司
经　　销　新华书店

规　　格　16开(180mm×260mm)
印　　张　26
字　　数　450千字
版　　次　2024年3月第1版
印　　次　2024年3月第1次
ISBN 978-7-209-14786-6
定　　价　59.00元

序　言

我在《职务犯罪讯问要素研究》一书中对动机问题已经做过专章论述，但笔罢还有一种有话要讲的感觉，于是便又花费时间将此专题梳理了一遍，现将相关心得论说成文。

鉴于在以前的专题中已就讯问动机和应讯动机的概念及特征等作了非常明确的论述，故而本书对这些基本问题没有再做赘述，而是将此专题划分为职务犯罪讯问中动机的隐性存在、职务犯罪讯问中动机的生理基础和动力基础。职务犯罪讯问中的动机激发和运维、职务犯罪讯问中的动机功能、纪法教育背景下的讯问动机和反讯问动机。思想政治教育视域中的讯问动机和反讯问动机、正确认识需要、理性看待目标、厘清情绪功能和科学对待动机等共十二个章节以形成该书。

鉴于职务犯罪讯问中的动机本身即是一种有点玄虚的事物，给人一种“说着有定则无”的感觉，所以笔者认为首先从理论上讲清楚讯问动机和反讯问动机是怎么回事非常重要，故而本书主要侧重于理论探究，没有着力对有关动机的实务问题进行探讨，这也是本书的一个遗憾。但老话讲得好，条条道路通罗马。在职务犯罪讯问实践中，关于如何辨识和处理动机问题千人千办法，笔者受限于审查调查实务水平实在无力论说，只好留待他人论述，只期望本书能够起到抛砖引玉的作用。

高新平 2022 年 12 月 24 日于济南

目　录

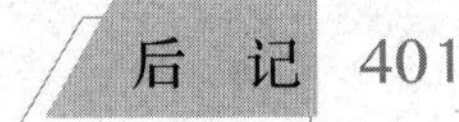

第一章
动机在职务犯罪讯问中的隐性存在

在国家监察体制改革之前,讯问在职务犯罪侦查程序的设置中是非常重要的环节,职务犯罪嫌疑人的供述对于案件的突破以及证据体系的构建极其重要,这是由“从人到事”的职务犯罪案件侦查思路决定的;在国家监察体制改革之后的职务犯罪调查程序设置中,讯问的根本地位依然得以延续,监察对象的口供仍然是调查人员据以收集和固定证据的导向图。然而,在新的刑事诉讼理念和刑事司法背景下,传统的职务犯罪讯问模式遭遇诸多法律层面和技术层面的挑战,特别是随着法律对讯问活动的规范和某些传统职务犯罪讯问方法的合法性已经饱受质疑的情况出现,传统的职务犯罪讯问方法面临被排除的危险,尤其是在深入贯彻国家监察体制改革和全面推进以审判为中心的诉讼制度改革的新形势下,我们必须重新审视职务犯罪讯问自身的内涵,尽快建立职务犯罪讯问工作新机制,以满足新形势下反腐倡廉任务的现实需要。而欲达此目标,必须首先厘清在职务犯罪讯问中是否存在讯问动机和应讯动机这个根本问题。关于动机在职务犯罪讯问中是否存在,始终存在着否认论和存在论之辨。经过长期的职务犯罪讯问实践,我们认为动机在职务犯罪讯问中是存在的。下面我们从厘清否定论与存在论之辨开始,在说明什么是职务犯罪讯问中的动机基础上,揭示职务犯罪讯问中动机的隐性存在。

第一节　职务犯罪讯问中是否存在动机

关于在职务犯罪讯问中是否存在动机问题,在理论和实践中共存在否认说和存在说两种观点。否认说认为:职务犯罪讯问本身具有强制性,是以国家权力为后盾开展的监察执法活动,对纪检监察人员来讲不存在讯问动机,对监察对象而言接受讯问是法定义务,不存在应对讯问的动机,更不存在反讯问动机,这种观点的主要理由是从纪检监察机关政治机关的定位出发,强调体现惩前毖后、治病救人的初衷和目的,否认讯问动机和应讯动机的现实存在。存在说认为:职务犯罪讯问是以国家权力为后盾且带有强制性的监察执法活动,接受讯问是监察对象的法定义务,但在履行法定义务的过程中,监察对象总体而言是能动地应对讯问的,在履行义务过程中有时会出现不情愿、不自觉的情况,由此引发的讯问与反讯问的行为对立说明讯问动机和应讯动机的对立是客观存在的。

那么,究竟哪种观点更切合职务犯罪讯问实践呢?关键得厘清职务犯罪讯问的本质。

大家知道,讯问活动历史悠久,人类社会在出现盗窃和杀人等违反社会行为规范的行为时便产生了查明案情与认定犯罪的客观需要。讯问渊源于“神誓法”和“神判法”当中的问案,问案者开始只是充当查明案情的形式主持人,后来鉴于案情愈益复杂和人们对神的信仰力减弱而逐渐演变为名副其实的讯问人,自此讯问便成为查明案情的主要法定方法。古代的讯问虽然与当今差别很大,但基本任务颇为相似,这是考察讯问历史沿革必须把握的一条基本线索。讯问的目的是获取作为“证据之王”的口供,法律对口供的青睐导致讯问方法备受重视,为了让不肯轻易招供的人说出讯问者想让其说出来的话,人们便发明了名目繁多的刑讯逼供办法。我国的刑讯制度历史久远,周朝时期刑讯已经被广泛运用于司法实践之中,秦朝法律比较明确地规定了刑讯制度,中经历朝承继,直至中华民国南京临时政府颁文禁止。西方自用讯问法代替“神判法”之后,刑讯逼供就成为查明案情的主要手段,历经西方漫长的封建社会,直到十八世纪末和十九世纪初,欧洲各国资产阶级革命胜利后才先后在法律上摈弃了残暴的刑讯制度。尽管如此,刑讯逼供作为查明案情的重要方法在中西方均有着特殊的魅力,即使在进入二十世纪的文明社会后仍幽灵般的经常变换形态而时隐时现,可以说是屡禁不绝。人类社会发展到今天,随着文明程度的不断跃升,讯问已非昨日黄花,增添了许多带有人文情怀的科学性内容,实施过程中的权力意志始终处于文明和安全的法定程序监控之下,可靠程度进一步提升,权利保障措施亦随之加强,但依然没有被动摇作为查明案件事实重要方法的基本地位。从对讯问的历史考察中可以发现,讯问的产生是基于统治权威管理社会和维护强权统治需要而作出的刑事诉讼程序安排,讯问的目的是通过获取口供的方式查明案件事实,讯问的方法是在法定诉讼程序中的合法暴力保障下的非协商民主式的强迫取供,讯问的方式是采取基于人类自残思维而规定的法律强制措施,讯问的程序终止体现了获取口供以证明犯罪的法律行为实现。讯问过程反映的是强力驱使下的权力意志实现活动,该活动涉及的关键专业术语分别是法定程序、法定目标、法定行为、法定措施和法定方法。由此我们可以得出结论:讯问由作为构成要素的法定程序、法定目标、法定行为、法定措施和法定方法组成;这些要素形塑了体现整体过程的讯问结构,这种讯问结构是一种现实性的"普遍性的存在",是一种不用我们思辨和抽象就能直接感观到的现象;这些要素相互之间的搭配与安排关系是,法定目标是制定法定程序的根本标准,法定程序是实施法定行为、法定措施和法定方法的路径保障,法定行为是法定措施和法定方法的存在依据,法定措施是法定方法的实现手段,法定方法是遵守法定程序和实现法定目标、法定行为、法定措施的主观工具。这些现象要素及其在讯问结构之中的相互关系组成了讯问的实体构造,标识讯问仅仅是作为人类调查活动现象的"普遍性的存在"。作为分支的职务犯罪讯问与讯问具有同样的实体构造,该实体构造亦成为研究职务犯罪讯问现象的唯一依据。本人全面梳理了尽可能收集到的相关职务犯罪讯问资料,发现上述结论的研究取向是:从讯问的职权主义传统强调职务犯罪讯问的国家公权力属性,认为职务犯罪讯问的本质是以国家强制力作保证的调查权的法定实现行为;从讯问的目的性出发强调案件事实审查的特殊欲需,认为职务犯罪讯问的本质是获取口供的法定调查方式;从讯问的工具性视角强调职务犯罪讯问的基本功能,认为职务犯罪讯问的本质是法定调查措施;从讯问的手段性视角强调职务犯罪讯问的技术运用,认为职务犯罪讯问的本质是辨识谎言与真相的法定调查方法。这些理论的研究路径以及材料依据和结论都是从现象到现象,只是通过现象展现了职务犯罪讯问的整体过程,并没有从根本属性上触及职务犯罪讯问本质。也就是说,无论是基于对职权主义传统的强调或对讯问的目的性强调,还是基于对讯问的工具性强调或对讯问的手段性强调,前述职务犯罪讯问研究的理论起点和终点都没能超越现象范畴,其理论研究功效最终只能起到证明职务犯罪讯问是一种调查活动的作用,所得研究结论要素没有超出职务犯罪讯问实体构造的要素范围,没有能够透过职务犯罪讯问现象揭示出其中蕴含的职务犯罪讯问本质。这种传统的理解虽然能够有助于我们更加自觉地把被讯问人作为对抗主体纳入研究视野,但却把职务犯罪讯问的活动特征视作了讯问的本质属性,其实对抗性只是职务犯罪讯问全部特征中的一种,只是片面反映了职务犯罪讯问的活动规律,并不能从根本上揭示职务犯罪讯问的本质。根据这些研究取向,人们一般将职务犯罪讯问理解为一种刑事诉讼活动中的调查行为,突出其以国家强制力作后盾的公权属性,把职务犯罪讯问当作一场单纯具有攻击性的权力游戏,根据讯问和反讯问双方面对面较量的形式特征把职务犯罪讯问的根本属性确立为基于心理攻防的活力对抗。在传统的职务犯罪讯问中,以此构建的讯问方法体系是一种仅仅满足讯问人员单方欲需的目的性工具,以此构建的理论体系主要研究讯问人员基于自我概念的强迫式取供行为,而忽视了被讯问人以自我概念为“锚点”的受审认知、受审态度和归因风格等,只凸显了讯问人员单向压迫的心理特征与强制取供的外显行为的个体心理基础,没有反应职务犯罪讯问的对抗性特点,缺乏对被讯问人心理基础和应讯行为的交互式描述。这是否认说的错误所在,也是否认说的根本缺陷。

尽管如此,否认说上述认识把心理攻防作为对抗的基础,为研究职务犯罪讯问本质开启了认知的大门。也就是说,存在说是在克服否认说上述理论缺陷基础上提出来的。人的任何行为都是心理驱动的结果,我们完全可以把职务犯罪讯问视为职务犯罪讯问和反讯问双方心理外显的交互行为,即,职务犯罪讯问和反讯问双方各自在自我统摄下的心理与行为的集成,这是一种立基于职务犯罪讯问和反讯问双方心理基础之上的意识互动行为。“人类的本质在意识”,那么意识的本质又是什么呢?在意识的实质认识上我国心理学界持有三种观点:一是意识即心理;二是意识即认识;三是意识即人心理活动的总和。在西方心理学界对意识实质的理解出现了不断递进的趋势,尤其是“意识状态说”、“认知功能说”、“意识突现说”和“自我意识说”等理论假设基本代表了西方在意识实质研究上的最新进展水平。“意识状态说”认为意识是大脑皮层活动的连续的不断变化,意识状态即一定时间内意识所呈现的特征;“认知功能说”的主流观点认为意识是依赖大脑的功能;“意识突现说”主张心理活动依赖于复杂的大脑;“自我意识说”提出意识由三种成分组成,一是自我知觉或自我同一性;二是记忆知觉的形成;三是外部对象对身体的影响所觉知的感受条件;人基于这种自我意识对自己的行为进行自我分析、自我评价、自我调节和控制。从认知心理学角度观察,职务犯罪讯问是讯问与被讯问双方基于特定情境下人际交往中的对应性决策反应,而决策是讯问与被讯问双方思维的重要组成部分,是讯问与被讯问双方对行为目标与手段的探索、判断、评价乃至最后选择的过程。作为认知活动高级形式的思维,其实质即是产生和控制讯问与被讯问双方外显行为的内在心理过程,是讯问与被讯问双方大脑的高级功能,是讯问与被讯问双方最重要的心智活动。具体到职务犯罪讯问,这些心智活动从步骤上讲具有八个环节:第一是界定待解的讯问问题,第二是分解待解的讯问问题,第三是优先排序哪些是须首先解决的议题,第四是分析所需解决的议题,第五是对所需解决的议题进行关键分析,第六是对欲用解决问题的方法进行归纳建议,第七是与监察对象进行交流沟通,第八是循环反复和重头再来。从职务犯罪讯问八步骤上来讲,职务犯罪讯问的本质是指讯问人与被讯问人签订心理契约的过程与结果。所谓心理契约是指监察讯问双方经过各种心理动作的方式,通过使双方相互感知并认可各自的期望,进而形成一套隐性权利义务关系的协议。根据这个定义,职务犯罪讯问心理契约的内涵包括以下几点含义:一是心理契约的当事人是讯问人和被讯问人双方,而非指单方面的当事人;二是心理契约的隐性协议是职务犯罪讯问双方当事人的合意;三是职务犯罪讯问双方当事人都明白其中各自期待的权利和应承担的义务;四是这种协议的达致是通过职务犯罪讯问当事人双方通过相互感知、领悟和交流在心理上达成的协议。前三点含义反映了契约属概念的本质属性,第四点则把心理契约与其他契约区别开来的本质属性。这种心理契约的达成要经过动机生成心理、心理引发行为的艰难过程,也就是说,从职务犯罪讯问过程看,职务犯罪讯问的要素包括职务犯罪讯问动机与应讯动机、职务犯罪讯问心理与应讯心理、职务犯罪讯问方式与应讯方式、职务犯罪讯问方法与应讯方法、职务犯罪讯问语言与应讯语言、职务犯罪讯问条件与应讯条件等六种要素。这六种要素确定了职务犯罪讯问心理契约的主体确认以及关系类型、不同心理契约主体的角色定位。与传统讯问过于强调公权力所致的严肃性不同,在职务犯罪讯问六要素实施的过程中,既具有威权高压又具有温情规劝和说服,自始至终贯穿着具有政治属性和情理感人的温情,这与传统职务犯罪审讯具有根本性的本质区别。人们对职务犯罪讯问的研究,至今还没有对交流沟通的作用和地位引起高度关注。而职务犯罪讯问心理契约理论自身固有的隐性特征决定了各种心理沟通的方式和技术运用,是职务犯罪讯问要素的构建和履行过程中不可或缺的必要条件。是否采用利用职务犯罪讯问六要素的心理沟通方式来交流契约双方的期望,进行要约与承诺以及履行阶段的意思表达,是职务犯罪讯问心理契约有别于其他契约的本质所在。只有对职务犯罪讯问六要素的交流沟通作用进行深入研究,才能真正理解职务犯罪讯问六要素和心理契约构建和履行过程中的有关机制,进而使职务犯罪讯问心理契约在讯问管理实践中的价值得到充分发挥。这是存在说坚持自己观点的理由,也是存在说契合职务犯罪讯问实践的合理之处。

通过上述分析,我们可以得出结论,否认说的观点是错误的,存在说的观点是正确的。在职务犯罪讯问过程中贯穿着讯问动机和应讯动机的尖锐对立,以致引发职务犯罪讯问行为与反讯问行为的激烈对抗。否认说的根本错误之处,在于其通常以对职务犯罪讯问的现象描述来代替对讯问动机和应讯动机的科学揭示。否认说关于职务犯罪讯问本质的断言仅仅是从不同侧面突出了职务犯罪讯问行为的定性,而没有揭示讯问动机和应讯动机是否存在以及怎样存在。否认说对职务犯罪讯问研究方法实际上是以行为代替心理,侧重从讯问行为角度明示性罗列讯问现象,并没有把动机放置于职务犯罪讯问中,且未将此归属于讯问的分支并把动机具有讯问的全部属性作为研究思路前提,也没有把应讯动机提升为与讯问动机同等重要的位置并将讯问动机与应讯动机作为基于能够展示讯问属性的基本要素,在职务犯罪调查的框架下从中发掘职务犯罪讯问中的动机根本属性。

从实质上说,否认说人为割裂了法定义务与应讯动机之间天然的关联关系,其言谓的监察对象履行法定义务究其实质亦是一种行为现象,其忽略了"动机激发心理,心理引发行为"的心理学常识。讯问人在职务犯罪讯问中具有讯问动机,监察对象同样具有应讯动机,其都遵循"动机激发心理,心理引发行为"的心理学真理。这是动机在职务犯罪讯问中存在的根本原因。揭示动机在职务犯罪讯问中的客观存在要基于对讯问动机和应讯动机的全面研究。追问动机在职务犯罪讯问中的客观存在需要综合以往对此的研究,不仅展示这些研究现状和特点"是什么",而且更要在回顾和阐释的基础上剖析其实质,通过揭示当前研究范式之下的主流研究"是如何"来回答动机存在于职务犯罪讯问中这一关键问题,从中才能比较清楚地把握动机在职务犯罪讯问中的客观存在。

研究职务犯罪讯问中的动机时必须首先回答的最基本问题是"该研究探讨什么",最原始或最本原的亦即最本质的,亦即必须从"本根论"角度研究讯问动机和应讯动机产生、存在和发展变化根本原因与根本依据。"本根论"是对概念化的精确描述，这为我们研究关于职务犯罪讯问中的动机理论研究提供了工具。

在研究职务犯罪讯问中的动机的现实需要中，动机论实际上是概念化的详细说明，其核心作用在于定义职务犯罪讯问领域或职务犯罪讯问中的动机领域的专业词汇以及它们之间的关系。理想状态的职务犯罪讯问中的动机研究需要贯通现象与本质两个层面，现象层面的理论研究成果须是可被人直接感观的具体描述，本质层面的理论研究成果须是只有经过人的理性思维才能把握的抽象表达。这里所说的现象指的是职务犯罪讯问中的动机在发生、发展和变化过程中所表现的外在联系性和客观形式与表面特征，是职务犯罪讯问中的动机本质的外在表现。这里所讲的本质指的是职务犯罪讯问中的动机存在的根据，是职务犯罪讯问中的动机自身组成要素之间相对稳定的内在联系，是由职务犯罪讯问中的动机本身所具有的特殊矛盾构成的。此处的本质与现象是关于职务犯罪讯问中的动机里表及其相互关系且能反映人们认识职务犯罪讯问中的动机水平与深度的一对哲学范畴，职务犯罪讯问中的动机是现象与本质的辩证的对立统一关系，透过现象把握本质是我们研究职务犯罪讯问中的动机本质的基本任务。这为我们研究动机于职务犯罪讯问中的客观存在提供了进路。

那么如何透视职务犯罪讯问中的动机现象呢？我们必须严格遵循“任何现象都是本质的现象，任何本质都是现象的本质”这一根本性原理，首先考察职务犯罪讯问中的动机在发展和变化中所表现出来的外部形态，将对此的研究目标定位为捕获职务犯罪讯问中的动机领域与此相关的知识，提供对这些知识的共同理解方案，确定职务犯罪讯问中的动机领域内共同认可的词汇，从不同层次的形式化模式上给出这些词汇之间的相互关系的明确定义，最终在对职务犯罪讯问中的动机现象的研究上达致共识。之所以这样做，是因为就职务犯罪讯问中的动机的形象具体化而言，本质和规律是同等程度的概念，组成职务犯罪讯问中的动机要素以及要素之间的关系结构是职务犯罪讯问中的动机本质存在的客观基础，研究职务犯罪讯问中的动机现象实际上是对这些要素以及要素之间的关系结构的研究。鉴于职务犯罪讯问中的动机具有讯问的全部属性，揭示职务犯罪讯问用的动机本质的唯一进路只能是先研究讯问中的动机的本质，而研究讯问中的动机本质的前提是确定讯问中的动机的组成要素以及要素之间的关系结构。马克思主义哲学的认识论从彻底的唯物主义出发，辩证且历史地按照认识本身的过程考察认识，真正科学地揭示了认识发生、发展的一般规律，使认识的自觉性得以真正建立在科学基础之上。马克思主义的辩证唯物主义认识论坚持物质决定意识、意识是物质的反映这一基本原理，将认识的发展与社会实践的历史发展相结合，把认识过程中的辩证法与客观实在过程的辩证法相统一，成为彻底唯物主义的能动反映论，也为我们研究动机在职务犯罪讯问中的客观存在提供了科学工具。

第二节　什么是职务犯罪讯问中的动机

对人类动机的研究实际上就是研究推动人们或使人们采取行动的因素。对职务犯罪讯问中的动机研究实际上即是为讯问行为和反讯问行为提供能量和方向的内在过程。所谓职务犯罪讯问中的动机，是指在监察程序中，在职务犯罪讯问的特定谈话时空内具有特殊互动关系的讯问与被讯问双方基于认同与否或相互认同的程度而发生的欲望状态。其实质是讯问与被讯问双方根据己之需要而互动，基于不同层次的认同或对自身“归属”于特定身份的认知和情感并相互影响各自产生的己之需要实现的欲望而滋生的心底愿望，从讯问人角度而言即称之为监察人员讯问动机，从监察对象角度而言即称之为监察对象应讯动机。监察人员讯问动机是监察讯问人员基于对监察对象认知的满意度和人格判断与情感卷入并在其中融入自我的程度，根据纪法事实的相符感和讯问成功的愉悦感而对监察对象产生的单向预测效度。监察对象应讯动机是监察对象基于对监察讯问人员道德评价高低和人格判断与情感卷入并在其中融入自我的程度，根据纪法事实的相符感和自己心愿的价值判断而对监察讯问人员滋生的单向预测效度。由此而言，监察人员讯问动机和监察对象应讯动机的本质是监察人员和监察对象为了各自寻找己之归属而产生的心底欲望。监察人员讯问动机和监察对象应讯动机是在动机理论基础上形成的在讯问环境中的双方心底愿望的变化状态，研究的进路就是内外因和自我调节。

监察人员讯问动机和监察对象应讯动机是一对具有共生关系的概念，均是由动机概念衍生的伙伴概念。监察人员讯问动机和监察对象应讯动机除具有动机概念的全部特征外，还具有自身的独特性特点。这种自身的独特性特点在于职务犯罪讯问中的动机是讯问和反讯问双方在自我调节的作用下使自身的内在要求与行为的外在诱因相协调，从而使得这种内在要求获得动力和方向，讯问和反讯问目标或外在诱因亦通过该调节对讯问和反讯问双方具有某种意义，进而转化为讯问和反讯问双方的内在激励因素。由此可以看出，一个完善的职务犯罪讯问中的动机概念包括三个方面的因素，一是内在起因，二是外在诱因，三是自我调节。

所谓内在起因，是指职务犯罪讯问中的动机是讯问和反讯问双方个体行为的内在力量，是指激励讯问和反讯问双方去完成讯问和反讯问行为的主观原因，是指讯问和反讯问双方个体的内在过程且讯问和反讯问行为是这种内在过程的结果。内在起因包括的因素有潜能、需要和驱力等。潜能是指讯问和反讯问双方先天所具有的心理方面的倾向性和潜在发展可能性，其大致地规定着讯问和反讯问双方个体观察职务犯罪讯问动态和掌握讯问与反讯问技能知识的成就，规定着讯问和反讯问双方个体情感、意向和个性方面的基本特征，具有很强的可塑性，其最终实现要透视讯问和反讯问双方个体与讯问环境相互作用的结果如何而定，其使讯问和反讯问双方个体先天具有某种倾向性，使讯问和反讯问个体表现出某种偏好和兴趣，并由此成为讯问和反讯问双方个体需要产生的基础；潜能不同于本能，其受讯问环境影响极大，是讯问人和反讯问人社会动机形成的自然基础，有了这种潜能，讯问和反讯问双方具备了某些先天性的倾向性，具备了参与讯问和反讯问活动的各种内在要求的可能性，讯问和反讯问双方在讯问和反讯问活动中的各种需要正是在这些内在要求的基础上通过讯问和反讯问活动而形成的。需要是讯问和反讯问双方个体缺失什么或要求什么的状态，是讯问动机和反讯问动机产生的第一步，是构成讯问动机和反讯问动机的基础，讯问人和反讯问人在职务犯罪讯问中有多少内在要求就会产生多少需要，这些需要在自我调节的作用下使得讯问和被讯问双方个体对其需要满足的可能性或需要的价值意义等作出判断，根据需要状况和程度等来研究满足的目标，或寻求对于讯问和反讯问双方个体而言切实可行的讯问和反讯问既定目标，并且根据这些目标及其价值等调动自身力量，使得讯问和反讯问需要具有明确的方向性、目的性和能动性并进而形成驱力。驱力指的是由讯问和反讯问需要引起并推动讯问和反讯问双方个体从事满足这些需要的行动的内部唤醒状态，其执行讯问和反讯问行为的目标，具有方向性，亦即，在自我调节的作用下，讯问和反讯问双方个体此时已经理解了讯问和反讯问需要及其行为欲达目标之间的意义，并努力使其讯问和反讯问行为朝向目标，例如讯问和反讯问双方个体先预期到讯问和反讯问目标及诱因的价值,并且根据自己的经验和能力等产生自我效能感,对实现该目标的可能性作出切实的判断,最后通过意志决定发动讯问和反讯问行动与否,并且把该目标行为进行的状况及时地反馈回来等;驱力具有力量性,该种力量受到讯问和反讯问需要程度和目标及诱因状况的双重影响,一般讲来其与讯问和反讯问需要水平及诱因价值大小成正比;驱力的强弱最终受自我调节的深刻影响:讯问和反讯问双方只有通过自我调节意识到讯问和反讯问需要的意义及目标诱因价值的前提下才能产生驱力,否则讯问和反讯问双方个体意识不到讯问和反讯问目标及诱因的存在,讯问和反讯问目标及诱因也就不能起到激励作用,讯问和反讯问需要也就不能被唤起;讯问和反讯问双方个体通过自我调节所欲期到的讯问和反讯问目标实现的可能性也影响到驱力的形成,不论讯问和反讯问需要水平有多高,讯问和反讯问目标诱因的价值有多大,倘若讯问和反讯问双方感到实现该目标的可能性较小,那么其驱力则不会高;与驱力这种内部唤醒状态相伴随的还有讯问和反讯问双方个体强烈的情感体验和情绪体验,该体验一般是由讯问和反讯问双方通过自我调节的作用,通过期望形成对外在诱因的意义和价值的理解造成的,具有重要意义和巨大价值的讯问和反讯问目标通常引起更加强烈的情绪体验和情感体验,该体验有助于强化驱力的力量,并与驱力一道成为讯问和反讯问心理与行为的动因。

所谓外在诱因,是指讯问和反讯问双方为实现一个特定的讯问目标和反讯问目标而行动的原因。外在诱因指的是讯问和反讯问双方试图得到或避免的讯问和反讯问目标或情境刺激,其具有激励和指导讯问和反讯问行动方向的作用。值得我们注意的是,诱因是外在的,讯问和反讯问双方个体只有在自我调节的作用下意识到或预期到其存在和意义及价值的时候,其才有可能转化为讯问和反讯问双方内在的行为动因,不然其不会具有动机的激励作用,更不会形成对讯问和反讯问行为的内在推力。外在诱因包括的因素有讯问和反讯问目标、对目标实现与否的奖与惩等。讯问和反讯问目标是讯问和反讯问行为所指向的最终状态或条件,从某种意义上来讲,其指的是讯问和反讯问双方在一定时间内所期望达到的个体行为结果。讯问和反讯问目标既可以是职务犯罪讯问中实在的外界对象,也可以是理想或精神上的对象,既可以是行为者自己设立的,也可以是法律要求规定了的,对于外部赋予的目标和要求,只有在讯问和反讯问双方均理解和接受这种要求或目标的时候,这种外在的要求和压力才会转化为讯问和反讯问动力,否者只能成为讯问和反讯问双方的一种个体负担,因而我们说讯问和反讯问目标既有客观性也有主观性。当代动机的目标理论主张通过目标的设置来激励行为。实际上讯问和反讯问双方的个体目标确立正是在其自我调节的作用下,不断地调节自我目标与自我效能感之间的关系,使之相协调的讯问和反讯问过程,理想的状态时目标适中,与自我效能相协调,讯问和反讯问双方通过各自努力达致目标,并逐步提高自我效能信念,职务犯罪讯问实践表明,较为容易实现的目标不足以引起讯问和反讯问双方很大的兴趣和努力,确立适当的困难程度的目标可以维持较高的努力和通过该目标成就产生满足感,而超过个人所达到的目标会通过产生失望非效能感而降低动机。对讯问和反讯问目标实现的奖励与惩罚与讯问和反讯问目标本身一样并不具有动机作用,奖励的作用在于对讯问和反讯问行为的结果进行强化,惩罚的作用在于对讯问和反讯问行为的结果进行弱化,对于成功地完成讯问或反讯问任务的奖励与惩罚都会自动地增加先前反映的可能性,并提高随后相应行为的动机水平。特别是对于奖励来说,这会使讯问者或反讯问者在得到其能力反馈基础上形成会影响到随后活动进行的信念,而这个信念同时会激发更为强烈的动机。

所谓自我调节,是指能引起和维持讯问或反讯问双方的个体活动并将该活动导向某一目标以满足个体某种需要的念头、愿望和理想等,是指一种由讯问需要或反讯问需要所推动的为达到一定讯问目标或反讯问目标的行为动力,这种行为动力起着激起、调节、维持和终止讯问行为或反讯问行为的作用。三者的相互关系是:讯问和反讯问双方在心理潜能基础上产生讯问需要或反讯问需要,并且表现为讯问或反讯问双方的某种个体要求的满足状态。讯问需要或反讯问需要通过自我调节与外在诱因相联系,进而具有一定的方向性并调动自身的能量引起一定的情感反应和形成驱力;驱力在自我调节的作用下使讯问和反讯问双方的个体努力去实现目标;外在诱因通过自我调节而转化为讯问和反讯问双方个体内在的动因;自我调节包括期望、自我效能、意志和反馈一系列循环过程,它发动、维持和调节讯问动机行为和应讯动机行为;对行为结果的成败归因解释成为有关后续行为的主要动机因素之一,如此引起新的需要,形成一系列的螺旋式循环动机行为。自我调节在讯问和反讯问动机产生的过程中发挥着及其重要的作用,其介于动机内在起因与外在诱因之间,是连接讯问和反讯问需要、驱力与讯问和反讯问目标与奖惩的桥梁,像人脑的中枢神经系统对有关动机的内外因素进行协调，使这些因素整合到一起共同推动、维持讯问和反讯问行为的发生、发展和实现。自我调节过程是人脑高度自动化的信息加工过程，它以高速运转来加工源自讯问和反讯问双方个体内外的信息并以此来实现调节机能，我们将此对动机的调节作用大致区分为期望、自我效能、意志和反馈四个阶段，该四阶段首尾相连且无限循环，反映了讯问和被讯问双方所特有的主观能动性，显示了讯问和反讯问动机行为的主要特点，内在起因和外在诱因通过这种调节作用而相互协调，内在起因被激发并获得了朝向讯问和反讯问目标的方向和能量，外在诱因转化为内在动力因素并与内在起因一道共同构成讯问和反讯问行为的动机。期望是极其复杂的自我调节的第一个阶段，其意指基于过往经验和当前刺激而对未来满足需要行为的途径和后果等的预期，亦即，讯问人和被讯问人在讯问和反讯问需要产生的同时就在大脑中具有了对其行为结果的一定认识，并且知道怎样去实现它，这充分体现了讯问人和反讯问人特有的目的性行为的特点，这个特点即是通过期望个体认识到了目标的价值和意义及实现的可能性，并进而唤起需要并形成驱力，讯问人和反讯问人与此同时还通过期望来调整讯问和反讯问目标，不仅使讯问和反讯问目标具有更大的意义，而且使讯问和反讯问目标切实可行。期望是一种认知过程，讯问和反讯问的动机力量是由讯问和反讯问的特殊行动可产生某种特定结果的预期和赋予这些结果的价值共同决定的。自我效能意指讯问人和反讯问人对自己能够进行某一讯问和反讯问行为的能力的推测或判断，是自我调节的第二阶段，讯问人和反讯问人会根据自己的内在需要和行为目标状况通过自我效能对自己的讯问和反讯问能力做出评估，自我效能信念的强或弱会直接影响到讯问和反讯问动机的水平。意志意指讯问人和反讯问人自觉地确定讯问和反讯问目标并支配讯问和反讯问行为以实现预期目的的心理过程，是主观见之于客观的桥梁，是内部意识事实向外部动作的转化，这一转化即表现为讯问人和反讯问人对讯问行为和应讯行为的支配或调解作用，这种调节和支配在根据自觉的的目的进行的同时才得以成为实现自觉目的的行为发动或行为制止因素。由此可见，意志对行为的发动与维持均具有一定的作用，在讯问和反讯问动机的形成过程中，意志起到非常重要的调节和协调内部起因与外部诱因的作用。反馈主要是指自我调节是一个双向或循环的过程，其与期望、自我效能、意志等组成一个高速运转的循环圈，不断地协调讯问和反讯问动机的内在起因和外在诱因的关系，确保讯问动机和反讯问动机作用的实现。

反馈是自我调节系统的最后一环，实际上在讯问动机和反讯问动机过程中起到一种自我强化的作用，讯问和反讯问双方通过对讯问环境外在情况的认识来获取某种信息，并进而依据这种信息调整自己的讯问和反讯问动机以及动机行为等。除外，反馈还把讯问和反讯问行为结果的归因信息及时传递给讯问和反讯问双方，该过程通过归因对后继动机过程中的自我调节的影响来实现。言而总之，期望、自我效能、意志、反馈构成了一个完整的自我调节系统，讯问和反讯问双方在这个系统的作用下，从讯问和反讯问需要开始与外在诱因相联系进而形成驱力和调整目标，并引发讯问和反讯问行为和实现讯问和反讯问目标，此即谓讯问和反讯问动机由无到有又到消失的整个过程，该过程充分显示了自我调节的重要作用。

第三节　职务犯罪讯问中动机的隐性存在

所谓隐性存在，是指职务犯罪讯问中的动机是一种看不见和摸不着的内部过程，我们必需通过观察讯问和反讯问双方的心理和行为来推断动机的情况。这种隐性存在的前提是人脑具有将某种触发与某种反映联系起来的功能。因为只有人类才具有能够预测未来且能够想象与其迄今为止有过的经历完全不同的经历的能力。

动机离不开心理和行动。在谈到职务犯罪讯问中的动机时，我们经常会被当前的心理直觉所引导。职务犯罪讯问中的动机是通过依附于讯问人和被讯问人自身的心理承载体体现其本质属性的，职务犯罪讯问中的动机与讯问人和被讯问人的一切心理都是随形的。在职务犯罪讯问中，讯问人和被讯问人的人体是一个庞大且复杂的有机体，会产生各式各样风格和样式不同的动机。这种现象首先是由不同的讯问需要和反讯问需要以及不同的讯问和反讯问环境来决定的，呈现给我们的是一种隐晦的心理标志。我们知道，人的动机会激发心理，而人的心理会引发行为。不论在如何复杂的讯问和反讯问环境中，从宏观角度来分析，这便是讯问人和被讯问人不自觉的动机意识和符号意识，这都是职务犯罪讯问中的动机给我们的一种抽象的符号标志，这种抽象性表现在职务犯罪讯问中的动机是不随形的潜在的暗示，其只存在于心理的细微变化中，但这种细微变化会因讯问人和被讯问人的动机与心理、心理与行为的高度契合而显现出一种更加深刻和清晰的符号性记忆和凸显，这就是职务犯罪中的动机在其中起到了一种有意的强暗示作用。

消隐在职务犯罪讯问人和被讯问人具体心理中的动机形态经由双方个体心理的发展过程从形象上凸显为独立的讯问行为和反讯问行为。职务犯罪讯问中的动机的存在不以自身为目的，而是以其存在其中的双方个体心理为目的，这些动机因隐藏在讯问人和被讯问人心理与行为中而为我们所瞩目，以致于人们不得不重视它们的存在，概论其存在方式无非两种，一种是"偶然性存在"，一种是"服务性存在"。所谓"偶然性存在"，是讯问人和被讯问人在进行讯问和接受讯问的特定瞬间偶然滋生的动机痕迹；所谓"服务性存在"，是讯问人和被讯问人使个体心理变化有目的地趋向于构成一种讯问目的或反讯问目的，而使得职务犯罪讯问中的动机尽可能地消融在讯问和反讯问双方个体心理的记忆中或讯问行为或反讯问行为的具体形象中，无论是职务犯罪讯问中的动机的出现，还是职务犯罪讯问中的心理的出现，都是被认为具有独立目的的存在价值，动机和心理的存在价值只能在它们被用来表征具体的讯问和反讯问行为形象时才能得以实现。职务犯罪讯问的外行人此时的评估兴趣主要集中在具体的讯问行为和反讯问行为的形象上，因而对隐性存在的动机和心理的形态视而不见。而职务犯罪讯问的内行人此时则有所节制地欣赏讯问行为和反讯问行为，他们的这种理性欣赏会不知不觉地漫延到与讯问行为和反讯问行为具体形象相关的隐性存在着的动机和心理形态，进而开始对对这些方面形态的评估，随着与讯问行为和反讯问行为具体形象相关的评估活动的持续与加强，动机和心理在人的评估中表现出越来越强烈的存在感和牵连感，此时人们的评估兴趣开始脱离讯问行为和反讯问行为的具体形象，而开始赋予动机和心理以独立形态地位，进而使职务犯罪讯问中的动机和心理从具象上凸显出来，最终成为独立的评估对象。人们通过对这些具象的评估而感受动机的存在方式，一是琢磨动机的形态凸显，二是琢磨动机的情感凸显，三是琢磨动机的媒介凸显。

动机的形态凸显指的是在职务犯罪讯问中常常以隐性方式存在的形态以显著的讯问行为和反讯问行为方式独立出来。这种独立分为两种，一种是"偶然性存在"的独立，一种是"服务性存在"的独立。在职务犯罪讯问中的动机与讯问和反讯问双方行为的复杂关系中，"偶然性存在"的独立意味着有动机不一定有讯问和反讯问行为；"服务性存在"的独立意味着同一动机可以产生几种讯问和反讯问行为表现或同一讯问和反讯问行为受多种动机驱使。在“偶然性存在”的独立中，动机痕迹的具象形态因为凝聚了较弱的存在感而瞬间即逝；在“服务性存在”中，动机痕迹的具象形态因为凝聚了较强的存在感后被讯问人和被讯问人有意识地作为存在形态加以强调表现。“偶然性存在”的动机是原来已经潜在存在于人体潜能中的原始形态基础上被遏制性的表现，其并不想取代它所依附的人体机理地位，而仅想作有限度的自我存在。“服务性存在”的动机是原来已经潜在于职务犯罪讯问中的原始形态基础上被夸张性的表现，其不仅想取代它所依附的人体机理地位，而且还想作扩展性的自我表现，即讯问人和被讯问人有意识地直接追求动机激发下的心理作用效果和心理引发下的行为作用效果，动机进而被人们认为存在的东西，成为人们在职务犯罪讯问中鉴赏直接对象和评估的富有存在感的显性形态。故而我们说，职务犯罪中的动机是一种隐性存在，我们必须通过透视人的心理和剖析人的行为来分析心理或行为的滋生源泉和动力来源，来获得对职务犯罪讯问中的动机存在感，当我们认真解剖讯问人和被讯问人的行为结构时，讯问和反讯问动机和心理便会以生动的形式展现在我们的脑海中。

动机的情感凸显指的是动机情感的隐性存在是附着于讯问人和被讯问人心理和行为之上的，无论在何种以讯问实践和反讯问实践为目的的心理和行为中，动机情感都为讯问人和被讯问人心理和行为服务，人们关于动机情感的判断始终没有离开过讯问实践和反讯问实践。人们对于动机情感色彩的惯常评语是在强调讯问实践和反讯问实践的主体地位时均意识到动机的情感色彩亦具有存在感。我们关于动机情感凸显的理论恰好是强调动机情感色彩的存在感价值，无论动机情感色彩是否与讯问实践和反讯问实践发生关系，关于动机情感色彩的各种富有创造性的存在感表现都是走向显性存在的例证。动机情感色彩凸显的表现形式是动机情感色彩在具象形态上的凸显，动机情感色彩在具象形态中总是给人以奇妙的真实感，这是一种强烈的动机情感色彩表现，这种表现似乎是作为某种潜在的东西被一种满足欲望的力量赤裸裸地被暴露出来，说的明确一点，动机情感色彩从隐性存在变成了显性存在，这种通过讯问人和被讯问人心理和行为被提炼出来的潜在存在让人设身处地地体会到动机情感色彩的真实存在。

动机的媒介凸显指的是无论在何种形式的职务犯罪讯问中均须使用一定的媒介材料，不同的媒介材料具有不同的性能特点，这些特点促成了职务犯罪讯问中的动机的不同种类。在职务犯罪讯问中，这些不同种类的媒介材料就是指讯问和反讯问心理与行为，这些不同的心理和行为一直担负着构成职务犯罪讯问中的动机形象的使命，讯问和被讯问双方千方百计地发挥这些媒介材料构造职务犯罪讯问中动机形象的能力，尽可能地透视媒介自身性质，津津乐道于媒介材料的动机形象表现功能。这种透视出来的具象因素所表现的存在感充溢着讯问和反讯问双方的联想和判断，这些联想和判断的结果因而成为最具存在感的动机形态。

我们可以通过感触形体凸显、情感凸显和媒介凸显来触摸和感受职务犯罪讯问中的动机存在，欲想取得留置谈话的成功，应该从真正关注讯问动机和反讯问动机做起，而不是弃主逐末地去过多关注据说能够保证谈话成功的诸如智力和自尊等某些因素。因为职务犯罪讯问中的动机的隐性存在表明讯问和反讯问双方皆有调节和改变自己思想、情感和行为的能力，意味着讯问和反讯问双方都有自我控制能力的现实可能性，自我控制能够使讯问和反讯问双方成为他们想要成为的人，而不仅仅是现在的他们，因为自我控制能力强的人能够更好地坚持自己的目标，不会轻易因诱惑而偏离轨道，这也是为什么说研究讯问动机和反讯问动机非常重要的根本原因。研究职务犯罪讯问中的动机的隐性存在有助于揭示帮助我们抵制谈话诱惑和实现谈话目标的原则。

第二章 职务犯罪讯问中动机的生理基础

职务犯罪讯问中的动机是讯问和反讯问双方进行讯问和反讯问行为背后的深层机制。机制内容无非包括四个方面:一是职务犯罪讯问和反讯问双方为什么要在留置谈话中做某件事,二是做这件事的目的是什么,三是职务犯罪讯问和反讯问双方希望达到什么样的预期目标,四是职务犯罪讯问和反讯问双方能从这件事中获得什么。对该机制内容的探究首先涉及对职务犯罪讯问中的动机的生理基础的深入研究,但这种研究不能仅仅囿于生物学,我们还须强调认知、情绪、目标、神经科学和潜意识对讯问动机和反讯问动机形成的综合影响。这种跨学科性质的研究涉及面非常宽阔和复杂,仅凭本书实在难以概述明白,我们亦只能先从研究基础出发,尝试从揭示职务犯罪讯问中的动机的生理基础谈起。

第一节　职务犯罪讯问中的动机过程的神经科学

我们知道,职务犯罪讯问和反讯问双方要实现某个目标必须经历目标设定到目标规划再到目标奋斗的复杂路径,这就为我们的研究提出了一个非常重要的问题:促使职务犯罪讯问和反讯问双方经历动机过程三阶段的大脑机制是什么?

关于讯问目标和反讯问目标设定的神经科学。人是意识动物,具体到调查职务犯罪过程中的留置谈话,职务犯罪讯问和反讯问双方为成功实现某个讯问目标和反讯问目标,即使没有外部刺激也能将此牢记在心。解剖学的许多研究表明,人的大脑外侧前额叶脑区负责将目标保持在意识前沿,前额叶皮层在所有动机过程中均起主要作用,因为它是人脑中唯一接收来自所有感官信息的区域,这意味着其是来自内部的信息与来自外部的信息之间的交集,这些信息能够在人脑中保持一段时间,外侧前额叶皮层发挥了重要作用。另外,虽然目前尚没有神经科学研究直接比较自我设定目标与指定目标,但已经有些证据表明负责自我设定目标的区域最有可能是人脑内侧前额叶皮层。也就是说,现有神经科学研究的成果表明,人之自我设定的目标表现于人脑内侧前额叶皮层,人之指定的目标表现于人脑外侧前额叶皮层。这些研究成果同样适用于职务犯罪讯问中的讯问目标和反讯问目标的设定问题。

关于讯问目标和反讯问目标规划的神经科学。根据现有的神经科学研究成果,我们可以这样分析讯问目标和反讯问目标规划:一旦职务犯罪讯问和反讯问双方决定追求什么目标,接下来必须决定怎样追求目标,职务犯罪讯问和反讯问双方往往会为实现目标苦苦挣扎,原因在于其过分关注设定什么样的目标,而不是怎样实现目标,这就易使讯问目标和反讯问目标的内容与方式产生脱节,其中一个原因可能是两者由人脑的不同区域控制。

关于讯问目标和反讯问目标奋斗的神经科学。在目标奋斗阶段,职务犯罪讯问和反讯问双方必须从事发起并保持追求目标的活动,而引发目标启动的一个因素是检测到当前状态与某理想状态之间的差异,就职务犯罪讯问和反讯问双方而言,负责检测这一差异的区域最可能是大脑的前扣带皮层,位于人脑额叶内表面的前扣带回与负责认知处理的前额叶皮层、情绪处理的杏仁核和运动控制的初级运动皮质的其他大脑区域相互连接,被认为是用于处理控制并对大脑其他区域分配控制的中心。前扣带回分为背侧和腹侧两部分,背侧负责认知处理,腹侧负责情绪处理。背侧前扣带回可能负责检测实际状态与理想状态之间的差异,一旦检测到这种差异的存在,讯问和反讯问双方必须启动个体目标行动。主要负责直接运动控制的大脑区域是前运动皮层、初级运动皮层和基底核,这几个区域综合起来对于实施和调节促进个体目标追求的行动必不可少。以上这几个脑区与其他脑区神经相互作用,其合力使人具备了将某种触发与某种反应联系起来的能力,职务犯罪讯问和反讯问双方也不例外。

第二节 职务犯罪讯问中动机形成的双过程思维

心理学的最新研究表明,人类有显意识和潜意识两种思维系统,人们一般将其分别称作显性思维和隐性思维,人类的思维是由这两个独立的双过程思维方法控制的。

显性思维是能够意识到的思维,隐性思维是不能够意识到的思维。在人们看来,感知是大脑形成意识的前提,显性思维能够被意识的原因即是这种思维包含着感知并借用感知来实现思维。与此相反,大脑在人们借用隐性思维进行认知过程中却不存在相应的感知且无法借用感知形成意识,亦即,虽然此时大脑尽管处在特定的认知状态中,但是人们仍然无法意识大脑存在着隐性思维这种特定的思维类型。

隐性思维对显性思维具有概括性,这是指隐性思维的认知成果是其在显性思维的认知基础上对显性思维所具有的共性特征进行抽象概括而获得的。隐性思维对显性思维具有支撑性,这是指隐性思维对显性思维所具有的概括性一旦实现,隐性思维则就能借用这种经过概括而获得的概括性认知成果来更好地支撑显性思维的运行。显性思维对隐性思维具有支配性,这是指在显性思维和隐性思维的相互关系中,尽管隐性思维对显性思维具有概括性和支撑性,但倘若人们想借用显性思维替代隐性思维所具有的这种概括性和支撑作用,那么隐性思维将不再强行发挥自己对显性思维所具有的这种概括作用和支撑作用,此时显性思维占据支配地位,隐性思维占据被支配地位。也就是说,显性思维支配隐性思维,替代了隐性思维的概括作用和支撑作用;显性思维和隐性思维相互联系并相互制约,构成了人类思维的对立统一体,这两种思维均属于人类的认知活动,说明人类认知活动有些可被大脑明确意识到,有些不能被大脑明确意识到,人类认知是意识与潜意识的对立统一。

具体到职务犯罪讯问和反讯问双方,隐性思维系统发生在他们的自觉意识之外,本质上是其思维的组成部分。隐性思维系统自动审视所有不断进入职务犯罪讯问和反讯问双方大脑中的信息,解释并组织这些信息,然后决定是应该丢弃还是需要进一步处理,隐性思维系统通过这种方式能够处理大量信息而无须其的意识参与或关注,而显性思维系统则与隐性思维系统协同工作,将通常需要大量精力和注意力的讯问行为和反讯问行为转化为讯问和反讯问双方的自动的个体习惯。这些自动习惯所包含的内容非常多,但聚焦到思维方面,讯问和反讯问双方通常各自考虑最多的无非即是上述动机机制内容的四个方面,即,职务犯罪讯问和反讯问双方为什么要在留置谈话中做某件事;做这件事的目的是什么;讯问和反讯问双方希望达到什么样的预期目标;讯问和反讯问双方能从这件事中获得什么。我们可以从这四个方面的内容中看出,这四个内容基本上是围绕“自我需要”这个概念展开思维的。也就是说,隐性思维系统和显性思维系统交互作用的基底是“自我需要”,其相互作用的宗旨是为了如何满足“自我需要”而服务的。

隐性思维系统和显性思维系统在对立统一过程中形成了讯问和反讯问双方的“自我”概念。在讯问和反讯问双方个体自我概念诞生与发展过程中存在一对核心矛盾,那就是讯问和反讯问需求的基本满足和思维上的必需的边界。从作为讯问人的监察人员角度讲,一个讯问人必须得到讯问需求的基本满足,只有这样他才能体验到“我的需求是正义的”,进而最终简化为“我的行为是对的”,但与此同时,讯问人必须尊重被讯问人的思维边界,并让被讯问人逐渐了解到讯问人也是有边界的,这是监察人员在讯问思维中内聚性自我向心力的由来。从被讯问人角度而言,其思维上存在着一个攻守固壳,这就是被讯问人思维上的必需的边界,而且这个边界必须受到讯问人的尊重,讯问人破壳只能小心翼翼且充满善意,而不能贸然强行破壳,这种边界意识既是被讯问人个体化自我产生的条件,也会因为被讯问人个体化自我的发展而得到进一步巩固。

上述边界意识意味着职务犯罪讯问中的对抗实质是作为讯问人的“我”与作为被讯问人的“你”之间的意识和思维对抗,从理论上讲,这里的“我”和“你”在讯问和反讯问双方思想意识里和思维系统上通可归称为“我”,当然,此“我”非彼“我”,那么讯问和反讯问双方为什么需要有“自我”呢?因为根据心理学的研究成果,当讯问和反讯问双方在留置谈话中各自不断地说“我”这个字时,虽然已经具有了“我”的意识,但还并不等于形成了抽象意义上的自我。职务犯罪讯问中的思维对抗之所以形成,就是因为讯问人和被讯问人之间的思维上各自存“我”,各从己之需求出发来说明“我”的内涵,进而固执己见并发生分歧,这就容易形成相互之间的思维形式和内容的差别,这种差别决定着讯问人和被讯问人各自或相互之间没有在抽象意义上将各自的“我”形成意义同一的自我。所谓抽象意义上的自我在心理学上亦可称之为内聚性自我，即建立在真实地展现意志并深信己之意志基本可以实现的基本感觉上的自我，具有这种自我感的讯问人和被讯问人不仅是自在的存在，而且还充满尊严感和完整感。根据职务犯罪讯问规律，抽象意义上的自我是否形成会给讯问中的压力管理和情绪管理带来极大的差异。这种压力和情绪管理贯穿于抽象意义上的自我形成阶段。根据预审学的研究成果，讯问人和被讯问人各自抽象意义上的自我的诞生与发展一般分为五个阶段：自固之壳阶段；组织怀抱阶段；家庭港湾阶段；纪法衡量阶段；有益前程阶段。所谓自固之壳，即是讯问和反讯问双方均从己之需求出发而坚守自己的思维边界，两者之间存在思维对立；所谓组织怀抱，即是讯问和反讯问双方刺破孤独的自固之壳而进入组织关怀的怀抱，形成原始的关爱和被关爱关系；所谓家庭港湾，即是讯问和反讯问双方突破组织关爱增加进家庭亲情感化和接受亲情感化的内容；所谓纪法衡量，即是讯问和反讯问双方离开家庭港湾，进入自己所在文化的纪法世界；所谓有益前程，即是讯问和反讯问双方在思维大致统一的情势下获得各自安好的利益待遇。这五个阶段与职务犯罪讯问进程大致统一，实际上就是各个讯问阶段必须展开进行的谈话主旨。

根据留置谈话实践，我们发现在谈话之初，讯问和反讯问双方的思维均不清晰，其相互之间如藤缠绕而缺乏明确的边界，这是由于双方心中均无底数而基于共生思维所产生的混沌共生现象，具体表现出的思维锚点是“我是我”和“你是你”，在二元关系中把问题归咎于对方，并且在交流上一般是绕弯沟通，而没有找到或形成“我的事也是你的事，你的事也是我的事”的共同感觉。如果从讯问和反讯问双方身上查找原因，那就是由于讯问和反讯问双方各自同时存在糨糊逻辑和糊涂哲学的黏稠思维的错误思维方式，以致发生人与人之间的不当粘连和事与事之间的不当粘连，相互之间从意识上认为彼此都很“宅”。这时需要解决的讯问难题是如何从内向外展开解开思想疙瘩工作的思维症结，具体的办法就是用温暖的原始组织关怀来打破被讯问人的自固之壳，破除讯问人的自恋感和消除被讯问人的全能自恋感，让被讯问人的趋供力先从思维内部破壳。这样做的讯问原理是：如果讯问人不去向被讯问人施以关心和关爱，被讯问人在大多数时候就会认为只能完全依靠自己去寻找出路，那么被讯问人在很大程度上则也失去了依靠组织来建立共生关系的思维动力，如果被讯问人这种思维上的不良情绪因缺乏正确的沟通而不能在心理层面顺畅流动，也不能通过倾诉用语言及时表达出来,就有可能会通过各种身体症状来表达,那就是各种抗谈拒供行为。可以说,最好让被讯问人的趋供力从其思维内部破壳而出,不要轻易从外部强行干预,这是从讯问人的角度而言的。

职务犯罪讯问和反讯问双方的大脑都有一个很重要的功能,那就是任何在讯问和反讯问的真实关系世界中需要却未实现的欲求均可以通过其思考和想象来模拟满足。讯问人如果存在这种"脑补"现象,就会在不正确的思维方式指导下实施不当的讯问方法;被讯问人如果存在这种现象,则会分别滋生妄想、幻想、过度悲观式的想象等,不能清晰地区分想象与现实,不能发展出非常有现实感的想象和认知,更不能基本适应和逐渐融入审查现实,在对待讯问人的态度上表现为若即若离,关系难以实质性的深入发展,这是被讯问人头脑思维构建的结果,目的也是为了另样寻求情感满足和灵魂安慰。这时的被讯问人会惧怕沟通,总是想象着讯问人如何如何,并且不太容易接受讯问人表达的信息。此时的讯问人如果想从脑补进展到真实的发展,最根本的是要把握彼此关系的深度,特别是要知道彼此关系的深度是根本,这种深度发展经常假借一个非常基本的东西来实现,那就是讯问和反讯问需求的满足,相对自闭的讯问和反讯问双方都需要去追求对自己基本需求的满足,然后在这种追求中建立彼此间的心理相容关系,从而把彼此从孤封的状态中拉出来,讯问人不但自己要这样做,而且还要教育被讯问人这样做,才能彻底打破层级脑补的顽疾和固封。

打破讯问之初思维混沌并发展实质关系的成功标志是讯问和反讯问双方自主思维动力的产生。这种动力分为三类:被明确的基本欲求;各自想表达的观点;情绪和情感。这三类动力划分的实质是自主性思维动力的诞生意味着讯问和反讯问双方都学会了直接表达自己的各种欲求。这时的讯问人要克服两个思维误区,一是绝对禁止误区,即让被讯问人的需求基本上得不到满足;二是绝对允许误区,即让被讯问人需求全部得到满足。要尝试满足被讯问人的基本需求,坚持基本满足的思维原则。

从职务犯罪讯问结构的整体看,以上探讨的是自我思维对立及初步化解问题,下面我们转向对思维控制与被控制和思维独立与思维依赖问题的讨论,讨论问题的实质是讯问和反讯问双方如何在心理上和思维上摆脱彼此的控制并初步形成自己意志。我们还可以作这样的具体理解:此时讯问人和反讯问人之间建立的心理相容关系还十分脆弱,既要依赖彼此的维护,又要允许彼此的对抗。如果这份依赖被允许,被讯问人对彼此关系的信任就产生了;如果这种对抗被允许,被讯问人的思维特性就被初步尊重了。

职务犯罪讯问成功的标识是讯问和反讯问双方以彼此间的心理相容来建立一种思维和谐的共生关系,这种关系的本质是"我"和"你"的"自我"都通通消融,然后构成了一个"我们"的共同体。这种共生关系的达成需要一个激烈斗争的过程,因为"我"和"你"都欲代言"我们"这个共同体,但最终的结果却是"我"和"你"中的一个人占据了"我们",而另一个人的"自我"却被绞杀了。从被讯问人角度而言,此时被讯问人的思维具有矛盾性,既欲享受组织温暖的包围圈,又欲与组织抗争,会陷入一种病态的共生关系中。亦即,被讯问人一方面欲逃离共生以避免与讯问人共生的状态,另一方面又欲走向自主以在相容关系中与讯问人争夺控制权。此时的讯问人通常会产生三种思维倾向:一是不恰当地赞同倾向;二是过度拯救倾向;三是正确的自我洞察倾向。不恰当赞同的原因是由于讯问人的思维出现多面性,在意识上赞成被讯问人,在潜意识中憎恨被讯问人,然后又在意识上产生负疚感,于是会禀赋该思维逻辑而对被讯问人秉持复杂的情感;过度拯救的原因是由于讯问人看到被讯问人的思维错误,便产生全身心地投入教育拯救工作的思维冲动中,哪怕会严重损耗自己也在所不惜;正确自我洞察的原因是由于讯问人的意志思维发展出适应外部世界的能力,在思维动力诞生的基础上催促意志的诞生,简单地说,两者的区别是:思维动力的诞生是人有能表达自己的动力但未必会非常坚持,思维意志的诞生则意味着人能坚持这份表达并想让它彻底且成功地表达出来。思维动力与意志思维间的区别形成了在所有的讯问和反讯问双方的双边关系中都存在思维边界问题,双方都有自己的思维基底和"地盘"核心,都学会了干脆利落地向对方说"不",如果一方打算侵入对方的思维边界,每方均可不含敌意的坚决拒绝或善意接受,并以尊重事实和驳回情绪的态度在思维系统相互理解,这时讯问和反讯问双方都真切地认识到"我是我,你是你"的分化使各自的思维清晰起来,这种清晰意味着讯问和反讯问双方均能正确区分思维的内部世界和外部世界了,这种区分能促使一方与对方沟通的自觉性,这种自觉性能让讯问和反讯问双方出于己之目的而懂得把握双边关系的分寸,这种把握能让讯问和反讯问双方都能在从共生到分化的思维基础上理清谈话活动中的乱局,这种理清能让讯问和反讯问双方都学会恰当地掌控谈话中的情绪,这种掌控促使讯问和反讯问双方通过想象、行为与后果的分化能够宽容对方,这种宽容让讯问和反讯问双方通过谈话力量和情感的分化能够拓展各自心胸的宽广度,这种拓展最终让讯问和反讯问双方在双边关系中于思维上建立恰当的自我,这种建立让讯问和反讯问双方均能伸展各自的思维动力和思维意志以基本满足己之欲求,这种伸展和满足使讯问和反讯问双方的情感客体保持稳定性,这种稳定性标识着讯问和反讯问双方在都学会了尊重自己的感觉的基础上诞生了双方均接受和都容忍的"自我",自我的诞生能使讯问和反讯问双方充分发挥个体化自我的功能以实现"我们"共同体的形塑。

第三节　职务犯罪讯问和反讯问双方的内心冲突

根据心理学和神经科学的研究,思维是人脑的一种器官运动形式,人内心世界的任何表现均与思维运动有关,当人们遇到所有问题时均需用思维运动去预见和积累经验并展开记忆,如此方能顺利地解决问题。在职务犯罪讯问中,讯问和反讯问双方均是依靠这种大脑的器官运动形式应付所处的谈话环境,双方的思维运动始终处于积极活动状态的原因就在于其在持续不断地寻找讯问和反讯问欲求的满足感,职务犯罪讯问和反讯问双方思维系统的一切活动均指向了一个终极目标,那就是确保实现职务犯罪讯问和反讯问欲求的满足感。我们认为:职务犯罪讯问和反讯问双方的思维运动与其所处的谈话环境存在密不可分的联系,相对于职务犯罪讯问和反讯问每一方而言,其思维运动始终受着对方的刺激并会对这些刺激作出回应,要么拒绝与对方沟通并坚持思维对抗,要么放弃某些想法并与对方有限合作,要么设法使之依附于对方并与对方完全合作,进而使自己的欲求最大限度地实现。职务犯罪讯问和反讯问双方的思维运动最显著的一个特点即是其任何的思维活动均指向其每一阶段的讯问和反讯问目标,这说明其思维运动是一个包含了诸多行动力的集合体,从职务犯罪讯问活动的结果而言,这一集合体中的所有行动均由一个终极原因所引发,均是为了最终达到双方思维观点类似或一致的相同目标而努力。实际上,职务犯罪讯问和反讯问双方的思维努力想达到这个目标便是适应对方和谈话环境,而这一目标是深藏于讯问和反讯问双方内心世界中的目标,讯问和反讯问双方内心世界的所有思维活动均在此目标的牵引下进行着。

职务犯罪讯问和反讯问双方的思维目标决定着其的思维活动。如果缺少一个始终存在的思维目标来对讯问和反讯问双方内心世界的一切活动进行规定、延续、修正和指引，那么职务犯罪讯问和反讯问双方就无法思考、感受和追求。职务犯罪讯问和反讯问的每一方都会为自己的思维活动设定目标，原因在于这样可使其适应谈话环境和谈话对方，并对谈话环境和谈话对方作出适当的思维调整，对于职务犯罪讯问和反讯问双方而言，其肉体和思维必然要面对的一个基本任务便是适应谈话环境和谈话对方以寻求安全感和满足感。因此可以说，职务犯罪讯问和反讯问双方要想让其思维活动持续向前发展，就一定要设定一个终极目标，该目标必须是一个可以激发行动力的目标，而且其本身必须具备持续变化和静止不变相统一的特点。由此意义可知，职务犯罪讯问和反讯问双方内心世界一切的思维活动均在为未来的某种处境做准备。可以讲，除了向着某个特定目标前进的心灵力量，职务犯罪讯问和反讯问双方内心世界的一切思维表现形式均指向相同的目标，这个目标就是讯问和反讯问双方签订一个心理契约，各自取得心灵满足，分别实现各自安好。

从谈话之初的思维分歧到谈话之末的达致合意是一个变幻不居的复杂过程，期间需要职务犯罪讯问和反讯问双方的思维博弈和思想斗争，因为在持续谈话过程中的每一阶段，职务犯罪讯问和反讯问双方在内部世界中都会滋生和存在一种与当前情势的谈话欲求相适应的且始终处于变动状态的讯问和反讯问目标，当该阶段性目标确定以后，职务犯罪讯问和反讯问双方任何一个阶段性的心理倾向都会在某种强迫性力量的驱使下自觉地去追求此目标，这就会使职务犯罪讯问人和反讯问人各自产生已之内部世界的思维冲突，和在职务犯罪讯问人和反讯问人之间产生个体倾向意义上的且带有个人性格特点的思维对抗。究其实质，就是取供的强烈欲望与是否自觉供述之间的心理矛盾和思维斗争，我们称之为职务犯罪讯问双方的内心冲突。

我们先谈职务犯罪讯问人的内心冲突。从思维能力上讲，职务犯罪讯问人的内心冲突通常表现为一般思维与现实思维之间的冲突。所谓一般思维，是指没有具体思维目标、思维目的和思维任务并抽掉具体思维内容的纯形式思维，其是一套抽象的逻辑规则和操作模式，并非一种思维实践行为，因而不具有带有创构特点的生产性。具体到讯问人的思维活动，一般思维仅仅是一种思维意识和讯问模型操作技术，是一种思维的素质和能力。所谓现实思维，是指具有某种具体的思维目标、思维目的和思维内容的且要解决具体问题的思维，其不仅仅有一套规则和操作模式，而且是一种具体的思维实践行为，具有创构特点的生产性，它要产生某种带有目的性和造型性的思维产品。相对于讯问人而言，现实思维是指讯问人在抽象思维、形象思维和灵感思维的基础上对案件案情和被讯问人展开具体思维、实用思维和应用思维。一般思维是一种普通思维，其仅仅是职务犯罪讯问人想想而已，这种想仅是泛泛而想，更多地是出于本能去想，缺乏思维的选择愿望，在留置谈话实践中，有时表现为在思想上无所谓式的去接触被讯问人，有时表现为在思维上不情愿式的去和被讯问人谈话，有时表现为在思想上认为与被讯问人谈话是其最想做的事情，有时表现为心中根本不知道如何去面对被讯问人，抱着一种无所谓的思想态度去对待被讯问人，在思维上更多时候显示出一种实践惰性。我们知道，所有的留置谈话都是在作为组织任务的前提下展开的，所面对的谈话情势是我们最想做的事是顺利取供，而被讯问人却对此反对甚至施以障碍，但我们却必须要被讯问人同意我们的想法，这本身就是一种思想矛盾，通常从实质上表现为某种思维冲突。回归到职务犯罪讯问人的思维系统，我们发现讯问人的思维惰性与讯问目标之间作为冲突的价值观摆在了讯问人面前。现实思维是一种具体思维，其首先在思想上清楚在讯问与反讯问双方所处的谈话情势下被讯问人的思维肯定是从己之自我需要出发而与讯问目标针锋相对，其尽可能地去设想被讯问人与讯问人思维冲突的种类、范围和程度，并尽可能地选择对顺利取供有利的最佳谈话方案；现实思维能够预想如果被讯问人的思维长期保持相对稳定，那么讯问与反讯问双方相互之间的思维冲突则相对较少，反之则会相互之间愿望矛盾滋生，思维冲突不断；现实思维能够预测被讯问人的阶段性愿望，知道被讯问人在面对彼此之间的思维冲突时，总是想控制讯问人的思维，希望出现“自己怎样想则讯问人怎么做”的应对谈话奇迹；总之，现实思维会极尽可能地去设想解决谈话难题的方法，在思维上通常表现为一种自主性。我们每一个谈话讯问人在接受谈话任务时都会面对一种选择，是漫不经心地去谈，面对被讯问人根本弄不清究竟发生了什么，还是积极主动地去发现矛盾并努力去寻找解决问题的办法，也就是说，是消极被动地去谈，还是积极主动地去谈。行为的差别表明了思维的差距，面对如何取舍本身亦是讯问人内部世界的一种内心冲突。当职务犯罪讯问人的思维停滞在惰性思考层面时，他则不知道自己想要什么，更不会主动去思考要用什么样的感情方式去组织谈话和要用什么样的举措去真心说服被讯问人；对一般思维者来讲，其自己的真正感情和需求看似简单,事实上其根本就不知道到底是什么。对现实思维者来说,其自己想要看清冲突,就会首先直觉地和自主地去建构出一个健全的价值观,因为其知道彼此之间的思维冲突大多是受到观念、信仰、道德观和纪法的影响,只有成功建立和灌输自己的价值观才能消弭思维冲突并指引自己的谈话决定,这样才不会出现受被讯问人抗谈拒供价值观影响的不利情况。这同时也涉及到谈话取胜信心的问题。对职务犯罪讯问人来说,正常的思维冲突就是如何选择,虽然做出一个选择很不容易,甚至还要放弃一些东西,但作为一名合格的党员纪检监察干部,要让他做出一个合理的选择也是没有问题的。如何拟对被讯问人,一般思维在讯问人心中产生的那股破坏力是非常强的,而现实思维为准备缓解内心冲突所做的努力和尝试也是我们必须积极追求的。尽量秉持现实思维是解决讯问人内部世界思维冲突的唯一办法,因为只有现实思维才会现实地去面对职务犯罪讯问中的内心冲突。

我们再谈职务犯罪被讯问人的内心冲突。从思维质量的档次上讲,职务犯罪被讯问人的内心冲突一般表现为日常思维和生产思维。所谓日常思维,是指人们在日常生活中的思维活动,是一种零碎的、简单的、经验的和平面的思维活动,其常常伴随人们的日常行为和日常语言活动。具体到留置谈话中的被讯问人,日常思维仅仅是一种欲求思维,因为被讯问人因被留置而改变了平常的位置处境和思维习惯,被迫接受纪法言行的拘束,从其内心来讲肯定渴望恢复正常的生活方式,所以说日常思维已经成为镜中明月,对其来讲是一种非常难忍的内心煎熬和思维痛苦。所谓生产思维,是指一种复杂的、系统的、立体的和创构的思维,其通常伴随着人们的研究创作和专门事务活动,这种思维是准备在行动上最终要创构出研究成果和准备在精神上完成专门事务构想的思维。相对于留置中的被讯问人来讲,生产思维是一种满足思维,即准备为了用应讯行动挣脱纪法约束以恢复常态生活而进行措施或方法想象以满足应讯欲求的实现,因为留置中的被讯问人思维中的应讯目标通常从"求无"经由"求轻"到"求生",这种顺序性幻想具有明显的目的性和强烈的选择性,其实质是一种企图性思维追求。所谓"求无",是指留置中的被讯问人为企图摆脱纪法追究并恢复自由和名誉而期望组织对其违纪违法犯罪事实通通不予掌握和不予认定;所谓"求轻",是指留置中的被讯问人在"求无"不成的状态下在应讯目标上退而求次,幻想组织上尽量最少掌握其违纪违法犯罪事实并对已经掌握的违纪违法犯罪事实从轻认定;所谓

"求生",是指留置中的被讯问人在"求轻"不能的情势下再次退缩应讯目标并把尽量保全生命作为最理想的追求。这种渐次退缩的思维特性预示着留置中的被讯问人在应讯思维方面所作努力强度的变化,意味着与日常思维的矛盾冲突。留置中的被讯问人既想无事摆脱,又想从轻滑溜,还想最好生存,在应讯阶段变化过程中其思维领域已经具有了禁锢性,这种禁锢是指采用日常思维已经成为不可能或即使采用日常思维也解决不了当前的应讯追求问题,被迫之下其只能采用生产思维去幻想奇迹,渴望以抗谈拒供或有限供述等方式使其应讯利益最大化。日常思维针对的是留置中的被讯问人的"求无"想象,生产思维针对的是留置中的被讯问人的"求轻"和"求生"幻想。采用日常思维意味着留置中的被讯问人在应讯方面简单以对,采用生产思维意味着留置中的被讯问人在应讯方面复杂而行。简单以对意味着留置中的被讯问人以零碎的或平面的思维方式思考前途问题,复杂而行意味着留置中的被讯问人以创构的或立体的思维方式去谋求抗谈拒供或有限供述,这就涉及将来对其的应讯态度问题如何认定,留置中的被讯问人一方面幻想着挣脱纪法追究,另一方面还虚幻着谋求应讯利益最大化,一边幻想平安无事,一边担心没有好态度,在心态表现上陷入挣扎的矛盾斗争,究竟是采取日常思维简单应对好,还是采取生产思维去抗谈拒供好,这会在应讯方面形成幻想与担心和安稳与焦虑的内心冲突。对留置中的被讯问人来讲,正常的内心冲突可能是在"求无"、"求轻"和"求生"三种都想要得到的可能性之间做出选择,也可能是在"求无"、"求轻"和"求生"三种都不想放弃的想法之间做出选择,这对留置中的被讯问人而言是件非常艰难的选择。日常思维和生产思维两种思维方式的选择以及"求无"、"求轻"和"求生"三种应讯思维目标的选择,煎熬着留置中的被讯问人的内心世界,折磨着留置中的被讯问人的思维神经,折腾着留置中的被讯问人的思维系统,形成了留置中的被讯问人的内心冲突。

我们最后讨论职务犯罪讯问和反讯问双方之间的内心冲突。这种内心冲突是以言行对抗方式表现出来的。职务犯罪讯问和反讯问双方都要应对留置谈话的情势,都要面对讯问与被讯问的谈话现实进行现实思维,根据现实思维的阶段性,我们把现实思维再分类为认识思维和创构思维,认识思维和创构思维之间的冲突就是职务犯罪讯问和反讯问双方之间的矛盾冲突。所谓认识思维,是指要求超越现象以寻求现象本质的思维,是要求探求事物与事物之间的内在联系和规律的思维,它不仅要求采用感性认识和理性认识的形式,还要求采用逻辑思维、灵感思维和直觉思维的方式，实质上其是一种“猜想性”思维，虽然可以把握事物的规律和本质，但这种把握仅是一种一己理解，是一抹自我会心的微笑，从某种意义上说只是对事物规律和本质的初步且粗浅的局部认识思维。对留置谈话中的讯问人来讲，认识思维是讯问人对被讯问人的基础焦虑感觉和隐藏的敌意感觉的粗浅思维认知，其通过在意被讯问人的想法和感觉来关注被讯问人的思维及其外显的言行形式，是一种揭露隐藏的具有外倾性的思维方式，这种外倾性思维只能在讯问人以解释讯问与反讯问冲突的阶段性矛盾为目的时才从被讯问人对待讯问人的态度中表现出来。所谓创构思维，是指在认识思维基础上以建构传播交流和流传精神产品去影响别人为目的的行为思维。对留置中的被讯问人而言，创构思维包含认识思维的因素，更多地是为了达致应讯目的而思考如何建立自己应对讯问人的讯问秩序，思考如何表征自己抗争的痕迹，思虑如何拓展自己的抗谈拒供空间，考虑如何表达自己的心灵情感和思维空间，以显现其个体生命存在形式，通过思虑与讯问人既对抗又合作方式满足己之应讯需要，其实质是一种反调查思维和反讯问思维。被讯问人用创构思维的特有方式来应对留置谈话中的各种追问，不断探索各种各样的应对办法，企图发展起全面的应对策略。俗话说，自己干的事情唯有自己知道。在职务犯罪案件事实的探究方面，被讯问人拥有的知晓因素要比讯问人多得多，要比讯问人掌握的事实全面和详细得多。秉持认识思维的讯问人只能立足于已经掌握的违纪违法犯罪事实或线索去确实真假和探求未知，其的思维特点虽然也带有在认识思维基础上的创构因素，但根据留置谈话实践可知，讯问人在整个讯问过程中的思维活跃点首先被着重放置于探究和分析被讯问人的心理活动和思维特征上，然后才是在认知基础上寻求征服或说服被讯问人改变抗拒思维的办法，对讯问人来说探究问题实质要比单纯尝试盲目地去应付问题要重要的多，其在探究和分析上用力至多，几乎是思维穷尽而假中辨真，更多地只是单纯在观察被讯问人的个体趋势上花费很多注意力，带着和被讯问人的距离感去展开思维活动成为讯问人对被讯问人心灵探寻之旅的主要特征，甚至把讯问人持有的创构思维湮没在探寻之思和分析之维中，使认识思维成为探寻思虑的主要显示形式，同时使得创构思维在其中显得微不足道，致使人们通常把职务犯罪讯问中讯问人的思维活动称作认识思维性探究活动，这就是为什么人们将认识思维叫作“猜想性”思维的原因。认识思维主要的功能形式是猜想，猜想的对象仅是被讯问人的思维实质，而被讯问人作为思维对立的一方则不会自觉情愿地被揣测，通常会主动进行伪装式的反抗思维，外现在双方言行对立上就会反映出讯问和反讯问双方的思维冲突，这就是职务犯罪讯问和反讯问双方之间的内心冲突。

无论是职务犯罪讯问和反讯问双方各自的内心冲突，还是职务犯罪讯问和反讯问双方之间的内心冲突，其产生的原因主要是由讯问人思维的社会性与被讯问人思维的个体倾向性之间的矛盾所引发的。从微观角度讲，虽然在职务犯罪讯问和反讯问双方言行接触时的思维对立中，双方思维均具有社会性和个体倾向性两方面的因素，但因在讯问与应讯原则的建构上着力点不同而各显侧重，必须进入宏观层面予以理解才能框清双方的主流思维。从宏观角度讲，鉴于双方身份的法定性，讯问人的思维除了稍具个体倾向性之外，根本性地体现为社会性倾向，这种倾向的思维特点更多地体现为纪法习性，表征着党和国家的普遍利益与被讯问人个体特殊利益之间的冲突，要求被讯问人克私欲为公德，服从纪法的外在强制和实现心灵的净化，带有强烈的正义色彩和明显的公德思维倾向，也就是通俗所讲的让被讯问人对组织审查调查做到心服口服。而被讯问人的思维主要是从“自我需要”出发，基本上围绕如何实现个人利益最大化而梯次展开，根本性地体现为个体倾向性，这种倾向性的思维特点更多地体现为私欲价值实现，意味着被讯问人侧重面向双边关系与其践欲行动的思维关联，从而在应讯利益最大化的互动逻辑上寻求个体存在方式的好转，要求讯问人迁就和放过其错误及罪行，服从并照顾其个体性的践欲要求，不愿放弃其心灵的肮脏，带有狭隘的个人主义倾向和强烈的利己主义色彩，其思维特点也就是通常所说的“不到黄河不死心”和“头撞南墙不回头”。双方这种尖锐对立的思维特性显示了讯问人公欲思维与被讯问人私欲思维之间存在一条不可逾越的鸿沟。换言之，在不同的动机需求背景下，讯问和反讯问双方之间的鸿沟主要是因为讯问和反讯问行动原因及讯问和反讯问行动方式的差异所致。

第三章
动机在职务犯罪讯问中的动力基础

一切动机背后都是未被满足的需求。讯问和反讯问需求是一种特定类型的动机,是推动讯问和反讯问双方实现特定目标的内部压力源。讯问和反讯问需求的具体内容包括许多方面,但从根本上来讲都属于心理需求。这种心理需求具有激励性、有益性和普适性,能够引发旨在满足讯问和反讯问动机的目标导向行为,能够激发讯问和反讯问双方去寻找满足心理需求的方法。在心理需求的诸多内容中,与那些受其他因素驱动的目标相比,受自主需求、能力需求和归属需求驱动的目标使讯问和反讯问双方更有望获得更令其满意的讯问和反讯问结果,自主需求、能力需求和归属需求故而成为讯问和反讯问心理需求的核心需求。下面我们在讨论讯问和反讯问心理需求的核心需求基础上探讨动机激发的其他动力因素。

第一节　讯问和反讯问核心需求的概说

自主是人的一种基本需求,是对自由、个人控制和自主选择的渴望。自主需求就是个体行动的内在动因和内在需要,也就是个体对为何做此事的自我认识和心理定位。职务犯罪讯问和反讯问双方的自主需求是指讯问和反讯问双方基于对讯问和反讯问有机需求的认识而自我决定和设计选择讯问和反讯问行为的控制需求。这种自我决定和设计选择通常来自讯问和反讯问双方的个人偏好和政治决断的价值观。在大多数情况下,讯问和反讯问动机需求受到留置谈话情势中的特定人和事的影响,且遵循纪法规范和文化规范,双方的需求思维特点是其思维活动的动力往往来自个人的偏好和选择,其不会因为对方的期望而干扰到自身，这在留置谈话之初的被讯问人身上反映明显。当留置谈话发展到互依能动阶段时，讯问和反讯问双方做事情时却会考虑对方的感受，甚至很多时候将此当作是自己行动的动力。从此意义上讲，讯问和反讯问双方的自主需求指的是讯问和反讯问双方对于将要从事任务或活动拥有一种自主选择感且并非受对方的控制需要，是指讯问和反讯问双方关于讯问和反讯问感受选择的潜能和其个体在留置谈话环境信息的基础上作出的应对方面的自由选择。这一点在留置谈话实践中得到证实。例如，当留置谈话中一方让对方根据其个人的意志发表看法时，能够让对方感到自己是自己行为的主宰，这时其在留置谈话中的自主感就非常强烈，具体表现为其能够采取主动的方式去发表自己的看法等，由此可说，自主需求是否得到满足影响着职务犯罪讯问和反讯问双方的应对动机和留置谈话效果，选择应对留置谈话方法是职务犯罪讯问和反讯问双方的权利，能够进行自由选择是讯问和反讯问双方自主需求得到满足的一种表现。在留置谈话之初，讯问人通常会采取让被讯问人学会接受和适应而避免作出自主选择的思维方法。但随着国家监察体制改革的深入，思想政治教育的方法越来越深入人心，越来越多的纪检监察干部主张让被讯问人全程自主选择，同时肯定自主选择的正确性和意义。留置谈话实践证明，当讯问人代替被讯问人做出选择时，被讯问人往往会作出不同反应，反映出被讯问人与讯问人关系距离的远近会影响被讯问人的应讯行动结果。被讯问人与讯问人的个体心理距离越近，讯问人的思维观点对被讯问人的影响越大，反之影响会小，甚至没有影响；因为当不注重与被讯问人互动的讯问人替代被讯问人作出决定时，被讯问人因自主感弱而往往不乐意接受；当注重与被讯问人互动的讯问人替代被讯问人作出选择时，被讯问人因自主感强而愿意接受的几率会增加，其配合审查的动力也往往会增强，所以说职务犯罪讯问和反讯问双方在增强自主感基础上建立彼此心理相容关系的人际关系对留置谈话取得成功非常重要。被讯问人的自主感较弱首先会产生心理抵抗，这种状态通常表现为被讯问人表现出更多的按照自己意愿行事的渴望并小心翼翼地作出相关抵触行为的实际尝试。如果被讯问人认为其在应对留置谈话过程中的自由行为被限制或受到了威胁，就会激发心理抵抗的动机状态，当然，被讯问人心理抵抗产生的强度和作用时间长短会因不同的个体心理状况而有所不同，在互动性上行为各异的个体心理差异决定着不同被讯问人对其个体心理抵抗的敏感性也是不一样的，不注重与讯问人互动的被讯问人往往比行为相反者的心理抵抗敏感性强。在留置谈话过程中,职务犯罪讯问和反讯问双方均全程具有构建自我行为和建立与对方行为相互联系的隐式思维倾向。在此前提下,按照被讯问人的应讯心理轨迹变化历程我们发现,自主感较强的被讯问人在留置谈话初期往往保持心理独立性,其思维行为方式是自我聚焦型的,非常在意和顾及自己的看法,特点是在心理上独立于讯问人,其思维一般跟随自己的喜好、意向和应讯目标进行自由选择,并且尝试控制和影响讯问人的思路;但随着讯问人思想政治教育工作的开展和有效,被讯问人的自主感变得愈来愈弱,自主感弱的被讯问人在留置谈话的中后期通常保持相对的心理独立或逐渐放弃心理独立,其思维活动方式是关系焦点型的,比较在意和顾及讯问人的看法,与讯问人在心理上形成相互依赖,特点是对自己和对讯问人负责,其自身思维能够积极适应讯问人的思路,并且愿意随着留置谈话情势变化和讯问人思维倾向作出配合谈话的改变。此时的自主性成为引导职务犯罪讯问和反讯问双方个体心理行动的某种内隐框架,指导和构建职务犯罪讯问和反讯问双方讯问和应讯活动的思维方式。由于自主感的存在,我们可以将职务犯罪讯问和反讯问双方的自我感划分为两种,一种是心理独立的自我感,一种是心理相互依赖的自我感。所谓心理独立的自我感,是指职务犯罪讯问和反讯问双方中的每一方都是独立于对方的,其可以依据自身的思想和感觉作出应对留置谈话的行动;所谓心理相互依赖的自我感,是指职务犯罪讯问和反讯问双方之间的基本联系是相互依赖的联系,并且当务之急是保持这种个体之间的相互依存关系,将自我看作相互依赖的自我,认为自我的应对谈话行为要参照对方的思维、感觉和行动,觉得这种认为是有组织因素的和有意义的。此谓的组织因素是指职务犯罪讯问和反讯问双方在留置谈话的特定环境中发起、终止和坚持特定的思维或行为的原因很大程度上取决于思想政治教育的政治文化背景。在不同的思想政治教育的方式和强度背景下,被讯问人应讯的个体动机差异主要是因为思想政治教育效果所致的行动原因和行动方式的差异造成的。在大多数情况下,职务犯罪讯问和反讯问双方的动机受到留置谈话的纪法主义和集体主义规制,是否接受纪法主义和集体主义的约束的情愿度决定了自主感内容的不同面向,进而反映出其应对留置谈话个体动机水平的质量和高低。对于具有心理独立的自我感的人来说,将会通过自身努力来表达内在需求、权利和能力并承受来自对方的压力,此时其动机水平的质量和高低都与其自身有关系;然而具有心理相互依赖的自我感的人来讲,将会努力的去接受对方的调整需求并抑制自己的内在欲望，其此时的动机质量和高低水平通常容易受到对方的影响。以个人为导向的心理独立的自我感所致的应对留置谈话动机通常被视为一种功能上的自主欲望，在这种欲望中通过个人努力达到某种内在的追求标准；以社会为导向的心理相互依赖的自我感在功能上并非完全自主，往往是个人坚持去实现他人的期望。在一般的留置谈话中经常出现的情形是，在留置谈话特定的人和事中，讯问人通常倾向于强调他人的动机力量，而被讯问人通常强调自身的动机力量，留置谈话中的谈锋往往是这两种自主性强弱不同的政治决断思维较量形成的。该谈锋的焦点在于讯问和反讯问双方都想祛除对方的征服欲望或说服欲望，都想以自己动机的描述性解释来替代对方的与其对立的动机定向，都想以自己的个体兴趣和自我认可来否认对方的动机自主定向和控制定向，但留置谈话是一种法定行为，总是存在被讯问人无法控制的外界意图和结果，这就决定了留置谈话的中心任务就是通过不断地削弱被讯问人的自主性感觉，以思想政治教育和法纪指令祛除被讯问人独立存在的不愿受控的自我认可动机，留置谈话的性质就是一种去动机讯问。趋利避害是人的本性，被讯问人自然生成追求"求无"、"求轻"和"求生"的倾向性思维和心理追求也是可以理解的，关键是我们要把握这种倾向性思维的关注点，这种思维倾向的侧重点是其个体的行为在多大程度上是自愿的和自我决定的，另外还要懂得被讯问人的个体思维是受其个人的意识驱动的，与其个体的核心自我完全一致，这体现了其个体优先的选择和价值观，其在应讯过程中愿意感受和体验到自由而不愿意感到压力和控制，这需要讯问人从有目的地增减被讯问人的自主性角度着手，将思想政治教育效果内化为被讯问人作出正确自我决定的动力，以强大的思想政治教育的政治决断威力来取得被讯问人的心理认同。这是讯问人应讯动机的内部动力来源。而被讯问人是否能够产生作出积极正确的政治决断思维，除了会受到留置谈话情势和讯问人的促进或阻碍外，取决于被讯问人基本心理希求是否能够得到满足。留置谈话实践证明，营造互动的良好谈话环境有助于被讯问人在应讯过程中形成趋供的自主选择感，并且被讯问人在趋向满足的同时亦会愿意为此付出努力，在纪法主义政治背景下和在集体主义政治背景下的被讯问人比在个人主义文化背景下和精致利己主义文化背景下的被讯问人更愿意强调扮演履行纪法义务的角色。总起来说，自主需求的满足是职务犯罪讯问和反讯问双方的选择感得到满足，心理独立的讯问人和被讯问人的个体选择感的满足来自于其自己的选择,心理相互依赖的讯问人和被讯问人的个体选择感的满足来自于对方的选择。

能力是人完成某项目标或任务所体现出来的综合素质,其总是和人完成一定的实践相联系在一起,是指掌握和运用知识技能所需的心理特征和达成一个目的所具备的条件或水平。能力需求是指个体对于所要从事的任务或活动有能力胜任的需要。职务犯罪讯问和反讯问双方的能力需求是指职务犯罪讯问和反讯问双方相信自己有能力控制自己行为的内在心理需要。能力需要是促使职务犯罪讯问和反讯问双方发展应对留置谈话新技能、设计应对留置谈话新方案和应对留置谈话新挑战的动力。职务犯罪讯问和反讯问双方都渴望在留置谈话过程中能够设计和想象出新的应对方式从而将自己推向应对的新极限。能力需求具有普遍性,涉及对能力、成功和有效性的渴望,能够引发行动心理,能够产生积极追求的效果。就职务犯罪讯问而言,讯问和反讯问双方满足能力需求的方法是追寻讯问和反讯问目标,同时具有感知自己能力的水平。职务犯罪讯问和反讯问双方的能力水平取决于其能力和自我效能感。所谓自我效能感指的是职务犯罪讯问和反讯问双方对自己完成某一特定任务的能力的看法或信念,自我效能感越强,职务犯罪讯问和反讯问双方就越相信自己拥有成功完成某件事的技能。在职务犯罪讯问过程中。讯问和反讯问双方如何解释在该过程中的成功和失败对自我效能感的形成非常重要,双方对成功或挫败原因的归因方式决定了挫败是否会影响其自我效能感。就讯问和反讯问成功而言,内部归因会增加双方的自豪感和成就感;就讯问和反讯问中的挫败而言,内部归因会增加双方的内疚感和羞耻感。当成功或挫败归因是内部或能力时将会影响双方的自我效能感。将成功归因于内部或能力会增加双方的自我效能感,而将挫败归因于内部或能力会降低双方的自我效能感。也就是说,双方的自我效能信念在很大程度上受其归因的影响,这涉及自我的作用。自我意识在很大程度上源于心理学家所讲的自我概念,自我概念是一个表征自我作用的概念,也就是讯问和反讯问双方个体自我认知的集合,每一方的自我概念就是每一方认为自己是谁,这种自我认知的集合正是讯问和反讯问动机的来源。举例来说,如果讯问人认为自己擅长与腐败官员情妇谈话,其可能更倾向去与腐败官员情妇谈话;如果被讯问人认为其巧言令色水平很高,其可能更倾向去向讯问人做无谓的辩解或虚供。这些例子告诉我们,讯问和反讯问双方的能力构成了其认为自己是谁的基础。双方都是根据自己擅长或不擅长哪些活动来定义自己是谁。能力不仅构成双方的自我基础,也决定了其在留置谈话终结时成为什么样的人。在留置谈话的每一阶段,双方都会拟定讯问目标或反讯问目标,通常都侧重于提高其在留置谈话特定领域的应对能力,这表明能力是构成双方的自我意识基础。我们将讯问和反讯问目标融入自我概念的程度称作目标融合,讯问和反讯问双方都有构成自我概念基础的目标和技能,然而其中有些目标和技能在其自我意识里内化程度更高。当目标融合程度较高时,双方感觉目标不仅是其做的事情,而且还是其自我的组成部分。目标内化程度越高,双方可能越有动力去实现这些目标。目标融合差异会引发讯问和反讯问动机差异。目标融合高者更有可能为其目标付出努力,因而更有可能实现其目标。讯问和反讯问目标与自我概念之间的关系非常紧密,当双方感觉目标与自我没有融合时,该目标的成功和失败对双方几乎没有影响,然而当双方感觉目标与自我融合程度越高,其感受到的成功喜悦和失败痛苦就越强烈。职务犯罪讯问和反讯问双方对自己的看法和感受在很大程度上受其对能力需求的影响,但是他们要想知道他们是谁以及其对自己是什么感受,还必须获得自我认识,每当他们试图对包括能力在内的自我概念的各个方面进行判断时,他们其实是在进行自我评价,他们获取有关自我信息并进行自我认识的常见方式是将自己的技能与对方进行比较,很多时候只有通过与对方进行较量和比较,他们才能知道自己具有什么能力。从这个意义上讲,他们在评估自己的能力水平时会把对方作为标准来进行比较。职务犯罪讯问和反讯问双方有一种准确评估其能力和观点的固有需求,这种倾向是由双方对准确把握自己能力水平的需求驱动的,这种自我评价也是由多种动机驱动的,这些驱动动机分别是自我评价、自我验证、自我增强和自我提高。所谓自我评价指的是职务犯罪讯问和反讯问双方对自己能力进行准确评价的动机。自我评价激励职务犯罪讯问和反讯问双方的方式是以诊断式测试来评估自己应对留置谈话情势的行为后果,指的是以尽量为自己提供准确的信息来减少对自己能力水平的误判的心理倾向。所谓自我验证是指职务犯罪讯问和反讯问双方各自保持自我概念与留置谈话信息之间一致性的动机,因为双方都希望得到反馈以证实他们对自己已经形成的看法进而肯定自己。自我验证激励职务犯罪讯问和反讯问双方的方式是各自以积极寻找能够验证其自我观念的留置谈话信息来测试自己行为的后果。如果职务犯罪讯问和反讯问双方各自持有积极的自我概念,其会在留置谈话情势中寻找能够证实自己积极一面的谈话信息，反之则会去寻找消极一面的谈话信息。如果讯问方能够从被讯问方那里得到正确的自我验证，这会促使其更愿意投入精力去和被讯问人谈话或谈心，因为自我验证具有促使人们与那些能验证其自我观念的人为伍的天然心理倾向，职务犯罪讯问和反讯问双方彼此表现自我的方式会促使他们相互之间自我观念更容易一致，便于彼此之间的自我验证完成，这与人们具有通过自我验证来肯定自己的天性有关。所谓自我增强是指职务犯罪讯问和反讯问双方增强自我概念的积极方面或减少自我概念的消极方面并尽量让自己感觉良好的动机。自我增强激励职务犯罪讯问和反讯问双方的方式是利用人皆具有希望看到自己最好一面的倾向来促使双方产生都希望认为自己在留置谈话领域的特定人与事的处理上能力更强的欲望。所谓自我提高是指职务犯罪讯问和反讯问双方提高自己应对留置谈话的能力、满足感和人格魅力的动机。自我提高因和自我增强一样都寻求积极的自我认识而有些相像，但其之间的区别还是非常明显的。自我增强是感觉自己好像有能力，自我提高是实际上变得更有能力。自我提高的第一步是职务犯罪讯问和反讯问双方都认识到自己的能力不像希望的那样强大，在此点上自我提高也和自我增强不同，因为自我提高突出自我缺陷，而自我增强不突出自我缺陷。自我提高激励职务犯罪讯问和反讯问双方的方式是通过双方之间的彼此比较以激发其想在某个方面变得更有能力和了解提高能力所需步骤来实现其功能。以上这四种自我评价的思维倾向会影响职务犯罪讯问和反讯问双方的能力感并指导其在留置谈话过程中的应对之策，根据留置谈话实践，自尊心强者更有可能自我增强，这是维持其能力感提升的一种方式，反之，高焦虑感者更有可能进行自我评价和自我提高，以此作为缓解对其能力不确定的一种方式。在留置谈话过程中，当一方感觉受到威胁的负面反馈时，更有可能采取自我增强的思维倾向。当职务犯罪讯问和反讯问双方对自己的应对能力不确定时，更有可能进行自我评价，但当其对自己的应对能力有确定感时，则更有可能进行自我验证。当职务犯罪讯问和反讯问双方的认知资源缺乏时，其更有可能进行自我增强，但当认知资源充足时则更有可能进行自我评价。总起来讲，自我增强是职务犯罪讯问和反讯问双方都默认的主要动机倾向，因为职务犯罪讯问和反讯问双方在留置谈话中不用经过太多的思考就会自动如此行事。职务犯罪讯问和反讯问双方对丧失能力的反应是一样的，都会在内部归因时基于自利情绪在二元关系中把不满和过错归咎于对方，都会在外部归因时基于自我设阻情绪当预计可能会失败时避免将此归咎于自身原因，进而以此感觉在可能的失败面前保持一种能力感，都会在查找原因时基于找借口情绪表现出企图把负面结果的归因从内部原因转向外部原因的思维倾向。

归属指的是属于或归于，是指划定从属关系。归属需求是指个体与他人之间保持某种联系的需要，即形成并维持持久的和积极的人际关系的普遍驱力。职务犯罪讯问和反讯问双方的归属需求是指每一方都有被对方接受的核心需要。归属需求能够引发职务犯罪讯问和反讯问双方应对留置谈话行为的思维倾向，职务犯罪讯问和反讯问双方根据彼此心理倾向的相似性来形成心理相容关系并以此满足自己的归属需求。从被讯问人角度讲，归属需求高的被讯问人一般不希望频繁更换讯问人，因为频繁的人际关系流动会使被讯问人缺乏安全感，并且对这种频繁的人际关系流动的认知会影响到被讯问人在应对留置谈话时采取谨慎的态度，这样的认知态度会削弱讯问和反讯问双方彼此之间的心理相容关系，出现人际关系困扰进而降低双方的心理满意度。在职务犯罪讯问过程中，当讯问人在谈话中一味从心理上排斥被讯问人并将被讯问人排除在谈话互动的充分参与之外时，会引起被讯问人因情绪消沉而降低对自己的自我评价，并且影响被讯问人在留置谈话中的后续行为。下面我们讨论职务犯罪讯问和反讯问双方对排斥的内部反应。排斥会导致伤心、情感麻木和认知障碍等诸多的内部反应，对被讯问人来说尤其会形成攻击性和自我调节受损的行为后果，这种攻击性通常表现为被讯问人在留置谈话过程中的各种抗谈拒供心理和行为。自我调节是职务犯罪讯问和反讯问双方在留置谈话过程中改变自我反应的能力，每当其试图控制自己的思想、情绪和行为冲动时，职务犯罪讯问和反讯问双方都依赖自我调节能力，而排斥则是影响职务犯罪讯问和反讯问双方成功调节自我行为能力的重要因素，当职务犯罪讯问和反讯问双方中的一方被排斥时，其自我调节能力都会受到损害，因此会做出各种各样的自我挫败行为。当讯问人员相对固定下来以后，职务犯罪讯问和反讯问双方之所以能够形成彼此认同并表现出内群偏好，是因为其的自尊的主要来源是彼此间的认同。职务犯罪讯问和反讯问双方通常会自动将对方分为“我们”和“他们”，这样做会引起竞争的感觉和获胜的欲望，这种欲望会使讯问和反讯问双方较快形成彼此认同，并立即表现出对对方的偏好。职务犯讯问和反讯问双方越是感觉与对方的关系紧密，就越感觉被对方接受，从而越喜欢对方。与此相反的情况是，个体排斥在留置谈话中经常发生，由于双方法定身份的对立原因，双方在留置谈话过程中经常呈现对立思维，经常排斥对方与自己互动，这就会威胁双方的个体归属需求，这时对讯问人来讲尤其要注意学会与被讯问人的心理和言行互动，以此增加被排斥的被讯问人滋生合作欲望的可能性，以实际的相互认识范式操纵影响接纳的个体排斥性，以趋近的心理认同感为被排斥的被讯问人提供一种新的归属，就此形成弱势下的同盟关系，以相近或相同的世界观和价值观驱动被讯问人增强合作的积极性和自觉性，较快促使被讯问人出现心理趋近的“小团体”现象，以达致趋供心理的形成。法定的身份对立是一把双刃剑，其在很多方面使讯问和反讯问双方的归属需求与自主需求或能力需求相对抗，职务犯罪讯问和反讯问双方一方面希望感觉自己与对方相似，能被对方所接受，另一方面希望感觉独特，感觉能控制自己的命运，也就是说双方都想既融入对方又想从彼此关系中脱颖而出，不断地摇摆于这两种相反的欲望之间。职务犯罪讯问人和反讯问双方对同化的渴望意味着其想与对方心心理相似，这是由其的归属需求驱动的。但职务犯罪讯问和反讯问双方对差异化的渴望意味着其想感觉极其特别，这是由其的自主需求和能力需求所驱动的。问题在于在留置谈话环境下这两种欲望是辩证的对立面，满足其中一个就不能满足另一个。职务犯罪讯问和反讯问双方越是感觉相似就越想脱颖而出而变得独特，其越是感觉独特就越想与对方相似并融入其中。这通常会形成留置谈话的拉锯战，这就要求职务犯罪讯问和反讯问双方通过寻求有助于其在同化和差异化之间保持最佳平衡的群体成员身份来解决这一问题，这意味着职务犯罪讯问和反讯问双方希望自己属于独特但又不过于独特的且由双方构成的留置谈话“小群体”，这个留置谈话中的“小群体”会让每一方都感觉自己属于一个包容但又有选择性的彼此相互理解的心理相容关系成员，从而能够同时满足其对同化和差异性的渴望。这是职务犯罪讯问和反讯问双方最优的特性选择。

第二节　自我发展的过程定向说明

自我是个体对其存在状态的认知，包括对自己的生理状态、心理状态、人际关系和社会角色的认知。职务犯罪讯问和反讯问双方都有一个自我的概念，据前所述，留置谈话是一个由自我对抗走向“我们”共同体的动态发展过程，这个过程实际上是一个由受个体利己倾向驱动的“个体自我”向由受纪法倾向驱动的“社会自我”动态转变的心理过程。在这个转变过程中,个体既可以主体我的身份去认识和改造对方,又可以以客体我的身份被认识和被改造,每一方都是主体我与客体我的有机统一体。职务犯罪讯问和反讯问双方各自的自我意识是其各自对自己的认识,具体说是其个体对自身的认识对与对方关系的认识,就是对自己在留置谈话过程中存在的觉察,大致包括三方面的内容:一是其个体对自身生理状态的认识和评价,二是对自己心理状态的认识和评价,三是对自己与对方关系的认识和评价。这种自我意识在心理学界一般被归置为其个性的调节系统,作为其个性结构中的一个组成部分,成为其个性自我完善的心理基础。此谓的自我意识是职务犯罪讯问和反讯问双方特有的心理系统,具有意识性、社会性、能动性和同一性等特点。意识性是指职务犯罪讯问和反讯问双方中的每一方对自己以及与对方的关系具有清晰明确的理解和自觉的态度。社会性是指职务犯罪讯问和反讯问双方中的每一方对自我本质的意识是意识到其个体的社会特性和意识到其个体的社会角色。能动性是指职务犯罪讯问和反讯问双方每一方的自我意识的能动性不仅表现在其个体能根据对方的评价、态度和自己的应对谈话行动所反馈的信息来形成自我意识,而且还能根据自我意识调控自己的心理和行动。同一性是指职务犯罪讯问和反讯问双方中的每一方会对自己的基本认识和态度保持前后一致的心理面貌。职务犯罪讯问和反讯问双方的这种自我意识具有导向激励功能、自我控制功能、内省调节功能。所谓导向激励功能是指职务犯罪讯问和反讯问双方作为自我意识健全的个体,在应对留置谈话的过程中,讯问和反讯问的目的和结果就以观念的形式存在于头脑之中,并以此做出讯问和反讯问计划和指导自己的讯问和反讯问活动,从而激发起强大的动力意欲达到预期的目标。所谓的自我控制功能是指职务犯罪讯问和反讯问双方对讯问和反讯问目标具有自立、自主、自信和自制的意识,并对自己偏离讯问和反讯问目标的情感和行动加以调节和控制。所谓内省调节功能是指职务犯罪讯问和反讯问双方作为意识健全的个体不仅能够确立符合自己理想的讯问和反讯问目标,而且能够通过自我控制来实现预期目标。发展是指事物由小到大、由简到繁、由低级到高级、由旧事物到新事物的运动变化过程。自我发展是指通过自我形成的见解来增强自身的竞争力和实力。职务犯罪讯问和反讯问双方的自我发展是指讯问和反讯问双方在留置谈话中不断提高自己的应对知识水平和应对技能水平等素质的过程。职务犯罪讯问和反讯问双方自我发展的过程定向是指讯问和反讯问双方在应对留置谈话过程中将注意焦点指向谈话过程要素而不是谈话最终结果的心理定向。

从过程定向意义上说，职务犯罪讯问和反讯问双方各自的“自我”概念从整体上可理解为其个体对自己的看法和对方关于自己看法的觉知体系，它滋生于留置谈话关系中讯问和反讯问双方各自证明自己的需要，这种“自我”是将体验和行为融为一体的适应留置谈话情势的能力，帮助讯问和反讯问双方适应留置谈话冲突且使双方在冲突中不丧失自己的个性。下面我们着重从被讯问人角度讨论“自我发展”的过程定向。被讯问人自我发展的过程一般可以划分为自我认识不清晰、自我认识相对清晰、自我认识矛盾和冲突、自我认识的境界升华四个阶段。在这个过程中，被讯问人完成了从受个体利己倾向驱动的“个体自我”向受纪法倾向驱动的“社会自我”的思维和心理的动态转变。

所谓自我认识不清晰，是指被讯问人在被留置之初对“我是什么样的人”以及“我应该怎么办”的问题思想认识模糊，其思维特点是整体上处于思维混沌状态。这种自我概念的不清晰会给被讯问人带来前途的不确定感，这种不确定感会给被讯问人带来感受和体验上的不舒适感，这种不舒适感具有拒绝配合谈话的动机作用，促使被讯问人自觉地去寻找具体或实在的思维方式来缓解上述不确定感。

所谓自我认识相对清晰，是指被讯问人在经历留置之初的思维慌乱和茫然后，开始在遭受存在性安全威胁感觉基础上被迫思考“我是什么样的人”以及“我应该怎么办”的问题，初步意识到“我是违犯纪法规范的人”，开始产生“我要争取最好结果”的欲望，开始主动研判留置谈话形势，并尝试寻找应对留置谈话的方法，对自己以及自己面临的纪法形势开始具有了相对清晰的认识。

所谓自我认识矛盾和冲突，是指被讯问人在对自我具有相对清晰的认识以后，开始自觉思考“我是什么样的人”以及“我应该怎么办”的问题，意识到“我难逃纪法追究”，在“我应该怎么办”上出现权变思维，在是否配合上左右摇摆，在供与不供上纠结不定，内心充满了挣扎和矛盾。被讯问人的这种思维特点是非常痛苦的，其一方面存有对自我的评价来源于或依赖于能否达到某种较为理想的留置谈话结果的人际或内在心理期待，另一方面还存在希冀通过辩解或否认的自我决定达致挣脱纪法追究的内在满足和幻想，在思维上不断出现不一致的自我认识。

所谓自我认识的境界升华,是指被讯问人在讯问人的正念教育下,逐渐产生"我是应该受到纪法追究的人"的自我认识,在"我应该怎么办"的自我决断上开始正向考虑应对留置谈话的方式和方法,在配合与否上滋生积极合作的欲望,在涉及自我认识的意识或潜意识层面更多地体现出讯问人所营造的纪法文化在塑造被讯问人个人理想自我中的作用。这种作用能使被讯问人较为正确地面对现实自我与理想自我之间的差异,同时以产生主动供述动机方式来弥补这种自我差距,具体讲就是其思维从对讯问人观念的自我逃离转向自我认同。自我逃离是指被讯问人为了逃离让自己厌恶的讯问人纪法文化的自我觉察而进行的抗谈拒供的心理追求;自我认同是指被讯问人试图通过接受讯问人的纪法教育和思想政治教育方式来建构和维持配合留置谈话的自我。被讯问人的这种自我认识具有情境性、动机性和符号性特征。所谓情境性,是指无论是基于人格特质或价值观还是基于应讯目标的设定,都暗示了配合与趋供是被讯问人长期和稳定的心理品质。从个人对留置谈话情境的视角出发,可以讲被讯问人之前的心理思维更强调其个人利益,而认同目标追求虽然不否认个人差异,但更强调配合与供述倾向的情境性,将配合与供述倾向视作被讯问人对安全威胁自我认同的特定情境的反应。所谓动机性,是指被讯问人配合主义的认同目标追求倾向的情境性落脚点是其产生供述倾向的行为动机,配合主义被视作对能够有益自我的自我认同的特定情境的反映,其显著的心理特征是延续感、归属感、效能感和意义感,配合主义的认同目标追求在此基础上推理出当被讯问人使用供述手段来满足这些动机时就被认为是配合主义的。所谓符号性,是指被讯问人配合主义满足自我认同动机的特殊性在于采用了符号获取和使用作为手段或工具达致这一目标,这体现在四个方面:一是配合主义仅仅是达成维持自我认同目标的诸多手段之一;二是配合主义的获取对象是留置谈话中的个人体验或人际关系;三是被讯问人对留置谈话的体验和人际关系的适用也是配合主义的;四是符号的本质是信号作用,既包括对讯问人的信号过程,也包括对自己的信号过程,为了增强配合,被讯问人无论是为了向讯问人显示自己仰或仅仅是为了自我满足均被视作配合主义。由此可以看出,配合主义仅仅是被讯问人满足认同动机的工具而已。

被讯问人在以上思维和心理转变过程中在心智更加成熟基础上能力自我不

断提升，情绪自我不断调适，道德自我不断修正，目标自我自主调控，纪法自我不断发展。在能力自我提升方面表现为：被讯问人在应对留置谈话、适应留置谈话情境和认知自己应对能力方面不再过分依赖讯问人，出现独立解决问题的思维倾向并力求把事情做好；此时的被讯问人碰到困扰会首选讯问人和党组织，其次才是选择自我解决；被讯问人会尽力做好自我的事情以此确认能力自我，倘若做错了事情也能够直接向党组织检讨错误并认罪悔罪。被讯问人进行能力自我发展是在寻找那些与自我图式相符合信息的过程，通过那些能够确认自我图式的信息来排斥否定的信息，不断建立能力自信。在情绪自我调适方面表现为：被讯问人不断修正在应对留置谈话过程中彰显的情绪觉知，自觉防止应讯情绪极端化，即避免盲目乐观和防止在现实打击下一蹶不振或自暴自弃。在道德自我修正方面表现为：被讯问人在讯问人的纪法教育和思想政治教育下对自己的思想进行自我革命，根据对道德的认知、道德行为的选择、道德价值观的正相觉知，对留置谈话情势包含的道德取向虚心接受，真诚接受讯问人的纪法教育和思想政治教育，对自己人生观、价值观进行不间断探寻和正向修正。在目标自我调控方面表现为：被讯问人在对留置谈话应讯目标、应讯态度、应讯行为和应讯效果自我觉知基础上在高思想压力之下逐渐从被动应付转向主动应对、自我监督和自我控制；虽然这会产生积极情感或消极体验，但却能够激发被讯问人的自我进取感，增强被讯问人正相应对留置谈话的进取心。在纪法自我发展方面表现为：被讯问人在保持对留置谈话过程中的人际关系和人际互动看法和态度基础上，正相发展来自与讯问人良性互动的感受，正确评判对讯问人评价的反映性评价。

当然，被讯问人在留置谈话过程中也会因动态心理适应的结果而出现行为困扰，也就是被讯问人与留置谈话情势适应不良的表现。一是身心情绪发展的困扰：被讯问人在自我追寻过程中受到挫折时会产生自卑和不安等紧张情绪。被讯问人对能力提升的渴望、情绪不稳定、道德感提升与留置谈话现实的差异、与讯问人的人际关系压力和组织环境的适应等均会使之倍感焦虑，进而滋生一定的思维偏差和行为困扰。二是自我关怀的困扰：随着留置谈话的深入，被讯问人提升应对能力的自我需求会越来越强烈，在思维独立性不断增强的同时，在应讯目标、自我应对能力和接受讯问人关怀等方面会产生不和谐的状态。被讯问人渴望得到讯问人和党组织的关怀与肯定，也具有强烈的保持独立性的需要。被讯问人通常会设置一定的应讯目标并尝试达致目标，感知在自我实现的可能性，并尝试提升认同感和归属感，当这些需要不能够被满足或出现矛盾时，被讯问人往往产生自尊程度的降低和自我效能感的削弱。三是应对留置谈话效果的困扰：留置谈话效果的自认好与坏是被讯问人最主要的压力，压力源来自应讯任务压力、应讯时间压力、挫折压力、讯问人要求压力、说服对方压力、组织期望压力、应讯目标压力、谈话环境压力、自我期望压力等。在应对留置谈话效果达不到被讯问人感觉时，因被讯问人自我调节不顺利，就会产生对留置谈话效果和后果的担忧；在留置谈话中因讯问人要求标准高往往会导致被讯问人思维懒惰或裹步不前，甚至转而以抗谈拒供进行代偿。讯问人对被讯问人期望过高会导致被讯问人与讯问人关系紧张，甚至会在彼此之间发生冲突，被讯问人因此在谈话中被动应付。来自被讯问人自身的压力主要变现在应讯目标达成的不易，会造成被讯问人退缩或幻想等心理困扰。四是留置谈话中的人际关系困扰：被讯问人一旦被留置，社会关系就会从家庭和单位转向组织和讯问人，基于对自己身家性命的担忧而对如何与党组织和讯问人打交道不知所措，通常表现为过度担心个人前途，常因应讯经验缺乏或与讯问人的价值认同不一致而滋生与讯问人交往的不和谐或出现彼此关系的挫败感。

提升被讯问人自我概念水平以减少行为困扰的策略：一是组织支持：积极的自我概念与良好的留置谈话效果可能形成良性循环。被说服度或被征服感越强的被讯问人配合主动性较强，应讯情绪的控制能力也较佳，在人际关系和价值认同方面的认同感较高，产生行为困扰的几率就低，因为被讯问人不主动配合而导致谈话效果不佳的原因并非独立存在，而是整个留置谈话行为动力系统出现角色偏常的结果。个人利益欲强的消极自我概念导致消极的自我期望，这时党组织需采用有效策略培养被讯问人积极的自我概念，正确引导被讯问人认识配合谈话的价值和目的，启导被讯问人的配合动力，更加关注被讯问人前程问题，要注重培养被讯问人正确的和科学的人生观、价值观和世界观，强化被讯问人的纪法责任、社会责任和家庭责任感，帮助被讯问人更好调控真实自我的价值追求和行为建模，以减少被讯问人行为困扰的出现。二是讯问人关心：讯问环境是被讯问人自我概念形成与提升的重要环境，讯问人的风格与被讯问人自我概念关系密切，关怀式互动模式影响着被讯问人自我概念的发展；一般而言，当被讯问人在留置谈话过程中遇到困惑以及自我发展难题时，同志般的平等沟通和交流是重要的解决问题方式，讯问人员要学会“移情”，站在被讯问人的角度来看待问题,设身处地地思考事情发生的缘由,采取循循善诱的引导方式,允许被讯问人与自己意见不同,让被讯问人自己明白道理,建立自我的行事原则和方式。三是自我发展的支撑:被讯问人在应讯过程中要经历一系列自我同一性危机,面对危机的应对方式和态度倾向对自我概念产生重大影响。所谓自我同一性是指被讯问人在寻求自我的发展中对自我、价值观和理想等重大事件的较为完善且前后一致的意识,也是被讯问人在留置谈话中的过去、现在和未来的时空概念中对内在一致性和连续性的主观感受与体验,是被讯问人在留置谈话特定环境中的自我整合。在自我概念形成过程中,被讯问人客观全面地自我认同和积极接纳自我,并在接纳中成长和在认同中提升,不断完善和超越自我,克服重重困扰而形成乐观和积极的自我概念。被讯问人采用配合的积极方式自我确认就是要找出理想自我与现实自我的差距,采取正确的应讯行动来缩小差距,以不断进行自我提升与自我发展。

第三节 安全需求满足视域中的动机激发论释

安全需求是被讯问人的天然需求,当被讯问人离开母体面临世界时,被讯问人的自我保存本能就会唤醒其安全需求。随着被讯问人的生活体验的多样和工作经验的丰富,被讯问人对生活和工作环境的适应与掌控能力逐步提升,被自我生存唤醒的安全需求得到满足后会进入沉睡状态。但当被讯问人因被留置而失去人身自由时,讯问情势中的人际关系因素、能力层面因素和精神信仰因素会再次唤醒其安全需求,安全感的结构亦会随之不断变迁,被讯问人这种对安全感的寻求是其安全需求被再次唤醒导致的结果。基于上述原因,讯问人在留置谈话过程中要认真研究唤醒被讯问人安全感的诸因素以界定安全需求的结构,主要是通过体验被讯问人的不安全感来体会被讯问人的安全需求。被讯问人的安全感是在被讯问人安全需求被唤醒以后,被讯问人通过自我调节与谈话环境结构后产生的确定感和可控感,体验被讯问人的确定感和安全满足感能正面验证被讯问人的个体安全感。

从职务犯罪讯问人角度而言,讯问人在留置谈话过程中的主要任务即是对被讯问人进行纪法教育和思想政治教育。在这样的教育环境中,讯问人学会体验被讯问人的安全感对取得讯问成功具有独特而重要的意义。其独特之处在于讯问人必须用心来感受讯问谈话中被讯问人的内心;其重要性在于,讯问人的教育活动展开需要保障被讯问人安全感的多样化需求,应该用安全感多重内涵来反观甚至营造留置谈话环境,需要讯问人关注留置谈话阶段的被讯问人自我发展的特殊性。在这样的教育环境中,这种自我发展更强调自我的纪法文化可建构性,这需要讯问人建构一种留置谈话环境中的被讯问人自我发展阶段性举措来揭示其纪法文的可建构性,这种建构蕴含被讯问人个体安全感和留置谈话环境中自我的纪法文化建构性、发展的阶段性,甚至将纪法文化与说服教育与人性三者内在统一起来,以实现被讯问人自我的跃迁。这种建构性立基于被讯问人自我跃迁的相关探索。我们可以将被讯问人的自我跃迁划分为前自我中心阶段、自我中心阶段、克服自我中心阶段、超越自我中心阶段四个阶段,可以认为各阶段自我跃迁的动力源自被讯问人对自我的反思和讯问人纪法教育与思想政治教育的引导。讯问人纪法教育和思想政治教育的教育环境的阶段性特征决定了被讯问人安全感的结构与阶段性特征,同时在一定程度上影响被讯问人自我发展的动力以及所处阶段。安身立命是留置谈话教育活动的根本目的,这一目的保障了留置谈话教育环境中被讯问人个体安全感和自我发展的双重实现。

前自我中心阶段指的是被讯问人在被宣布留置前后的有限时间内,其对留置的认知缺乏全面的认识,不能够将留置中的自我与社会中的自我明显区分开来,主要原因是其受限于个体认知系统发展的初步展开。

自我中心阶段指的是被讯问人在留置谈话前期,其认知仍然停留在社会生活的前习俗阶段。在这个阶段,被讯问人先是围绕让其具有不安全感的讯问行为进行试探,认为所有来自讯问人的威胁对其都是致命的;但随着留置谈话的深入进行,被讯问人开始改变认知,开始划分留置谈话中的自己的内心世界和讯问人的内心世界,并且认识到讯问人的谈话威胁并非都是致命的,其可以通过稍许的主动来获得其想得到东西。在这个阶段,被讯问人与自我的关系是以欲望为基础,而欲望以本能为基础,被讯问人的身心灵被本能绑架,被讯问人与讯问人的关系是“差序格局”与“差序格局”的关系,亦即“征服”与“被征服”的关系。

克服自我中心阶段指的是当被讯问人与讯问人持续交往时,感觉自己与讯问人的人际关系规则不等同于自己以前所处的社会交往规则,感觉需要学会换位思考和替他人着想,开始认识到自己独特的生存价值,并被讯问人唤醒精神追求的责任感和使命感。

超越自我中心阶段是克服自我中心阶段发展的结果，被讯问人与自我的关系是“自我的一切力量为个体使命服务”，被讯问人与讯问人之间的关系是平等关系，双方的关系还有更崇高神圣的党组织作为第三方来协调，三者形成等腰三角形关系，被讯问人在此阶段将自我融合到“我们”共同体中去建构超越现实自我的可能自我。

留置谈话过程是被讯问人寻求和建构安全感由外在物和人际关系支持逐步转向内在精神和信念或信仰层面的过程。就此而言，被讯问人的自我发展其实是由一次次重构安全感而安身立命的过程。前自我中心阶段是被讯问人安全感的第一次重构，此时的被讯问人开始摆脱工作单位去独自面对新的环境并尝试自己独立地去做决定；自我中心阶段是被讯问人安全感的第二次重构，此时的被讯问人自主建构起了自我与他者的关系结构；克服自我中心阶段是被讯问人安全感的第三次重构，此时的被讯问人从自主发展意识的觉醒成长至自主发展能力的获得；超越自我中心阶段是被讯问人安全感的第四次重构，此时的被讯问人最终寻求并获得了精神皈依。

被讯问人安全感的结构包括四个方面，一是作为一种心理感觉，是指被讯问人在其安全需求得以满足时内心产生的一种情绪体验；二是作为一种目标，是指被讯问人在适应留置谈话环境时其身体层面的安全感就可能作为一种目标而去追求能给自己带来安全感的原料；三是作为一种自我发展动力，是指被讯问人在留置谈话过程中当感觉出现危及自我一致性因素时会进行自我分析并适时启动安全操作策略以进行选择性忽视；四是作为一种信仰追求，是指被讯问人在留置谈话中发现有自我差距时能激发出个体超越性需求，个体安全感逐渐由自我的基础走向自我的核心。

留置谈话的教育主旨属于公共议题，其针对被讯问人在留置谈话过程中出现的个体焦虑而展开。个体焦虑不仅产生于被讯问人的个体性格，而且产生于被讯问人所接触的谈话环境，其基本特征是被讯问人在谈话中感觉其素日所珍视的价值遭受到了威胁。公共议题则超越了被讯问人内心世界的局部环境，而涉及到政权组织和国家制度所构成的社会结构，强调的是政权组织所珍视的公共安全价值受到了威胁。留置谈话的教育活动是对这种来自被讯问人贪贿渎职行为的公共威胁的矫正手段，其活动核心是帮助被讯问人在区分个体性价值与社会性价值基础上整合两者，建立起具有超越性价值且具有人生意义感的纪法价值观,这种价值观综合个体、社会和国家三个层次,围绕真善美等人类文明核心价值展开,教育被讯问人在充满正向价值的场域中去形成独立的自我,从此意义上讲,留置谈话中的教育活动的价值在于唤醒和解放被讯问人内在的积极力量,使其能够在组织关爱和帮助下决定成为什么样的人以及在纪法约束范围内自己把握安身立命的根本。

一般而言,安身立命的基础条件是自我发展,对被讯问人来说是指其作为主体自主地建构理想自我,对讯问人来讲是指其认为被讯问人的自我发展是建立在纪法文明基础之上的自主建构,其所进行的系统的纪法教育和思想政治教育是为被讯问人自我发展提供文明资源的通道和途径,通过这种教育过程唤醒被讯问人自主的自我发展意识。从这个角度而言,自我是被讯问人利用所得文明资源自主建构的结果。“我是什么样的人”和“我想要成为什么样的人”是被讯问人自我发展过程中始终要面对的两个问题,亦即,被讯问人的自我如何面对现在的我和将来的我。当被讯问人利用所得文明资源实现包容式发展以后,即其个体意识由个体我向共同体的我们转换时,其自我发展便趋向自我跃迁。从自我跃迁的四阶段来看,被讯问人完成每一次的阶段跨越均需要经历深刻的自我反思和持续的文明价值的引导。

被讯问人在前自我中心阶段的特征是自我被动发展和自我唤醒,在被讯问人这个自我发展的蒙昧期,被讯问人种下什么就收获什么,留置意味着被讯问人的挫折和反思能打破自我的沉睡状态。

在自我中心阶段,被讯问人的自我被唤醒后,他的自我会迈向自我中心并开始自我的建构。此阶段的自我自主建构指的是被讯问人以自我为中心去获取文明资源并重构自身所拥有的文明资源。在这一系列过程中,被讯问人获取知识、提升能力和建构与讯问人的关系,以获得讯问人的认同与好感。被讯问人的自我认同开始由我走向我们,所建构的人际关系在留置谈话之初是竞争,在之后逐渐向合作性关系过渡。当被讯问人能够适应留置谈话教育环境却希望更好地适应或一味顺从竞争性而不敢越雷池一步时,当被讯问人一味竞争却没有考虑比竞争更高级的价值时,这些意识就属于自我中心阶段的自我建构。在留置谈话的教育环境中,讯问人与被讯问人的人际关系不仅促进被讯问人个体的自我发展,而且也提供被讯问人个体所需要的关系层面的安全感。因此在讯问人再三要求被讯问人配合谈话却仍有拒绝者时,表明被讯问人学会反抗强制和压迫性质的留置谈话方式时，被讯问人的个体自我已经处于觉醒状态，并已经将自我关注的焦点从自我转向他者，开始学着通过讯问人看自己，通过讯问人对自己的肯定和鼓励以及通过讯问人对自己的认同来完成自我认同。每一个被讯问人都希望获得讯问人的肯定和鼓励，但我们不能将追求讯问人肯定行为轻易判定为属于自我中阶段的自主建构行为或属于前自我中阶段的盲目行为，区别在于被讯问人是否将讯问人的肯定视作自己态度转变的根本动力，亦即在没有讯问人肯定的情况下是否仍持续该行为，该行为意味着被讯问人打破了前自我中心阶段的自我沉睡状态。在竞争与合作的过程中，讯问人和被讯问人之间完成了自我与他者双螺旋发展机制，毫无疑问的是被讯问人在其中的发展过程处于自我中心阶段的自主建构过程，因为此时的被讯问人的应讯目标是为了实现自己的应讯绩效而别无其他。被讯问人为了提升应讯绩效而与讯问人既对抗又合作。因为被讯问人根据自己的人生观、价值观和世界观，会认为主流文化并非就是正确的文化价值取向，当然也会在反思主流文化基础上作出反抗主流文化的行为。被讯问人自我的发展过程是在一次次的选择中完成的。在价值选择过程中，有多少被选择项和选择的标准是什么以及谁来做最终决定等细节体现了被讯问人正确自我发展的自觉度。当被讯问人开始考虑是否全盘接受讯问人提供的纪法价值观时，其自我意识开始处于积极活跃状态，这会为被讯问人的自我提供持续性的动力。

在超越自我中心阶段，被讯问人的应讯目的主要是寻求自我的包容式发展。自我的包容式发展并不是让被讯问人放弃自我，而是要求被讯问人将过去的自我与现在的自我和将来的自我、现实的自我与理想的自我融合为一体。在这个阶段，被讯问人的自我不仅从“我”进入“我们”的身份认同，更将“我们”的外延扩充至纪法文明共同体。在留置谈话环境中，当讯问人用纪法文明永恒价值组织文明资源并以身作则践行纪法文明价值时，被讯问人就能在思想政治教育过程中找到人生的使命，并展开个体自我真正有意义的包容式发展。从此角度讲，讯问人要审思被讯问人所期待的理想自我是什么，被讯问人则要考虑“我的理想”与“理想自我”之间的关系和实现的可能条件。“我要追求什么”是被讯问人必须回答讯问人的主要问题。

被讯问人的自我发展统一于其自我跃迁的四个阶段，其处于的前自我中心阶段和自我中心阶段属于自然本能层次，克服自我中心阶段属于能反映其个体社会性发展的必然要求的社会性阶段,被讯问人所处的超越自我中心阶段属于自我发展的真正具有价值意义的文明阶段,被讯问人在该阶段其自我与纪法文明融为一体。条件反射和经验复制是人性的本能,经验的反思与文明价值的引领是人性的跃迁,从人性的弱点到人性的优点是留置谈话思想政治教育的必要性,而人性跃迁的阻滞是缺乏思想政治教育文明视野的纪法教育使然。

被讯问人的自我跃迁以个体与自我、个体与讯问者、个体与纪法文明的关系为内容,更加强调接受纪法教育对自我发展的根本性促进作用。被讯问人的自我必须先与自己的糨糊世界观分离,用自己的感官认识留置谈话中的纪法教育和思想政治教育,并从受教育中区分自己和自己的世界观,最后追求融入理想的谈话共同体中,也就是组织共同体中。被讯问人的自我发展在超越自我中心阶段之前以自我中心认知和感受自己以及自己的世界观,在超越自我中心阶段其观察留置谈话教育的视角不再用个体的"我"之视角,而是用我们或共同体的视角将自我使命融入到共同体使命中去。

纪法文化混合两极对立的价值体系,这意味着被讯问人的自我与"我们"共同体是对立的两极,两极之间的差异就是个人利己价值与纪法文明价值摆放序列的不同,留置谈话中的教育目的是帮助被讯问人从自我中心走向纪法共同体,其核心价值是劝诫被讯问人超越自我中心进入纪法价值的圣洁中去,这种教育活动的心理指向就是教导且鼓励被讯问人进行正确的自我跃迁,达到纪法文明层次。从这个角度讲,被讯问人自我跃迁的动力是对自我生命价值的终极意义上的追问,是对留置谈话中受教育过程中的自我局限的超越。这种超越包括对纪法价值的新认知:维持自我中心的价值包括个体基本权利和自我实现等;克服自我中心的价值包括敬畏、节制、救赎、忏悔、觉悟等;克服"自我中心"以后,被讯问人的价值观分为指向他者、纪法共同体和国家三个层次的价值范畴,其中的指向他者的价值包括感恩、诚实、友善、君子人格、和而不同等,指向纪法共同体的价值包括平等、敬畏、虔诚、文明、至善等,指向国家的价值包括公平、正义、民主、自由和法治等。这些价值层次具有普遍性。下面我们探讨被讯问人安全感寻求与自我发展关系的可能性揭示问题。

被讯问人在留置谈话环境中必然会遇到个体安全感问题,被讯问人的自我发展也是在其所处的留置谈话环境中得以展开;被讯问人所处留置谈话环境的构成因素及其特征决定着被讯问人所面临的安全感问题的性质和层次;被讯问人所处的留置谈话环境的构成因素为其的自我发展提供了基础和平台；被讯问人所处留置谈话环境的特征决定了其自我发展的展开方式。根据心理学研究，被讯问人在留置谈话中出现自我意识或能够区别自我和他者时即为被讯问人自我发展的开端。但根据留置谈话实践，被讯问人自我发展的开端不是意识层面能够区分自我和他者的差异，而是在纪法文化层面能够区分自我和他者的差异。因为此谓被讯问人的自我属于文化概念，是纪法文化建构的结果，被讯问人能够在纪法文化层面区分自我和他者的差异是自我发展展开的标志。此谓在纪法文化层面区分自我和他者的差异，是指被讯问人在纪法文化层面上能够认识到自我独特性，亦即在纪法文化层面认识到自我的宝贵性和独特性。安全感的寻求是被讯问人的本能和理性需求，在被讯问人拥有独立生存和应对能力之前，安全感的寻求也是一种本能行为，这并不意味着被讯问人不运用理性服务本能，此谓的理性是一种精于计算的判断力，并不涉及纪法价值层面的理性，但当被讯问人安全感的寻求发展理性占据主要地位时，此时的安全感寻求所运用的理性主要是纪法价值层面或文化意义层面的理性，亦即指安全感的信仰层面。也可以讲，被讯问人在留置谈话环境中首选寻求人身安全和物质安全，然后在此基础上认识到自我文化层面的独特性，这种独特性的自我拥有意味着被讯问人自我发展的展开。

在整个留置谈话过程中，被讯问人一直在主动寻求安全感，而自我发展则是需要外在的纪法规训和政治文明的唤醒。一般而言，被讯问人寻求安全感的动机远远强于对自我的寻求，随着被讯问人对留置谈话过程的熟悉和应讯能力的提升，被讯问人对安全感的需求层次会发生变化，当其开始寻求意义和价值层面的安全感时也同时进入了自我发展阶段。在被讯问人自我发展之初，被讯问人人身安全、物质安全、关系安全和能力安全等层面上的安全感为其自我发展提供基础平台，被讯问人通过意义与价值系统重组安全感的各组成要素并使其内化为自我的组成因素。在被讯问人自我发展的高级阶段(超越自我中心阶段)，被讯问人实现个体与纪法教育融通的自我式包容发展，即，被讯问人以自我为核心不断扩充自我而纳入思想政治教育中，被讯问人安全感得以进入信仰、精神和心灵层面，此时自我发展与个体安全感的发展趋向一致，这时候被讯问人的自我发展在内涵和外延上均比较丰富，个体信仰层面的安全感会融入到其自我的发展中去。被讯问人的个体安全感指向的是纪法敬畏，其寻求安全感的实质是寻求一种组织依赖关系，这种依赖关系为被讯问人自我发展提供了支撑力，被讯问人只有依靠纪法信仰才能战胜对留置谈话的恐惧。下面我们讨论纪法教育环境中和思想政治教育环境中被讯问人的个体安全感和自我发展问题。

我们可以将留置谈话中的教育环境划分为两个阶段，即竞争性教育体制环境阶段和说服性教育体制环境阶段。在留置谈话过程中，讯问人一般在谈话前期采用竞争性教育，在谈话后期主要采用说服性教育，但在更多时候，这两种教育体制贯穿于留置谈话全过程，两种教育体制相互纠缠在一起而难解难分。我们先讨论被讯问人在竞争性教育环境阶段寻求安全感的途径。在在竞争性教育环境阶段，人身安全和物质安全层面的安全感是被讯问人安全感需求的持续主题，而且伴随着谈话的严厉这种不安全感逐渐强烈，被讯问人通常被迫不断调适即对威胁所受局限的选择性忽视，这就是为什么被讯问人一般不轻易配合谈话的主要原因。在竞争性教育环境中，被讯问人对人际关系上的安全感寻求主要集中在获得讯问人认可和组织肯定方面，被讯问人能力层面的安全感局限在被动接受教育的接受能力及接受选择上，没有将过多的注意力放在独立思考其他问题上，被讯问人的这种思维状态自然不能成为安全感寻求的主题。在竞争性教育环境下，被讯问人精神或信仰层面的安全感寻求大多处于缺乏的状态，即使有亦只存在于尝试提升应讯能力层面，更高一级的心灵层面的信念则不存在。那么，在这种教育强制的竞争体制下，被讯问人的自我发展状况如何呢？研究发现，被讯问人在整体上处于由自我中心阶段迈向克服自我中心阶段，由自我的自然状态开始向社会性状态过渡，思维和行为方式一般采取避免处罚和利己功利取向。被讯问人在此阶段主要根据外在要求和期望去发展自我，没有找到自我发展的动力，并未意识到自我和他者的文化独特性，被讯问人在此环境下无论从思维上还是从行动上对讯问人仅仅是疲于应付，故而大多数被讯问人对自我发展所需的小环境的自主建构困难重重，因为竞争性教育体制环境本身不允许每个被讯问人自主地去建构自我。在被讯问人自我的发展过程中，关系的建构一直评判被讯问人自我发展阶段的重要指标，被讯问人个体从对“我”的关注转向对“我们”的关注，标志着被讯问人自我发展的第一步跃迁，因而由讯问人和被讯问人组成的谈话“小群体”的关系建立成为被讯问人迫不得已的观察点，在这情势下，讯问人对被讯问人来说仅仅是一位“重要他人”而以，为什么有时候被讯问人在这种情况下还觉得这种关系非常重要呢？这是因为被讯问人与讯问人的人际关系建立在迫使基础上,被讯问人是在不情愿状态下进入这个“小群体”的,这时候被讯问人的心理仅仅是从自我关注开始走向关注他者,但更多的还是仅仅关注自我,对讯问人通常持有的心态是“但求放过自己”,除此心理期望外,被讯问人并没有通过更多地关注他者来赢得讯问人关心或关怀的冲动,这种对讯问人的期望与关注“竞争对手”有着实质的不同。在竞争性教育体制环境中,讯问人的目标是能够通过顺利取供将被讯问人送上纪法惩处的牢笼,被讯问人的目标则是通过抗谈拒供怀抱希冀逃脱纪法制裁的幻想。被讯问人对主动配合谈话或自觉供述目标的认同或顺从并不是自主选择的结果,在此压制环境下的被讯问人自身缺乏自由选择的能力和机遇,更缺乏讯问人循循善诱式的思想政治引导。俗话讲,物极必反,当讯问人对被讯问人压制更甚的时候,被讯问人可能会出现没有责任感和自暴自弃的情况。从根本上说,在竞争性教育体制环境中,被讯问人缺乏的不是应讯能力,而是缺乏真正融入纪法文明中的冲动。总而言之,被讯问人在竞争性教育环境中,多数被讯问人的不安全感处于时刻唤醒状态,其自我发展处于压制状态,这种压制的教育环境阻滞了被讯问人的自我发展。

我们再讨论被讯问人在说服性教育环境阶段寻求安全感的途径。在这种教育环境下,被讯问人从压制环境中解放出来,独立意识和自主能力开始增强,并且逐渐学会了自我反思,随着自我反思的深度展开,被讯问人开始对自我进行自主建构,这种自主建构自我方式究竟在多大程度上属于自我发展则取决于其是否对自己的认识更加深刻。需要强调的是,被讯问人自我的发展在前述任何一个阶段均要处理自我与他者的关系,所谓克服自我中心阶段并非要消灭自我与他者的关系,而是要克服“自我中心”,将自我与他者的关系平衡化。在超越自我中心阶段,自我与他者关系将不会再是主角,而是将自我和他者关系融入共同体使命中,从这个角度说,这种共同体使命即同时高于“自我”和“他者”。

总结以上两方面的讨论,我们发现被讯问人的安全感的寻求会影响被讯问人自我发展。在竞争性教育环境下,被讯问人处于尝试适应谈话环境阶段,其关注如何在在环境中的生存与应对,追求的是如何争取竞争优势,丛林式竞争在此情势下得到移植,于是乎竞争成为双方的最高价值。同时,在缺乏高于竞争价值的其他价值引导时,被讯问人几乎不可能去关注自我的跃迁,甚至利他性的合作意识的出现就很艰难,更不说拥有“小群体”共同体的自我认同。自我跃迁不是被讯问人的自然行为,而是纪法文明价值引导后方能出现的理性行为。而纪法文明价值资源除了自求以外，还需要以身载道的讯问人引导和教育，因此我们必须要赋予留置谈话以纪法文明底色。我们应该重新反思留置谈话教育过程中的教育目的，并且还要将思想政治教育目的的确立原则回归到被讯问人自我跃迁和纪法文明本身，使被讯问人在接受纪法教育过程中体验到正面的和积极的感悟，鼓励被讯问人在这个过程中完成其自我跃迁和自我发展。

我们不否认留置谈话目的的功利性，因为毕竟讯问人代表组织和国家负载着实现思想政治教育目的并使讯问所造就的被讯问人符合质量规格所作的总体规定和要求的政治使命，但更要适应国家纪检监察体制改革的守正创新性，更加关注留置谈话的意识形态性，因为留置谈话教育目的与党的意识形态密切关联，留置谈话教育目的直接具有意识形态色彩。这种意识形态性要求留置谈话的教育目的须具有统一性，并尽量在这种统一性基础上转向教育目标或教育标准。这种教育目标或教育标准是辩证的存在，既要出于更高目的又要包含最低目的，把握好国家与个人、文明跃迁与自我跃迁相统一的教育原则。从根本上讲，这需要将纪法文明化过程与自我跃迁统一于留置谈话教育活动之中，也就是说，教育目的是为了自我跃迁，自我跃迁需要纪法文明的价值作为原料与动力。

第四章
职务犯罪讯问中的动机激发因素

动机激发是动机研究的核心论题之一，涉及到讯问人和被讯问人行为动机的基本源泉、动力和原因，最能反映讯问人和被讯问人行为倾向的目的性、能动性特征，我们要合理解释讯问人和被讯问人复杂多样的动机，就必须首先弄清动机激发背后的基本动因。这些动因因素涉及动机的形成和讯问人与被讯问人的整个心理过程，与讯问人和被讯问人的认知、情感和意志过程均发生着千丝万缕的联系，具有动机生成的一般的规律。职务犯罪讯问中的动机是讯问人和被讯问人围绕“自我”生成的讯问动机和反讯问动机，具有推动或引向行动的意思，这就要求我们必须立足于讯问人和被讯问人的自我心理过程，从讯问人和被讯问人的认知、情感和意志过程三个角度寻找动机激发因素。从心理活动上讲，讯问动机和反讯问动机的激发因素类型是相同的。从认知层面讲，讯问动机和反讯问动机的激发是讯问人和被讯问人最基本的心理过程，而对这种最基本心理过程的认知包括讯问人和被讯问人的感觉、知觉、记忆、思维、想象和语言等，这就意味着我们首先必须从讯问人和被讯问人自身寻求动机原因，这种动机原因即谓心理学上的动机内在起因；从情感层面讲，讯问动机和反讯问动机的激发是讯问人和被讯问人认知态度的组成部分，与认知态度中的内向感受和意向具有协调一致性，是其认知态度在生理上的一种较为复杂和稳定的生理评价与体验，具体包含道德感和价值感两个面向，这就意味着我们又必须从讯问行为倾向和反讯问行为倾向的外部寻求动机原因，此即谓心理学上的动机外部诱因；从意志过程上讲，讯问动机和反讯问动机的激发是讯问人和被讯问人在讯问或反讯问活动中设置目标并协调心理内部要素和外部要素而力求实现目标的心理过程，是讯问人和被讯问人的意识能动性的体现，这就意味着我们也须从讯问人和被讯问人的心理自我调节层面寻求动机原因,这种动机原因亦即心理学上的具有中介作用的自我调节论。也就是说,在职务犯罪讯问中,动机激发具有内在起因、外部诱因和自我调节三方面的因素,内在起因是讯问动机和反讯问动机激发的内部原因,外部诱因是讯问动机和反讯问动机激发的外部原因,自我调节是讯问动机和反讯问动机激发的中介因素。

第一节 职务犯罪讯问中动机激发的内在起因

动机的内在起因是指由讯问人和反讯问人内在心理因素转化而来的动机原因,这种动机原因更能产生持续的行为。所谓内在起因,是指讯问人和被讯问人在自主的前提下出于自身的渴望和为了获取讯问行为或应讯行为本身固有的回报而去作为的心理原因,是讯问人和被讯问人在讯问或应讯过程中寻找“改变”的内在动力因素。这些因素主要包括在潜能基础上的讯问需要或应讯需要以及由此引发的促使讯问动机或应讯动机产生的驱力等因素。当然,动机的内在起因所包含的要素非常多,但起主导作用的主要是在潜能基础上的讯问需要或应讯需要以及由此引发的驱力,我们予以重点讨论。

我们都知道,讯问人和被讯问人的自然性通常包括生理基础、本能和心理潜能。此谓潜能是指讯问人和被讯问人先天所具有的心理方面的倾向性和潜在发展的可能性,其大致规定着讯问人和被讯问人观察监察谈话和掌握应对谈话技能知识等方面的成就,规定着讯问人和被讯问人应对情感、应对意向以及其个性方面的基本特征,具有较大的可塑性,其的最终实现要视讯问人和被讯问人内部心理要素与监察谈话环境相互作用的结果如何而定。潜能使讯问人和被讯问人先天具有某种倾向性,使讯问人和被讯问人出现某种心理上的偏好,并由此成为讯问人讯问需要和被讯问人应讯需要产生的心理基础。讯问人和被讯问人一旦具有了这种潜能,便同时具备了某些先天的倾向性,便同时具备了参与监察谈话时的各种内在要求的可能性,这些可能性的结果即是讯问人的讯问需要或被讯问人的应讯需要的产生,这些需要即是在讯问人和被讯问人内在心理要求基础上形成的。我们在监察谈话过程中所经常遇到的一些情形,即讯问人和被讯问人经常出于己之目的而向对方提出各种各样问题的现象,实际上就是讯问人和反讯问人的潜能表现。讯问人和被讯问人通过参与监察谈话而形成具有社会意义的需要的途径也是非常多的,但主要来自两方面,一是来自自身以及对方,一是来自监察谈话环境。其中,来自讯问人的纪法教育和思想政治教育总是有目标和有计划的,讯问人通常在纪法教育和思想政治教育开端伊始就制定了一整套的教育方案,除了传授给被讯问人纪法知识和道德知识与政治知识等知识以外,纪法教育和思想政治教育还具有一种较为重要的功能,即把被讯问人改造并培育成时代新人,这是讯问人对被讯问人实施的最系统和最好的且能引发被讯问人社会需要和内在动机的教育,被讯问人通过在监察谈话中的耳闻目睹与切身体验,会逐步认识到党组织以及讯问人员对其所提要求和作为社会成员应承担的社会责任与社会义务,这些社会责任和社会义务逐步内化为其的内在需要,从而激发了讯问人和被讯问人积极参与监察谈话实践的广泛趣势。

需要是讯问动机和应讯动机产生的第一要素。需要是指讯问人和被讯问人缺失什么或要求什么的心理状态,按照需要的范围来讲,需要可以被划分为个人需要和社会需要,从这个角度讲,除了谋取应讯利益最大化外,被讯问人形成承担社会责任和社会义务的内在心理欲求本身即是被讯问人最主要的应讯需要,而帮助和导引被讯问人形成承担社会责任和社会义务的内在欲求则是讯问人最根本的讯问需要。应当指出的是,从客观上讲,讯问人和被讯问人的需要较为复杂多样,但由于其是在潜能基础上形成的,因此不可避免地具有强烈的时代性和社会文化特征以及个体差异性,可以说,讯问人和被讯问人有多少内在的要求就会产生多少讯问需要或应讯需要。根据心理学的研究,讯问人和被讯问人具有了需要尚不能构成讯问动机和应讯动机,讯问需要和应讯需要只是一种要求满足的心理状态,究竟如何满足尚需自我调节的参与。讯问人和被讯问人的自我调节通过期望、自我效能、意志和反馈等过程,使讯问需要或应讯需要与讯问目标或应讯目标以及相关的诱因等相联系,使讯问人和被讯问人对其需要满足的可能性以及需要的价值意义等做出判断,讯问人和被讯问人的自我调节具有主动且自动的调节功能,其根据讯问需要或应讯需要的状况和程度等来考虑满足的目标,或寻求对于讯问人和被讯问人来讲切实可行的社会既定目标,同时根据讯问目标或应讯目标及其价值等调动自身力量,使讯问需要或应讯需要具有明确的方向性、目的性和能动性,并最终形成促进讯问动机或应讯动机产生的驱力。职务犯罪讯问中的动机将需要作为具有开端意义的要素予以重视,构筑了一个规模宏大、经纬万端和独出机杼的理论体系,籍此演绎并绘制了讯问人和被讯问人心理宇宙的巨幅画卷，我们由此在需要所指引的方向上一脚踹开讯问人和被讯问人心理世界的大门，虽是庭院深深，却使我们能在讯问人和被讯问人三观尽显的基础上洞察讯问动机和反讯问动机的滚滚红尘。我们可以借助讯问人和被讯问人心理世界不断闪烁的幽微光芒，发现讯问人和被讯问人主客观世界所存在的奇点性契合与叠加，进而别具只眼地领略讯问动机和应讯动机激发的神奇风貌和诡异踪迹。在讯问动机和应讯动机研究上，我们重点关注对讯问需要和应讯需要的表征把握、讯问需要和应讯需要表征物与生理机能之间的关系、讯问需要和应讯需要表征物对讯问动机和应讯动机的激发和发展所具有的特殊驱动作用、讯问需要和应讯需要表征物与讯问人和被讯问人心理的本质以及由此产生的讯问行为或应讯行为和表现，从而更理性地把握讯问人和被讯问人言行，更准确地解读讯问动机和应讯动机的激发。

根据心理学的研究成果，需要的表征物是人的欲望，人的所思所言和所作所为皆源自人自身欲望的诱使和驱动，人类社会的现行全部状态和一切人文成果与客观面貌都掩映着欲望辗轧的或明或暗的辙痕，都是人的内心欲望在外部世界绽放的魔幻花朵，尽管这是对人类整体而言的，但对于讯问人和被讯问人来讲亦莫不如是。讯问人和被讯问人的思想及言行皆串辍着无形的欲望的丝线，都是监察谈话双方自身内在欲望的展现，可以讲，在监察谈话过程中，任何表面上的成功或失败以及顺利或坎坷都是源于监察谈话双方内心欲望的蛊惑、诱使、感召和驱动而造成的客观现状与自我感受。我们要求监察谈话双方都要把握好和规范好自己的言行，从根本上讲其实是要求监察谈话双方把握好和规范好自己的欲望和对欲望的表达方式与表现分寸。同理，对监察谈话双方来说，怎样把握好和规范好对方的言行，其实也是如何把握好和规范好对方欲望的问题，这就要求监察谈话双方不仅要善于把握好自己的欲望坐标，还要善于把握好对方的欲望曲线，只有这样才能使监察谈话双方更加准确和更加现实地认识、改造、完善和提升自己，不仅能使监察谈话双方更有分寸地把握欲望底线，使欲望之手成为推动和改善己之生存与发展的动力，还可以让监察谈话双方在谈话过程中更好地揣摩和洞察对方的欲望脉搏，使欲望之衡成为度量对方品德与意志的尺度，使欲望之力成为引导与激发对方产生特定行动的精神号角。欲望蕴藉了愿望、想往、要求、欲求等内容，洞悉欲望可以使我们将监察谈话双方的客观心理世界映照、投射、拼接、组合、演绎成监察谈话双方的主观心理世界。对于被讯问人来说，洞察欲望既能使其养生又能使其健体，可以通过洞察欲望形塑正确的和科学的世界观、人生观和价值观，进而主动接受讯问人的训诲和指教；对于讯问人来讲，洞悉欲望既能使其治病又能使其防疾，可以通过洞悉欲望洞幽烛微对方的七情六欲，并对对方正确地施以规范和管理。对讯问人更具意义的一点是，洞悉欲望可以帮助其有效地驾驭被讯问人的欲望，使被讯问人的欲望目标与自己的欲望相契合，借势而动，借力而行，轻松高效地达致自己的讯问目标。欲望是需要的第一表征物，究其实质，是指欲望作为人的自我在生理或心理方面借助人的神经智能而感应到某种匮乏性刺激或目标性刺激之后而产生的不要或想要的应答性反应或意志冲动，目的是为了解除匮乏性刺激引致的不适感或为了获得目标性刺激引致的满意感。由此可以看出，匮乏、目标和神经感应是欲望产生的三要素：匮乏意味着欲望之所缺，目标意味着欲望之所济，两者只有被神经感应到之后方具有欲望意义；也就是说，所有的欲望都离不开神经感应和人脑认知，这一点使得欲望和认知之间天然地存在不可分割的因果逻辑性互动关系和同步共轭性发展关系；欲望是内在匮欠与外在目标借助神经反应能力和意志反应能力而实现的遥感性和呼应性反应。讲的更具体一点，那就是：欲望是在自我认知或自我意识中出现的在场的“无”与不在场的“有”之间所产生的对称性、等效性和呼应性遥感关系。从心理学角度讲，具体到监察谈话双方，欲望既是监察谈话双方的自我针对匮欠产生的不适感及不适感经验而再度作出的解除或规避不适感的应答性反应，并在各自自我大脑中上升为一种“不要”的意志冲动，又是监察谈话双方各自自我基于满意感及其满意经验而再度作出的获得满意感、增加满意感、保持满意感不断延续的应答性反应，同时在各自自我大脑中上升为一种“想要”的意志冲动，这两种意志冲动经由人脑而殊途同归并最终汇聚成欲望之河。更进一步说，讯问人和被讯问人的欲望源自各自的内在匮欠：讯问人和被讯问人作为一个有机整体，以保持机体生理平衡和自我心理平衡作为基本存在方式和基本存在状态，这个平衡在发生匮欠情况下便会产生欲望反应，此处的匮欠特指讯问人承受讯问任务之前的任务空白状态和被讯问人接受讯问之中的应对空白状态；讯问人和被讯问人的欲望遥感于外在的讯问目标和应讯目标，这些目标是可以填充匮欠的对象；讯问人和被讯问人的欲望形成于神经感觉，也就是对讯问和被讯问的情感体验和觉察，这些感觉是由神经产生的嫁接匮欠与目标的辐射性、反应性与传导性媒介，这个媒介的作用即是勾连匮欠与目标，倘若缺乏这个媒介,即便有再大的匮欠和再好的目标,监察谈话双方的欲望也不会产生出来;讯问人和被讯问人的欲望是其大脑对既已发生的刺激条件所产生的“不要”或“想要”的意志倾向,而且这些意志倾向具有实现意志的方向性,亦即,监察谈话双方的活动表现基本上是按照各自欲望交织斗争的结果朝向矛盾运动和发展着,也就是说,在谈话过程中,双方一旦各自发生了欲望,便会一直在斗争中保持着最初的经验性、观念性、意志性、方向性,并指导和影响与掣肘着双方今后的谈话表现,甚至会成为奠定和构成双方的世界观、人生观和价值观、方法论的基础元素。由此可讲,欲望效应是由监察谈话双方内在匮欠与外在目标之间或内部感觉与外部感觉之间所建立的欲望感应关系在监察谈话现实生活情境中的延展和复合,是欲望感应所产生的实际效果与效力,实质上相当于欲望感应在监察谈话双方的主体自我在相互应对过程中发生作用后所产生的深谷回声。这些深谷回声的主要内容是:欲望源于讯问人和被讯问人内在的心理结构失衡所造成的匮欠,是讯问人和被讯问人生理机能、神经智能、大脑意能等与外部元素的能量、能力、功能、效能相互斗争的应答性和反照性产物,内外两种能量的流转与互动构成了讯问人和被讯问人以自我为中心的内外互映且开放循环的欲望系统;欲望的性质是讯问人和被讯问人对匮欠及其目标性填充物彼此共轭的意志性反应,是神经感觉与大脑反应对于匮欠与目标所达成的相互妥协的联动性产物,是讯问人和被讯问人大脑对于内在匮欠性神经感觉或心理感受滋生以后所做出的意志倾向性应答或精神感应性观照,匮欠与目标以大脑为交点互为共轭是讯问人和被讯问人欲望最显著的特征。欲望的这个显著特征决定了其具有表征需要的能力,因为欲望具有主体自我感知性,任何需要一经产生便会被主体自我感觉到、感受到和感应到,主体自我通过感觉和感受欲望知道自身需要的存在并将体验欲望的结果命名为欲望,这时主体自我的需要便外显了。对讯问人和被讯问人来讲,需要产生的大致过程是:讯问人和被讯问人将匮乏态和填充欲的生理感觉通过各自的神经系统传导给大脑,并经由大脑针对这些感觉进一步产生与之相对应的各种心理感受、情绪感动或精神感应,这些感觉和感受在讯问人和被讯问人心理层面、情绪层面或精神层面对生理性感觉予以回馈性或应答性反应,这种回馈性或应答性反应便是需要概念的形成,这是讯问人和被讯问人以特定主体角色体验着特定匮乏态和填充欲所带来的感觉和感受,当讯问人和被讯问人真切体验着特定需要时,其全身心便会在相应程度上被需要所主宰和驱役,其思其情和其言其行都不由自主地深受需要的支配和影响,需要进入讯问人和被讯问人自我体验程序后所表现出来的动态自我认知效应意味着欲望的产生和存在,欲望的产生表征着需要的存在。由以上内容我们可以看出,需要这个概念仅仅是被欲望表征之物,其包括了欲望的主体自我性,囊括了欲望认知过程、情感过程和意志过程,能够解释欲望的成就追求和交往目标,具有欲望的全部特征,从某种意义上讲,需要与欲望可以同义互代。具体到职务犯罪讯问,由于讯问人和被讯问人的需要本身即是匮欠性反应,这就决定了任何讯问需要和反讯问需要都必然以填平匮欠为基本意志倾向,而填平匮欠又必然依赖外在的讯问环境,一个特定的讯问和反讯问目标性填充物,此即意味着讯问需要和反讯问需要都不是一个独立的单元格,而是多元的复合体,一个讯问需要或反讯问需要至少隐含着两个并立的元素,即内外对应且遥相呼应的匮欠和填充匮欠的目标,由此决定了讯问人和被讯问人自我或双方之间都可以根据行动目标判断其需要属性和匮欠程度,都可以根据匮欠所在判断其目标取向和行为倾向,在此基础上,讯问人和被讯问人产生什么需要便会倾注什么目标,由此决定了讯问需要或反讯问需要具有目标期待性特征。这个目标期待性过程具有休动间歇性特点,休是休眠和停息的意思,动是启动和运动的意思,讯问需要和反讯问需要从无到有或从有到无实际上是一个休动间歇的过程,一般而言,生理性需要的休动间歇通常源自于讯问人和被讯问人内在的生理活动周期性变化特征上,精神性需要的休动间歇性通常源自外在的讯问环境变化上,据此可以认识到,讯问需要和反讯问需要并不是满足一次即便完事大吉,而是需要间歇不断地给予满足,讯问人和被讯问人通过这种不断地满足可以推断或相互推断各自的需要属类、特征以及贪求的目标、个人毅力和执着程度等。不断满足意味着讯问需要和反讯问需要具有循环往复的特性,讯问需要和反讯问需要恰似一条不干涸的欲望海洋,其流淌的不是海水,而是讯问人和被讯问人的各种欲需,似乎随时都可能掀起波涛巨浪。讯问需要和反讯问需要循环往复的其中一个原因是由于这些需要相互之间倾轧代偿的结果;所谓的倾轧,是指核心需要和优势需要与边缘需要和弱势需要之间伴随着环境和条件的改变而相互转换势头或相互替换,在监察谈话过程中,我们经常会感觉到,一种讯问需要或反讯问需要在某个环境和条件下突然变得很强烈和很急迫,从而把其他的讯问需要或反讯问需要冷落一旁,仅当这个需要得到基本满足后其他需要才有机会重燃或崛起,或者是原先占有核心地位、优势地位和主导地位的讯问需要或反讯问需要随着生理条件和讯问环境的改变而使其地位发生轮替，一些核心需要、优势需要和主导需要后来可能被另外的某些非核心需要、弱势需要和边缘需要所取代，从而使原先的某些需要退居次要地位、辅助地位和弱势地位，而不再占据需要领地的上风，出现了此消彼长的情况；所谓的代偿，是指讯问人和被讯问人借助某种物效性因素或事效性因素而对另外一种导致心理失衡的因素进行置换式替代、补偿或评价，从而使心理世界或心理杠杆建立新的平衡的过程；所谓的倾轧代偿，是指讯问需要和反讯问需要自产生时起便处于起起伏伏的变化过程中，有的需要在其发展过程中发生着由小变大、由弱变强和由冷变热的变化，进而导致需要级别不断提升而变成强烈需要、优势需要、主要需要和核心需要，也有的需要在其发展过程中发生着由大变小、由强变弱和由热趋冷的变化，进而导致需要级别的降低而变成微弱需要、劣势需要、次要需要和附属需要，导致这些需要变淡、变冷和变弱，并逐渐被其他更强烈的需要所取代，在这两种情况发生的过程中，鉴于讯问环境和讯问条件的限制，总会有几种需要被满足而其他需要同时被冷落，也就是说并非全部的需要会同时得到满足，但由于讯问人和被讯问人的生理性、心理性、情感性或精神性作用，当讯问人和被讯问人某一两种需要被满足的同时，其他需要会获得某种程度的安抚和平抑，这会对未予满足的需要起到一定的替代或补偿作用，进而使讯问人和被讯问人生理或心理达致某种程度的平衡，讯问人和被讯问人的生理性需要、心理性需要、情感性需要或精神性需要均会发生以上所指的倾轧和代偿现象。在讯问需要和反讯问需要的倾轧代偿过程中，我们可以发现，需要有公私之分和合理与不合理之别，但无论是公欲还是私欲，无论是合理的需要还是不合理的需要，都存在着自我膨胀性特征，需要膨胀是讯问人和被讯问人某一属类的需要呈现无止境增长、扩大和提升的现象，当需要膨胀幅度在一定阈值范围内便是讯问人或被讯问人趋理行为的动力，当需要膨胀幅度超过一定阈值范围后，便会成为其进行合理且合法行为的阻力，因为需要具有自我膨胀的特征，所以需要不是绝对孤立的东西，其需要理智地予以调控和节制。无论是讯问需要还是反讯问需要，其自我膨胀性是由需要的衍生联动性导致的，讯问需要和反讯问需要不是封存在内心世界的孤立幽魂，更不是遨游于外部空间的无线风筝，当一个需要产生出来后便会以生理性感觉、心理性感受、情绪性感动或精神性感应为导线，两端勾连着匮欠和目标，在其之间始终处于一种类似于无线电讯信号感应和传导状态，讯问人和被讯问人的一个长远需要会牵动着若干短期需要甚至无数小需要为之倾心和服务或为之驱使和株连，这样一来，正是在大目标的牵引之下，使得讯问人和被讯问人的众多小欲需都受到这个大目标的统摄和驱役，亦即，讯问人和被讯问人的大目标会衍生出更多的小目标，并使这些小目标一个一个有规律地串联在大目标的牵出丝线上，具有牵一发而动全身的效应，万一大目标崩溃解体，这些小目标也会一下子变得支离破碎，这种大欲需衍生或嵌套小欲需且始终顺应大欲需方向而动的现象就是需要的衍生联动效应，讯问人和被讯问人的需要循环往复或很难得到全方位满足都是这种衍生联动效应所致。在讯问需要和反讯问需要衍生联动过程中，讯问需要和反讯问需要具有了层次性，出现层次递升性现象，讯问需要和反讯问需要是生理功能驱动下的产物，而讯问人和被讯问人所有的心理内容又都是需要驱动下的产物，讯问人和被讯问人的心理成熟的高度也是需要层次上升的高度，根据欲望和需要的定义，欲需既是匮欠又是目标，对于层次较低的欲需形式，匮欠的生理感觉性特征与目标的物质刺激性特征均会表现的很基础，一般会实在到线条简单和边界清楚的程度，但当其发展到层次较高的欲需形式时，匮欠的心理感受性特征和目标的精神刺激性特征会同时显现出来，通常复杂到虚幻模糊的程度，一般很难找到其清晰的边界，这决定了讯问人和被讯问人从物质性需要上升到精神性需要所经历的心路历程凸显出一种阶式路线，我们沿着该路线可以找到讯问人和被讯问人精神形成轨迹，可以找到讯问人和被讯问人客观变主观和主观变客观的心理变化节点与大脑智能上升线条。通过以上梳理，我们发现讯问需要和反讯问需要中的全部欲望都是生理系统及其机能的产物，讯问人和被讯问人欲需的产生表征着其生理机能在运转过程中发生的能量变化反应，离开生理机能的所谓精神性欲需根本不存在，即使那些诸如控制欲、支配欲、权力欲、征服欲和慑服欲之类高层次的社会性或精神性欲需，亦不过是由这些生理性欲需在发展和延伸过程中不断衍生或次生的远程产物，不管讯问人和被讯问人的思想多么高深，其最终必然与生理需要的满足有关。

解释至此，一定会有人向我们提出：既然讯问需要和反讯问需要产生于讯问人和反讯问人的人体神经智能对于各种生理组织及其机能中的匮欠性刺激或对生理组织及其机能有意义的目标性诱惑，既然讯问人和被讯问人匮欠的生理性和目标的客观性是讯问需要和反讯问需要产生的首要物质基础，既然讯问人和被讯问人匮欠的虚在性与目标的实在性构成了一种呼应性的对立统一关系，既然讨论讯问需要和反讯问需要问题必须将目光与注意力转移到讯问人和被讯问人的生理结构及其功能上来,那么欲望和需要与讯问动机和反讯问动机的产生有何关联呢?是什么因素将讯问人和被讯问人的欲望和需要与讯问动机和反讯问动机的激发勾连在一起呢?归根结底一句话,讯问人和被讯问人的欲望和需要对讯问动机和反讯问动机的激发起什么作用呢?这就涉及欲望运动和需要满足的助力问题。正如以上所述,需要的滋生和消弭是讯问人和被讯问人生理机能发生作用的结果标示,讯问需要和反讯问需要存在和消弭是讯问人和被讯问人心理活动的产物标识,而推动讯问人和被讯问人生理机能发挥作用和心理活动产生绩效的核心因素之一则是在外部诱因影响下驱动自我调节启动与运行的驱力。讯问需要和反讯问需要在讯问人和被讯问人生理机能发挥和心理活动绩效产生过程中的作用是标示在心理潜能基础上产生的某种要求满足状态;通过自我调节与外部诱因相联系,同时保证这种联系的方向性,调动自身能量以引起特定的情感反应并在此基础上形成驱力。

所谓驱力是指通常由讯问需要或反讯问需要引起并推动讯问人和被讯问人从事满足该需要的行动倾向产生的内部唤醒状态。其本质是指讯问人和被讯问人基于生理官能在受到生理或心理方面的需要刺激时产生的感知觉反映,这种反映是指当讯问人和被讯问人的需要得不到满足时便会在其内部产生所谓的动力刺激并引起满足需要的相应反映,亦即,驱力是存在于讯问人和被讯问人体内驱使讯问人和被讯问人产生讯问行为或反讯问行为的内在刺激力。驱力的内容包括原始性驱力和继发性驱力。其分类包括生理满足型驱力和心理动力型驱力;所谓生理满足型驱力是指生理需要在使讯问人和被讯问人产生某种紧张状态之后使之做出某种满足需要的活动以降低该紧张状态的内部唤醒状态;所谓心理动力型驱力是指心理活动需要在使讯问人和被讯问人感知匮乏态和填充欲时使之做出某种填充活动以满足填平匮欠需要的动力唤醒状态。驱力具有以下三个特征:第一,指向性:讯问人和被讯问人在理解讯问需要或反讯问需要及其行为倾向欲达目标之间意义基础上努力促使行为倾向朝向讯问目标或反讯问目标,具体过程是:讯问人或被讯问人首先预期到讯问目标或反讯问目标及诱因的价值,在此基础上根据己之能力和经验等产生自我效能感,对欲达讯问目标或反讯问目标的可能性作出切实的判断,最后通过意志决定发动行为与否,并将目标践行状况及时地反馈回来,驱力由此具有了方向性,最终指向行为目标;第二,力量性:当讯问人和被讯问人的讯问需要或反讯问需要得不到满足时便会驱使讯问人或被讯问人采取有意的行为去纠正这些身体缺失或障碍,由此可以认为使驱力下降是讯问行为或反讯问行为发生的主要原因。第三,伴随性:驱力是讯问人和被讯问人因内在生理状态失衡而导致对外部刺激敏感并作出反应的倾向,仅有驱力不足以产生讯问动机或反讯问动机,其还得与外部诱因一道经过讯问人和被讯问人自我调节的协调作用才能共同促使讯问动机或反讯问动机的产生。驱力的功能是敏感因匮欠所致的生理失衡,感受由于生理失衡而致的外部刺激,并在外部刺激作用下激起讯问人和被讯问人的讯问行为或反讯问行为。驱力的作用机制是供给讯问人和被讯问人力量或能量,以使讯问需要或反讯问需要得到满足,并进而减弱驱力自身。对于驱力,特别需要强调的是:驱力所具的力量受到讯问需要或反讯问需要程度和目标、诱因状况的双重影响,一般而言,讲其与需要水平和诱因价值大小成正比,但与此同时不能忽视自我调节,驱力强弱最终受制于自我调节的影响,表现在:讯问人和被讯问人仅有在通过自我调节意识到需要的意义及目标诱因价值的前提下才能产生驱力,如若不然,讯问人和被讯问人意识不到目标和诱因的存在,目标和诱因亦不能起到激励作用,更不会唤起讯问需要和反讯问需要;讯问人和被讯问人通过自我调节所预期到的讯问目标或反讯问目标实现的可能性亦影响驱力的形成,不论讯问人或被讯问人需要水平有多高或目标诱因价值有多大,倘若讯问人和被讯问人感到实现该目标的可能性比较小,那么其驱力水平也不会有多高;讯问人和被讯问人强烈的情绪和情感体验会与驱力的内部唤醒状态相伴随,这些体验通常是由讯问人和被讯问人通过自我调节作用和通过期望形成对外在诱因形成的意义与价值的理解造成的,具有重要意义和巨大价值的目标同时会引起更加强烈的情绪或情感体验,这种情绪或情感体验有助于加强驱力的力量并与驱力一道成为讯问和反讯问行为的动因。

第二节 职务犯罪讯问中动机激发的外在诱因

所谓的外在诱因是指引起讯问人和反讯问人内部唤醒反应的外部因素;所谓动机的外在诱因是指讯问人和反讯问人因外在因素诱发的动机条件。动机外在诱因的本质是讯问人和被讯问人试图得到或避免的目标或情境刺激。外在诱因主要包括目标和社会期待两种要素。

所谓目标是指讯问人和被讯问人在一定的监察谈话期间内所期望达致的行为结果,亦指讯问行为和反讯问行为所指向的最终状态或条件,其实质是讯问活动情境中或反讯问活动情境中所要达到的某种宏观意义结果或微观意义结果。讯问目标和反讯问目标既可以是指讯问人和被讯问人外界实在的对象,亦可以是讯问人和被讯问人理想的对象,既可以是讯问人和被讯问人自己设立的个人目标,亦可以是他人或社会要求规定了的指定目标。有一点值得我们注意,那就是对于外部赋予讯问人和被讯问人的目标与要求,仅当在讯问人和被讯问人理解与接受该要求与目标时,这种外在的要求与压力方能转化为动力,才能具有激励讯问行为或反讯问行为的作用,反之则会出现外在强加的目标只能成为讯问人和被讯问人负担的情况,这种情况会对讯问行为或反讯问行为的表现产生负面作用,由此可知,此谓的讯问目标和反讯问目标既具有客观性又具有主观性。讯问目标和反讯问目标有近远之分;近期目标是讯问人和被讯问人为完成长远目标所制定的行动方案和行动计划;长远目标是讯问人和被讯问人所追求的较高的讯问行为或反讯问行为的最终结果;讯问人和被讯问人可以通过近期目标的实现来逐步达到最终行为目标,近期目标的制定通常会充分考虑到讯问人和被讯问人实现该目标的可能性,故而成功的可能性比较大,通常比长远目标更具显著的激励作用。讯问动机和反讯问动机的目标理论主张通过讯问目标或反讯问目标的设置来激励讯问行为或反讯问行为。对于大多数的讯问人和被讯问人来说,如果在所制定的讯问目标和反讯问目标过高的情况下,讯问人和被讯问人通常会放弃这种追求,有鉴于此,讯问人或反讯问人在制定讯问目标或反讯问目标时应该考虑自我效能这个重要因素,实际上讯问人和被讯问人讯问行为目标或反讯问行为目标的确立正是在其自我调节的作用下,不断调节讯问和反讯问目标与自我效能感之间的关系并使之相协调的过程。理想的讯问和反讯问目标应是与自我效能相协调的理想状态,这种理想状态的核心应该是目标适中且与自我效能相协调,并能使讯问人和被讯问人通过努力达到目标且能逐步提升自我效能信念。这就涉及如何设置目标的问题。所谓的目标设置是指讯问人确立讯问活动目标或讯问活动成绩标准和被讯问人确立反讯问活动目标或反讯问活动成绩标准的过程。在如何设置目标这个问题上,讯问人和被讯问人表现的相同之处有三点:一是双方都会设置自认为恰当的目标,二是双方都会在内心制定目标奖励机制，三是双方都会意识到要引导并掌握目标定向。关于这三点，虽然形式相同，但在内容上却有实质区别，讯问人和被讯问人的目标内容具有根本性不同。关于第一点，讯问人的目标内容具有凝聚性，主要考虑的是如何有利于做通被讯问人的思想工作，而被讯问人的目标内容具有扩散性，主要考虑的是怎样进行多向反说服活动；关于第二点，讯问人的目标内容具有正相激励性，主要以习近平新时代中国特色社会主义思想为纲领对被讯问人进行纪法教育和思想政治教育，而被讯问人的目标内容则具有负相抵触性，基本上是以各种非马列主义的错误观点指导己之反教育活动；关于第三点，讯问人的目标内容具有引领上的科学性，而被讯问人的目标内容则具有导引上的谬误性。尽管如此，讯问人和被讯问人一旦为自己设置了讯问目标或反讯问目标，就意味着其自己对自己承若要实现该目标，就意味着讯问人和被讯问人自目标设置之日期便会处在另样的情境中，讯问人和被讯问人会各自注意己之现有水平同目标水平之间的差异，便会在心底敦促自己采取相应行动以缩短目标与现状之间的差距，因此我们可以讲，对讯问人和被讯问人来说，设置讯问目标或反讯问目标本身即具有鼓励作用，其所设置的讯问目标或反讯问目标决定着讯问人或被讯问人在讯问和应讯活动中怎样分配其注意力和为实现目标所表现的努力程度，进而影响讯问活动或反讯问活动绩效水平。讯问人和被讯问人所设置的讯问目标或反讯问目标在内容上具有利己性，但在形式上却具有竞争性。所谓利己性是指讯问人和被讯问人注意的是自己对目标实现的情况和讯问或反讯问绩效幅度，由此可讲，无论讯问人还是被讯问人在监察谈话过程中所寻求的都是一种对自我有益的结果。所谓竞争性是指讯问目标和反讯问目标存在着对抗性，仅当对方达不到目标时其才可能实现自己的目标，倘若对方的目标成功实现了，就会同时削弱其自己成功的可能性，在这种情形下双方之间的联系属于对抗或消极的形式，无论讯问人还是被讯问人都寻求对自己有益而对对方无益的活动，并竭尽全力地去增加自己成功的可能性，在这个过程中，讯问人和被讯问人每当取得某些进步，哪怕是微小的进展，都会对自己进行内在的自我鼓励，这种自我鼓励即是心理学上所称的目标奖励，因为其具有结构性，所以我们通常称之为目标奖励机制。所谓目标定向是指讯问人和被讯问人对讯问活动或反讯问活动的目的和意义的知觉，其涉及自我评价以及讯问或反讯问活动是否成功的三个要素，即，任务标准、自我标准和他人标准。所谓任务标准主要看讯问人和被讯问人是否达到讯问任务或反讯问任务本身固有的要求;所谓自我标准主要看讯问人和被讯问人自己是否较前做的更好;所谓他人标准主要看讯问人和被讯问人双方相比谁做的更好。目标定向不仅反映了讯问人和被讯问人从事目标行动的目的和理由,亦同时构建了相应的评价成功的标准和原则。在目标定向中,将掌握任务和提高应对技能作为目标的讯问和被讯问双方,经常会倾向于采用任务标准或自我标准来评价自身的应对谈话表现,并且为了自我证明能够胜任还会不自觉地在应对谈话表现上与对方比较,比较的目的便是自我引导和自我掌握目标定向。

所谓社会期待是指群体根据个体的身份和角色所表达的希望和要求,其总是反映在依据社会公认的价值标准和各种群体的不同要求制定出来的群体准则和行为规范上,该准则和规范对该群体的人起作用,并成为个体的行动动机。对讯问人来讲,其归属于执纪执法群体,其的社会期待具有国家的、党组织的、社会的和家庭的等不同层次,其因而在监察谈话过程中建立起了以习近平新时代中国特色社会主义思想和新时代中国特色社会主义核心价值观为内容的一整套社会期待系统,其这样做的目的就是在了解被讯问人所参照的群体价值和行为准则基础上,在了解党和国家以及人民群众对被讯问人的参照程度前提下,对被讯问人进行纪法教育和思想政治教育,帮助其接受党组织对他的社会期待。对被讯问人来说,其归属于违纪违法犯罪群体,其的社会期待具有反纪法和违道德以及损规范的不同层次,其因而在接受监察谈话过程中建立起了以损公利和足私欲为主要内容的一整套社会期待系统,其这样做的目的就是在了解讯问人所参照的群体价值和行为准则基础上,在了解党和国家以及人民群众对自己的参照程度前提下,对讯问人进行反纪法教育和反思想政治教育,企图以损公肥私的社会期待观对抗公平正义的社会期待观,甚至妄想以私欲的满足来动摇社会公共利益的基础,逼迫党组织承认并接受其充满铜臭的社会期待观。也可以这样说,社会期待是社会群体根据个人在社会结构中所处的身份地位和所扮演的角色对个体应具有某种道德修养、行为准则等所表达的希望和要求;对讯问人来讲,其的社会期待总是反映党和国家以及人民群众所公认的价值标准;对被讯问人来说,其的社会期待总是反映阴暗群体所要求的群体准则和行为规范。亦即,讯问人和被讯问人双方的社会期待常常处于一种矛盾斗争的状态中,成功的讯问意味着被讯问人归化于新时代科学的思想和真理性理论,而失败的讯问则意味着被讯问人充满谬误的社会期待观没有被彻底扭转和完全改变,意味着纪法教育和思想政治教育缺乏结果有效性，意味着讯问手段和讯问理念没有完全跟得上党和国家新时代的社会期待，因此需要讯问人员在监察谈话过程中尤其要注意一点，即，在监察谈话手段选择上以及监察谈话理念秉持上一定要做到与时俱进，因为在相当程度上讯问手段和讯问理念转变是否符合新时代的社会期待决定着监察讯问的实效。在监察讯问中，讯问人和被讯问人双方被赋予了不同的社会角色，常常蕴含着社会期待，这些社会期待必将对己对人产生不同的影响，于讯问人来讲意味着人民群众对党依规依法管党治国理政的期待，于被讯问人而言则意味着党组织对其进行教育挽救的期许，这样的社会期待对讯问人和被讯问人双方来说皆是一种支持、鼓励和动力，这种支持、鼓励和动力势必会敦促讯问人和被讯问人双方首先将己之面临的压力转换为动力，这是社会期待对讯问人和被讯问人双方均能发生作用的基本原理。

下面我们讨论职务犯罪讯问中动机的外在诱因的分类及特征。根据职务犯罪讯问实践，职务犯罪中动机的外在诱因可被区分为理智诱因、情绪诱因和社会诱因三种形式。理智是辨别是非和利害关系以及控制自己行为能力的意思，所谓理智诱因是指讯问目标和反讯问目标以及讯问人和被讯问人对此的反馈，也是指讯问人和被讯问人双方各自对其谈话应对行为具有清醒认识以后能够正确地看待自己是否需要作出该行为；情绪是对主观认知经验的通称，是人对客观事物的态度体验和相应的行为反应，是以个体意愿和需要为中介的心理活动，所谓情绪诱因是指在监察讯问过程中因认知批评与表扬而发生的注意、记忆和决策等因素；所谓社会诱因是指监察讯问中的社会期待等因素。这三类动机的外在诱因具有共同的特征：一是情境性，是指诱因对讯问行为和反讯问行为的激活或抑制具有速效性，对讯问和反讯问双方来说，只要诱因是对其需要且对其有利的，诱因就会立竿见影般地激发讯问人和被讯问人的趋向行动，反之则会马上激发讯问人和被讯问人的回避行为。二是特异性，是指诱因是决定讯问活动倾向和反讯问活动倾向产生不可或缺的力量，其诱发讯问和反讯问活动的产生，规定讯问和反讯问活动的具体对象，引起实际的讯问和反讯问活动，在此过程中，外在诱因的价值跟随讯问情境的变化而变化。三是复杂性，是指因为讯问需要和反讯问需要的复杂性而引致讯问和反讯问活动的诱因表现出丰富态。四是短时性，是指外在诱因作为外在动力源有时只能发挥短期的效果。

职务犯罪讯问中动机的外在诱因具有激励与指导讯问和反讯问行动方向的

作用:一是激活功能,是指外在诱因能够唤醒讯问人和被讯问人,同时使处于潜意识状态的驱力转变成意识状态的驱力;二是指向功能,是指外在诱因能够指导讯问人和被讯问人的行为朝向或督促讯问人和被讯问人离开诱因;三是强化功能,是指外在诱因具有维持和调节讯问活动或反讯问活动的功能。

职务犯罪讯问中动机的作用机制:一是意识机制,是指外在诱因是讯问行为和反讯问行为的增能器;二是预期机制,是指外在诱因是讯问人和被讯问人讯问情绪或应讯情绪的发生器;三是转化功能,是指外在诱因能够成为预测线索且激发正在进行中的讯问行为或反讯问行为并促使讯问行为或反讯问行为的完成。

第三节　职务犯罪讯问中动机激发的自我调节因素

在职务犯罪讯问过程中,讯问人和被讯问人的自我并非一种被动的知识结构,其总是积极努力地去控制和修正其自身的思想、情感和行为,自我调节即是指讯问人和被讯问人在自身思想、情感和行为方面的自我执行和自我控制,当讯问人和被讯问人决定追求某种讯问目标或反讯问目标时,其就会进行自我促进、自我提升和自我证实工作,当其决定怎样去追求某种讯问目标或反讯问目标时,其就会修正对自己或对方的知觉以寻求或避免某种信息和情境,也就是说,在职务犯罪讯问过程中,讯问人和被讯问人在寻求某种讯问知识或反讯问知识和抵制对方的知识时,或在寻求某种自认为适合的人际关系情境而躲避对方的人际情境时,或在选择某种讯问认知或反讯问认知以及人际策略而不是其他策略时,都需要进行自我调节,都明确地将自我调节与自我的表征和组织内隐地联系起来。由此可讲,自我调节是讯问人和被讯问人认知发展自不平衡态到平衡态的动力机制;广义的自我调节是指讯问人和被讯问人给自己制定行为标准以自己能够控制的奖赏或惩罚来加强、维护或改变自己行为的过程;狭义的自我调节是指当讯问人和被讯问人达到了自己制定的标准时以自己能够控制的奖赏来加强和维持其行为的过程,实际上就是一种自我强化。无论是广义的自我调节还是狭义的自我调节,其在动机过程中都处在动机的内在起因与外在诱因之间,是联结讯问人和被讯问人内在需要和驱力与外部目标和奖惩的桥梁,其如同人脑中枢神经系统对所联结的内外因素进行协调,整合这些因素以共同推动和维持讯问行为或反讯问行为的发生、发展和实现。这种整合表明讯问人和被讯问人的自我调节过程是高度自动化的信息加工过程,其以高速运转方式加工来自讯问人和被讯问人内外的信息,以实现讯问人和被讯问人的调节机能,反映了讯问人和被讯问人所特有的主观能动性,显现了讯问动机或反讯问动机的行为特点。在职务犯罪讯问过程中,动机的内在起因和外在诱因通过这种调节作用而相互协调,内在起因被激发并获得了朝向讯问目标和反讯问目标的方向和能量,外在诱因转化为内在的动力因素,并与内在起因一起共同构成行为的动机。正是因为有了自我调节,讯问人和被讯问人才能充分地利用和调节内外部因素,进而实现自己的行为目标。

自我调节具有适应性,需要花费讯问人和被讯问人大量的精力。自我调节过程具有阶段性,根据心理学的研究,一般要经过自我观察、自我判断和自我反应三个阶段。所谓自我观察是指讯问人和被讯问人根据不同的讯问活动或反讯问活动中存在的不同衡量标准对讯问行为或反讯问行为表现进行观察的过程。所谓自我判断是指讯问人和被讯问人为自己的讯问行为或反讯问行为确立某种讯问目标或反讯问目标并以此来判断自己的讯问行为或反讯问行为与标准间差距且引起肯定或否定的自我评价过程。所谓自我反应是指当讯问人和被讯问人评价自我行为后产生的自我满足、自褒、自怨和自我批评等内心体验。

自我调节系统由期望、自我效能、意志、反馈四种因素组成。系统是指由相互作用相互依赖的若干组成部分结合而成的且具有特定功能的有机整体,期望、自我效能、意志、反馈四种因素相互作用相互依赖从而构成了一个完整的自我调节系统。正是在这个系统的作用下,讯问人和被讯问人从讯问需要或反讯问需要开始,与外在诱因相联系并形成驱力和调整讯问目标或反讯问目标,进而引发讯问行为或反讯问行为和实现讯问目标和反讯问目标,讯问动机或反讯问动机在这个期间内经历了由无到有和由有到无的整个基本过程,而该过程充分显示了自我调节的重要作用。

期望具有对人或对事的前途有所希望和等待的意思,在职务犯罪讯问中是指讯问人和被讯问人对讯问活动或反讯问活动提前勾画出一种标准并认为如果达到了该标准即是达到了期望值的心理学含义,对职务犯罪讯问中的动机激发而言其是指基于过去的经验和当前刺激而对未来满足需要行为的途径和后果等的预料或预期。具体而言,当讯问人和被讯问人在产生讯问需要或反讯问需要时,会在大脑中同时产生对讯问行为结果或反讯问行为结果的一定认识,并且知道怎样去实现这种结果。这一点充分体现了讯问人和被讯问人特有的目的性行为特点。讯问人和被讯问人通过期望认识到了讯问目标或反讯问目标的价值和意义以及实现的可能性,从而唤起讯问需要和反讯问需要并形成驱力,与此同时,讯问人和被讯问人还通过期望来调整讯问目标或反讯问目标,使得讯问目标或反讯问目标具有更大的意义并且切实可行。由此可见,期望是一种认知过程,而这种认知的结论即是动机力量是由特殊行动可产生某种特定结果的预期和赋予这些结果的认知价值共同决定的。

自我效能在心理学中是指人对自己能够进行某一行为的能力的推测或判断,由此可知其在职务犯罪讯问中指的是讯问人和被讯问人对能够胜任讯问行为或反讯问行为的己之能力的推断或测判,是职务犯罪讯问中动机激发的中介认知因素之一,是指讯问人和被讯问人在特定的监察谈话情境中从事特定讯问行为或反讯问行为并取得预期结果的能力评判,其在很大程度上指讯问人和被讯问人自己对自我有关讯问能力或反讯问能力的感觉,也是指讯问人和被讯问人对自己实现监察谈话特定领域讯问目标或反讯问目标所需能力的信心或信念,简单地讲,就是讯问人和被讯问人在对自己能够取得讯问成功或反讯问成功的信念方面觉得其能行。讯问人和被讯问人通过自我效能感会根据己之内在的讯问需要或反讯问需要、讯问行为目标状况或反讯问行为目标状况对己之能力做出估价,自我效能感强则表明讯问人或反讯问人实现讯问目标或反讯问目标的可能性较大,反之则小,自我效能感的强与弱会直接影响职务犯罪讯问中动机激发的水平。由此可讲,自我效能与讯问行为目标或反讯问行为目标的设置具有不可忽视的重要关系,讯问人和被讯问人通常会根据其自我效能感状况来选择讯问行为或反讯问行为的目标,在程度把握方面尽量使这种目标设置不至于过高,以避免超越自己的讯问能力或反讯问能力范围之外。亦即,自我效能感直接影响到讯问人和被讯问人讯问目标或反讯问目标的设置,讯问人和被讯问人自我效能感越强其所确立的讯问目标或反讯问目标水平越高。根据职务犯罪讯问实践,讯问人和被讯问人在讯问目标或反讯问目标追求过程中的失败状况会降低其自我效能信念,而成功则会增强其自我效能感。由此而言,自我效能是对讯问人和被讯问人特定能力的一种判断,而不是其自我价值的一般性感受,这种判断通常会努力地驱动讯问人和被讯问人的自我,这种判断意味着讯问人和被讯问人对自身在特定的监察讯问情境中是否具有能力去完成某种讯问行为或反讯问行为的期望,这种判断经常包括两部分,一是结果预期,二是效能预期,所谓的结果预期是指讯问人和被讯问人对自己的讯问行为或反讯问行为可能导致何种结果的推测,所谓效能预期是指讯问人和被讯问人对自己实施讯问行为或反讯问行为的能力的主观判断,这种判断同时标识着讯问人和被讯问人对自己产生特定水准的且能够影响自己行为之能力的信念,这种信念决定着讯问人和被讯问人如何感受、怎样思考、如何自我激励以及怎样行为。在职务犯罪讯问的特殊情境下,这种判断即是特定背景下滋生的自我效能感,这种自我效能感实质是讯问人和被讯问人对自己完成讯问工作或反讯问行为能力的主观评估,而评估结果如何则直接影响到讯问人和被讯问人的讯问动机或反讯问动机,自我效能感越强则动机激发的概率越大,反之则会越小。这种现象说明,讯问人和被讯问人应对或处理监察谈话内外环境事件的效验或有效性,其主要是从讯问人和被讯问人身心机能发挥的动力学角度来说明讯问人和被讯问人的主体自我在动机激发中的作用,其所把握的是讯问人和被讯问人以自身为对象的思维形式,通常指称讯问人和被讯问人在执行特定讯问任务或从事特定反讯问行为操作之前对自己能够在何种水平上完成该行为活动所具有的信念判断或自我感受,进而构成讯问人和被讯问人主体自我的现象学特征,即自我效能感直接影响到讯问人和被讯问人在执行特定活动的动力心理过程中的功能发挥,从而构成决定讯问人和被讯问人讯问行为或反讯问行为的一种近向原因。自我效能感通过以下中介过程发挥其主体作用:一是选择过程:根据心理学理论,人选择自认为能加以有效应对的环境而回避自感无法控制的环境,由此可知,讯问人和被讯问人一旦选定某种监察谈话环境,这种特定的监察谈话环境反过来就会影响到其行为技能,而当讯问人和被讯问人采用不同的应对来解决所面临的情势时,由于讯问人和被讯问人相异的应对活动包含着不同的知识和技能要求,其选择哪种应对活动就决定于他对可供选择的各种应对活动的自我效能感。在不同形式的应对活动中,讯问人或被讯问人与之发生互动关系的对象及其对个体知识和技能的要求不同,他在其中获得的体验在性质和形式上亦会有所不同。各种相异的应对活动方式作为讯问人或被讯问人普遍经验的种种形式,皆有转化为讯问人或被讯问人直接经验的潜在性,故自我效能感的高低不仅决定了讯问人和被讯问人在监察谈话中面临新情势时究竟是将其作为挑战加以迎接还是将其作为困难加以回避的谈话态度,而且亦会通过影响讯问人或被讯问人对相异的应对方式选择而决定其人性潜能在哪些层面得到开发或又在哪些方面被忽视而得不到实现,也就是说,任何影响到讯问人或被讯问人选择行为的因素皆会对其的选择产生深远的定向作用。二是思维过程:自我效能感能够激起或影响若干特殊形态的思维过程,该思维过程对讯问行为成就或反讯问行为绩效产生的影响或可是自我促进的,或可是自我设阻的,且依效能感高低而呈现不同的态势:首先是讯问目标或反讯问目标的设定是讯问人和被讯问人行为的自我调节的主要机制之一,但讯问人或被讯问人将什么样的绩效设定为自我行为的目标则会受自我效能感的影响,讯问目标或反讯问目标的挑战性不仅激发讯问人和被讯问人的动机水平,而且决定讯问人和被讯问人对讯问活动或反讯问活动的投入程度,从而决定讯问活动或反讯问活动的实际成就;其次是自我效能感决定了讯问人和被讯问人对即将执行的应对活动场面或动作流程的心象实现的内容与性质,讯问人或被讯问人如果坚信自己的活动效能则会倾向于想象成功的活动场面并同时体验与活动相关的身体状态的微妙变化,进而有助于支持并改善活动的物理执行过程,否则其会更多地想象到的是应对失败的场面,会担心自己的能力不足,会将自己的心理资源主要地投注于应对活动中可能出现的失误,从而对应对活动的实际成就产生消极影响;再次是在归因活动中,效能感强的讯问人或被讯问人倾向于将成功归因为己之能力和努力,同时将失败归因为技能的缺乏和努力的不足,该种思维方式会反过来促使讯问人或被讯问人提高动机水平并发展行为技能,从而有利于应对谈话活动的成功;最后是讯问人或被讯问人对应对谈话行为结果形成内控或外控的不同期待,部分地决定于其效能感的高低,同时通过改变自我动机的水平而影响应对活动实际执行的动力心理过程。三是动机过程:自我效能感通过讯问人或被讯问人思维过程发挥主体作用,通常伴有动机的因素或过程参与其中。此外,自我效能感还会影响讯问人或被讯问人在应对监察谈话过程中的努力程度以及在应对监察谈话过程中当面临困难与挫折时对应对活动的持久力和耐力,尤其是对于那些富有挑战性或带有革新性的应对活动而言,该持久力和耐力是保证应对监察谈话活动成功的必不可少的条件之一。

意志是讯问人和被讯问人自觉地确定讯问目标或反讯问目标并支配应对监察谈话行动以实现预期目标的心理过程,其实质是讯问人和被讯问人内部意识事实向外部动作的转化,这种转化表现为意志对讯问人和被讯问人的应对监察谈话行为的支配或调节作用,这种调节或支配作用是根据讯问人和被讯问人自觉的目的进行的,而自觉的目的正是通过这种对应对行为的支配或调节才能得以实现。这种支配或调节包括发动和制止两个方面,对于职务犯罪讯问中的动机激发而言,意志所起到的作用正是这种发动和制止动机行为。在讯问人和被讯问人具备了内驱力并通过预期、自我效能调节或认识到讯问目标或反讯问目标的价值和意义以及实现的可能性的情况下,则需要讯问人和被讯问人的个体意志对是否发动该动机行为作出判断。这个意志过程包括采取决定和执行决定两个阶段。讯问人或被讯问人一旦决定要发动讯问行为或反讯问行为,其就会立马树立起一定的信心并准备克服困难以达到预期的目标。由此我们说,意志对讯问行为或反讯问行为的发动与维持皆具有一定的作用,在讯问动机或反讯问动机的激发过程中,意志起着重要的调节与协调内部起因和外部诱因的作用。以上是总体的宏观描述,下面我们进行具体的微观分析。作为去实现预定目标的心理倾向的意志是讯问人和被讯问人决策心理活动过程中重要的心理因素,是讯问人和被讯问人意识能动性的集中表现,并在讯问和反讯问双方主动应对监察谈话现实的行动中表现出来,对讯问行为或反讯问行为具有发动与坚持和制止与改变的控制调节作用。采取决定阶段是讯问人和被讯问人意志行动的准备阶段,其首先解决的是动机斗争问题,然后是确定讯问目标或反讯问目标和选择达到目标的有效策略和方法及手段并制定出切实可行的讯问计划或反讯问计划。执行决定阶段是讯问人和被讯问人把讯问计划或反讯问计划付诸实施的过程,在此阶段讯问和反讯问双方都可能坚定地执行所定计划并力争最终实现计划。在这个过程中,作为讯问人和被讯问人心理现象的意志具有以下特征:一是明确的目的性,即意志行动总是自觉确定和执行目的行动;二是同克服困难直接相关,即只有克服困难才能实现预期目的;三是直接支配讯问和反讯问双方的行动,即意志主要是为完成特定的目的目标而组织起来的行动,其对讯问行动或反讯问行动的调节既可表现为发动和进行某些动作亦可表现为制止和消除某些动作。从基本含义上讲,意志也可以被视为讯问人和被讯问人的心理过程,即讯问人和被讯问人的思维过程见之于行动的过程。在这里,“意”指的是讯问人和被讯问人心理活动的状态,“志”指的是讯问人和被讯问人坚信和坚持讯问目的或反讯问目的的方向且有信念地坚信和坚持的心理活动,由“意”和“志”合称的“意志”特指讯问人和被讯问人有意识、有目的和有计划地调节与支配已之行动的心理现象,我们讲这种心理现象和过程包括决定阶段和执行阶段,意思是说意志的调节作用包括发动与预定目的相符的行动以及抑制与预定目的相矛盾的愿望和行动两方面的内容。因为讯问人和被讯问人的讯问行动和反讯问行动主要是有意识和有目的的行动，讯问人和被讯问人在监察讯问过程中总是根据对客观规律的认识先在自己头脑中确定行动的目的再根据目的选择方法和组织行动，通过施加影响于客观现实的方式最后达到目的，所以我们讲意志是讯问人和被讯问人自觉地确定讯问目的或反讯问目的并支配其行动以实现预期目的和达致预定目标的心理过程。因为意志是讯问人和被讯问人的意识能动性的集中表现，其在讯问人和被讯问人主动应对监察谈话现实的行动中表现出来，对讯问行为和反讯问行为的外部动作与内部心理状态具有发动和坚持与制止和改变的调控作用，所以我们说讯问人和被讯问人的讯问行动或反讯问行动是由各种不同的动机决定的，这些动机都是为了满足讯问需要和反讯问需要而产生的，在监察谈话过程中，当讯问人和被讯问人意识到这一点时就会产生满足讯问需要或反讯问需要的愿望，从而进一步有意识地确定所追求的目的并拟定欲达目的的计划以做出行动，这种行动始终是由讯问人和被讯问人的意识调节支配的，是自觉的且指向于一定的谈话目的或反谈话目的并与努力克服欲达目的所遇障碍相联系的，这种从滋生动机到采取行动的心理过程即是意志。我们由此发现，意志属于讯问人和被讯问人受意识驱动和调节的高级活动，讯问和反讯问双方在监察谈话过程中的全部表现都是其所特有的意志行动，从这个角度讲，意志的本质即是讯问人和被讯问人对于自身行为关系的主观反映。从基本形式角度讲，认知、情感和意志是讯问人和被讯问人心理活动的三种基本形式，讯问人和被讯问人认识和看待监察谈话情势的主观意识过程通常经由认知阶段、评价阶段和决策阶段三个阶段完成。关于认知阶段，其解决的是“是什么”或“什么事实”的问题，讯问和反讯问双方仅当首先了解监察谈话情势的外在特性与内在规律并在此基础上首先理解监察谈话情势是何物的前提下才能对其进行更加深入的了解。关于评价阶段，其解决的是“有何用”或“有何价值”的问题，讯问和反讯问双方只有在了解监察谈话情势“是何物”以及“对我有何价值”的基础上方能知晓怎样对其采取正确的处理措施。关于决策阶段，其解决的是“如何办”或“实施何种行为”的问题，其本质即是针对监察谈话情势的特性以及该特性对于讯问和反讯问双方的价值，促使讯问和反讯问双方选择一个最合适的行为，以便能够充分有效地利用监察谈话情势的价值特性。由此我们说，没有认知的评价即是盲目的评价，没有认知的意志即是盲目的意志;没有评价的认知即是麻木的认知,没有评价的意志即是无聊的意志;没有意志的认知即是空洞的认知,没有意志的评价即是空洞的评价。从内容角度讲,意志包括感性意志和理性意志两方面的内容。所谓感性意志是指讯问人和被讯问人用以承受感性刺激的意志,其反映了讯问和反讯问双方在监察谈话活动中对感性刺激的克制能力与兴奋能力;所谓理性意志是指讯问人和被讯问人用以承受理性刺激的意志,其反映了讯问和反讯问双方在监察谈话活动中对于第二信号系统刺激的克制能力与兴奋能力。根据心理学上条件反射说的术语,第二信号系统是指以词语作为条件刺激物而形成的暂时神经联系系统,它的活动是和人类语言机能密切联系的神经活动。对于讯问人来讲,有时在讯问中会遇到受对方言语刺激而产生思维困惑和感到精神压力的情况;对于被讯问人来讲,有时会在接受讯问中遇到受对方言语刺激而产生情绪波动和信仰失落等情况,这些都是由于受到第二信号系统刺激的结果。由以上内容可以看出,意志既要考虑监察谈话情势自身的变化状态与变化规律,还要考虑讯问和反讯问双方的利益需要,尤其是要考虑自身及对方对言语刺激的反应能力,其是一种带有能动性和创造性的反映活动。为了能够相对完整地帮助大家理解以上内容,我们接着讨论认知情感与意志的辩证关系。讯问人和被讯问人主观心理活动中的认知、情感和意志能够分别反映监察讯问中的事实关系、价值关系和行为关系。在监察谈话活动中,双方总是在感知事实关系基础上掌握己之行为的价值关系并去判断、选择、组织和实施自认为相对完美的行动方案。这个过程的第一步是由认知活动来完成的,第二步是由情感活动来完成的,第三步是由意志活动来完成的,由此可言,从认知到情感和从情感到意志是一条不可分割的双方自控行为的流水线。认知、情感和意志的辩证关系从根本上是由事实关系、价值关系和行为关系的辩证关系决定的。首先情感是一种特殊的认知,而意志是一种特殊的情感。从这个角度讲,价值关系是一种特殊的事实关系,情感是一种特殊的认知,本质力量是双方的一种最重要的价值属性,因此行为关系也是一种特殊的价值关系,意志是一种特殊的情感,从广义范畴观察,认知、情感和意志都是一种认知活动,只不过其各自侧重于不同的角度,情感侧重于从意义的角度进行认知,意志侧重于从行为效应的角度进行认知。其次认知、情感与意志是相互区别的:讯问和反讯问双方的认知通常以抽象的、精确的和逻辑推理的形式出现,其情感一般以直观的、模糊的和非逻辑的形式出现,意志通常是以潜意识的、随意的和能动的形式出现；认知主要是关于“是怎样”的认知，情感主要是关于“应怎样”的认知，意志主要是关于“怎样办”的认知。最后认知、情感和意志相互依存相互联系：如果缺少事实关系，价值关系则会成为无源之水；如果没有价值关系，行为关系则会无根之基，因此我们说认知是情感的源泉，情感是意志的源泉。事实关系以价值关系为导向，价值关系以行为关系为导向，因此认知以情感为导向，情感以意志为导向。情感最初是由认知的逐步分离而出，其又反过来促进认知的发展，意志最初是由情感的逐步分离而出，其又反过来促进情感的发展；认知、情感与意志相互渗透相互作用，互为前提和共同发展。从品质特性上讲，意志是一种特殊的且针对讯问和反讯问活动的情感，是讯问和反讯问双方独有的心理活动形式，其使讯问和反讯问双方具有高度的主动性和积极性，进而从根本上区别于他物。意志的品质特性即意志在对讯问行为或反讯问行为驱动过程中所表现出的动力特性，其主要取决于讯问和反讯问双方的行为价值关系变化的动力性特性，反映了讯问和反讯问双方行为价值的目的性、层次性、强度性、外在稳定性、效能性和细致性等特性。从运行程序上讲，意志是讯问和反讯问双方对于自身行为的价值关系的主观反映，这种主观反映是双方大脑对于己之行为价值率高差的主观反映，其客观目的在于引导讯问和反讯问双方根据各自行为的价值收益率多少和行为价值率高差的大小来选择、实施、评价和修正己之行动，使讯问和反讯问双方能够以最小的代价取得最大的收益。意志活动具有阶段性，我们可以大致将其划分为五个阶段：一是价值目标的确立：讯问和反讯问双方在监察谈话情势下经常会有若干价值需要并会在大脑中形成相应的主观欲望，该欲望的满足具体表现为特定价值物的获取或价值目标的实现，其发生的生理机制是某种价值需要的目标物在大脑皮层中所对应的兴奋灶得到锁定和激发。二是整体规划的设计：讯问和反讯问双方能够针对己之已经确定的价值目标设计出一个整体的讯问规划或反讯问规划，并能对监察谈话阶段各个阶段或各个环节的应对措施进行安排，由于双方任一价值目标需要通过实施一系列的复杂应对行为来实现，故其每阶段或每环节的应对措施都可以被视为是一个复杂行为。该系列的复杂行为的设计过程实际上即是一个超复杂行为的设计过程，亦即，讯问和反讯问双方都会将其多个复杂行为按照不同的结构方式进行排列组合，同时估算出每种排列组合的价值率，在此基础上比较并选择出最大价值率的超复杂行为。该行为的生理机制是：讯问人和被讯问人某种价值目标在其大脑皮层中相应区域的兴奋灶得到激发后会使其产生强烈的情感体验，这种情感体验经过大脑兴奋灶的神经机能活动尽可能使大脑神经合成的各个复杂行为能够协调一致，同时产生具有极大价值率的超复杂行为，该过程通常会反复多次并会将多个具有极大价值率的超复杂行为进行比较，最后确定一个具有最大价值率的超复杂行为作为实现该价值目标的整体规划。三是实施细则的制定：对于超复杂行为的每一具体的复杂行为，讯问和反讯问双方都通常需要多个简单行为按照一定的结构方式予以协调完成，故该实施细则的制定过程实际上即是每一复杂行为的设计过程，具体说来，即是将多个简单行为按照不同的结构方式进行排列组合，并计算出每种排列组合的价值率，然后在比较基础上选择出具有最大价值率的复杂行为。四是具体行为的落实：对于以上所讲的构成复杂行为的每一个具体的简单行为，通常需要由讯问和反讯问双方的多个本能动作根据一定的结构方式予以协调完成，从这个角度说具体的讯问动作或反讯问动作的落实过程实际上即是没一个简单讯问行为或反讯问行为的设计过程，具体讲来，即是将多个本能行为根据不同结构方式予以排列组合并计算出每种排列组合的价值率，在比较基础上选择出具有最大价值率的简单行为。五是意志动力特性的修正：由于讯问和反讯问双方对于己之行为动作都有一个意志上的主观估计，所以必然存在或多或少的估算误差，因此需要讯问和反讯问双方在应对监察谈话过程中不断地进行修正，修正的优先顺序是：先修正相对不熟悉的或新出现的或相对不明确的简单行为的意志，倘若出现两个以上的不熟悉的简单行为则先修正低价值层次的简单行为的意志，倘若出现两个以上不熟悉的低层次的简单行为则先修正使用规模较大的简单行为的意志。这种修正具有相应的生理机制：认知是一定刺激信号在大脑皮层相应区域所诱发的兴奋灶同周遭其他神经组织之间建立的神经联系的总和；情感是价值物的刺激信号在大脑皮层相应区域所诱发的兴奋灶与边缘系统及网状结构所建立的神经联系的总和；意志是行为活动的刺激信号在大脑皮层相应区域所诱发的兴奋灶同边缘系统及网状结构所建立的神经联系的总和。从发生顺序上看，一般的规律是先产生认知，再出现情感，最后形成意志。从功能控制上看，意志控制着情感，情感控制着认知。从进化时序上看，情感从认知进化而来，意志从情感进化而来，作为特殊认知的情感从一般认知中分离出来，作为特殊情感的意志从一般情感中分离而来。从功能基础上看，认知为情感提供功能基础，情感为意志提供功能基础。从价值目的性来看，情感使认知具有了目的性，使认知能够按照讯问和反讯问双方的价值需要进行发展；意志又使情感具有了目的性，使情感得以按照讯问和反讯问双方的价值需要进行发展，倘若缺乏情感引导，讯问和反讯问双方的认知活动就会漫无边际，倘若缺少意志引导，讯问和反讯问双方的情感活动就会是盲目的，就会势必受本能的控制。从意志特征看，意志行动具有三个特征，一是意志行动具有目的性：讯问和反讯问双方的意志由于具有明确的目的性，其才能既发动符合目的的某些行动又能抑制不符合目的的某些行动，意志行动效应的大小是以双方的目的水平高低和社会价值为转移的，从根本上说，目的越高尚就越有社会价值，意志表现水平就越高。二是意志行动与克服困难相联系：克服困难的过程亦即意志行动过程，讯问和反讯问双方的意志坚强与否以及坚强度如何是以困难的性质和克服困难的难易程度来衡量的。三是意志行动以随意动作为基础：随意动作是指讯问和反讯问双方有预定目的且受意识指引的应对监察谈话举措，具有了这些随意动作，双方则可以在应对监察谈话过程中根据己之目的组织、支配和调节一系列的应对举措，以实现己之预定的讯问目的或反讯问目的，随意行为是意志行动的必要组成部分，同时又是意志行动的基础。从意志的作用看，意志具有三方面的作用：一是意志可使认识活动更加广泛和深入，由于意志是在讯问和反讯问双方的认识和情感活动基础上产生的并且不能离开意志的作用，所以在双方的认识活动中像有意注意的维持、知觉的合理组织、解决问题的思维活动的展开等皆需要双方的意志努力和意志行动，所以讯问和反讯问双方的自觉性和恒心等积极的意志品质都能够促进双方认知能力的发展。二是意志调节着讯问和反讯问双方的情绪和情感：首先是讯问和反讯问双方的情绪与情感影响着其意志行为，比如积极的情绪和情感是其意志行为的动力，消极的情感和情绪是其意志行为的阻力；其次是讯问和反讯问双方的意志对其情绪与情感起着调控作用，像意志坚强的人可以控制和克服消极情绪与情感的干扰，能够使情绪服从理智并将意志行为贯彻到底，反之则会出现意志薄弱者容易成为情绪俘虏的情况，使己之意志行为不能持之以恒。三是意志对讯问和反讯问双方的自我修养具有重大意义：意志的品质构成了讯问和反讯问双方意志某些方面比较稳定的趋势：首先是具有独立性，具体表现为讯问和反讯问双方不屈服于对方的压力，在应对监察谈话过程中不随波逐流，能够根据己之认知与信念来独立采取决定，并能坚决地予以执行决定；其次是具有果断性，具体表现为讯问和反讯问双方有能力及时采取有充分根据的决定，且能在深思熟虑基础上实现该决定；再次是具有坚定性，具体表现为讯问和反讯问双方会在长时间内坚持己之决定的合理性，并坚持不懈地为执行决定而顽强地努力；最后是具有自制力，具体表现为讯问和反讯问双方通常会具有掌控与支配己之行为的能力，同时表现为善于对己之情绪状态予以及时的调节。这些特征都从不同侧面反映出讯问和反讯问双方的意志品质。

反馈本是系统控制论的术语，是指发出的事物返回发出的起始点并产生影响，在职务犯罪讯问中的动机激发方面是指讯问人和被讯问人被控制的信息过程对控制机构的反作用，该反作用影响动机激发系统的实际过程或结果，这种影响体现在可以深刻理解动机激发之复杂系统的功能和动态机制，进一步揭示不同动机激发因素间的共同联系，这种联系指的是在将信息输送出去并作用于被控制对象基础上再将产生的后果反送回来。简单地讲，所谓反馈是指由给定信息作用于被控制对象，再将形成的真实信息反送回来的过程。

其本质是指在监察谈话情势的人际沟通过程中，讯问人和被讯问人分别作为信息发送者和信息接收者相互之间发生的反应，这种反应表现为当信息发送者发送一个信息时，接收者回应这些信息并与发送者进一步沟通调整内容，因而使沟通成为一个连续的相互的过程。将发送信息与反送信息相比较，如果发现存在差异，而且这种差异对讯问人和被讯问人的行为不进行控制或约束，而是进行加强或鼓励并使之继续朝着顺向发展，我们称之为“正反馈”；如果这种差异对讯问人和被讯问人的行为进行控制或约束，使其减弱并朝着保持平衡和稳定的逆方向发展，我们称其为“负反馈”。无论是“正反馈”还是“负反馈”，通俗地讲，其实际上就是讲自身带给对方的感受。一般而言，反馈的内容包括欣赏性反馈、指导性反馈和评价性反馈；所谓欣赏性反馈是指通常意义上的认可，代表着讯问人和被讯问人之间某种关系的建立与加深；所谓指导性反馈是指带有帮助他人适应和转变目的的反馈，此时说服对方的话语即是反馈的内容；所谓评价性反馈是指能让对方知道自己现状的反馈形式，这种反馈具有信息传递层面、意图表达层面和双方共识层面三层次的内容。反馈具有两大要素，即及时和精确。反馈具有五种形式，即视觉反馈、听觉反馈、味觉反馈、嗅觉反馈和触觉反馈，这五种反馈形式都是为了体现讯问人和被讯问人双方在监察谈话情势下的状态可见性。反馈与期望、自我效能和意志组成一个高速运转的循环圈，不断地协调动机的内在起因和外在诱因等的关系并确保动机作用的实现。反馈是自我调节系统的最后一环，对动机行为表现具有重要影响，其在动机激发上的作用有二，一是在动机激发过程中起到一种自我强化作用，讯问人和被讯问人通过对外在情况的认识来获取某种信息，从而依据该信息调整自己的动机以及动机行为；二是将行为结果的归因信息及时传递给讯问人和被讯问人，该过程通过归因对后继动机过程中的自我调节的影响来实现。反馈的作用表明，我们之所以在心理学上使用“反馈”一词，意在揭示“反馈效应”这种心理现象，目的是为了说明讯问人和被讯问人在监察谈话情势下对己之应对结果的了解，因为这种对讯问结果或应讯结果的了解会对讯问人和被讯问人的应对心势起到强化作用，会促进双方更加努力地去应对监察谈话情势，进而能够提高双方的应对效率和能够提升双方的应对绩效。反馈具有即时反馈和远时反馈之别，这点区分对讯问人来说特别重要，因为其中包含着在监察谈话过程中的即时反馈技巧，能够启示讯问人要在把握自我反馈基础上重视被讯问人所作的评价，要客观合理地评估自己的讯问言行和正确对待自己的讯问表现。在监察谈话实践过程中，我们经常会产生这样的体会，那就是针对被讯问人的应讯表现，讯问人及时发出即时反馈比拖延反馈的谈话效果好，讯问人适时发送即时反馈比单纯进行远时反馈的讯问绩效大，这是因为即时反馈能够在收集信息对称的前提下强化讯问活动的针对性，能够及时化解讯问和反讯问双方之间的人际关系紧张，从此我们可以说讯问人的反馈方式决定了被讯问人应讯动机激发的适时性和朝向性或正相性和合理性。我们可以以反馈方式举例说明这点。在职务犯罪讯问中，如果讯问人不及时总结被讯问人的应讯言行或不及时针对被讯问人的应讯表现发送即时反馈的话，被讯问人就会因为讯问人的拖延反馈产生自我正确的认识误区，在短时间内很难根据讯问人的设想去认真审视或主动扭转自己言行的谬误性，其反馈的应讯表现就很难达到讯问人最初设想的效果，主要原因是此时的被讯问人得不到讯问人的灾祸式警示和鼓励性关心，与讯问人在精神上不能引致共鸣，不能同步产生必须履行社会义务的需要和想出如何满足这种需要的办法，更不能滋生马上在言行上与讯问人同质的欲望和冲动，也就不会产生根据党组织要求去主动改造自己的思想和彻底转变自己的错误言行的应讯动机。所以对讯问人来说，正确的反馈方式就是即时反馈为主和远时反馈为辅，以即时反馈与远时反馈相结合的方式及时总结和评价被讯问人的应讯表现，本着鼓励与批评相结合的善良愿望,在揭批的基础上适时采取恰当的精神鼓励来激励被讯问人,必须经常让被讯问人及时意识到自身所存的错误,尽可能及时反馈组织评价和组织要求,在此过程中不断给予被讯问人足够的关注和关心,提供必要的物质和精神支持,正象让小树成才一样,要在其刚开始需要矫正的时刻站出来,而不要等到已经无法挽回的时候再行动,在它刚要长弯的时候马上矫正过来,每次都这样,如此小树才能慢慢地长直,之后也就水到渠成了。正面教育和精神鼓励对被讯问人来讲非常重要,相对于讯问人及时正确地评价被讯问人的应讯表现而言,大多数人往往简单地理解为对被讯问人过往的应讯状况的评定,而对于精神鼓励对被讯问人将来应对所可能产生的激励作用经常忽略不计。事实上,经过许多职务犯罪讯问实践的验证,在职务犯罪讯问活动中有反馈比没有反馈效果好,即时反馈比远时反馈所产生的正面效应大;讯问人反馈方式不同所产生的效应也不同,讯问人评价方式的差别所产生的效应亦相应差别;倘若被讯问人表现出部分的悔罪改过之意,讯问人指出其行为正确后,再根据被讯问人的实际给出某些中肯的且具有针对性的评价,此时的激励效果最好;如果讯问人仅仅向被讯问人给出格式化评语,此时的激励效果次之;如果讯问人只简单地总结被讯问人应讯表象,而无任何评价和评语,此时的激励效果最差。之所以出现上述情况,根本原因在于能否通过适当的反馈及时敦促被讯问人滋生正确的应讯动机。心理学关于反馈的研究成果能够让我们明白到,如果讯问人能及时地将被讯问人的应讯表现反馈给他们,并同时给出中肯的且有针对性的评语,对被讯问人的思想进步和行为改善是非常重要的;而现实的情况往往不尽然,讯问人只是对被讯问人应讯言行简单地予以评价,而对于被讯问人在应讯表现上的对错则疏于评价,这样自然难以更好地发挥出科学反馈和精神鼓励对被讯问人所带来的反馈效应。根据心理学的研究,自我调解的中介作用就是通过绩效反馈的方式勾连讯问动机和应讯动机的内在起因和外在诱因,并经过讯问和反讯问双方的神经官能作用激生出讯问动机和反讯问动机。也就是说,讯问动机激发和反讯问动机激发在讯问人和被讯问人自我调节层面的作用机制是绩效反馈。所谓绩效是指讯问人和被讯问人双方在监察谈话的特定期间内针对讯问目标或反讯问目标所呈现的贡献水平,是业绩和效率的统称。所谓绩效评价是指适时考察和评价讯问人和被讯问人应对监察谈话表现的一种方式,其通过系统的方法和原理来评定和测量讯问人和被讯问人双方的应对表现及其效果。所谓绩效反馈是指把绩效评价的结果反馈给讯问人和被讯问人并对双方的讯问行为或反讯问行为产生影响的一种反应，绩效反馈的目的就是让讯问人和被讯问人双方了解自己的应对监察谈话表现的绩效周期内的业绩是否达到组织所定目标等，以促使讯问人和被讯问人分别滋生讯问动机或反讯问动机。绩效反馈通过绩效评价手段进行绩效考核，并在此基础上能够让讯问人和被讯问人了解应对表现和应对效果与党组织之间的关系，反馈评价讯问信息或反讯问信息，促进讯问人和被讯问人之讯问目的或反讯问目的的达致，对讯问人来讲，通过帮助被讯问人在接受组织审查调查时认识和利用已之全部潜能来恰当地采取应对措施，当被讯问人意识到自身在应对组织谈话方面的对错并清楚知道如何正确地去行动时，考核的目的就相应达到了，而绩效反馈在这个过程中会起到极为重要的作用。绩效反馈主要通过讯问人和被讯问人之间的沟通，就被评价者在应对组织谈话过程中的表现情况进行面谈，在肯定进步和成绩的同时找出应对表现中的不足并加以改进。绩效反馈的欲取效果就是为了让讯问人和被讯问人了解自己在组织谈话过程中的表现及效果是否达到党组织所定的目标以及应对组织谈话的行为态度是否合格，让讯问人和被讯问人双方达成对评估结果的一致看法，双方共同探讨绩效未合格的原因所在并制定绩效改进办法，在这期间，讯问人要向被讯问人传达组织期望，双方尝试通过探讨绩效周期目标方式最终达致一个绩效合约，由于绩效反馈在绩效考核之后实施，且是讯问人和被讯问人之间的直接对话和沟通，所以有效的绩效反馈对通过绩效管理来激发讯问动机和反讯问动机起着至关重要的作用。正因为重要，讯问人在进行绩效反馈时要注意以下三点，一是要用描述的语言而不要判断，二是要侧重被讯问人的应讯表现而不要攻击被讯问人的性格，三是讯问人的谈锋要有特指而不能散乱。自我调节的中介作用发生的机理是：第一，讯问人和被讯问人的自我调节具有常态性，能够保证绩效反馈经常性进行，首先的原因是讯问人一旦意识到被讯问人在应对讯问中存在绩效缺陷就有责任立即去纠正它，其次是讯问人和被讯问人绩效反馈过程有效性的决定因素是被讯问人对于评价结果的基本认同，讯问人出于此项考虑应当向被讯问人提供经常性的应对讯问的绩效反馈，使被讯问人在讯问过程中的评价结束之前就基本知道自己的绩效评价结果。第二，讯问人和被讯问人的自我调节具有针对性，能够保证在监察谈话过程中不将讯问人和被讯问人的个性特点作为评估绩效的依据，因为在监察谈话中的绩效反馈面谈中，双方应该讨论和评估的是应对组织谈话的行为表现和应对绩效，也就是双方在组织谈话过程中的事实表现，而不是讨论双方的个性特点。第三，讯问人和被讯问人的自我调节具有提问性，因为对讯问人来讲单纯地发号施令很难实现从威权者到帮助者的角色转换，对被讯问人来说一味地巧言令色亦很难实现从狡辩到悔过的蜕变转身，正确的沟通方式是在交流中双方都要注意将更多的时间留给对方提问，仅留少量时间给自己用来发问或建议对方如何做，原因是被讯问人比讯问人更清楚应对组织谈话中存在的己之问题，在这样的情势下，讯问人要学会通过多提好问题方式引导被讯问人自己思考和解决问题，引导被讯问人自己评价应讯态度和应讯绩效问题，而不是通过居高临下地发号施令方式告诉被讯问人应该如何做。第四，讯问人和被讯问人的自我调节具有预见性，在监察讯问中的绩效面谈中，谈论内容虽然也对过去的应对讯问表现进行回顾和评估，但此并不等于说绩效面谈要集中于过去，谈论过去要坚持未来原则，并非是要停留于过去，而是要从过去的应对事实中总结出某些对未来表现有用的内容，这就要求任何对过去应对谈话表现的讨论皆应着眼于未来，核心目的是为了寻求将来应该怎样办的举措。第五，讯问人和被讯问人的自我调节具有积极性，能够让双方将积极的应对态度带入组织谈话的参与中，至少能让被讯问人感觉到通过讯问人的鼓励使其得到了客观认识自己的机会，使其找到了应该努力的方向。

总而言之，动机是引起、推动和维持个体活动的心理动因或内部过程。上文在现代认知动机理论基础上，从讯问人和被讯问人在监察谈话中的应对行为的内部、外部和自我调节中介过程三个方面建构了一个具有整合性的动机理论模型，也就是自我调节动机理论模型。这个模型揭示了如何从整体上把握内在起因、外在诱因和中介自我调节因素在行为动机过程中的作用，力求形成一种完整的揭示讯问动机或反讯问动机实质与内涵的一般理论，并为培养和激发讯问动机或反讯问动机提供理论基础与依据。

第五章 动机在职务犯罪讯问中的运维要素

运维是运行和维护的简称，本文的意思是指对已经建立的职务犯罪讯问中的动机的维护，本质上是对动机的生命周期各阶段的运行和维护，在可靠性、安全性等方面达致一致可接受的状态。运维要素是指构成动机运维的必要因素。职务犯罪讯问中的动机的运维要素是指动机运维的组成因素和单元。下面我们分别讨论职务犯罪讯问中的动机模型、动机运维内容和讯问方进行动机运维必须具备的核心能力。

第一节 职务犯罪讯问中的动机架构

一般说来，职务犯罪讯问中的动机架构是情景感知——行为倾向——系统结构。情景感知就是对情景的发现、采集和使用，是激发动机的一种前提条件。对职务犯罪讯问中的动机来讲，情景感知亦即感知留置谈话情景，感知情景是一种对留置谈话的认知映射过程，是指讯问和反讯问双方采用信息融合、风险评估以及可透视化等相关器官机能，对从多个信息源获得的不同格式的谈话信息去噪和整合，然后对融合处理后的谈话信息进行语义提取，识别出需要关注的重要要素并作出有效评估与决策以形成动机激发要素的过程。简单讲，情境感知就是利用留置谈话信息感知、采集和处理等器官机能使得讯问和反讯问双方能够尽可能准确地理解自身以及双方当前所处的状态。实际上，情景感知系统能够将讯问和反讯问双方的思维状态、行为倾向、喜好与情感信息予以考虑，以便更好地在不同留置谈话环境下服务讯问和反讯问双方变化的需求。从器官机能上讲，情景感知需要解决讯问和反讯问需求预测、留置谈话情景搜集、筛选、交互、推理和解释等动机形成因素的搜索和发现的系列问题。考虑到讯问和反讯问双方所处留置谈话环境的动态性,情景感知必须能够跨越不同类型的留置谈话环境为讯问人和被讯问人在动机生成上提供无缝的个性化服务,这种服务的基本过程是先是搜集原始谈话信息,其次是融合谈话信息,经由信息理解作出评估决策,然后形成动机激发要素。众所周知,讯问人与被讯问人交互体验的难点就在于如何相互揣测对方的动机情况,基于情景感知可以通过器官功能的手段获得关于双方在留置谈话过程中所处环境的相关信息,从而进一步相互了解对方的行为动机。情景感知具有临近选择功能、自动情景重配置功能、情景信息和指令功能、情景触发动作功能。所谓临近选择功能指的是一种便于选择动机激发资源的动机应对机能;所谓自动情景重配置功能指的是讯问和反讯问双方根据留置谈话情景的变化,按需添加新的谈话要素或移除现有要素或改变这些要素之间交互关系的机能。所谓情景信息和指令功能是指讯问和反讯问双方根据留置谈话情景的特定信息和指令的留置谈话情景来相应生成不同谈话绩效的机能。所谓情景触发动作功能指的是讯问和反讯问双方基于特定的行为倾向在特定条件下触发留置谈话应对动作。基于以上功能需求,情景感知机能需求可归纳为四大特征:一是以人为本:所有的情景感知分类、采集和处理都应面向讯问和反讯问双方,以讯问和反讯问双方为中心感知留置谈话情景;二是情景抽象:可以对留置谈话情景信息和情景服务进行抽象表示,对应临近选择和情景检测功能。三是服务自动执行:指的是能够根据留置谈话情景变化自动执行必要服务,反映了情景触发动作能力。四是情景标记:指的是讯问和反讯问双方把留置谈话情景标记为便于将来查询的信息,体现了情景增强能力。情景获取的主要途径依赖于各种人体器官机能来感知各种留置谈话情景,基于人体官能的情景推理得出的结果可以作为留置谈话情景感知系统的输出,并为系统进行控制或重配置提供重要依据。

行为倾向就是行为意图,是对态度对象作出某种反映的意向,是人采取行动前的一种准备状态,是激发动机的一种基础条件。对职务犯罪讯问来讲,行为倾向就是讯问意图和反讯问意图,是对讯问和反讯问双方言行作出接受与认同或拒绝与否定的意向,是讯问和反讯问双方行为欲望的概念化,是讯问和反讯问双方采取讯问行动或反讯问行动前的一种准备状态,是讯问和反讯问双方个体动机与决策的重要影响因素,行为倾向在社会固有的价值观、兴趣和理想在被讯问和反讯问双方内化的条件下会获得动力进而形成实实在在的讯问和反讯问动机,这种内化是讯问和反讯问双方对对方言行所产生的一种倾向性预期或信念,是讯问和反讯问双方基于在留置谈话的人际互动过程中建立起的对对方言行可靠程度而滋生的一种应对倾向的概括化期望。留置谈话中的互动体验为讯问和反讯问双方提供了评价对方意图、个性特征、动机的有用信息,这些信息构成了讯问和反讯问双方推断对方可信度和预测对方行为的基础或自我决策如何应对的倾向性基础。行为意向是决定讯问和反讯问行为的直接因素,其受讯问和反讯问双方行为态度与主观规范的影响。行为态度是讯问和反讯问双方在自身道德观和价值观基础上对对方言行的评价,表现为对讯问言行或反讯问言行等外界事物的内在感受、情感和意向三方面的构成要素,激发态度中任何一个表现要素都会引发另外两个要素的反应。主观规范是讯问人或反讯问人对于是否采取某项特定行为所感受到的外界压力。行为意向为行为态度和主观规范所决定。

系统结构是指构成讯问和反讯问双方行动欲望的要素间相互联系和相互作用的方式和秩序,也就是行动欲望系统联系的全体集合。联系是行动欲望要素之间相互联系和相互依赖的关系,是行动欲望要素构成系统的媒介,这些要素的联系可以从联系的形式、联系链的多少和联系的强度三方面体现出来。这种系统结构通常有以下几种:一是时间结构,诸要素随时间推移而形成联系的组合方式;二是空间结构,诸要素在空间上的联系形成的排列组合形式;三是时空结构,时间结构和空间结构的统一体。行动欲望作为讯问和反讯问双方的一种心理与行为冲动相统一的有机联系系统具有鲜明的结构性,其内部各要素之间相互联系和相互作用。行动欲望的结构要素主要有“谁说做”、“说做谁”、“为什么说做”、“如何说做”组成,这四方面我们分别称之为说做主体、说做客体、说做环体和说做介体。事实上,这些结构要素是我们界定行动欲望内涵必须涉及的基本内容,构成了解释讯问和反讯问双方行动欲望的基本框架。关于“谁说做”:行动欲望的主体即是施动者,必然具有一定的思维和行动能力。关于“说做谁”:行动欲望的客体是指欲望主体所认识和实践的对象,即欲望的对象或内容;在留置谈话中,作为个体的讯问和反讯问双方总是要通过自己的法定身份和谈话角色的确认来表明对所属政治体系或社会体系的心理依附和情感归属,因而笼统地讲,行动欲望的对象就是讯问和反讯问双方产生讯问冲动运作或反讯问冲动运作的指导思想、价值追求及价值理念,这是讯问人和反讯问人滋生行动欲望的深层次基础。关于“为什么说做”:环体就是留置谈话环境,是指讯问和反讯问双方主体活动赖以进行的各种社会条件和文化条件的总和;行动欲望的人生与发展都依赖一定的留置谈话环境,作为一种心理现象,行动欲望得以产生的起点是讯问和反讯问双方的讯问需求和反讯问需求,而这些需求的满足和实现必须介入社会关系转化为利益,利益是留置谈话的目的、内容和基本动机,这些利益需求虽然离不开留置谈话环境中的单纯生理行为,但是却根源于现实的留置谈话环境,受留置谈话环境刺激和制约,是留置谈话的产物,故而可讲留置谈话环境是讯问和反讯问双方行动欲望产生、发展和变迁的原因、条件及空间,也是我们理解“为什么说做”的一个关键性结构。关于“如何说做”:行动欲望是一个反映欲望主体与欲望客体之间互动关系的范畴,这种互动关系的实现离不开一定的介体,行动欲望作为一种心理必须通过纪法话语和政治行动等外显形式才能体现出来,具体而言,这种介体主要包括政治利益表达和政治参与,此两者是行动欲望的现实介体,是一种谈话心理的一种显性表达形式,欲望主体对政治体系或社会体系的信念、态度和情感必须通过显性话语与行动才能最终得以实现。

第二节　职务犯罪讯问中的动机运维内容

职务犯罪讯问中的动机运维内容主要是指讯问和反讯问双方对讯问动机或反讯问动机的各自运维维度。讯问和反讯问双方都必须围绕“谁”、“如何”、“为何”、“何为”这四个维度各自进行动机运维。

关于“谁”实际上是讯问和反讯问双方各自正确认识自己的问题。从讯问人角度说,讯问人经常遇到的留置谈话情势是以客观性、理性和认知性的自我去面对主观性、情绪性和时不时是非理性的被讯问人,这就要求讯问人必须加强自身纪法文化修养和政治理论修养,依据特定的政治意识形态和指导思想建立起自己的思想政治教育实践规范体系,增强制度自觉意识,提高思想政治教育的规范化和正规化,提升讯问动机产生和运维的科学化水平,具体讲,就是自己要持续强化思想政治建设,筑牢理想信念压舱石,自觉强化理论武装,深学、坚信和笃行,着力提升党性修养,以党性立身做事,不断提高政治判断力、政治领悟力和政治执行力,要敢于斗争,攻坚克难,要事争一流,唯旗是夺,要深化改革,守正创新。对被讯问人来讲,被讯问人通常遭遇的留置谈话环境是被迫以主观性、情绪性和非理性的自我去应对客观性、理性和知识性的讯问人，这时的被讯问人在自己的“三观”上出现价值失范和价值冲突现象、规则缺失和执行弱化现象，阶段性甚至全程抗谈拒供。所谓价值失范和价值冲突现象是指被讯问人道德或纪法认知与道德或纪法实践上的冲突导致其价值选择和行为选择上的困惑，出现对价值标准和价值判断的随意、价值选择的无措和终极价值选择的迷茫，甚至出现信仰缺失和心理失衡问题。这些问题的出现均与在政治生活过程中被讯问人与讯问人的精神世界缺少共同信念和核心价值有关。所谓规则缺失和执行弱化现象是指被讯问人在规则供给上出现内容残缺和在规则体系出现不健全等现象，在规则意识淡薄的指导下不能够在留置谈话过程中自觉遵守纪法规范，还不能将纪法制度真正落实到实处，被动应付讯问人所进行的思想政治教育，在积极配合谈话上出现阻滞化现象，这就要求必须提升被讯问人的政治认同感。对讯问和反讯问双方来讲，这是一个教育与被教育的过程。对讯问人来说对被讯问人进行政治认同素养培育是新时代实现立德树人根本任务的重要工作，是展开对被讯问人进行思想政治教育的中心环节。对被讯问人来讲积极接受政治认同素养培育和厘清政治认同素养核心要义极其重要。政治认同旨归在于认同，体现在被讯问人能够对新时代既定的政治原理发自内心的赞同。对讯问和反讯问双方来说政治认同素养则是双方对政治的思维、态度和行为的综合表现，是双方对形成政治认同素养过程中形成的修习涵养。能够以思想政治教育改造好被讯问人的“三观”，不仅关乎被讯问人本身，还关乎党和国家的前途和命运。被讯问人在自觉改造自己的人生观、价值观和世界观时，必须清楚地认识到政治认同素养教育具有的鲜明政治性，不能因为违纪违法犯罪而放弃“三观”改造，不仅承认和赞同马克思主义的指导地位，而且还要用新时代习近平中国特色社会主义思想引领思想和指导实践，积极拥护中国共产党的领导，坚定不移走中国特色社会主义道路，做社会主义核心价值观的践行者；必须深刻地认识到政治认同培育具有鲜明的综合性，在个人情感和意识层面的双重归属基础上形成政治认同感，主动培育自己接受政治认同的强烈主观意愿。必须清醒地认识到政治认同素养培育具有鲜明的导向性，被讯问人作为被审查调查者，需要培育包括自身政治认同素养和纪法文化素养在内的各方面素养，正确指导自己的人生道路走向，准确定位自身身份并在留置谈话过程中规范自我，亦即能够正确解决认同与表征的“谁”的问题。认识自己是谁以及能够准确表征自己是谁对讯问和反讯问双方来说非常重要。甚至可以讲,表征谁以及表征在与讯问和反讯问双方的互动中产生的应对问题对于界定纪法知识体系和政治知识体系的可表征性条件至关重要。有关纪法“谁”和政治“谁”的议题与认同问题紧密相关,这可以让讯问和反讯问双方在进行认识行动时表征自身与他人的过程,这不仅与双方和纪法认同与政治认同相关,还与双方在留置谈话中的位置和地位相关。表征总是由体现既对立又合作关联的讯问和反讯问双方所建构,这一动态过程完全体现在表征的产物之中,每一表征都与讯问和反讯问双方表征自身的努力相关,表征将讯问和反讯问双方的过去、现在和将来联系在一起,也就是将认同、文化和历史联系在一起,这些联系将双方自身均镌刻在留置谈话的记忆和叙事中,形塑有助于双方一次次确认其在留置谈话空间中的位置和归属感,在留置谈话中,没有任何认知过程不投射双方的认同与计划,该投射就构成了留置谈话过程中认识情境的关键心理维度。在此意义上,我们能够看到纪法文化素养和政治文化修养也在尝试表征拥有表征能力的讯问和反讯问双方。理解纪法知识体系和政治知识体系究竟有多么渴望达成此目标,是讯问和反讯问双方将手头知识体系分类的一个关键指标,其中一些知识体系严重依赖认识者的认同,其最渴求的目标是把该认同投射到留置谈话场域中,在此情况下,双方主要的表征目的与认同有关,认知背后的行动欲望是对双方进行的表征,表征有时与作为表征者的讯问和反讯问双方本身具有更大的关系,而非被表征的客体,在该情况下表征谁优先于表征什么。事实上,讯问和反讯问双方的知识体系与情感和认同发生联系时,就通常发挥了维持认同、促进整合、合作和文化再生产的功能,这样双方都能够以准确的形式将谈话信息友好地展现在对方面前,并激发对方主动参与的完整的动机运维过程。

关于“如何”实际是指讯问和反讯问双方在沟通与互动过程中的表征问题。研究沟通和表征的“如何”问题有助于我们加深理解双方的知识体系究竟要在留置谈话过程中达致何种目的,有助于我们阐明双方经由沟通和互动产生相关表征的不同方式。表征总是在双方的沟通行动中产生,故而分析沟通是对表征模式和双方知识体系的形成与功能进行界定的关键。没有双方的沟通就没有表征,表征过程是双方沟通的某种成就。研究表征形式的关键分析单位是连接纪法知识和政治知识与留置谈话情境,这是解释双方社会心理与个体心理基础的重要步骤,同时说明双方认识的可塑性依从于双方的互动过程。双方之间如何交谈?在何种情境中交谈?这种交谈具有何种效果?对话是对称的还是非对称的？是轮流发言还是一种声音压倒了另一种声音？从对话的相互性到非对称性，从宣教到说服，不同的沟通风格形塑表征结果和纪法知识与政治知识体系的形式。问题的关键是如何理解不同的互动类型怎样导致不同的表征结果、何种互动才能产生令人信服的表征、何种互动又能产生作为信仰基础的表征、互动过程又是如何得到处理的。解决问题的关键是以一种需要强烈决心的行动来建构合作的沟通模式。在讯问和反讯问双方在自我与他者的对话中的对称性与合作有关，互动双方均承认与其对话的他者的视角和位置，这种对称式谈话互动会产生互主性结构的表征类型，促使双方意识到双方差异性的存在和消弭分歧性的可能。因此，互主性结构及其沟通类型是讯问和反讯问双方认识留置谈话情境的关键维度，对于理解表征是怎样被形塑的至关重要。经由不同的沟通和互动风格，表征产生了不同的知识表达体系，自我和他者之间的沟通与互动便在这些知识形式中得以表现。对称性沟通能打开双方知识体系的话匣子，而非对称性沟通则会使双方的话语封闭，沟通是否对称决定了纪法知识和政治知识体系之于留置谈话的内容与功能。

关于“为何”实际上是指在理智基础上进行互主性谈话的原因，其指向的是一个思想政治教育意义系统的方式选择，这个方式能够唤起并修正讯问和反讯问双方在留置谈话中的应对动机，这需要从情感与理性的关系中寻找为什么在理智基础上进行互主性谈话的原因。情感是在社会活动中产生的与主体需要被满足程度相关联的一种人的主观体验，属于人的一种复杂的心理现象，人的情感可分为积极情感、消极情感和中间状态三种，当人的需要被满足时主体就会产生积极情感体验，反之则会产生消极情感体验，符合社会需要的情感主要包括道德感、理智感和美感，情感教育的重要任务之一就是培养符合社会需要的人的情感。我们在这里所讨论的情感是指讯问和反讯问双方对留置谈话事态的情感，这种情感是讯问和反讯问双方面对留置谈话环境的一种具有意向性的内在或外化反应，讯问人和反讯问人每一种情感都是有意向地针对对方，是关于留置谈话事态的内在或外在意义的认知，这种认知对双方谈话言行的作用还须受到谈话意向内容和谈话背景预设等的影响，这些预设共同构成并决定了意向言行的语境，进而才能确定言语行为的意义和内涵，该内涵具有感受性，具有一种只能被自我所知的私人获取感，这种私人获取感需要通过留置谈话语境的作用对情感意向作出指导和调整，最终促使讯问人产生和完善说服动机，促使被讯问人产生和完善归化动机。对讯问和反讯问双方来讲，情感是双方参与留置谈话讨论的动力，能够唤起彼此此间的认同感，产生相互之间的心灵联系，有助于在被边缘化的被讯问人心中唤起共鸣。讯问人对被讯问人进行情感教育的内容：一是对被讯问人进行情感体验教育，使被讯问人在留置谈话中体会不同的情感体验，培养起自觉的责任情怀和使命感；二是对被讯问人进行情感自控教育，使被讯问人学会调节自己的情绪和有效地掌握自己的情感以形成良好的思想道德和心理品质；三是对被讯问人进行情感互动教育，为被讯问人与讯问人相互交流提供一种易于沟通的途径，让被讯问人更容易接受思想政治教育内容。理性是人认识事物本质与规律的抽象思维和思维能力以及由这种抽象思维和思维能力所支配的人的理智的和自觉的且符合逻辑的能力与存在属性。我们在此处讨论的理性是指讯问和反讯问双方精神生活的一种形式，其包括在一定规则下应用概念进行判断和推理等思维能力或认识能力以及对应对谈话行为和目的的选择、质疑和辩护的能力。讯问人对被讯问人进行理性教育的涵义是培育被讯问人的理性意识、理性精神和理性能力，培育被讯问人的概括、判断和推理等认识能力，对被讯问人应对留置谈话言行方式和目的的选择和判断能力以及情感意志的协调能力进行教育，旨在提升被讯问人配合留置谈话的质量。这种思想政治教育中的理性教育旨在培养被讯问人正确的理性思维能力和处事方式，不仅使被讯问人具有和掌握正确认识政治热点和留置谈话任务的理论基础，还能使被讯问人掌握处理留置谈话问题的逻辑思维和判断方法，还能使被讯问人能够树立正确坚定的政治立场，拥有冷静沉着的处世态度和理性统筹以及处理谈话事务的能力，留置谈话的思想政治教育中的理性维度主要表现为这种理性教育内容。根据哲学常识我们知道，情感与理性是对立的，这种对立来自相对主义与绝对主义的对立，二分法导致情感不可避免地与欲望相连。但从总体上讲，情感教育和理性教育在留置谈话中应该是相辅相成的和谐统一关系。情感教育和理性教育作为思想政治教育的手段皆不能单独进行，而必须是相互渗透且共同统一于留置谈话过程中。这首先表现在两种教育在内容上是交互相通的：情感教育的重要目标是培养被讯问人符合社会需要的道德感、理智感和美感，而符合社会需要的许多原则都是理性教育的重要内容，例如理智感，理智感是被讯问人在认知过程中产生的一种内心的情感体验，与被讯问人的认知活动和需求满足程度相联系，要求被讯问人做事要保持理智，这与理性教育具有异曲同工之义。其次表现为情感教育和理性教育在作用上相互补充:理性教育是从意识观念上教育被讯问人提高认识和明辨是非,可为情感教育指明方向,从而有助于被讯问人形成健康的心理,当情感教育取得一定成效时也能提高被讯问人的意识水平和观念水平,尤其是在理性指导下的情感沟通,能够提高被讯问人的心理平衡能力,进而能够有效减少情感沟通不利引发的思想问题,提高理性教育的效果,留置谈话的思想政治教育借助情感教育开路,可以有效克服被讯问人的消极心理定势,可以推动理性教育的顺利开展,以期实现留置谈话思想政治教育的预定目标;再次表现为情感教育与理性教育统一于被讯问人思想政治品德的形成和发展过程之中:被讯问人道德行为的形成要经历认知、情感、信念、意志和行为五个步骤,理性教育贯穿于被讯问人思想政治品德形成的整个过程,其不但是认知的核心,同时指导情感因素的形成和作用过程,情感教育与理性教育的统一程度和发挥的效果在很大程度上决定了被讯问人能否形成符合社会需要的思想政治品德。

关于"何为"实际上指的是讯问和反讯问双方立基于表征的基本功能使不熟悉的变得熟悉。留置谈话中的表征是谈话信息在讯问和反讯问双方头脑中的呈现方式,是谈话信息记载或表达的方式,能把谈话信息表达清楚的形式化系统以及说明该系统如何行使其职能的若干规则。留置谈话中的所有表征的基本功能是应对未知,这是一个双方对留置谈话情境由不熟悉到变得熟悉的过程,双方通过创造有意义的理解,通过表征在应对行动与留置谈话情境之间架起了桥梁,可以讲,在留置谈话中出现的所有表征和所有的应对办法中皆存在想要捕捉和涵括以及理解不熟悉的谈话环境的渴望,这一渴望产生了更特定的表征过程的功能,回应了留置谈话与双方个人内心世界的那些核心维度,从此意义上说表征作为沟通工具建构讯问和反讯问双方的自我与留置谈话环境的现实本身。没有表征我们既不能发展讯问和反讯问双方之间的认同,也不能推动留置谈话的深入进行。表征作为共享理解体系提供了讯问和反讯问双方的认知和承认模式和应对留置谈话的倾向以及应对行为方向,使得讯问和反讯问双方能够知道留置谈话规则。表征在思想政治教育实践与监察留置制度中固定化,为构建讯问和反讯问双方彼此间的认同提供更新资源。保证使讯问和反讯问双方认识到其所说所做的是否有效,能让其人格和个体主动性得以发展的既存规则和角色的根源就是表征。表征的一般功能与特殊功能都关涉留置谈话中的辨识和范畴化力量。在建构对讯问和反讯问双方而言的真实时,表征秩序表现讯问和反讯问双方的认同和框定思想与应对行动,使讯问和反讯问双方之间的沟通与意向整合成为可能,创造出讯问和反讯问双方之间共同的留置谈话记忆,并制定应对留置谈话的计划。表征的一般功能是对讯问和反讯问双方基本的个体心理与社会心理问题进行回应,并使留置谈话的深入开展与进行成为可能。表征的这些一般性功能会转化成构成留置谈话情境的社会心理维度,这些维度与表征情境的其他维度之间相关。在每一个维度背后,我们都能发现某些迹象,那就是表征会透露留置谈话中的不同认识类型和不同的应对目标,也就是透漏出讯问和反讯问双方的讯问目标及反讯问目标,即在留置谈话中向对方展示想要达成什么,这些维度存在于留置谈话思想政治教育的话语体系中。留置谈话中被讯问人的表征力图对有关未来的理想进行认知和情绪的建构,通过应讯计划的建构表征对个人前途命运进行认知建构,与之对应的是对将来理想的认知期待。通过这种将来理想的构建表征对未来理想进行社会建构,与之对应的是对个人命运前景想象的投射。通过希望和希冀的经历,表征对个人前途命运进行情绪构建,与之对应的是预期得以运作的情绪场。应对计划、未来理想和希冀是留置谈话过程中表征的预期性功能的组成部分,主要存在于对未来和未知开放的认知体系中。大量的认知建构是受后向能量驱动的,这些能量与过去、与对当下仍有影响的轨迹相关,但表征过程有一个维度是具有前瞻性的,可以处理即将形成或出现的目前未曾意识到的或未曾形成的留置谈话希望。我们必须说明,当表征在表征场里面横贯说服与思想政治教育时其意识形态功能得以实现。讯问人对表征掌握程度不同时,其使用自己所拥有的不同程度的影响力试图施加影响以达成自己的讯问目标,当讯问人的话语系统使用影响力的不对称对被讯问人进行强制或自愿教育时,我们就可以说表征体系变成了意识形态,表征的意识形态功能占据了上风。在留置谈话的思想政治教育话语体系中,纪法主义不仅关心其要表征的客体现实,而且使纪法主义成为为意识形态功能所主导的知识体系,我们在这个意义上可以将此称之为意识形态并且使所有的表征体系都能为意识形态功能所主导和用以统领。所有表征在使不熟悉的变得熟悉的过程中,讯问和反讯问双方都借助于认同、集体、记忆、预期性功能与意识形态功能,这些都是思想政治教育话语体系的内在特性,表明所有的思想政治教育话语体系知识都由表征和表征的目的所构成。它们让我们能将通常被认为完全各自为政的认知形式关联起来,但这些功能怎样被使用以及各自在表征中所占的分量具有差异性,这是由不同的表征模式对表达符号形式的功能的使用不尽相同所造成的。

以上我们在引入个体心理结构和社会心理框架的基础上用以分析认知情境的不同维度，这些维度与表征形式的结构相关，并涵括了认识情境的“谁”、“如何”、“为何”与“何为”问题，以阐述认知情境的不同维度与表征目的如何能塑造思想政治教育话语体系的形式。下面我们探讨表征的不同模式如何与不同的认知形式相关联以及怎样去理解这些表征模式。表征的不同模式由其被建构的方式所决定。表征模式的理想形态分为集体表征和社会表征，在此我们并不想要呈现一个留置谈话中的类型学分析，而是想通过辨析表征的主要元素来勾勒出一个框架可能轮廓。

留置谈话的思想政治教育是一个灌输和说服并用的过程。集体表征更多地在灌输的空间情境中形成。在这个情境中，讯问人以集体代表的身份对被讯问人施加强大的压力，其用力程度很大程度上能决定被讯问人怎样开始形成并发展关于留置谈话环境的应对体验，这种集体心理强势介入讯问和反讯问双方之间的自我与他者关系并影响其构成，之后又因这些关系在留置谈话中的实现方式再度得以确认。这种表征的集体模式是讯问和反讯问双方所独有的，在表征的集体模式中，个人维度和互助维度密切关联，讯问和反讯问双方之间以应对情绪和应对倾向纽带为先，并以此规制其之间的互动。集体表征通常具有认知同质性并具有极强的共享性，因为产生集体表征的那种自我——他者互动以高度依从为特征，这两者通常借助谈话位置或认知能力的非对称性而获得。这种类型的关系经常使得表征的集体模式成为留置谈话话语体系生产的恒常特征。与此同时，因其不平等性和非对称性而致使其等同于支配或压迫关系，支配或压迫并非对留置谈话中的非对称性的唯一可能反应。在集体表征中，自我—他者关系是以非对称性与心理限制为特征的，在心理限制中存在着权威与服从，标志着自我—他者的互动和沟通是单向的，单向传播与模仿是心理限制的主要后果。以此我们可以明白集体表征为何常常是留置谈话话语体系的知识同质性场域，讯问和反讯问双方之间的差异空间几乎不存在，这样的限制是由特定的结构支撑的。在这个结构中，承认和顺从权威的传统至关重要，这种支配权力源自留置谈话中思想政治教育话语体系所承载的内容力量，源于将讯问和反讯问双方联系在一起的情绪纽带。被讯问人自我遵从并跟随对方，这样做是被讯问人承认集体表征所秉持的权威，并因为自我与他者之间存在强烈的情感纠缠。这种类型的表征仅仅关注所关涉的关系内容,对双边关系边界之外的其他可能经常不闻不问。双方之间的这种自我与他者纽带由于力量强大而保持了全整性和整合性,避免了与构成自我与他者互动的谈话场域的疏远,这种表征模式倾向于闭合话语知识视域,并把其圈定在已知和既存的范围内。虽然这种互主性结构预设了许多非对称性的存在并唤起压迫与支配的意向,但在留置谈话过程中没有任何关系是完全对称的,心理限制是集体表征的基础,需要考虑心理限制本身具有的某些积极潜力,其总体性的特征孕育了一个具有界限性的留置谈话世界,这个谈话世界给讯问和反讯问双方提供强烈的归属感基础,在这种基础中,互动中一方的相对弱小能支配另一方的理解和承认感,这种可能性源自讯问人对被讯问人脆弱性的承认以及关怀的渴望,双方彼此之间的信任和安全感正是由此类沟通衍生而来的,倘若缺乏这种联系并表征留置谈话模式所提供的安全感基础,双方相互之间的观点质疑、思想分化和保持心理距离都将变得毫无可能。在留置谈话话语体系的形成过程中,心理限制有利有弊。仅从推崇其相互之间的思想分化与观点质疑的论辩和反思理性视角对其进行评判会产生误导性,对表征的集体模式的讨论需要联系讯问和反讯问双方在留置谈话中的思维特征与思维倾向,以使得双方之间的认同和整合与留置谈话话语体系凝聚长存。在集体表征模式中,留置谈话话语体系背后的表征结果通常将主体性维度和互主性维度置于客观性维度之上,在这种表征运作中,主体性功能在留置谈话话语体系中占主导地位,表征的主体彻底投射于表征的内容上,而分析这些内容是有可能确定表征主体的,与此同时,以分析合作者使用何种沟通策略视角去建构互主性结构亦可能确定表征最终是怎样形成的。这时我们不得不问:这些表征意欲何为?想要达成什么目标?想要解决什么问题?诸如信仰和政治意识形态这些集体表征力图通过巩固或固化人际认同和记忆框定思想与行动,其可能在保证依从和忠诚的同时获得思想稳定与心力凝聚。这些表征的预期性功能可能被用于再度确认被讯问人的过去和现在以及未来,表征的集体模式得以产生是为了保持和联合与包容和涵括并使得留置谈话中的不熟悉更变为熟悉,使被讯问人对自己的世界观和个人的前途命运感到安心。

社会表征形成于说服教育的空间情境中,在这个情境中通常混杂着不同的想法与欲望,体现着讯问和反讯问双方认知的多相状态,需要讯问人对被讯问人进行思想观点的选择与固化教育。在社会表征中,个人维度、互主维度被区分,行动者都能意识到这两者的区别。讯问人通过给被讯问人施加多元选择性视角的意识,被讯问人对讯问人进行思想观点质疑与辩论,双方在留置谈话空间的应对心理中产生出一种互主结构。在这种结构中,在留置谈话中合作的双方都被视为独立的行动者,都有自己的讯问计划或应讯计划与希冀彼此说服的欲念,这种说服与反说服的多元视角把留置谈话中的话语与应对形塑为一个具有开放可能的场域。在表征的社会模式中,作为对话的讯问和反讯问双方之间的情绪纽带会与作为行动者的讯问和反讯问双方对另一种纽带的考虑产生竞争,尤其是对表征努力与留置谈话情势之间的联系的评估,故而透过强烈的情绪因素的滤镜而表征特定一方的应对知识亦吸收进其他因素,这些因素会改变情绪解读并对正在发生的相互说服欲进行改造。在表征的社会模式中,讯问和反讯问双方的自我——他者关系互动往往基于合作,这种互动意味着平等与自主以及截然不同的人格之间的互惠,合作开启了表征过程并产生了个人维度和互主维度之间的分化,这种合作使双方将对方建构为独立的个体成为可能,一个如同"我"一样其立场和观点需要被承认为合乎纪法的个体。在合作中,双方的行动是互惠的,通过这种互惠性活动,作为行动者的讯问和反讯问双方开始发展以自我为核心的关于自己与对方的知识认知,自己在此开始被视为自我,而对方则是一个与我有关但可能具有与我不同需求的自主的自我。从这个意义上说,讯问和反讯问双方之间的合作不仅建构关于自我与他者关系的知识认知,亦会建构包括自我与他者之间差异需要的知识认知,这种合作通常在表征形成过程中产生较少的模仿,其间的留置谈话话语的流传不像在集体表征中那样封闭,讯问和反讯问中一方较少依赖对方的权威或顺从,而更倾向于探索自己的意义生产能力和意义理解能力。自主性的可能会设立自己的情绪体验范围并会取代尊敬与遵从的感觉,而这两者是表征的集体模式的基础。社会表征的预期性功能被用于讯问计划或应讯计划的建构中,计划与过去和现在之间的关系主要着眼于个人前途命运的未来本身。表征的社会模式经常被用于打开能经由调整和内部转型而得到控制与驯化的不熟悉的谈话的空间,这与讯问和反讯问双方的发现和探索冲动、与应对留置谈话中的推理相关联。

以上对集体表征模式和社会表征模式的分析表明,两者与心理限制和合作相关,这些同质性显示,对表征的关注如何意味着需要考虑讯问和反讯问双方的动机起源和运维,留置谈话中的公共空间依赖产生一种特定类型的互主结构,这类互主结构又产生一种特定模式的表征,这些表征预示着表征模式形塑讯问和反讯问双方之间的相互关系,决定着他们怎样建构关于自身和留置谈话应对方式的认知,决定着讯问和反讯问双方运维动机的面向以及方式和方法。

第三节 讯问动机运维必具的核心能力

讯问人的动机运维应该是一个一体化的系统,而不应该是一个分散的系统,讯问人要用灵活和可定制化的观念去整合讯问与被讯问双方之间的协同与合作,这种整合意味着一定要有很好的可集成性。在此我们所要探讨的讯问动机运维因素包括认知力、洞察力、自控力和意志力。

所谓认知力是指讯问人在留置谈话过程中的主观对非主观的反应能力。因为认知是一种最基本的心理活动过程,故而认知力是一种获得知识、应用知识和信息加工的过程,其包括感觉能力、知觉能力、记忆能力、思维能力、想象能力和语言能力等,这些能力通属认知力。从这角度定义认知力的概念,认知力是指讯问人接受外界输入信息,经过头脑加工处理而转换成内在的心理活动并进而支配讯问人的讯问行为的能力,这是一个信息加工的过程能力,这种能力的指向就是讯问人对自己和被讯问人的认识能力以及讯问人对被讯问人的心理状态、行为动机和意向作出推测和判断的能力,也就是说指的是讯问人如何看待自我以及被讯问人内部心理状态的了解认知能力,也可以讲指的是讯问人如何通过自我行为与和被讯问人关系的构成以实现对自我、对被讯问人和对留置谈话情势的认识能力。简单地讲,认知力就是认识留置谈话情势的能力,是讯问人经过一定阶段的谈话经验和知识积累后对谈话过程中存在的现象以及个人心态等做出正确推测与判断的能力。留置谈话中的思想政治教育目的是在贴合被讯问人应讯实际的基础上增强被讯问人的法制意识,这种教育的内容包含了对被讯问人规矩认知力的培养,其以正确推测被讯问人的应讯体验为依据,以被讯问人自我改造为线索,引导被讯问人逐步领悟自我与他人、集体、社会、国家的关系,逻辑性地展示讯问人认知力的认知对象和认知内容,同时将思想品德教育、心理发展教育、纪法制度教育和基本国情教育等教育知识相整合,遵循被讯问人应讯状态逻辑地进行统筹教育。讯问人培养自己的认知力有利于推进讯问人的自我认知和健全人格的养成,有利于自身谈话综合素质的提升,有利于达致留置谈话目标，有利于社会良好风气的形成与国家意识形态的传播。认知力是讯问人讯问动机运维的前提条件。

所谓洞察力是指讯问人在深入把握留置谈话情势过程中通过表面现象精确判断出背后本质的能力，指的是讯问人通过有目的和有计划的主动觉知过程敏锐地发现被讯问人应讯目的的能力，讯问人良好的洞察力具有观察的精确性、观察的敏锐性、观察的客观性和观察的全面性等品质。洞察是有目的和有计划的比较持久的知觉，是讯问人认识留置谈话情势的基础。洞察力是讯问人善于观察出留置谈话情势现象下深掩的不显著特征或问题的能力，构成讯问人的智力要素之一，其不只是单纯的知觉问题，而是包含着理解和思考的成分，是讯问人有计划和有目的的知觉，其也不仅是单一的视觉活动，而是讯问人视觉、听觉、触觉和嗅觉等多种活动的过程，讯问人观察和洞察力之间存在着密切的关系，它反映了讯问人心理过程与个性心理特征之间的相互关系。讯问人的洞察力是在观察基础上发展起来的，讯问人持久细致的观察可以使洞察力从不稳定的或间断的表现逐渐转变为一种稳定的和经常性的行为表现，这种行为表现逐渐地变成了其个人习惯的个性心理特征，而组成个性心理特性的洞察力会影响和改造讯问人讯问动机的结构和内容。

所谓自控力是指讯问人在留置谈话过程中的自我控制能力，是指讯问人对自身的冲动、感情、欲望等诱惑进行自我控制的能力。自控力是一个人自觉地调节和控制自己行动的能力。自控力强的讯问人能够理智地对待留置谈话过程中发生的一切事件，有意识地控制自己的思想情感，约束自己的欲望或冲动，成为驾驭留置谈话情势的现实主人。从这个角度讲，加强自控力是讯问人磨炼自己意志的过程。讯问人在集中精力完成留置谈话中的特殊任务时，在自控力的作用下能够排除干扰并抑制那些必要的欲望和冲动。在自控力的调节下能够选择正确的讯问动机，调整讯问目标和讯问计划。自控力强的讯问人能够理智地控制自己的欲望并分清轻重缓急，对不正当的冲动则坚决予以遏制。自控力强的讯问人在留置谈话中处于紧张状态时，不轻易为激情和冲动所支配，不意气用事，能够保持镇定，克服内心的紧张，能够忍耐克己，做到临危不惧，忙而不乱。自控力决定着讯问动机的精度，是讯问人动机运维的基础条件。

所谓意志力是指讯问人在留置谈话中自觉地确定讯问目的并根据讯问目的来支配和调节自己的行动从而实现讯问目的的能力。对讯问人来说，意志力是自我引导的精神力量，在留置谈话过程中发挥着重要作用，无论是就讯问人的认知发展来讲，还是就讯问人的情感能力的发展来讲，意志力都具有主导性地位和功能，意志力是讯问人主观能动性的集中体现，讯问人靠着巨大的意志力量塑造着自我和改造着自我。讯问人的讯问行为源于意志力。在留置谈话过程中，讯问人为了追求讯问目标的达致和满足自己的欲需，总是力图从自身方面去支配和控制这些影响与刺激，并有一种能够实现这种支配和控制的信念，这就会促使讯问人产生一种意志努力和意志作用，讯问人的意志作用于留置谈话具体实践的各个环节，并最终通过留置谈话具体实践环节得以外化和对象化，亦即，意志在讯问人留置谈话具体实践中的作用是通过留置谈话实践中的目的、手段和结果的反馈调控过程而实现的，在这个过程中意志力的差异决定着讯问人的素质差异。意志力是留置谈话取得成功的导向，讯问人在留置谈话过程中会不断地优化自己的意志品质。根据心理学研究，目前公认的意志品质具有独立性、自制性、坚定性和果断性。所谓独立性是指讯问人倾向于独立自主地作出决定和采取讯问行动，既不易受外部环境的影响，也不拒绝一切有益的建议，在思想和行动上表现出既有原则性又有灵活性，独立性强的讯问人通常具有明确的讯问目的，有着坚定的讯问立场和信仰，并以此来统帅自己的讯问言行。所谓坚定性是指讯问人在留置谈话过程中持久坚信自己决定的合理性并坚持不懈地为执行决定而努力。所谓自制性是指讯问人在留置谈话过程中善于控制自己讯问情绪以约束自己言行。所谓果断性是指讯问人在留置谈话过程中善于明辨是非并适时采取决定并执行决定。这些良好的意志品质会促进留置谈话中的讯问动机不断修正和改良，成为驱动意志力的能量来源。

第六章 职务犯罪讯问中的动机功能

动机是推动讯问和反讯问双方行为的直接心理动力，动机的功能不仅出自讯问和反讯问双方的生物本能和心理功能，而且具有社会性特点。讯问和反讯问双方行为的动机功能无论是在心理构成要素、心理过程和心理功能方面还是在动机培养和激发方面，都充分地体现了讯问和反讯问双方行为动机功能的社会性本质特征。

第一节　生物本能角度的动机功能

根据心理学研究，讯问和反讯问双方作为个体维持讯问心理或反讯问心理的神经基础是觉醒，这种觉醒是指讯问和反讯问双方感觉、运动、情感、记忆、思维和意识等脑功能执行的前提和基础，趋利避害倾向是讯问和反讯问双方本能防御冲动和本能攻击冲动的基础表现，群际交往是讯问和反讯问双方社交欲需的本能倾向，这些本能之间可以相互调节。在这种自我调节过程中，讯问和反讯问双方的原始思维具有“自我中心”的思维特征，考虑问题一切均以自我体验为转移。

生物本能角度的动机功能是指讯问和反讯问双方基于以本能的自我体验所滋生的讯问动机功能或反讯问动机功能。这种功能即是维护自我，但讯问和反讯问双方各自维护的自我的内涵却不一致。讯问人维护的自我是个体自我，而被讯问人维护的自我是受原始感受驱使的原我。所谓个体自我强调的是讯问人相对于被讯问人所具有的独特性；所谓原我是对被讯问人的躯体相对稳定进行描述的神经结构，与被讯问人的躯体形成持续不断的共振回路，并且不断地积累对留置谈话的原始感受，是被讯问人当前状态的多维度表征的一个无意识集合，目的仅仅是维持讯问人躯体内稳态的整体平衡。无论是个体自我还是原我皆以自我中心作为参照框架，讯问和反讯问双方以自身位置为参照对留置谈话情势进行判断。这种自我构念启动任务也可以轮换讯问和反讯问双方各自的自我构念，并影响讯问和反讯问双方的自我评价、情绪和认知。在使用自我中心参照框架时，讯问和反讯问双方需要以自身位置作为参照来对讯问目标或反讯问目标进行定位，故而需要对"我"进行注意。在这种情况下，讯问和反讯问双方还没有形成互倚型自我构念，更多地表现为一种独立型自我构念。

讯问人基于本能体验产生的动机是征服欲望，希望被讯问人能够接受、顺从和服从，其维护的自我是带有征服欲的自主需求的个体自我。这种个体自我对讯问人来讲是最重要的自我，是讯问人谈话经验的动机核心，因为此时的讯问人拥有强烈的维持或提升自己正面形象和抵御对于正面自我形象的威胁的动机。就留置谈话节奏而言，这种自我能够纳入过去和考量未来，进而能够超越直接现在。也就是说，讯问人在留置谈话开始之前早已制定了谈话计划，对如何有序推进留置谈话已经胸有成竹，其留置谈话计划的总基调是了解被讯问人的过去经历，观察被讯问人现在的应讯表现，把握被讯问人将来的应讯状态，即基于过去和未来而实现对现在的超越。讯问人的这种本能体验具有两个面向，一是被讯问人的他者面向，二是讯问人的自我面向。所谓被讯问人的他者面向，是指讯问人通过建立对被讯问人的言行认知图式来自我组织和分类被讯问人的言行表征，通过透视这些言行表征来推测被讯问人的应讯动机，以估测和分析被讯问人应对审查的心理结构；所谓讯问人的自我面向，是指讯问人通过建构对自我言行的认知图式来自我组织和自我分类自我的言行表征，通过反思这些言行表征来修正自己的讯问动机。讯问人通过对这两种面向的体验的自我理解实现对被讯问人的应讯动机画像，来分析或断定被讯问人的个性特征和将来表现的可能性，以检视和提升自己在留置谈话中的应对能力。就自我建构而言，意识过程实际上是一种生理过程，讯问人通过直接注意讯问和反讯问双方言行以解决自我意识问题时，既表示出有意识经验的心理表征又表示出意向性态度。就动机功能而言，讯问人是通过选择和反思的方式来维护自我，所谓选择是指讯问人在全面观察被讯问人言行基础上重点择取能够尽量反映被讯问人动机本质的表征来揣测被讯问人的心理结构；所谓反思是指讯问人通过检视自己在留置谈话中发话的精准度和恰当度来进行判断上的自我修正。从此角度讲，讯问人维护的个体自我具有自我主观性，而被讯问人的原我带有自我实在性。

被讯问人基于本能体验产生的动机是回避或否认，这是趋利避害的本能表现，被讯问人从内心里根本不情愿接受纪法制裁，更害怕受到纪法追究，故而在应对留置谈话时内心的感觉更多的是害怕与担忧，处于想摆脱当前困境的渴望状态，基本上都与讯问人保持心理距离和心理对立。在留置谈话实践中，此时的被讯问人大多数通过情绪对立来表征心理对立，这种情绪化的心理对立意味着被讯问人仅仅将讯问人当作“找茬者”来对待，并没有将讯问人视作依赖对象的想法，在言行上通常保持否认的态势，基本上采取敏言慎行的应对方式，大都不与讯问人直接对抗，只是一边否认一边观察讯问言行以尽量吸收其中释放出来的讯问信息，并以此信息来分析己之问题被组织掌握的程度，此时的被讯问人大都没有直接对抗的言行，仅是采取守势以静观其变，内心充满痛苦与焦虑，这时被讯问人对留置谈话体验的致思途径不是基于理性的反思而是感性经验的直觉，这种直觉偏重于直观感性和切身利益，同时疏远对纪法规范之普遍规则的探索，也缺乏对纪法规范的信念和追求这些规范的动力，具体表现为在留置谈话环境中的社会化政治方面缺乏对建立在普遍理性基础上的制度设计。这种自我与留置谈话应对体验紧密联系，自我与应对体验相同一，是在经验和体验的结构中确定的自我，其仅关注被归属的当下的自我意识，这是一种最低限度的自我，也就是当代心理学家所说的“原我”。此时被讯问人的维护自我功能具有三个层次的特征：一是被讯问人重视感性经验的直觉，具有以自我为中心的判断推理倾向；二是注重留置谈话情势与应对体验的推理判断，忽视讯问和反讯问双方之间抽象的和本质的逻辑性联系；三是对超越双方个人之上的纪法规范和建立在理性精神上的程序制度缺乏探索追求和内在尊崇。对被讯问人来讲，在独立型自我构念的指导下，被讯问人在留置谈话初期，要么沉默不语，要么很少说话，要么虚假辩解，要么避重就轻，要么转移话题，要么模糊回应，要么矢口否认，要么胡搅蛮缠，要么推脱责任，要么装傻充愣，要么虚假供述，其动机原因一是想逃避纪法制裁，二是不能面对被留置现实，三是怀有蒙混过关的侥幸心理，四是担心自己的前途命运等，这些都是被讯问人以自我为中心来考虑问题的表现和结果。这时候被讯问人应对留置谈话的基本动机实质是维护自我的本原冲动和出于保护自己的原始欲望。

第二节 心理功能层面的动机功能

人的心理具有认知、情感和行为功能。所谓心理功能层面的动机功能是指讯问和反讯问双方基于对认知、情感和行为的体验所滋生的动机功能,这种动机功能即是关注他者。所谓关注他者是指讯问和反讯问双方在体验相互试探摸底的基础上产生对留置谈话语境化思路的认知,开始改变封闭自我的情感倾向,试图尝试通过与对方的互动来自我认识和自我整合,并据此在坚持内心独立立场的前提下开展基于不同立场的对话,进而促进自我的解构和重新建构。在这种关注他者的思维中,双方互动的言行成为连接双方自我和对方关系之间的桥梁,双方的自我会在对话中因不忽视对方的存在而重新形成。

讯问人基于话语互动体验产生的动机是策略式进攻。这种策略式进攻带有拘谨性,意味着讯问人并没有完全敞开心扉地与被讯问人交谈,而是带有阶段性目的的意图与被讯问人互动,是讯问人在关系自我基础上与被讯问人进行的有限互动。所谓关系自我强调的是讯问人与被讯问人互动关系的价值,是讯问人有限展开讯问的核心动力因素。讯问人关系自我不忽视被讯问人的对立性存在,反而开始重视与被讯问人建立局部心理联系或尝试人为缩短双方之间的心理距离,试图通过这种方式建立起双方之间的初步信任,开始主动培养被讯问人对讯问人的依赖意识,在改造被讯问人思想上具有主动性和目的性。这种主动性是指讯问人关系自我的生理语境从神经机制探讨到具身认知表征,是关系自我与被讯问人的互动方式从从无过渡到部分、从抽象过渡到具体表征,神经机制下的关系自我主要探讨自我存在的理由,具身视角下的关系自我倾向回答何为自我与自我是讯问人对留置谈话环境及身体体认的结果,这恰恰是关系自我本体论的核心所在,即关系自我具有实在性。关系自我具有实际的性质和状态,这种实在不仅仅是通过观察而获得,而且还是生物层面、心理层面和社会层面等信息所形成的表征系统再次表征的结果,再表征意味着讯问人可以成为心智过程的拥有者,亦意味着可以感受,体现了关系自我形成的生命历程。这种目的性是指讯问人开始通过言行关心来感化被讯问人,开始让被讯问人实实在在经历什么是心安和欣慰,使被讯问人通过切身体验心安和欣慰来逐步消除被讯问人的焦虑感和不安全感,开始让被讯问人通过心安和欣慰的生理感受来体认心安和欣慰本身,从而让被讯问人知道什么是真正的心安和欣慰以及心安和欣慰来自何处,进而帮助被讯问人形成行为驱动的核心自我,尽量促使被讯问人尽早产生依赖讯问人的冲动和依靠党组织的欲望。这种主动性意味着讯问人尝试按照自己制定的讯问计划和设置的讯问目标而行动。这种目的性意味着讯问人尝试运用思想政治教育的心理功能开始对被讯问人进行心理矫正,即利用思想政治教育的心理功能与心理健康教育的紧密联系来对被讯问人进行破除趋供心理障碍的正念教育。思想政治教育是留置谈话实践的重要方面,是一种客观存在,作为党和国家重要的工作领域,在宣传党和国家大政方针政策和社会主义核心价值观取向等方面起着积极作用。在改革的新时代,随着政治经济体制、社会结构、文化模式和价值观念等发生的深刻变化,被留置的被讯问人的思想观念和价值观也随之多元化,特别是被留置后,压力感、紧张感和陌生感剧增,对主流文化的坚守和多元文化的选择具有一定的迷茫性,故而需要讯问人积极引导被讯问人,采用情感引导、思想解惑、心理疏导、矛盾解决等方式发挥思想政治教育心理功能,主要是从人生幸福得失、顺逆苦乐和悲喜荣辱等方面帮助被讯问人树立正确的人生观、价值观和世界观,要求被讯问人尽早作出正确的人生选择。思想政治教育与心理健康教育相互促进和相互提升。思想政治教育对被讯问人提出了政治方面和纪法方面的要求与规范,心理健康教育对被讯问人提出了要符合政治和纪法要求与社会发展规律以适应社会环境变化的要求,提出了被讯问人必须具有积极稳定的知情意信的要求,共同提升被讯问人言行举止和心理发展,内外兼修帮助被讯问人修正错误观念和形成正确“三观”,帮助被讯问人做到真正悔罪悔过并自新成人。思想政治教育和心理健康教育各有侧重。思想政治教育主要侧重于被讯问人的人生观、价值观和世界观的树立,坚定政治立场,提高思想觉悟和政治站位;心理健康教育侧重于被讯问人的心理发展,以心理特征为基础,帮助被讯问人提高认识纪法和认知自我的能力。思想政治教育心理功能对被讯问人心理健康教育具有提升作用,心理功能通过在思想政治教育过程中的开发和引导进一步与心理健康教育中的疏导与排解相结合,坚持把立德树人和德育为先的教育理念摆在首位,助力被讯问人的世界观改造:一是思想政治教育对心理健康教育具有夯实基础的作用,被讯问人的心理活动和思想活动是统一作用的,其思想思维的变化要受其心理因素的影响,而其心理活动则受其思想意识的制约,特别是对其人生观、价值观和世界观影响很大,人生观、价值观和世界观是被讯问人心理和行为的调节器，是维护其心理健康并防止其心理异常的根本条件，如果被讯问人没有积极健康的心理条件，被讯问人很难树立起正确牢固的人生观、价值观和世界观，思想政治教育是培养被讯问人心理健康教育的有效途径；被讯问人能否树立科学的人生观、价值观和世界观是引发其心理问题出现的重要诱因之一，被讯问人心理问题的出现，人生观、价值观和世界观成为不可忽视的维度，故而在加强被讯问人心理健康教育的同时要重视被讯问人的思想困惑，思想政治教育和心理健康教育是双向互动作用的，两者缺一不可，为对被讯问人进行心理健康教育夯实了基础。二是思想政治教育对心理健康教育具有认知拓展的作用，把心理健康教育的思路和理念引入思想政治教育中，与思想道德修养的教育和培养结合起来，讯问人能够更好地向被讯问人普及和拓展心理健康教育的相关知识，使被讯问人在留置谈话过程中重视己之心理异常问题，向内自省是否树立正确的健康观和人生观、价值观和世界观，以身心健康的姿态认真改造自己的思想。三是思想政治教育对心理健康教育具有丰富载体的作用，载体是思想政治教育过程的综合组织形式或具体活动形式，在留置谈话中，讯问人通过对被讯问人进行政治思想教育、纪法知识传授和心理健康常识的传播等形式的综合教育，使思想政治教育的载体更加多元化，使思想政治教育的有效性和实效性得到保障。与思想政治教育相比，心理健康教育载体单一，把思想政治教育的现有载体拓展到心理健康教育，可以拓展对被讯问人进行心理健康教育的路径以提升心理健康教育的普及性，也能够丰富思想政治教育的覆盖面，将思想政治教育的心理功能和作用发挥到极致。

被讯问人基于话语互动体验产生的动机是略带积极性意义的守中致进，也就是在采取基本守势的态势下尝试与讯问人开展局部交流和有限沟通。这是被讯问人建立在核心自我基础上的尝试性沟通。所谓核心自我是指当原我赋予物质我以生物层面的价值倾向时，在原我基础上形成并赋以价值权重，当价值权重与物质我继续发生相互作用时，在行为驱动下的大脑对有机体与环境刺激之间关系形成新的表象时所形成的自我。对被讯问人来说，其核心自我的内涵剔除了无关其个人利益衡量的所有因素，而仅仅剩下其在留置谈话中的个人利益衡量元素，此时其考虑问题的出发点和落脚点依然是以自我为核心，只不过这时的被讯问人在应对思维上境虑了与其最关注问题无关的杂质，把全部精力投入到个人利益最大化的思虑中，为达此目的，被讯问人开始围绕己之关心的问题尝试和讯问人小心翼翼地交流，试图根据从讯问信息中捕捉的有利因素中发现自己拟寻的一线生机，也就是被讯问人开始主动进行寻找出路的部分尝试，在自己百思而不解的情况下，其会愈发认为不解的问题牵及自身安全和个人利益最大化，对自己尤其的重要，单凭自己的一己之力又找不到答案，苦恼之余便会被迫朝向讯问人寻找出路，甚至情愿或不情愿地与讯问人展开对话，此时被讯问人的心理是非常的矛盾，既想寻找答案又想不暴露自己的思想，既想得到最佳出路又担心得到惩处，既想说服讯问人又找不到合理说辞，顾虑与幻想重叠在一起，痛苦与无奈和希冀并存，以致会形成复杂而剧烈的内部思想斗争，又因自身与外界隔绝，信息的不对称会导致被讯问人不得不依赖讯问人，哪怕是有限或局部的依赖也标识着被讯问人心态的无奈，这种无奈贯穿于留置谈话前半程，长期的自我精神折磨会使被讯问人不得不在自身防御方面为讯问人敞开一丝缺口，这为讯问人的思想政治教育渗透提供了机会，在留置谈话实践中，除抗谈拒供意志坚定的死硬分子外，大部分被讯问人都会这么想和都会这么做，这就是为什么讯问人员能够对被讯问人进行思想政治教育的心理条件，也是被讯问人不得不接受讯问人说服教育的根本原因。因为事关个人前途命运，被讯问人的思想顾虑是非常繁多而复杂的，持续的时间也比较久长，而且会出现反复性，如同昆虫的蛹茧，需要讯问人剥茧抽丝般细做被讯问人的思想工作，逐步消除被讯问人的思想顾虑，要求其在主动交代清楚问题的基础上在纪法范围内寻找出路。被讯问人为什么在采取基本守势的态势下尝试与讯问人进行局部交流和有限沟通？这个问题的心理动因在很大程度是由于被讯问人存在错误的自我认知造成的，亦即，被讯问人认为如果其不交代组织上就不能掌握和认定其违纪违法犯罪问题，如果自己主动交代了但组织上并不掌握其会自毁前程，这种想法会在较长时间内缠绕着被讯问人的思维，在自己拿捏不准的情况下主动与讯问人进行有限交流可以从中捕捉有用信息，并可以以此来判断组织上究竟掌握其多少问题，同时以寡言少语形式同讯问人沟通也可以防止应对失误，还可以在讯问人那里博得稍许赞同，取得比拒绝交流不同的同情效果，这是被讯问人从个人利益最大化角度考虑问题的表现，此时的被讯问人自认为这样会对自己利大于弊才去做的，当然这也与被讯问人尚不完全相信讯问人有关。

第三节 社会性面向的动机功能

社会性是人的意识表现，主要包括利他性、协作性、依赖性以及更加高级的自觉性等特性。社会性在马克思的哲学文本中具有双重含义，首先是指规范意义上的社会性，规范意义上的社会性是指有意识的人之间现实全面的与自主平等的互动关系；其次是描述意义上社会性，描述意义上社会性是指人与人之间的互动关系。因为社会性是每个人以这种属性在具体表现上的差异而显示出其独特人格的特殊性并能够将人与人相区别，故而社会性是表征人和社会同一性的概念，其基本涵义指的是人们相互依赖协作的社会属性，其的现实形态即是人们的各种社会关系。在现代社会学框架内，社会性侧重于社会化的含义，指的是人和人之间的相互影响及作用结合成社会的过程就是社会化的过程，也就是把社会的知识、技能、价值、规范、行为方式和态度内化到个体内部并指导个体社会行为的过程。社会学中的社会性即是生物人接受社会文化、行为模式、价值观念的教化并认同社会和适应社会生活以成为社会人的过程。可以看出，社会学视域中的社会性强调人与社会相互作用生成的关注个体在社会互动中的角色学习并赋予了社会性以社会结构中的主体交互生成的意义。人类学从个体发展的角度将社会性视作个体学习社会文化的过程，这种社会文化主要是指一种社会规范和价值观，仅有当个体了解和认同了这些社会规范和价值观时才能说明个体的社会性有所提升。心理学的社会性解释是相对于个体的生理和认知等心理特征而言的，强调个体在社会交往互动过程所形成的稳定的心理特征，强调在个体社会性发展过程中的自我形成心理发展的重要性。教育学视域中的社会性强调教育是人类社会特有的培养人的特殊社会实践活动，这种实践活动要促使个体的社会化，同时也要社会的个性化发展，其中的个体的社会化即是依据一定的社会客观要求将个体培养成具有特定知识、技能、价值、规范、行为方式和态度且符合特定社会发展的人，而社会的个性化即是指将社会的各种行为规范和价值观念内化到不同个体身上，进而形成不同个体独特的认知心理结构。概括地讲，哲学从社会关系的角度来理解人的社会本质，其所强调的是社会性是人的本质属性；社会学侧重于人与社会的互动和社会对人的规范作用，关注点是社会规范内化和社会角色形成，强调在社会化过程中人与社会互动过程中的角色形成过程；人类学侧重于社会规范内化与社会角色形成，关注点是民族文化模式对成员人格和社会行为的影响，强调个体社会性生成过程中的文化特性；心理学侧重于合体社会性和个体与社会环境相互作用，关注点是个体特点、学习经验和人格差异在社会化中的作用以及社会心理经验在自我形成中的影响，

把社会性理解为个体在社会学习过程中所获得的人格发展和自我形成的结果并关注社会化过程中的个人成长；教育学侧重于制度化教育对个体社会化的作用，关注点是个体社会化和社会个性化的教育制度设计，把社会性理解为个体的社会化并关注个体社会化与社会个性化的教育制度设计。

社会性面向的动机功能是指讯问和反讯问双方基于对利他性、协作性、依赖性以及自觉性的意识体验所滋生的动机功能，这种动机功能就是讯问人和被讯问人相互倾注。倾注是将精力、感情和注意力全部集中于一个目标的意思，相互倾注的动机功能是讯问和反讯问双方把精力、感情和注意力全部集中于相互合作目标上的意思。

讯问人基于上述意识体验产生的动机是奉出真情。这是建立在集体自我基础上的真情付出，也就是讯问人真情以对被讯问人。集体自我是指讯问人将自我进行社会分类并且能与被讯问人互相感知的自我认识，这种自我认识更加关注讯问人作为群体成员的身份。集体自我与个体自我和关系自我都不相同，个体自我强调个体的独立性，这种独立性与情境分离；关系自我从自我与重要他者的关系中产生，从双向互动中理解自我；集体自我是指在所属团体中以成员身份去定义自我。集体自我与个体自我相对立，个体自我把自我作为一个单一的个体去感知，但当自我归属于一个群体后，个人利益就演变为集体利益，个体不再与他者比对而获得独特感，而是作为全体成员与其他群体进行比较获得积极的认同感。所谓付出真情是指讯问人把被讯问人当同志一样对待，不仅在心理上开解和疏导被讯问人，而且从政治上与生活上关心和爱护被讯问人，让被讯问人正确面对过去，克服心理障碍，悔过自新重新做人。在付出真情的思想指导下，讯问人从透视被讯问人应讯活动的全程性出发，根植于监察留置的现实去关注被讯问人的生活境遇和应讯状态，在尊重被讯问人个体主体性前提下从整体上研究被讯问人的应讯状态和应讯规律，深入把握被讯问人的应讯目的和意义价值等问题，主动全身心地对被讯问人进行“社会关系”教育，教育被讯问人要认识到人是个体存在与社会存在的统一体，被讯问人必须从被留置的现实性出发通

过主动配合谈话的好态度来处理自己与讯问人和党组织之间的关系，这种关系处理好坏的实际效应决定着被讯问人现实的存在状况，其考虑出路问题的出发点必须立基于服从组织处理，落脚于在心理上接受只可能在组织关怀的社会空间内得到从宽处理的社会现实，党组织对其进行全方位的思想政治教育的目的，不仅仅是为了满足改造其思想的自然需要，而且是通过帮助其将来成为符合社会需要的人来体现人的社会属性的需要，其接受思想政治教育不能脱离当前被留置的社会现实，其当前的应讯行为都具有社会性影响，如果离开这个社会现实，其就不会形成依靠组织和感谢组织的思维定式。在付出真情的思想指导下，讯问人会把与被讯问人之间的相互关系定位为“交往内存在”，其会对被讯问人强调思想政治教育是有个性的，被讯问人必须在组织教育挽救下并在正确处理个人与集体关系过程中完成现实化转变，对被讯问人进行纪法教育和思想政治教育的目的也是希望能达到组织教育与个人领悟的交流过程中实现相互唤醒，被讯问人作为被审查对象依然是社会组成因子，必须受包括纪法在内的社会规范的调整，在个人思想改造上遵守纪法规范是核心，在谋求个人出路上处理好与党组织的关系是核心，只有在态度上对党组织付出真心并与讯问人真诚沟通才是双方形成共识并最终取得党组织谅解的正确方式，能够达致双方之间的相互理解、相互交流、相互作用和相互沟通是党组织所希望的，只有如此被讯问人才能具备建构人际关系的政治性和社会性知识能力以提升自己的思想道德境界，对被讯问人来说虚心接受党组织教育和挽救就是其“构筑自身”的思想改造活动过程，从这个角度而言处理好教育与接受的关系过程就是被讯问人内在潜能得以双向对象化的过程，是一个极其宝贵的难得的学习机会。在付出真情的思想指导下，讯问人会对被讯问人主动进行个性发展、社会性发展和类特性发展的统摄教育，讯问人会帮助被讯问人认识到人的个性、社会性和类特性发展包含着认知、情感和技能三方面的发展，所谓认知发展就是被讯问人能够认识到自身存在严重的违纪违法犯罪事实，所谓情感就是被讯问人能够具有向党组织交心并交代问题的欲望或冲动，所谓技能就是被讯问人能够积极、主动、完全和彻底地向党组织交代自身的严重违纪违法犯罪事实并真诚地悔罪悔过，被讯问人接受组织审查的态度会从这三个方面全方位地表现出来，而不能表现为被讯问人阳奉阴违或抗谈拒供，具体来说，党组织衡量和考察被讯问人的思想是否真正得到改造以及改造效果的好坏标准，一是在人的个体本质方面被讯问人在应对组织审查态度上是否做到了自然素质、社会素质和心理素质的提升，二是在人的社会本质方面被讯问人是否依然仍把自己视作党组织的一员，三是在人的类本质方面被讯问人的人生观、价值观和世界观是否真正得以改造和是否能在将来的社会生活中尽量成为“完人”，归根结底一句话，那就是希望被讯问人在认真领悟组织教育过程中不但认清自己问题的本质还能够在认识自己的同时完善自己并真诚悔罪悔过。在付出真情的思想指导下，讯问人会对自己更强调纪法教育和思想政治教育的互动效应，对被讯问人更强调应讯行动的意义与纪法知识和政治知识之间的依存关系，强调被讯问人思想和活动的社会性和意义固有的社会协商性，主张被讯问人在留置谈话过程中要具有主观能动性，要积极、主动、完全、彻底交代问题，强调党组织的纪法教育和思想政治教育不是以灌输为唯一目的，而是希望被讯问人在认真接受教育过程中通过对学习内容的选择并以这种选择为中介来建立悔罪自新的“意义”。在付出真情的思想指导下，讯问人更强调人的整体性、独特性、自主性和社会性，会要求被讯问人通过对组织教育的自我领悟和指导实现真正的纪法学习与思想政治学习，会要求被讯问人将自我认识、自我改造、自我选择、自我实现与健全人格紧密地联系在一起，在正确处理组织审查和自我改造的关系中获得其的社会规定性，通过主体性和社会性的同时提升来获得完整的人格发展。在付出真情的思想指导下，讯问人会强调纪法教育和思想政治教育的建构性，会教育被讯问人理想的出路可以通过真诚接受组织教育的学习与领悟过程获得，真正的出路则是被党组织关心和关怀积极建构出来的，被讯问人必须在相信党组织基础上依靠党组织帮助，必须在真诚悔过基础上努力悔罪，必须在认清罪过本质基础上依靠本人主动争取。在付出真情的思想指导下，讯问人会更加注重教育影响，这种教育影响是指在纪法教育和思想政治及教育活动中讯问人作用于被讯问人的全部信息，既包括了信息内容，还包括了信息选择、传递和反馈，是教育形式与教育内容的统一，讯问人会据此告诉被讯问人其的人格健全和思想道德境界提升是一种社会性发展，主要包括被讯问人怎样认识自己和如何认识组织与社会以及怎样处理这几方面的关系，其纪法意识和道德品质的提升是其社会性发展的核心标志，这种标志就包含着政治特征、道德特征、心理特征和审美特征等，这几个方面的素质提升就是被讯问人个体社会化的内容与结果，被讯问人只有在接受纪法教育和思想政治教育的认知基础上才能形成符合组织审查要求的社会心理特征并进而获得社会性。

被讯问人基于以上意识体验产生的动机是捧出真心，也就是在抛却各种思想顾虑基础上投入全部身心与讯问人开展真诚交流和无障碍沟通。这是被讯问人建立在自传体自我基础上的顺畅性沟通。所谓自传体自我是指人们在个体偏好系统的控制下通过经验不断丰富躯体标记而兼容个体过去和未来的社会与文化因素的自我。根据心理学研究，自传体自我可以容纳个人社会角色的所有方面，构成“社会的我”和“精神的我”，自传体自我具有自我的实在性、可重塑性以及抽象化能力，能够区分自我和他人的需要，当然这需要外部信息与人的内部状态信息的协调。对被讯问人来讲，这种协调强调了纪法教育和思想政治教育的社会文化境脉和接受教育过程的社会互动层面，纪法教育和思想政治教育具有社会属性、可传递性、可选择性，纪法教育和思想政治教育活动既包括讯问人对被讯问人的认识和改造活动，又包括讯问和反讯问双方之间的讯问和被讯问的人际交往活动，还包括被讯问人对自身的意识或反思活动；在这种协调中，被讯问人通过接受组织教育掌握了纪法知识和思想政治知识，形成了对这些知识的感知能力、认识能力、实践能力、判断能力和审美能力，实现了自身文化性的生成；在这种协调中，被讯问人在教育与接受教育的人际性关系中与讯问人之间建立起相互关联，形成依存性、合作性、交往性和道德性，亦即，被讯问人在接受组织教育过程中一方面需要讯问人的指导和帮助，另一方面要学会与讯问人交往和合作，处理好与讯问人和党组织的关系，这时的被讯问人在学会认识自己、评价自己、反思自己和调节自己的基础上，形成自己独特的个性，并通过对规范律令的自我反思而实现道德性和纪法性的生成。留置谈话中的全部活动皆具有文化的性质与内涵，而文化是被社会群体所共同遵循的历史积淀，具有被社会群体共享的倾向性，更是被由讯问与被讯问双方组成的“小群体”所认可的共同行为模式，被讯问人在留置谈话过程中如何认识以及如何活动是由组织审查的标准系统所决定的，这种决定与被决定的关系意味着被讯问人的前途命运离不开对党组织的依存，这种依存指的是被讯问人在政治生活和精神生活上会接受讯问人所代表的党组织和纪法文化的影响。无论是作为“社会的我”还是作为“精神的我”，合作是被讯问人谋取最佳出路的前提和基础，是被讯问人配合谈话的基本方式，从这个角度讲，组织教育不仅仅是被讯问人头脑内接受信息的活动，而且是在头脑中思考与讯问人合作以共同探索思想困惑解决之道的活动，这种活动既具有纪法强制性，也具有道德指引性，强制性能够维护基本的组织审查秩序,道德指引性既规定着被讯问人精神发展方向又影响着被讯问人的应讯行为选择。在强制性维护秩序和道德性选择应讯行为过程中,被讯问人产生了调节自我与对方关系的社会性内在结构,这种内在结构的内隐表达即是事关谈话态度好坏与应讯行为选择的新知识创生。我们知道,被讯问人在核心自我意识支配下态度状态是时好时坏,在应讯行为选择上既有配合又有对抗,应对留置谈话的态度知识和应讯行为选择知识存在于被讯问人对纪律法律知识和政治道德常识的一般理解之中,存在于被讯问人通过与讯问人谈锋交往互动所创生的属于自己的"自我意义"之中,其实质是被讯问人尚未彻底刨除幻想和尚存故意逃避的侥幸,但通过讯问人纪法知识传授和案例释明讲解与出路教育,被讯问人在压迫与自愿的双重压力下转变了思想认识,自觉地将前述客观知识和学习效果转化为具有内在属性的内隐表达形式,即产生了愿意配合的意识和主动交代的冲动,形成了新创生的属于自己的"自我意义"的知识形态,由此说明,无论是作为纪法专业知识领域的公共知识体系,还是作为被讯问人个体认知结构的个体应讯知识,都是由讯问人所代表的党组织努力和被讯问人个体争取所共同建构的结果。此时被讯问人的个体知识来源有两个主要途径,一是被讯问人通过内部信息的再加工和变化来建构知识,二是被讯问人通过对讯问人输入信息的加工整理而建构个体自己的知识。所谓建构一般被认为是相互作用的问题,一是被讯问人在与讯问人的相互作用中在原有知识基础上构建新的知识,二是被讯问人在与讯问人的人际沟通中构建新的知识,这两个方面分别为个体建构主义和社会建构主义所秉持,但它们探讨的都是应讯知识由外而内的建构过程。讯问知识和应讯知识与认知活动分布于讯问和反讯问双方所处的审查谈话的文化环境中,并且为他们所使用的工具所中介,其具体表现为讯问知识和应讯知识存在于个体心智与相互协商中,存在于讯问和反讯问双方的话语和人际交流中,存在于讯问和反讯问双方创生使用的工具以及创生工具所依据的方法中。对被讯问人来说,应讯知识是被讯问人在个体认知过程中通过与讯问人交流沟通并依凭其对留置谈话的体验建构的,与在核心自我支配下的应讯态度以某种方式行动留有余地不同,在自传体自我支配下的被讯问人已经对新创生的知识理解赋予了新的积极意义,其间渗透着被讯问人新的认识观和知识经验以及价值取向,那就是以配合争取主动,以好态度谋求最佳出路,当然也势必包含被讯问人的私心杂念,但这种个体建构的知识未必完全合理与合法,只有通过与讯问人的沟通交流才能实现应讯知识建构的合理性与合法性，这种新知识创生其实是一种社会协商过程，应讯知识正是在这一过程中由讯问和反讯问双方间的对话而社会性地建构起来，这种被建构的应讯知识具有认知维度、人际维度和自我维度，这三种维度的表达也就是应讯知识创生的表达层面，这种概念加工是被讯问人反映讯问人所代表的组织愿望的基本途径，其实质是被讯问人调用已有知识和应讯体验作用于讯问人的外界刺激以明确其意义的加工形式，该种加工从被讯问人自身具有的知识及其产生的期望开始，关注所期望的特殊信息的输入与谈话细节，指导着被讯问人对审查谈话的信息分析，决定着被讯问人新的应讯目标从认知发展走向态度转变的身份建构的质量。在自传体自我意识支配下，被讯问人将其对讯问人谈话模式的识别描述为来自现实世界的信息和预期的假设之间相互作用的过程，这时被讯问人从应讯感觉开始自我认知，但这种认知从一开始便具有了能动性特征，这种能动性首先表现为被讯问人作为认知主体主动地从外界诸多信息流中根据自己的认识目标获取所需要的信息，这种信息获取除了服从被讯问人认知需要外，还受被讯问人自身信息加工系统信道容量的限制，因而在留置谈话的特定阶段内，认知环境中有效的信息刺激仅有部分能被被讯问人所感知，这些感知的信息既与信息刺激的物理性特征有关，也与被讯问人受经验因素影响的主观因素有关，因此我们可以说，审查谈话的认识论要强调认知主体记忆中存储的内在知识表征对输入信息具有组织、选择和控制作用，只有在内在表征的调控下认知主体才能形成完整的感知觉，在这种感知觉的驱动下，认知主体才能在信息加工过程中产生一定的新的知觉期望，使认知主体能主动地探索外界环境，选择有用的信息并对其作出合理的解释。被讯问人产生调节自我与对方关系社会性内在结构的外在呈现形式是与讯问人建立组织审查应对共同体，这种共同体是讯问和应讯知识境脉的一个特殊组织形式，是由讯问和反讯问双方所构成社会群体，讯问和反讯问双方一般可在组织审查关系中形成近似或相同的信念和价值观并以被讯问人配合组织调查的活动形式表征其的存在。也就是说，当讯问和反讯问双方通过有效的人际沟通，在讯问人所作思想政治教育触及被讯问人思想灵魂时，极有可能促使被讯问人的理想信念和价值观趋近讯问人的共产主义理想信念和社会主义核心价值观，其相互依赖共同完成组织审查任务时便形成了所谓的共同体，在这个共同体语境里，共同体是一种公共的组织生活，它通过对信仰、目标和意义的共享，通过对共同活动的责任参与和相互合作，通过公开的表达与交流，达到相互之间的共同理解，达到被讯问人在共同体中得到组织宽大并通过共同体实现自己有价值存在，这种存在的价值是一种消融了被讯问人个体意志特殊性和偶然性所达到的能体现双方意志的同质性和共同性。在自传体自我意识支配下，被讯问人的共同体意识是个人层面、人际层面和共同体层面三个因素的统一体，所谓个人层面是指基于个体知识建构的方面，所谓人际层面是指基于合作的知识产生方面，所谓共同体层面是指基于共同体支持的文化的共享和知识的创生方面。就共同体层面来讲，参与到共同体中是被讯问人个体知识建构改变的一种不可剥离的文化的和制度的境脉，被讯问人作为个体在这一境脉中基于改过自新需要促成知识的协商并达致某些观念共识和意义共享。总起来讲，这种共同体是一个浓缩的社会领域，其是一种由二元主体及不同身份建立起来的体现共同体的主体构成、责任分工和活动准则的雏形社会关系，这种共同体意味着留置谈话是一种政治性的社会安排。

言而总之，职务犯罪讯问中的动机功能实际上是带有社会性属性的互动效应，这种效应决定了讯问和反讯问双方之间的依存关系，这种依存关系决定了纪法教育和思想政治教育的内源性需求，这种内源性需求的具体表征是文化性、依存性、交往性、合作性和道德性。在当前的组织审查谈话中，还存在着纪法教育中的文化缺失、社会性与个体性的对立、单向度交往结构明显和思想政治教育中的学习伦理关系不和谐等问题，解决问题的唯一方法就是改变目前纪法教育和思想政治教育的学习生态，确立被讯问人的学习主体地位，拓展纪法教育和思想政治教育的内涵，转变纪法知识传授和思想政治教育的价值观念，价值观念转变的内在理路是学会身份认同，尝试相互协商，重视双方参与，价值观念转变的实践路径是转变组织审查谈话的实践观，构建知识和文化教育共同体，创设谈话学习生态。

第七章 纪法教育背景下的讯问动机和反讯问动机

背景是衬托其他事物的要素或背后力量。我们探讨纪法教育背景下的讯问动机和反讯问动机,主要是讨论纪法教育对讯问责任动机的增强和对反讯问动机的弱化。下面我们在阐释纪法教育内涵的基础上讨论这些问题。

第一节 纪法教育概论

纪法教育是纪律教育和法治教育的合称。对当代中国而言,纪法贯通是反腐败最为有效的进路,意图是通过将纪法贯通落定在纪法平台上来对公权进行有效约束,凸显了防止公权私用的明确目的,通过将惩治腐败置于纪法平台彰显反腐败不再是国家权力封闭的自我清理事宜,说明反腐败不再是连场的道德教化活动,强调反腐败不再是缺乏整合力的零星惩治活动。因为反腐败事关党和国家前途命运和生死存亡的大事,故而惩治腐败成为当今中国面对的国家治理的严峻任务。纪法贯通何以能够成为反腐败的整合力量呢?这当然与纪法衔接机制紧密相关,也和纪法衔接机制与腐败机制的内在对治功能直接联系在一起。纪法是管党治国理政的基本方式已经成为人们的共识,纪法意识培育与法治中国建设具有密切联系,纪法意识是法治中国建设的心理基础,培育纪法意识是建设法治中国的内在要求,这表明加强纪法意识培育与建设法治中国具有很强的关联性,这对建设法治中国具有重要的理论意义和现实价值。

在审查调查的背景下,所谓纪律教育是指党组织对违纪违法犯罪的组织内成员的行为加以规范以培养其规矩意识的过程。纪律是我们党的生命线,严明政治纪律是我们党的优良传统,严明政治规矩是我们党的一贯作风,党的纪律建设思想实质即是党的规矩建设思想。党的纪律和规矩作为维护党的团结统一和完成党的任务的保证的行为规则只能由我们党创制,因而具有鲜明的党性;党的纪律和规矩作为各级党组织和全体党员的行为规则对党内各级组织和全体党员具有普遍的约束力,因而具有广泛的普遍性;党的纪律和规矩作为有助于正风肃纪和增强党的凝聚力的行为规则具有严格的统一性;党的纪律和规矩作为具有强制性的行为规则具有最高的权威性。这既是党的纪律和规矩的科学内涵,也是推动党的纪律和规矩教育的坚实理论基础。习近平总书记说"政治纪律是各级党组织和全体党员在政治方向、政治立场、政治言论、政治行为方面必须遵守的规矩,是维护党的团结统一的根本保证。"其具体内涵主要包括:要坚定共产主义崇高的政治理想;要同党中央保持高度一致的政治方向;要坚守为人民服务的政治立场;要坚决服从组织原则的政治言行。规矩意识是规矩的意识化,是对纪律规范等规矩的主观反映,是违纪违法犯罪的党员干部对规矩的认知和内心的认同与认定,具体由规矩认知、规矩情感和规矩意志三部分组成。规矩认知是违纪违法犯罪的党员干部对于纪律规范等规矩内容、规矩作用、规矩意义和规矩功能的认识和理解;规矩情感是违纪违法犯罪的党员干部对遵守纪律规范等规矩与否进行评判时的心理情感认同倾向状况;规矩意志是违纪违法犯罪的党员干部是否能够接受和认同与遵守纪律规范等规矩的行为意志。在以上三部分中,规矩认知是规矩意识的基础。违纪违法犯罪的党员干部形成规矩意识首先必须认识纪律规范等规矩,进而在判断纪律规范等规矩的合理性和合法性基础上选择是否认同和接受规矩。规矩情感是规矩意识的核心,指的是违纪违法犯罪的党员干部根据对规矩的己之认知所作出的对规矩的情感趋向,由于违纪违法犯罪的党员干部出于各异的基础认知而作出是否遵守规矩的选择不同,进而会产生是否遵守规矩的主观情感态度,在此基础上又会产生强烈的情绪体验并最终形成稳定的规矩情感,该规矩情感会不断促使违纪违法犯罪的党员干部调整己之行为,转化为遵守规矩或违反规矩的强大内在力量。规矩意志是规矩意识的关键,当违纪违法犯罪的党员干部经历了规矩认知和规矩情感后会形成对于规矩的意志力,并且会因规矩认知和规矩情感的不同形成不同情形的意志力,进而在此基础上形成一种稳定性、系统性和综合性的思想观念与心理状态,最终将遵守规矩落实为一种人生态度,即,将按照规矩行事变成一种做事习惯。规矩意识的这三方面的结构层次是相互联系的:规矩认识是基础,是规矩情感和规矩意志产生的依据,支配着规矩情感和规矩意志;规矩情感和规矩意志是规矩意识形成的重要因素,规矩情感起着内驱和催化作用,驱动规矩意识的形成;规矩意志起着定向作用并稳固规矩意识。规矩是习惯、习俗、惯例、道德、规范、规定、规则和制度的多样性统一,党内规矩是党的各级组织和全体党员必须遵守的行为规范和规则,党的政治规矩具体包括党章、党纪、国法和党在长期实践中形成的优良传统和工作惯例,遵守规矩首先要遵守党的政治规矩。习近平总书记在履任之初就提出严明党的政治纪律和政治规矩的要求,党员干部要始终把守规矩放在最重要的位置,包括被留置审查的具有党员身份的被讯问人。规矩建设可以起到警示作用,使党员干部不想腐、不能腐和不敢腐,作为红线的规矩必须成为严厉的警戒线,违规触碰必受严厉惩处,只有加强党的规矩建设才能进一步严明政治纪律和政治规矩。对具有党员身份的被讯问人进行纪律教育,根本目的就是培养其的规矩意识。习近平总书记认为立规矩是为了进一步提升党员干部的规矩意识。仅当筑牢党员干部的规矩意识并使之坚守底线思维时,才能使之做到讲规矩和守规矩并保持政治本色。习近平总书记讲“党的各级组织要自觉担负起执行和维护政治纪律的责任,加强对党员遵守政治纪律的教育。”对具有党员身份的被讯问人进行纪律教育就是遵照习近平总书记的重要指示精神,通过纪律教育以培育和增强具有党员身份的被讯问人的规矩意识水平和提高其党性觉悟,具体讲,就是用教育的手段来提高具有党员身份的被讯问人的用权意识和党章意识,使之深刻认识到正因为其没有贯彻落实习近平总书记的指示精神和党章意识弱化以及没有遵循党的总规矩,才没有保持头脑清醒,才在具体工作中财乱于心,才没有永葆纯洁和纯粹,正因为其没有规范自己的用权意识,才没有坚持为民用权和依纪用权,才落致被党组织留置审查的地步,促使具有党员身份的被讯问人深刻反思自己的严重错误,认真悔过悔罪,真诚向党组织作出发自内心的忏悔,为将来以实际行动改过悔罪来重新做人打牢思想基础。对具有党员身份的被讯问人进行纪律教育还可以通过该被讯问人的个体案例来警示他人,以规矩意识来引导全社会风气。习近平总书记说“立明规矩、破潜规则”,认为只有让规矩意识立起来,潜规则才能倒下去,认为应该使得党员领导干部发挥表率和示范作用,将自己置于人民群众的监督之下,把权力运行置于党组织和人民群众之下。对具有党员身份的被讯问人进行纪律教育,严肃处理违纪违法犯罪的党员干部就是认真贯彻落实习近平总书记的指示精神,以具有党员身份的被讯问人的认罪悔过的忏悔书来警示站在违纪违法犯罪边缘上的党员干部悬崖勒马，以鲜活的个体案例更好地引导社会风气，努力以优良的党风和群风带动全社会风气的根本好转。

在审查调查的背景下，所谓法治教育是指纪检监察机关对包括被讯问人在内的监察对象的行为加以规范以培养其法治理念的过程。作为反思和认识客观世界的理念属于主观范畴，是某一领域的世界观，包括规律、理论、标准和方法等在内的一整套信念，决定了领域内的个体所具有的共同的信念和价值标准。法治理念是对法律本质及其发展规律的宏观的和整体的理性认知、把握和建构，是法律实践中因理解法律和解读法律价值而形成的理性的观念模式，由法治思维、法治精神、社会道德和核心价值观等要素构成，是整个法治建设的基石，在法治体系中居于核心地位。法治思维是最重要的组成要素，具体包含了规则思维、程序思维、权利思维、限权思维、法律权威思维、逻辑思维、辩证思维等内容，这些内容聚焦在国家治理和社会治理实践中，从保护权利和限制权力入手而形成一系列专门思维。法治精神是法治理念的内核和法治的指引，是法治话语“讲什么”和“为什么讲”的动因，决定了法治理念最根本的立场、原则和方向，是贯穿法治建设过程的主线，在国家治理体系中集中体现为宪法权威和法律权威。社会道德以其独特的方式调节着社会，而价值观念则是在对事物客观规律的认识和对人的需要以及能力认识的有机整合基础上形成的实践观念，社会道德和核心价值对法律原则的影响是十分重要的，在某些情况下的法律原则即以社会道德和价值观的法律形式呈现。这些要素因彼此之间存在相异的空间关系而居于不同地位并发挥着不同的功能：决定法治体系立场和最重要内容的法治精神居于中心地位，作为法治实践方法论的法治思维居于支撑地位，对其他要素不涉及的领域产生影响的社会道德处于补充地位，指引法治体系对标特定目标前行的社会核心价值居于引领地位。法治理念必须依托权力主体形成的话语方能产生行动意义上的效果，并且应当充分接纳和认同法学理论，必须体现出一定的具有专业话语体系的知识属性和反映出专业话语中内蕴的权力特征，就法治理念来说，其要将法律知识作为理念内容，既要围绕党所提出的关于法治的专门政策文件所代表的法治性话语这个中心，又要表达法学理论和法治理论，兼具权力性和知识性与专业性，法治精神的核心意义在于对包括被讯问人在内的监察对象的权利保障，重点在于限制和规制纪检监察机关和人员的权力，关键在于践行规则意识，整个法治理念体系实质是围绕法治精神发展起来的一整套系统，法治理念虽然立足于纪检监察人员与监察对象之间的交流，但基本属性却是一种公共语言，具有社会性和规范性特点，社会性的特点是法治理念要影响不特定数量规模的绝大多数人，并且要获得这些人的认同与接受，也就是说虽然这些人的知识背景和认知传统有可能是不同的，但法治理念必须回应并与这一特点相包容，这是法治理念内容丰富和发展空间辽阔的根本原因，在此背景下的规范性就顺势成为法治思维的基础，法治实施必须依据法律规范，法治思维必须从规范性入手思考，只有如此法治理念的表达才可能有据可循和有法可依，才能完全保障法治的秩序与稳定，亦即，作为一种认知规范的法治思维对于法治实践会产生重要的影响，这些影响在宏观上体现为法治思维可以对抗权力思维，在微观上体现为遵循法治思维可以完善法治理念自身内容，法治思维故因此成为法治理念的支撑性因素，倘若缺少法治思维，法治理念就会因为没有法律逻辑性和法律规范性而无法形成实际功能。法治精神是对法治理念及其价值目标的主观把握，其整合了对法治的认识、情感和意志等心理要素，包含了规则、限权、权利、程序等一系列重要内容，是实现法治理念所必需的精神要素，对法治理念的发展来讲具有统领性和指导性功能，是指引法治理念呈现法治属性的保证。对社会道德和核心价值观的功能来说，法律的本质特征在于追求最基本的规范和秩序的同一性，这必然要求在多样性和层次性上以兼容并蓄的道德规范作为补充，社会道德的社会功能则在于通过证明道德性法治原则来解决法律规则无法针对性解决的社会纠纷；最关键的社会价值信念是核心价值观，核心价值观可以被写入法律的入法方式以法律原则的形式得以体现，并得到法律的保障和支持，另外在法律论证过程中，那些符合价值观特征的专用表达方式和思维可以体现核心价值观的内容，这是核心价值观对法治理念的驾驭，也是法治理念反映核心价值观的方式。法治教育可以帮助监察对象在接受组织审查调查过程中形成正确的思维方式：在被审查调查之前，监察对象的思维基点一般是考虑如何通过公权私用来谋取个人利益最大化，在被审查调查之初，这种权力崇拜的思维基础会继续延续，具体表现为缺乏法律权威思维；而法治教育的最重要方式则是对监察对象首先进行法治思维教育，主要包括规则和程序思维以及权利和限权思维等具体的法治思维方式，法治思维究其本质而言首先是一种政治人思维方式，其要求监察对象应该主要运用法律解决当前出路问题，在思维决策活动中进行去权力化努力，在决定怎样面对组织审查调查的时候学会自觉地从国家治理体系和治理能力角度去考虑和评判自身问题,帮助监察对象形成将法治转化为治理思维的思想基础,在思维方式选择上采用法治思维,而非更多地选择权力思维和道德思维。法治教育有助于帮助监察对象形成正确的话语表达内容:法治精神是监察对象话语表达所必须围绕的对象,是法治话语理念的核心,监察对象所欲表达的话语必须反映规则话语、程序话语、权利话语和限权话语等具体的法治精神的内涵,监察对象在反思自己特定的态度问题时需要以法治精神作为讨论依据,法治精神因此成为解决监察对象与监察人员话语冲突的共识性基础,在监察对象认识自己应讯态度是否正确的时候,应该围绕法治精神的标准予以评判,法治精神也因此是指引审查谈话话语呈现法治属性的保证。法治教育可以帮助监察对象形成正确的话语表达方式:社会道德和核心价值观要求监察对象在应对组织审查调查时的行为既合乎法律又合乎道德与核心价值观,监察对象在鉴别自身问题性质和反思自身问题严重程度时的表达方式必须体现党纪国法、社会道德和核心价值观,在被审查的特定情势下按照党纪国法、社会道德和核心价值观指引来表达。

纪法教育是一种意识教育。纪法权威源自全体党员干部的内心拥护和真诚信仰,建立纪法秩序最重要的是要致力于改变意识形态和获得文化霸权,亦即,要培育使纪法制度和价值原则内化为全体党员干部自觉行为的纪法意识,纪法意识作为党员干部综合素质的集中反映是法治中国建设的软件支撑,对法治中国建设具有立纪立法上的引导功能、执纪执法上的督促功能、遵纪守法上的转化功能、执纪执法上的保障功能和执纪执法监督上的助推功能。具体讲,纪法意识对立纪立法的科学化和民主化具有导引作用,对执纪执法的规范化和严格化具有督促作用,对遵纪守法的自愿性和普遍性具有转化作用,对执纪执法的公正化和人性化具有保障作用,对执纪执法监督的有效性和常态化具有助推作用。

纪法教育是一种信念教育。当代中国以纪法衔接和纪法贯通为主导的制度创新揭开了法治建设的序幕,纪律规范和法律体系日趋完备,纪法制度日臻科学,在管党治国理政的各方面均做到了有纪可循和有法可依,但在这种情势下我们不能过分关注纪法制度创设而忽视全体党员干部的纪法情感培育,在纪法制度建设中我们必须要唤起党员干部对纪法的激情,树立党员干部对纪法的坚定信念。所谓纪法信念是指党员干部对纪法的治国方略和手段所蕴含的价值确信无疑和将其贯彻到自己行为中去的一种意志努力,纪法信念是党员干部对纪法的诚服与坚信,其一经产生并根植于党员干部心灵便会统摄与指导党员干部的行为且一般不易更改。纪法信念作为党员干部对纪法的综合性的心理状态不单指党员干部对纪法的认知,还包含了党员干部对依纪依法而治的情感体验以及自身参与其中的意志努力,是党员干部有关纪法的知识、情感和意志的高度统一,表现为:党员干部对纪法理论知识的认知与把握是纪法信念形成的基础和前提;党员干部对纪法的坚信不疑和对纪法的依归和崇敬是纪法信念形成的情感要素;党员干部维护纪法尊严和纪法实现所作的努力是积淀于其纪法信念中的意志品质。纪法信念具有下述特征:一是纪法信念是理性因素与非理性因素的统一,它不但包含了党员干部对纪法的理性认知和价值认同,还包含了党员干部对纪法的情感体验,这种情感体验能够导引和强化党员干部对纪法价值的认同和判断;二是纪法信念是自觉性与自发性的统一,其核心是党员干部对纪法本身以及现实政治生活的信任和信赖。三是纪法信念是稳定性与变动性的统一,稳定性是指纪法信念基于党员干部的理性认识、经验积累和价值选择而形成,其一经形成即具有持续性;变动性是指纪法信念作为党员干部一种主观心理状态,因受制于社会存在及其变化发展而具有可塑性和可变性。依纪依法而治的实现必须具备相应的主客观条件,首先是要有一套完备的纪法规范体系,其次是全体党员干部对该纪法规范体系的价值和认同,这就要求我们务必使全体党员干部感觉到因为有纪法的荫蔽而有安全感和依归感,深信在这种社会中能够充分实现自身价值和挖掘自身潜能,并在这些情感和信念的润养下激发出独立意识和自觉意识,并最终促成法治中国建设的真正实现。

纪法教育是一种文化教育。纪法信念的形成必须以纪法文化为支撑。所谓纪法文化是指在当今中国中由纪法的精神文明成果和纪法的制度文明成果以及自觉依纪依法办事的行为方式共同构建的一种文化现象和法治状态。纪法文化具有文化力量的一般特性与功能,纪法文化欲发挥作用必须构建一个完整的体系,这个体系应该从纪法教育、纪法信仰、纪法环境、纪法执行和纪法监督五个方面进行建构。纪法文化的力量能使党员干部具有理性,党员干部一旦形成理性自觉后,纪法文化即能使党员干部于不知觉中感受到某种力量的支配,纪法文化通过渗透党员干部的思想意识深处而发挥作用,纪法文化的真正生命即是将纪法理念根植于党员干部内心深处并进而影响党员干部的外在行为,但是纪法文化对党员干部的思维方式改变是一个不间断的影响,故而纪法文化深入党员干部内心后会使整个纪法文化环境汇聚为某种合力,并产生深远而持久的影响。纪法文化的最大功能即是通过塑造纪法人进而维护国家长治久安,因为党员干部通过对纪法的反复使用就有可能习惯于遵纪守法,最终就会内化为党员干部的一种自觉和习惯,纪法规范体系作为意志他律可有效地约束党员干部的情感与行动,消除党员干部的个人随意性,保证党和国家目标的实现,意志他律可促进意志自律并在一定条件下转化为意志自律,从而更好地发挥纪法意志的约束力,并进一步增强精神约束的形成可能,最终建立起稳定的党和国家发展秩序。纪法文化生成和改变的最大动力源于党员干部的政治思想意识,因为党员干部的全部行为皆受纪法意识支配,纪法意识改变才是最根本的改变,所以当党员干部接受了纪法文化的熏陶并感知到纪法的力量时,才能在政治思想意识深处接受纪法文化并内化为一种纪法信仰,这时纪法文化维护社会稳定的功能才能得到真正的体现。理解纪法文化特质的重点在于把握纪法的人文属性和道德意义、优良秩序的基础是制度而不是人和纪法只是社会底线道德三方面的内容。纪法文化的功能表现在:有利于推动价值论纪法观确立;有利于深入纪法精神层面推动法治建设;有利于推动纪法思维方式和社会生活方式社会化。纪法文化的培育机理寄寓于党员干部日常生活世界与实践理性之中。在法治建设诸多因素中纪法文化是不可或缺的因素。纪法文化作为一种特定的文化类型具有一般文化的共性,也具有区别于其他文化类型的特质。纪法文化强调纪法的人文属性和道德属性。纪法是人们基于自身文明属性和道德属性而做出的一种社会化制度安排,是人们自觉追求道德价值的结果,这种制度化的主要特征就在于程序正义和手段正当性优先。纪法文化强调纪法制度优位于人,强调优良秩序的主体基础是理性制度而不是理性的人,主要是从制度出发去考虑优良秩序的基础,这种强调本身必然内蕴价值论的纪法观,价值论纪法观强调纪法自身的内在价值,强调纪法是实现和保障所有党员干部权益的手段,价值论纪法观必然催生和引导出良法之治的观念。纪法自主性发展中的制度优先有利于保障纪法制度的自主性发展,因为制度优先和制度思维通常反对就事论事的个人主义化解决问题,势必更加关注纪法制度自身的完善和操作的规范以及操作技能,这有利于催生和推动方法论的整体主义和体系主义,进而推动纪法的自主性和专门性及职业化发展,最终更有利于保障长期稳定预期。纪法文化强调纪法仅是社会底线道德。就内容而言,纪法只是社会底线道德,一般只是要求党员干部普遍做到的最基本规范,通常是维系社会存在的最低限度道德要求或价值共识,因为纪法规制是以基本伦理和社会道德为蓝本的。就形式而言,纪法是以体系化的形式存在的,一般来讲,纪法制度所包含和所展示的是社会最基本道德和普遍正义,具有相对的稳定性,纪法人努力使整个纪法系统保持自洽一致性,因为体系性和形式推理被普遍认为是一种比较理想的纪法运作方式。

纪法教育是一种社会化教育。纪法文化的培育意味着依纪依法而治首先需要被社会化。依纪依法而治的社会化是指党和国家通过纪法机制形塑成社会成员信赖纪法的思想和动机及态度的作用过程,亦即,是指社会成员在依纪依法而治过程中学习纪法知识,掌握和运用并内化纪法,获得纪法价值和接受纪法文化,提高纪法观念并完善纪法人格的辩证过程。具体表现为:一是纪法价值理念社会化,从价值层面看,依纪依法而治包含了一整套关于纪法权利与权力问题的原则和观念体系,体现了党员干部对纪法价值的需要,具体讲:强调纪法地位至上和防止权力滥用;通过保护党员干部个人权利以保障个人优先;通过对具有不同社会特征的党员干部在纪法面前进行人格抽象以保证普遍性高于特殊性;这些纪法价值是对依纪依法而治经验和理性的文化积淀和价值总结,是人们关于纪法文化的宝贵精神财富,纪法文化或纪法价值只有被社会化才有力量,依纪依法而治仅有在纪法价值须为党员干部所领悟和认同及接受的前提下才是有效的。二是纪法规范社会化,将抽象的纪法规范加以社会化而形成为党员干部个人的具体权利是纪法规范社会化的首要目的,纪法规范的社会化过程的本质是纪法效力的社会化过程,纪法效力意味着依纪依法而治对于其所指向的对象具有约束力。综上所述,我们认为:首先,依纪依法而治社会化是党和国家对其成员的纪法文化的灌输和教育过程,执纪执法机关是依纪依法而治社会化的实施主体,在依纪依法而治社会化过程中居于支配地位并起着主导作用,执纪执法机关将具有普适性的纪法思想、纪法文化、纪法观念和纪法价值标准范式灌输和传授给党员干部,以期将其培养成为纪法人;其次,依纪依法而治社会化是党员干部内化纪法价值精神和规范的过程,党员干部是这一过程的客体,但又在这一过程中发挥着积极的能动作用,党员干部通过内化纪法文化与价值而形成纪法人格和纪法自觉,而这种纪法人格的完善和纪法自觉的形成又倒推依纪依法而治社会化进程;再次,依纪依法而治社会化是一个不间断的相互过程,党员干部的学习和内化主要是以执纪执法机关提供的纪法信息为基础的,这种社会化只有通过党员干部的学习和内化才得以实现,并在纪法观念和纪法行为中体现;最后,依纪依法而治社会化的结果表现为纪法文化的传播、交流、生成和发展以及纪法功能的实现,就党员干部个人来讲则表现为个人纪法观念的形成、纪法行为方式的获得、纪法实践经验的积累和纪法意识的提升,故而依纪依法而治社会化不仅是社会获得有效控制所赖以的文化背景,亦是党员干部个人塑就纪法角色的重要手段。依纪依法而治社会化的特征,一是党和国家推动与党员干部参与性的统一,针对当今中国的社情,依纪依法而治社会化进程离不开党和政府有目的与有意识的推动,更离不开党员干部的积极参与,前者是外在的,是依纪依法而治社会化的外因,后者是内在的,是依纪依法而治社会化的内因。二是内化与外化的统一,依纪依法而治社会化是在内化和外化的过程中持续进行的,内化是纪法文化经由党员干部个体手段和心理机制的加工作用结合进其人格结构之中,从而实现纪法文化个性化的过程,纪法文化信息通过内化不断融合进党员干部的个体心理结构,成为稳定的纪法心理要素,并不断地充实和完善党员干部的个体纪法人格和纪法自觉;外化是党员干部的个体行为符合纪法价值和规范要求的现实化过程,这种外化具有外化为具体的纪法行为与在实现自我权益过程中为维护党和国家与他人权益而斗争两种表现形式。内化是外化的基础,内化是党员干部客观性的表现,外化是依纪依法而治社会化的实现方式和目的,只有在外化过程中,党员干部才能体现其在政治生活中的主体性。三是相似性和差异性的统一,党员干部受到相同的纪法规范约束,在相同的纪法制度框架中进行活动,进而形成大致相似的纪法取向、纪法价值观念和纪法行为模式,因而在依纪依法而治社会化方面表现出某种程度的一致性;但由于在依纪依法而治社会化过程中党员干部个人内化的表现方式和程度不同,其个体间的依纪依法而治社会化程度也存在着差异,影响党员干部个人内化的社会和个人因素包括社会地位、教育状况和文化程度、个人的生活目标和价值取向等,这些因素势必造成内化结果的个体差异。四是渐进性和连续性的统一,由于当今中国的特殊国情,依纪依法而治社会化在我国必然是一个可持续的不断发展的渐进过程,依纪依法而治社会化过程的连续性也是由党员干部自身的特征决定的。五是能动性和受动性的统一,党员干部能够根据自己的价值和利益取向主动积极地参与依纪依法而治社会化过程中,以实现自己的利益和价值需求,具有能动性;党员干部因受纪法文化的熏陶而成为社会性的人并被社会共同体接纳,具有受动性;能动性揭示了党员干部的本质是主动和进取的,受动性使党员干部的纪法观的塑造得以实现,社会因此而有序和公正。

纪法教育是一种全面教育。依纪依法而治要求对党员干部进行全面的纪法教育。依依纪依法而治社会化通过培养党员干部成为纪法人来实现纪法目的,故而依纪依法而治具有教育功能。这种教育功能是指其提高党员干部的纪法素养和完善党员干部纪法人格的作用。纪法素养和完善人格包括党员干部的纪法观念、纪法知识和纪法实践体验等,而纪法知识的获得、纪法观念的形成和纪法实践体验的总结都不是与生俱来的,而是在依纪依法而治社会过程中逐渐培养起来,具体包括以下几个方面:第一,获得纪法知识:纪法知识包括对以往纪法生活的历史总结和现实纪法活动的信息,纪法思想、纪法理论、纪法制度和纪法实践体验等都是纪法知识的重要内容,每一名党员干部都必须掌握一定的纪法知识才能更好地适应政治生活,以利于个人价值需求的不断满足,故而党员干部对掌握一定的纪法知识具有内在的要求,党和政府通过有关纪法知识的灌输和教育也能使党员干部更好地了解自身行为的纪法性质和评判自身行为的正当性与合法性,以实现社会秩序的稳定,由此而言,依纪依法而治在为党员干部提供具体纪法知识的同时还提高了了党员干部的纪法认知能力,培养出党员干部一定的分析现实的独特角色思维能力。第二,引导党员干部形成一定的纪法观念,纪法观念是纪法素养教育的核心部分,在纪法素养中起决定作用,其包括纪法观念、权力观念、权利观念等,依纪依法而治是党和国家实现社会秩序稳定和推行社会主义核心价值观的重要方式,通过依纪依法而治社会化,党和国家能把体现自己意志的纪法理想、纪法信仰和纪法价值观向党员干部传播,有利于党员干部养成对纪法权威的尊重和信仰的信念。第三,积累纪法体验,依纪依法而治社会化是内化和外化的统一,在外化过程中,党员干部在根据纪法实现着自己纪法下的利益的同时,也在不断获得新的纪法知识,既加深了对纪法的理解,又形成了更为稳定的纪法态度和纪法观念,故而依纪依法而治社会化有助于党员干部不断丰富自己的纪法实践体验。

纪法教育的任务就是在帮助监察对象形成纪法认同基础上着力发挥纪法认同的社会建构作用,实质是在帮助监察对象不断自我完善过程中重塑社会心理结构。帮助监察对象不断自我完善以使监察对象认同纪法共治为核心:纪检监察人员试图通过组织审查谈话来影响监察对象的思想观念,该努力应当具有可供操作的中心目标，而纪法共治的意识则具有可操作性，因为纪法共治可以矫正公权私用；组织审查调查所欲实现的社会心理是所有公共事务都由相关者依纪依法共治才能实现社会有序和杜绝公权私用；以帮助监察对象形塑纪法共治为核心开展纪法教育，组织审查调查就有了明确的话语和清晰的方向。重塑社会心理结构的内容即是以认同“纪法为治理之体，治理为纪法之本”为经，以认同“明德修身、德为治先”为纬，只有同时满足了这两个条件，纪法共治才是真正意义上的纪法贯通。具体而言，认同纪法共治的理想状态就是帮助监察对象形成以纪法共治为核心的政治伦理，通过帮助监察对象的良知觉醒来推动制度良知的觉醒，将“治理为纪法之本”落实到实处，同时促进监察对象加强纪法修养，消除审查谈话过程中监察对象与审查调查制度之间的紧张关系。消除这种紧张关系的方式首先是要加强政治引导，通过指出和批判监察对象错误的价值观来保证其应讯认知和实践符合正确的政治方向，通过引导政治目标引领监察对象依据社会主流意识形态坚定自己的政治信仰，通过引导政治行为引导监察对象正确的应讯思维并使之坚定不移地与党的路线、方针和政策保持一致。其次是加强对监察对象的心理疏导，尽可能地帮助监察对象满足个体和群体的心理需求与精神需求，唤醒监察对象的人格认知：在个体心理需求方面，对监察对象及时进行有针对性的心理疏导，指引监察对象正确对待自身需求，帮助监察对象缓解心理负荷，调适身心状态；在群体心理需求方面，重点以组织谈话为主阵地进行专题教育，系统地向监察对象解析群体性思想困惑和心理问题，提升其明辨是非的思维能力和释放不良情绪的自我调节能力，帮助监察对象形成积极健康的应讯心理素养。再是适时激励监察对象：在内在激励过程中，注重以案例导引方式唤醒监察对象的自我反思和自我激励，进而提高其应讯自律行为能力；在外在激励过程中，倡导监察对象以案例树人要求强化向榜样学习的正性归化，调动监察对象认罪悔过的积极性。最后是帮助监察对象进行人际协调：帮助监察对象正视自身利益与组织审查要求之间的矛盾，指导监察对象形成符合纪法规范要求的思想观念、价值取向和应讯行为，提高监察对象按照纪法要求的沟通表达能力，强化监察对象的纪法素养，提醒监察对象辩证地看待并理智性化解组织谈话中的人际关系冲突，鼓励监察对象以积极向上和健康友好的姿态融入应讯状态之中，同时在向监察对象进行社会主义核心价值观教育时适时将纪法标准引入组织谈话中，向监察对象传播正向的精神力量和友善的情感态度，推动形成相互协调配合的谈话环境。最后是对监察对象加强人格塑造:尽可能通过纪法教育引领监察对象正确认识自己和认清组织审查形势,尽量让监察对象充分理解和把握组织谈话大势,提醒监察对象警惕抗谈拒供和不积极争取主动的纪法危害,推动监察对象自觉培养健康的人格品质,尽可能地提升监察对象的纪法责任感,鼓励其自觉维护谈话秩序,要求其主动按照主流价值观来衡量出路问题。在纪法教育理念方面,纪检监察人员要倡导积极教育观以遏制恶意攻击,自觉通过认知引导和情感相容方式让监察对象切实体验到组织关怀和温暖;在纪法教育内容上,纪检监察人员要重视刚柔并重,有意识地将纪法教育与德性教育科学地糅合在一起,对监察对象理性进行道德评判和纪法评价,以纪法原则培育正向的应讯道德认知,强化积极的纪法情感,塑造良好的主体性道德人格;在纪法教育方式上,纪检监察人员要融合心理咨询,帮助监察对象对抗认知失调:尽量在组织谈话过程中建立"倾听——共情——接纳"的心理共振氛围,自觉运用理性谈话方式来纠正监察对象的种种错误言行并尽可能彻底清除监察对象抗谈拒供的情绪障碍,力争通过人性化的教育方式提升组织谈话的实效性。言而总之,纪检监察人员应当精准把握以人为本的积极教育理念,从纪法认知、纪法情感和纪法人格层面系统构建纪法教育工作内容,采取心理咨询技术与纪法教育有机融合的教育干预方式,正确规范监察对象的应讯言行,全面提升监察对象的纪法认知和行为水平,使组织谈话的言论环境朝着纪法文明化方向发展。

第二节 纪法教育对激发讯问责任动机的强化

下面我们谈纪法教育与讯问动机的关系。纪法教育与讯问动机的关系主要是指纪法教育与讯问责任动机的关系。我们知道,责任意味着职责或任务,故,所谓的讯问责任动机是指纪检监察人员因承担讯问任务或担负讯问职责而滋生和发展的基本动机。亦即,讯问责任动机是指纪检监察人员在接受和承担讯问任务这个必须做的事情基础上产生的为做好分内之事而履行职责或为避免承担不利后果而完成任务的冲动或欲望。讯问责任动机是一种最主要的讯问动机。纪法教育与讯问责任动机的关系实质是一种强化关系,主要涉及二个方面:一是纪法教育在激发方面对讯问责任动机的强化;二是纪法教育在运维方面对讯问责任动机的强化。

在前述纪法教育概论部分,我们从被讯问人角度给出了纪法教育单向度的定义,其在理论朝向上的基本过程是:起自组织要求,经由讯问人实施,终于被讯问人受教。从此角度讲,纪法教育是讯问人以纪法知识为工具教会被讯问人思考的过程,在这个过程中,讯问人让被讯问人思考如何利用自身所拥有的纪法知识去创造更高阶的社会知识,这是帮助被讯问人实现自我价值的体现。从教育的本质看,凡是增进人们的知识和技能且影响人们的思想品德的活动都是教育,对教育最本质的理解就是社会对人们思想的知识灌输和行为指导,目的是升华人的个体精神,反映了社会因素对人个体发展的影响。由此纪法教育可以被看成是整个社会系统中一个子系统,分配且承担着一定的社会功能,那就是改造人的思想,使接受教育者成为符合社会需要的人。在这个过程中,讯问人在施教的同时也在进行纪法知识的自我储备和讯问技能淬炼,也在思考己之谈话“特色”是什么、己之谈话“精彩”在何处、己之谈话“偶得”有哪些、己之谈话“缺失”在哪里、己之谈话“效果”又如何,这就意味着讯问人在教育被讯问人的同时自身也受到了教育,讯问人会通过纪法知识的自我储备和讯问技能的自我淬炼来实现自我教育、自我培养和自我成长,开展纪法教育的过程等同于讯问人自我学习和自我发展的过程,亦即,从效果上看,纪法教育是一种双向教育,具体包括讯问人的主动受教和被讯问人的被动受教。这涉及到对讯问责任动机产生背景的解读。讯问责任动机因讯问人员履职尽责而产生,因讯问人员为顺利完成谈话任务而发展,其激发、运维和修正于审查调查的特定背景下。就讯问责任动机激发而言,其激起因素是讯问人在以纪法教育为手段去追求改造被讯问人思想目标的特定条件下,依据正风肃纪反腐的社会需要,有组织、有目的、有计划地对被讯问人进行系统的纪法知识传输和授与,帮助被讯问人培育规矩意识和法治意识的行为倾向;其发动因素是讯问人履职尽责的冲动和完成讯问任务的欲望。对讯问责任动机的生发而言,纪法教育作为审查调查手段在其中起着关键的强化作用。也就是说,讯问责任动机的生发既需要内部起因、外部诱因和自我调节的综合作用,又离不开衬托这种综合作用的背后力量。这种背后力量以烘托方式使讯问责任动机产生要素间的综合作用特色更加突出,这种特色即是纪法教育作为衬托因素全方位地介入讯问责任动机激发要素中,以其固有特性成为推动并衬托讯问责任动机激发的隐性强化力量。也就是说,纪法教育实质上既是衬托要素又是推动讯问责任动机生发的背后力量,这表现在:所谓讯问责任动机激发就是纪法教育作用于讯问人的精神世界和心理状态并使之受到某种影响进而使讯问人潜在的责任感情和责任意识表现出来。亦即,讯问人在有意识地通过组织谈话形式向被讯问人传递纪法知识的同时也期望以此影响自身的精神世界和心理状态并从中自我获得纪法观念、纪法素养和依纪法行事的能力。我们知道,人的精神世界涵括认识层面的思维、伦理层面的道德和精神层面的信仰三个方面,这三个方面分别体现着人的认知向度、情感向度和想法向度,分别表征着人的能力素质、道德品质和精神境界;人的心理状态涵括认知的心理状态、情感的心理状态、意志的心理状态和动机的心理状态四个方面,这四个方面分别体现着人的认识倾向、看法倾向、行为选择倾向和行为倾向。具体到讯问责任动机的激发,讯问人的精神世界和心理状态正是纪法教育作用的场域,讯问人精神世界和心理状态所涵括的内容正是纪法教育功能指向的对象。纪法教育正是通过刺激讯问人的认知欲望、深化讯问人的情感欲望、提升讯问人想法境界欲望的方式,意图实现提高讯问人的能力素质、优化讯问人的道德品质、提升讯问人的精神境界的目标,试图增强讯问人实需践欲冲动的烈度,同时采取浸染、感导、教化和感化等心理方式,并通过反射讯问人的自我调节形式,在讯问人身上实现个体社会化和完成社会个体化的双向心理目标,具体的神经机制即是通过调节讯问人神经系统中枢的兴奋过程和抑制过程,利用局限化与扩散手段,体现对讯问人履职尽责需要的关切,反映讯问人实需践欲能力的个性心理特征,从而将讯问人的思想、感情和意志等因素内情显露出来,这意味着讯问责任动机的诞生。这就是纪法教育在讯问责任动机激发中发生强化作用的基本过程。讯问责任动机的激发要素非常复杂,但在纪法教育精专且单一的指向下,其履职尽责需要及其引发的驱力与自我调节在讯问人心理活动中成为主导因素和优势要素,因而我们讲讯问责任动机是讯问动机中的优势动机,这种动机优势性的形成即是纪法教育对讯问责任动机生发要素的强化刺激所造成的。在汉语中,强化就是增强且使程度巩固的意思。这种增强和巩固在讯问责任动机生发过程中首先具体体现在对讯问需要的数量、层次和规模等的改变和紧迫度提升上。根据心理学常识,需要是引发动机的基底因素,需要强度会引致驱力大小不同,经自我调节协调作用的结果也不同,紧迫的需要和所致的强烈驱力会促成动机的即时生成,因此改变需要情势会引致动机激发要素结构的变化,这种变化最终决定动机是否即时生成。影响讯问需要产生的主要因素是讯问人产生需要时的生理状态、讯问情境和讯问人的认知因素。生理状态是讯问人产生需要时的内部状况和生理因素,其与讯问人的整个神经系统、激素系统以及相关的器官均有密切联系。讯问情境是指诱发或增强讯问需要产生的外界刺激,其中诱发讯问需要产生的最强有力因素是满足讯问人需要的目标,由于目标的吸引促使讯问人进行纪法教育活动并使其个体的需要有可能得到满足。讯问人的认知因素是指产生讯问需要的重要条件,认知活动对讯问人的主客观条件进行分析、判断、推理,是讯问人确立讯问活动目标的基础和产生讯问需要的前提条件。这三个因素构成了完整的讯问需要情势。从理论上讲,如果改变讯问人的生理状态、讯问情境和认知因素,就会改变讯问人的需要状态,欲改变讯问需要情势就必须从改变讯问人的生理状态、讯问情境和认知水平着手。而讯问人生理状态的情况比较复杂难辨,人们一般从把控讯问人情绪着手来把握其生理状态的变化,因此在职务犯罪讯问实践中,讯问人通常以自我关注和自我调控己之认知、情感和想法方式来修改自己的需要情势。纪法教育是改变讯问人需要情势的强势力量和决定因素。因为纪法教育的作用对象是讯问人精神世界和心理状态中的认识层面的思维、伦理层面的道德、精神层面的信仰,所以讯问人利用纪法教育固有特性通过改变己之认知、情感和想法,来改变自身的思维层次、情感境界、动因结构,以改变思维、提升境界和改善动因结构的方式来增强讯问需要情势的紧迫度,形成更为强烈的实现需要满足的欲望力,促成责任感情和责任意识的及时表现,在此基础上保障动因要素内情显露,保证讯问责任动机的即时生发。纪法教育的固有特性分别是规则性、强制性和调节性。关于规则性:因为纪法教育是利用纪法知识为工具而进行的教育活动,而纪法知识的来源则是纪法条文及其所蕴含的带有维持秩序意味的行为规则要求等,从而使纪法教育获得了制度刚性,这种制度刚性在效力表现上就是带有约束性特征的规则性,也就是说规则性意味着约束性。关于强制性:因为纪律和法律是运行和运作规律所遵循的法则,其以具体规定权利义务以及后果准则来调整社会关系,并对事实状态赋予确定后果的指示和规定,因而具有遵循层面的压迫力量,而纪法教育实际上就是向外传导这种压迫力量所内蕴的服从意志,此即强制性。关于调节性:即是指纪法规则在社会运行的控制机制中具有一种自我调节的功能。讯问需要通常贯穿于职务犯罪讯问全程并以潜意识中观念的方式存在,在进行纪法教育的情势下,纪法教育固有特性总是围绕如何满足短期目标利益以及怎样维护长远目标利益而存在的,在这种特性笼罩下的讯问需要经常表现为一种短期需要和长期需要的结合体,其实质是一种讯问人个体需要和社会需要双重满足的需要,是一种满足讯问人精神境界提升和讯问技能提高的高级需要,由于纪法教育的本来目的是为了提升人的综合素质,对讯问人来说通过纪法教育实现自我培养和自我成长以及自我实现尤为重要,所以这种由短期需要和长期需要结合而成的综合体总欲引致更为强烈且能实现讯问人目标的驱力,这就会在无形中加大了满足需要的欲望力烈度,增强了讯问人欲望实现的驱力强度,加大了讯问责任动机即时生发的几率。这就是纪法教育的强化作用,具体体现为在自我调节过程中,在修改内部起因要素和外部诱因要素基础上,以增强内部起因要素与外部诱因要素之间关联强度方式增大讯问责任动机即时生发的概率。具体的机理过程是:第一,改变思维层次:以规则性培育思维对象;以强制性保障思维方向;以调节性提升思维能力。第二,提升情感境界:以规则性奠基责任关切;以强制性选择责任状态;以调节性促生责任能力。第三,改善动力系统结构:以规则性明确动力系统结构;以强制性勾联动力系统结构要素;以调节性增加动力系统结构要素联结强度。第四,保障动因要素的内情显露:以规则性揭示动因要素强化规律;以强制性优化动因要素质量;以调节性表现动因要素相互作用结果。

一、关于改变思维层次

思维是讯问人带有意向性的主动认识活动,在意识背景下反映认识讯问需要的认知活动和认知过程,是讯问人的一种认知能力和认知方式,具有能动的创造性、自觉性和目的性。思维是讯问人对讯问需要的属性和功能的总结,反映的是讯问需要内部的本质和规律性,是讯问人对具体需要的理性认识过程,其作为讯问人复杂的认识活动同时将对讯问需要的简单认知包括其中,贯穿并渗透于对讯问需要的感觉、表象和知觉之中,能动的指引并参与对讯问需要的认知活动,思维是讯问人运用已有的经验、知识和方法对通过感官所获得的讯问需要信息的选择、组织、加工、创造的心理工作过程,是把对讯问需要的形象思维、直觉思维和直观动作思维等思维形式皆概括进去的处理工程,思维作为讯问人的思考或思考过程能导致关于讯问需要思想的产生,思维作为思考讯问需要的过程而存在和表现出来,并随着纪法教育的深度展开而发展,讯问人通过思维去把控对讯问需要的认知能力、认知规律和认知方式。从思维的目的性来区分,讯问人的思维可以分为对讯问需要的上升性思维、对讯问需要的求解性思维和对讯问需要的决断性思维。从思维的批判性来看,思维的批判性反映了讯问人在思考讯问需要的过程中善于以讯问情势的客观事实为依据,并由此出发严格根据科学的价值标准判断是非与正误,能正视己之思维过程中的不足,对己之讯问需要作出实事求是的评价,不仅以批判的态度缜密地分析与检查讯问需要存在的不足,而且能够及时地做出彻底改正的决定。从思维的灵活性上看,思维的灵活性反映了讯问人在对讯问需要的思维过程中善于根据讯问需要的具体情况,及时地提出符合讯问需要实际的解决问题的方案与假定,又能善于根据讯问情势的变化及时予以修正,以提高对讯问需要的思维层次。层次是讯问人思维内容的表现次序,是讯问人思维流动发展过程的具体体现,反映和表现思维发展阶段和思维矛盾的各个侧面。亦即,层次是讯问人思维发展的阶段性、客观矛盾各侧面以及讯问人认识和表达讯问需要问题的思维过程在纪法教育中的反映,体现着讯问人关于讯问需要思路发展的步骤。讯问人的思维具有层次性,根据层级可以区分为环境层思维、行为层思维、能力层思维、价值观层思维、身份层思维和愿景层思维。思维层次的层级性意味着处于不同层级的思维会有不同的关注点和应对问题的模式。思维模式处于环境层思维层级的讯问人更多关注外部环境,将满足己之讯问需要中出现的全部问题都归因于讯问环境和他人,其主要的应对方式就是怨天尤人,而不是去反省自身并加以改变。思维模式处于行为层思维层级的讯问人更多关注己之行为,在满足己之讯问需要过程中遇到问题会认为是自己努力不够,是己之行动力不足,应对方式是让自己勤奋起来,让自己行动起来,但实际上并未彻底觉醒,思维还处于低层阶段。思维模式处于能力层思维层级的讯问人更多关注自身能力的提升,认为解决问题的关键是己之能力高低,为了提升自己的能力,其会不断积极学习和实践。思维模式处于价值观层思维层级的讯问人更多关注自己究竟想要什么和什么对自己最重要,能够做正确的事,然后再正确地做事,具有牢固的价值观体系。思维模式处于身份层思维层级的讯问人更多关注其想成为什么样的人以及其为此应该做什么样的事,处于这个层级的讯问人无论做何事皆具有非常强的目标性和大局观。思维模式处于愿景层思维层级的讯问人已经从利我变成了利他,在此思维推动下的讯问人更多关注自身与职务犯罪讯问的关系,考虑更多的是如何能为职务犯罪讯问做贡献。每个讯问人都有自己的思维对象,其因所处的思维层次不同所体验到的职务犯罪讯问需要镜像也不同，思维层次高的讯问人看待职务犯罪讯问的眼光和处理事关讯问需要问题的格局与普通人全然不同，因为他们懂得“心外无物”的道理，其所体验到的职务犯罪讯问需要来自其内心的投射，其欲实现什么便会去播种什么。在纪法教育中讯问需要基于经验、形象和具体事物，但一定是走向符号替代和抽象思维的，讯问人的认识思维决定了其认知讯问需要的视野、心态和能量，讯问人越关注讯问需要某信息领域就越会习惯性地被自己的认知思维所引导，在讯问需要中必定会融入讯问人的主观成分，每个讯问人的讯问需要选择皆基于当前的认知思维，这种认知思维引导着和决定了讯问需要的实现趋势。讯问人的思维层次反映着讯问需要内容的层次变化程度，低层次的思维模式总能反映出讯问需要当前的单薄度和低水平性，高层次的思维模式总能反映出讯问需要在内容组成上的增厚情势，也就是说讯问人思维层级的提升本身就是反映讯问需要内容逐渐丰富和渐次厚重的趋态。

1.关于以规则性培育思维对象

此谓的思维对象是指讯问人认知的讯问需要，讯问人思维的反思特性使讯问需要从内心概念不断扩展到思维本身以及表达思维的语言，进而得以成为讯问人思维的培育对象。规则性意蕴纪法教育规则制约讯问需要的特性。制约是指讯问人思维场域的框定性，这种框定性直接决定了对讯问需要内容范围和元素质量的认知。在职务犯罪讯问中，纪法教育规则一般包括规则使命、规则理想和规则现实三层次的内容昭示，由此决定了讯问人一般从讯问使命、讯问理想和讯问现实三个角度来洞察讯问需要构成元素，因此讯问人的思维框定性会将对讯问需要的洞察限制在使命思维、理想思维和现实思维三个方面，由此可知，所谓以规则性培育思维对象就是以使命思维规导讯问需要的内容，以理想思维控制讯问需要的边界，以现实思维规范讯问需要的发展。这就是以规则性培育思维对象的具体内容。

关于以使命思维规导讯问需要的内容：马克思曾经在《德意志意识形态》中说过作为确定的人和现实的人就有规定和使命及任务且这个任务是由需要及其与现存世界的联系而产生之类的话，我们由此可知，使命是客观存在的且不以人的意志为转移。使命感是人在一定社会或一定时代对国家和社会所赋使命的认知。使命的意义是什么？人为什么要承担使命？自己的使命是什么？人应该通过怎样的努力和实际行动去实现己之使命？对这些问题的深思和感知会指导人在使命感的引导下完成己之使命并实现人生的价值。对讯问人来讲,就会在职务犯罪讯问中珍惜手头工作,不会缺乏内在的工作激情与履职动力。使命感是讯问人对己之人生使命的认识,讯问人越早具有这种认识其使命感就越强烈。对具有使命感的讯问人来讲,其人生的使命就是正风肃纪反腐,就是当前的职务犯罪讯问职责和讯问任务。但不能否认的是:对于绝大多数讯问人而言,环境层思维、行为层思维、能力层思维、价值观层思维、身份层思维和愿景层思维会单独存在或交织存在,无论是否出现思维层次逐阶提升的情况,讯问人的思维总是围绕讯问责任而展开,其思维水平高低与同时伴随的使命感大小能在不同程度上反映洞察讯问需要情势的清晰度。根据职务犯罪讯问实践,讯问人一般都会具有使命感。从上升性思维角度观察讯问需要,必须为新时代的反腐倡廉事业做贡献的使命感是讯问需要构成中精神层面的必为元素;从求解性思维角度观察,必须在职务犯罪讯问中具有家国情怀和对待职务犯罪讯问工作必须具有匠心精神的使命感是讯问需要构成中规则层面的应为元素;从决断性思维角度观察,在职务犯罪讯问中必须具有内在的永恒动力和必须在履职尽责中任劳任怨以及百折不挠的使命感是讯问需要构成中行为层面的愿为元素。采用使命思维就是从必为、应为和愿为三个方面考察讯问需要是否具备这些元素,要求讯问人必须从这三个方面去构筑讯问需要结构。

关于以理想思维控制讯问需要的边界:所谓理想是指人对所从事职业的一种向往和追求,是指导人们行动的精神动力。对讯问人来讲,其所从事的职务犯罪审查调查工作是维护党的执政地位长治久安和维护党和国家利益免遭损害的专门工作,本质是超越工具理性的崇高追求,更多体现的是一种价值理性的孜求,诠释的是讯问人因职业的政治意义而工作,而非因作为谋生者而工作。讯问人职业理想的核心是坚定改造思想以立德树人的信念,培育路径是培育纪法认同感和责任认同感、职业伦理心和职业自主力。纪法认同感和责任认同感是讯问人形成职业理想的基础,职业伦理是讯问人巩固职业理想的保障,职业自主力是讯问人升华职业理想的动力。作为心理活动的理想包含了讯问人的内在需要,讯问人对内在需要的认知、情感和意志是激发讯问责任动机的强化因素。从认知角度讲,理想是讯问人“三观”的集中体现,是讯问需要构成上的启动因素,是讯问责任动机的强化引擎;从情感角度讲,理想是讯问人对讯问目标的追求与向往,集中反映讯问人的目的和需求,是强化讯问责任动机的外部诱因要素;从意志角度讲，理想意味着讯问人目标实现的可能性，是讯问人个人的主体需要和社会客观需要的有机统合体，表征讯问责任动机激发趋势。理想具有合规律性，应该是讯问人自我成长的客观规律反映，应当是讯问人必然自我发展的正确认识；理想具有合目的性，作为讯问人内心需求的理想是一种具有明确指向的目的要求，是讯问责任动机激发的强化因素；理想具有未来指向性，是讯问人职业发展的未来期待，其以对讯问人职业目标和社会价值的价值判断来衡量讯问人的职业认可状况，不断以实践性、时代性、发展性和个体差异性来充实讯问人的需要，持续以讯问人对职务犯罪讯问的强烈责任感拔升职业信念，最终以明确的内涵强化讯问人职业情感和自我需要的内心依恋。理想的社会历史性决定讯问人的精神境界层次，表现着讯问人讯问需要的现实性与超越性的统一，强化了讯问责任动机动因要素的职业指向性和内涵层次性。讯问人的职业理想一般包括职业认知、职业认同、职业情感和职业信念四个内涵要点，职业认知是讯问人理想形成的前提条件，职业素养是讯问人理想形成的基础条件，职业情感是讯问人理想形成的关键条件，职业信仰是讯问人理想形成的决定条件。讯问人通常采用维度思维从职责认知、职业评价认知和专业知识认知角度内在把握职业认知：以职责思维客观全面认识开展纪法教育应承担的任务，明确认知职务犯罪讯问的责任和使命与审查调查的育人特质，整体认知党和国家正风肃纪反腐发展情况，全面了解审查调查与党和国家正风肃纪反腐事业的内在辩证关系，清楚理解职务犯罪讯问实践的具体目标与任务要求；以评价思维客观把握审查调查实践对己之人生价值实现的可能性；以素养思维充分认识审查调查需要扎实的专业知识储备和过硬讯问技能的紧迫性，熟知职务犯罪讯问所需的理论知识、专业实践能力及其专业素养的习得路径与方法；以素质思维从职业素养认同、职业目标认同和职业意义角度积极探索和肯定性判断职务犯罪讯问的职业目标及其社会价值；以情感依恋思维从职务犯罪讯问职业获得感及荣誉感、职务犯罪讯问职业兴趣引导、职务犯罪讯问职业道德情感和内驱力角度探索讯问人对职务犯罪讯问的兴趣、热爱及内心倾向；以坚守思维从职业选择的坚定性和职业准备的努力程度两个维度来探索职务犯罪讯问职业情怀和从事纪法教育的奉献精神以及教育信仰。科学的职业理想能够引导讯问人形成以集体主义为原则和以为人民服务为核心的崇高职业情怀，使中国特色社会主义共同理想在讯问人的职业奋斗中实现和在职业发展中闪光，这种职业情怀是讯问人在事业追求和职业追求实践中的精神内核,具有指向功能、约束功能和激励功能。在讯问人的理想思维过程中,讯问人一般以具体的功能思维来控制讯问需要的边界。具体而言:以指向思维树立矢志于审查调查事业的坚定意志和奋斗精神,为讯问人提供奋斗的正确方向,将为自身专业学习、政治思想建设、道德修养及各方面综合发展指明方向列为讯问需要内容;以约束思维为思想培育和素质提升的内心精神追求提供愿景,将在职务犯罪讯问中主动规范自我习惯养成、不断强化慎独自律的主动性和积极性、不断自我完善、自我调整和自我提升列为讯问需要内容;以激励思维自励按照既定目标去努力提升自我综合素质并将讯问责任和使命有效外化为自觉实践,将启迪理性认知审查调查职业崇高性与奉献性和引导自我认知审查调查职业对自我丰富生命意义的内在价值与引导讯问人把立德树人视为自身内在需要得以满足的价值选择以提升职业境界列为讯问需要内容;以追求思维引导讯问人确立追求职业理想和促进自身社会化与职业化的实践活动,以职业理想的自我教育为自身成长成才提供精神动力和目标指引,根据职业理想自我教育的目标超越性、取向明确性和实践时代性的特征,有效规划自我学习及职业生涯发展、实现自我价值与社会价值的有机统一,将职业选择的导向与定位、为提升目标提供动力支持、个体人生境界的提升列为讯问需要内容。边界是讯问人对讯问需要内容界限的判定或重视程度,此谓边界指的是讯问人对讯问需要内容的框定范围与重视程度,而控制边界说的是使不能任意超出一定范围的意思。从以上阐述中我们可以看出,讯问人以一定的特殊思维形式把握讯问需要内容组成的核心问题,以理想思维控制讯问需要的边界。

关于以现实思维规范讯问需要的发展。所谓现实思维是指讯问人在思考讯问需要时,能够从讯问需要的客观现实出发,以讯问情势的客观事实为依据,严格按照讯问需要的逻辑关系进行思维方向的把控。在职务犯罪讯问中,现实思维更多的是指受讯问情境要求指导的思维,整个思维进程受讯问情势客观情境要求的指导,其中逻辑、证据和现实的约束起主要作用。逻辑既指客观的规律性又指思维的规律,是研究思维和论证有效性的规范与准则。思维在职务犯罪讯问中是以概念和范畴来反映讯问需要的,讯问需要的概念和范畴以特定的框架形式形成思维结构存在于讯问人大脑中,这些框架能把讯问需要中的不同概念和范畴组织在一起,从而形成一个相对完整的讯问需要思想,在对思想理解和掌握基础上达到认识讯问需要的目的,因此这种思维结构既是讯问人的一种认知结构又是讯问人运用概念和范畴来把握讯问需要的能力结构，特指讯问人运用概念、判断和推理等思维类型反映讯问需要本质和规律的认识过程，职务犯罪讯问实践是逻辑思维形成和发展的基础。思维逻辑是讯问人的大脑对讯问需要间接概括的反映，其凭借科学的抽象提示讯问需要的本质，具有自觉性、过程性、间接性和必然性特征。其以概念思维反映讯问需要的特有属性，以命题思维表达讯问需要的语义，以比较思维对讯问需要进行求同或求异的比较以在相似中寻找不同之处，以因果思维找出讯问需要中引起和被引起的对应关系。发展是指讯问需要内容的变化和更新过程。规范在此处意指符合逻辑。规范讯问需要的发展指的是符合逻辑地对讯问需要内容进行更新和变化。所谓以现实思维规范讯问需要的发展是指采用现实思维形式并立基于树立讯问责任感来符合逻辑地更新与变化讯问需要内容，以增强讯问人的责任认知能力和责任承担能力，具体表现为：以自觉性思维建立关于讯问需要的世界观：自觉性思维意指讯问人将下意识中的心智活动提移到意识层面上来，其实就是思维觉知到了它自己，讯问人的人性特色即是会产生自觉的思维，一般而言我们将该自觉思维称为“自我”或“自我意识”，也即讯问人的精神，讯问人具有了自我意识的觉醒就具有了精神性，就可以以此为基础建立一套关于讯问需要的世界观了；以过程性思维构建讯问需要激发过程整体涌现的认知系统：所谓过程性思维是指以联系的、运动的、变化的和发展的观点看待讯问需要的解释框架，将讯问需要激发过程整体涌现当作过程系统来识物想事，其实质是实现解释讯问需要从静态到动态的转向，通过把握从量变到质变的变化来实现对不断复盘和不断自我改变的经验总结并体验引发能力的质变，从而找到正确高效的解释方法，其思维的重点是重视讯问需要激发过程和再反作用于讯问需要激发结果，其是站在过程角度来理解讯问需要的激发，是在时空状态下阶段性和动态性认知讯问需要激发的过程，其思维内容的重点是讯问需要的始点是什么、经历了怎样的过渡过程、到达怎样的终点、其结构、特性、环境、功能和行为模式等在时间推移中发生了哪些变化、哪些方面保持不变、如何统一不变性与可变性等；过程性思维的基本过程是：找出讯问需要构成要素，然后划分过程的阶段，分析是处于什么样的阶段，再区分过程的相互联系，最后考虑过程背景以及发生条件；以间接性思维构建反映讯问需要本质属性的独特认知系统：间接性思维能够反映讯问需要的本质属性和规律且具有独特的明显特征，这种独特性表现在讯问人的思维必须借助于一定中介和相应的知识经验来达到对讯问需要本质属性和规律的了解和把握，其实是通过讯问需要的外部现象认识它的内在的、必然的和规律性联系，由其表象推断出讯问需要的内在实质；以必然性思维建构对讯问需要进行认识的相对静止态的认知系统：必然性思维是讯问人的任何思维在任何时代都不可或缺的方面，是讯问人对观察讯问需要产生运动过程中相对稳定和相对静止的反映，其本质特征是寻找思维过程中的规律性、程序性、必然性和重复性，以达到一定的思维成果，必然性思维从或然性思维中获得生命力，是对或然性思维成果的程序化和形式化，必然性思维与或然性思维相互补充，促进讯问人思维的发展和思维成果的不断优化。证据是可作为证明用的事实依据。所谓证据思维是指以思维自身具有的客观性、形式合法性和专业性等特性来判断证据真假的思维形式，其实质是利用证据来建构和印证纪法事实的思考方式，其在内在结构上的主要体现是解决好证据能力问题、建构好纪法事实基础和预判好讯问取证的前景，其思考的主要内容是在构建讯问需要结构时如何考虑、从何处着手以及从何方向突破案件等问题，其的约束作用体现在：以对比印证思维确认讯问需要构成要素证据是否确实充分；以矛盾分析排除思维运用矛盾法则来判断讯问需要构成要素证据是否合理；以推论推定思维判断讯问需要构成要素证据是否有效；现实思维是指追求对讯问需要客观实际适应性的思维，也称唯实思维，这种思维方式要求讯问人的思维必须先具有现实性的前提，在讯问需要的构建上要采用历史思维、创新思维、法治思维和底线思维等思维形式。

2. 关于以强制性保障思维方向

纪法规范具有内容和意义两个层面，所谓内容层面是指具体规则的条文概念，所谓意义层面是指具体规则内容所蕴含的纪法功能和纪法目的。这些构成了纪法教育所传纪法知识的内容。在接受纪法教育过程中，讯问人经过纪法知识自我储备生发出纪法情感和纪法责任。纪法情感是指讯问人在接受纪法条文内容时生发的自觉性、在感悟纪法条文形式特征时生发的敬畏感、在体验纪法条文实施条件时生发的强制性、在体会纪法条文实施效果时生发的严格性。纪法责任是指讯问人立基于纪法知识储备和传授而生发的遵纪守法的任务感、以纪法办事的职责感和施教育人的责任感。纪法情感和纪法责任产生的基础是讯问人在领悟纪法规范对概念文字的严格性倚重时所爆发的思维认知和思维态度，这种思维认知即是纪法规范因受组织强制力和国家强制力保障实施从而具有了强制遵循的制度刚性,这种思维态度即是在其有责任自悟制度刚性所带来的强制性基础上有职责自我强化认知这种强制性并将这种强制性认知传导给被讯问人或进行自我传导时的情感,这就涉及到讯问需要要素具备问题,讯问人处于履职尽责需要而自我学习,会将传导强制性的纪法情感和纪法责任以强制填充方式填充进讯问需要结构中,以使其成为讯问需要内容的重要组成部分,这就不仅使纪法情感和纪法责任内容具有强制性,而且还使纪法情感和纪法责任的传导形式也具有强制性,这同时也使带有强制性元素的纪法情感和纪法责任自身成为了讯问需要内容。这个过程起自对强制性的认知,经由讯问人强制性地自我传导,终于讯问需要内容中强制性元素的具备,讯问人的思维在其中起着关键作用。讯问人的思维方向意味着其正追求的目标和正欲实现的目的,讯问人的思维必须经沿以上思维过程才能将纪法情感和纪法责任的强制性元素充填进讯问需要中,讯问人的思维必须保障其自身朝着前述固定的方向来进行,才能保证其思维方向不偏离将强制性填充进讯问需要的目标朝向。此时讯问人采用的是目标思维方式,也就是采用“以终为始”方法,在自我提升综合素质的欲望产生之时规划出一个待实现目标,这个待实现目标决定着对纪法知识的掌握范围和理解深度,在此基础上对目标实现过程采用“以始趋终”方法予以控制自我学习节奏,以自我学习的阶段性目标的接连实现来保障待实现目标指向不发生偏离。在保持目标思维的大前提下,在纪法教育强制性特性规引下,讯问人会采用体系思维体悟纪法规范和纪法教育的强制性,以论题形式体会纪法规范和纪法教育所具有的强制性,此时的思路是在着重思考纪法规范强制性概念层次基础上考虑如何利用强制性的内容意义和价值意义钳制和改造自己的思想,为提升自己的思想境界和提高讯问能力做知识工具方面的准备,亦即,思考强制性的内容指向和意义指向,齐全掌握强制性的功能,齐备理解强制性的价值,在丰富知识储备基础上深化理解强制性的实践效能。总结以上思路,就是在目标思维宏观指导下的体系思维的具体展开。体系思维能够让讯问人思考和做事皆变的有条理,并且很少出现无用功,会极大地提升工作和学习效率。对讯问人来讲,体系是为了实现综合素质的自我提升目标而形成的一系列方法的组合,其能确保思维目标的唯一,能搭建思维方法组合,其具有三个维度,那就是深度思考、全局思考和动态思考,这三个维度的综合作用会使讯问人为自我提升目标和方向对自己的知识认知采取系统方式进行探索。在目标思维的思路中,讯问人总是保持着如何努力实现目标的思维朝向,并通过体系思维的具体展开维持着思维方向的唯一性。这是纪法教育强制性的牵引效果。这种牵引表现为:在对何谓“强制性”的理解上,将强制性视为一个概念系统分层次予以理解,讯问人会进行层次化思维,先考虑如何掌握强制性的概念含义,再体悟强制性的价值意义,继而考虑怎样去实现强制性功能的路径,最后考虑如何实现强制性功能目标的措施和方法。具体思绪:首先,在对强制性概念的理解上采取先掌握概念再升华认识的思维方式:关于对强制性概念的理解:强制性是指用某种强迫的力量对付阻力以达致某种影响并使服从;所谓纪法规范的强制性是指以纪法规范的规则强力来对特定人施加压迫式影响并使特定人服从组织和讯问人;所谓纪法教育的强制性是指纪法教育因在实施过程中的纪法规则强力传导所产生的制度刚性。关于对纪法教育强制性概念的升华理解:这种制度刚性直接来自纪法规则的强制性,这种强制性在纪法教育过程中作为外在力量而存在;这种强制性作用发挥的特点是:以纪法规范体系的整体为力源而发挥作用;具体包含肯定式和否定式两种作用方式,前者表现为认可、嘉许与奖掖,后者表现为拘束、抑制和制裁;在对所否定的强制上,根据行为的程度、情节和危害后果,强制的方式与力度均不相同,从法律不予保护到认定违纪违法乃至实施刑事制裁,有一个渐次强化的逻辑顺序;这种强制性的关键在于得到了组织强力和国家强力的支持,组织强力和国家强力为其提供了坚实的保障;纪法规范的强制性主要针对那些不遵纪守法的人,通过纪法制裁可使不遵纪守法的人为己之行为付出代价,或因违纪而受到处分,或因违法而受到处罚,或因犯罪而受到制裁,同时告诫社会中的其他人必须要遵纪守法,纪法规范的强制性对纪法规范实施具有重要作用;由于纪法规范本身是有层次或等级划分的,故而其效力相应具有层次和等级性,这决定着纪法规范之间的先后适用关系。其次,形成纪法教育强制性的概念思维框架,将对纪法教育强制性概念的理解过程系统化和程式化,让讯问人的思考结论具有支撑力,让讯问人对此的概念表达更有力:以理论思维组建关于强制性的知识集群,明了强制性知识集群想要分析或表述什么问题以及解决什么问题,将理论思维重心指向对强制性的认识深度,指向如何使这种深化后的认识为通过自我学习提升素质提供正确的方向,以满足学习提升的方向性需要,同时将所掌握的这些纪法知识转化为必须严格遵守的指令性思维规则,并学会以此规则指导自己在认识强制性的思维过程中做什么和如何做。再次,在理解强制性概念框架的基础上思考概念框架功能:强制性概念框架由强制性的定义及其引致的价值观念和讯问人的思维方式等组成,是讯问人输入和输出有关强制性知识信息时的反馈作用的结果,因而在讯问人的思维活动中具有特定的功能:一是能够作为认识标准帮助讯问人筛选外界信息:这种概念框架一经形成便会成为讯问人的思维模型,以一种无形的标准支配和控约讯问人对强制性概念的再认知,使讯问人从外界输入的其他信息中比照该模型标准筛选出强制性的相关信息,深化对强制性概念的认知;在这种筛选过程中,该模型标准限定了讯问人的思考范围,在使讯问人思维有序化的同时保持着知识收集方向上的既定性;二是能够帮助讯问人对所筛选出的相关信息进行赋值:赋值即作出解释并使讯问人对强制性概念获得一种新的意义和价值;在知识筛选时,既定的概念模型会发挥标准作用,从定性分析角度试图揭示新增知识信息的类属,从而揭示出类属度不清晰的新增信息的质的规定性,获得一种笼统的认识,同时从定量分析角度试图揭示新增信息的数量关系,用数量概念解释各种新增信息间的数量关系,从而揭示出其量的规定性;三是能够作为认识标准帮助讯问人整合外界信息:此谓整合就是指讯问人系统地将外界知识信息吸收到其认识结构中去,表征着讯问人形成基本的思维定向的主观框架后的某种结构性统摄作用,实质是强制性概念框架对外部知识信息的定向结构性同化,具体表现为讯问人接受和整理外界信息并使之构成有序整体以及自我调节和整体转化己之思维结构,因为外部信息仅当与内部思维结构参照系相匹配时方能被识别并进入该思维结构。筛选、赋值和整合三种功能是对讯问人认识强制性知识的规范,其规范着讯问人在解决如何以自我学习而提升素质问题的方向和方法。筛选、赋值和整合实质是讯问人对强制性概念的认知方式和认知面向,从内部存在层面讲其是认识强制性概念的思维方式,从外在显示层面讲其是认知强制性概念的行为方式,这就说明强制性概念框架不仅对认知思维具有功能作用,而且会对认知行为发生作用。所谓对认知行为发生作用是指强制性概念框架还会作为认知标准来帮助讯问人指导和调控己之认知行为。所谓指导即是讯问人以概念框架中的思维指向标准来指导自己的行动倾向,具体表现在对行为目标的确定、预测和实现上:关于行为目标确定,讯问人的任何行动都会有一定的具体目标,不同的概念框架认知标准的衡量具有不同的指导作用,这个非常容易理解,在此不予多说;关于行为目标预测,是指以过去和现在的信息状态去推断或判定未来的事态;所谓行为目标实现是指规定具体的行为步骤、措施和方案以达致行为目的；所谓调控是指讯问人在为实现行为目标的活动过程中，根据己之行为目标与行为结果之间存在的差距系数，并从某种特定的思虑出发，来以此强化或削弱某种行为或选择某种新行为，以调节和控制自身行为的活动；总起来讲，纪法教育概念框架对讯问人来说具有认识功能和行为功能。最后，讯问人会利用纪法教育强制性概念框架功能来形成自己的教育思维：教育思维是讯问人利用讯问思维对讯问现象和活动及其问题的专业思考，是讯问人自我提升素质的核心思维，这种思维主要思考怎样针对自身能力状况和被讯问人应讯特点化智为器来达到预期的讯问目的，是从讯问人角度所进行的预测性思考，是一种为解决讯问问题而进行的准备性思维，是讯问人基于对自身讯问经验和讯问能力的判断所进行的过程思维，是讯问人立基自身的讯问立场和教育观来认识、理解、分析和解决讯问问题及其相关因素的系统思维，是一种思索如何在将来的讯问中传导纪法知识及其强制性的内隐思维，是一种整合了分析思维、创新思维和实践思维的动态思维。这种教育思维具有训练讯问人在应对讯问中的复杂变化时将讯问方式的可能性与讯问方法的创意性综合起来思考的价值。这种教育思维形成的原始知识依据即是因传导纪法规则强制性所致的纪法教育的制度刚性，这种制度刚性对讯问和被讯问双方来讲都意味着规则强制层面的不可违反性以及处罚后果层面的不可不接受性，也就是说，纪法教育基于组织强力授权而同时产生了施教职责和受教义务，对讯问和被讯问双方而言都具有意志强制性，于讯问人而言，无论是为提升能力素质而进行知识的自我积累，无论是基于纪法知识体验而进行的措施预想，最终的结果要求只有一个，那就是如何将预想的构思实在化，这就从根本上规定了讯问人所有努力的指向，这种努力指向的内容就是讯问人的自我提升必须围绕如何认识、思考和解决自身及被讯问人的思想问题而自强式展开，必须沿循着将预想的构思实在化这个根本目标而进行愿景思维，必须以此愿景思维为支点去努力达致纪法教育的最终目标，这就自然而然地决定了讯问人的思维指向和行动指向都必须全程保证最终目标实现的方向唯一性，这种方向唯一性决定了纪法教育强制性属性具有规制讯问人思维方向的保障作用，而讯问人的思维方向本身即是为了保持满足讯问需要的思考朝向不变，这意味着纪法教育强制性属性对讯问人的思维方向而言具有制约和改变作用，这也意味着讯问人的纪法情感中的情感朝向和纪法责任感中的责任朝向也都是自始趋向并受制于纪法教育强制性属性，纪法教育的强制性能够规制纪法情感中的情感朝向和纪法责任感中的责任朝向,能够最终影响和改变讯问需要情势。

3.关于以调节性提升思维能力

此谓调节性是指纪法教育基于制度刚性对讯问人思维强加约束和限制从而以调整讯问人思维自由度方式来减少讯问人思维和行动的随意性。此谓提升是指使讯问人的思维能力在程度、水平和质量等方面比原来有所提高。此谓思维能力是指讯问人在学习和工作中遇到问题时总是通过分析、综合、概括、抽象、比较、具体化和系统化等方法对感性材料进行加工并转化为理性认识来解决问题的能力,包含理解能力、应用能力、分析能力、评价能力和创造能力,是讯问人包括学习能力在内的智慧核心,参与和支配讯问人的全部智力活动。此谓以调节性提升思维能力是指讯问人以已之具有的对纪法知识的解释能力、推理能力、论证能力、评价能力和升华能力来提高自己的理解能力、应用能力、分析能力、评价能力和创造能力的水平,具体表现为:以对纪法知识的解释来增强讯问人的理解能力;以对纪法知识的推理来提高讯问人的应用能力;以对纪法知识的论证来提升讯问人的分析能力;以对纪法知识的评价来提高讯问人的评价能力;以对纪法知识的认知升华来提高讯问人的创造能力。

解释是指讯问人在理解纪法概念的基础上进行思考并合理地说明纪法概念之间的联系或联系规律。解释能力是指讯问人在解读纪法理论基础上从不同的视角和以不同的方式通过纪法理论来解释纪法知识对象的效果,通俗地讲就是讯问人使用不同的同义词来替代该概念词汇以便让自己或别人明白或以实践方式让自己悟到或让别人看到的能力。理解是一种换位思考或心情领悟,是讯问人探求纪律意义和法律意义的结果,讯问人的理解更强调纪法规范的知识背景、来龙去脉、使用情境、理论基础、理论变化和发展趋势以及自己如何去运用纪法知识;理解是关于纪法知识迁移的,理解的内容即是洞察纪法知识的本质、理论目的、受众范围、学用策略和学用手段。理解能力是指讯问人对纪法知识理解的一种记忆能力,从宏观上包括整体思考能力、洞察问题能力、想象力、类比力、直觉力、解释力等,从微观上包括总结能力、推断能力、比较能力和说明能力。从大的方面讲,讯问人以对纪法知识的深度阐明、增强纪法知识的应用效果、洞察纪法知识本质、强化对纪法知识的同理感、深化对纪法知识的自知度等方式,来增强讯问人的理解能力;从小的方面讲,讯问人以更有效建构纪法知识信息的表征和对纪法知识进行更全面的概括来增强自己的总结能力，以强化对纪法知识概念或原理的抽象能力来增强自己的推断能力，以更能查明纪法知识点以及知识点与知识情境之间的异同的能力来增强自己的比较能力，以更有效建构和运用纪法知识系统模型来增强自己的说明能力；这种理解能力的现实表现是讯问人在对待纪法知识上能翻来覆去地讲、能因地制宜地用、能有助于理解自己和他人。

推理是使用理智从某些知识前提产生知识结论的行动，是指讯问人在考察纪法知识定义的基础上以引入新定义方式而引申出概念或理论。推理能力是指讯问人在头脑中根据已有判断并通过分析和综合引出新判断的过程，是指讯问人以敏锐的思考分析和快捷的反映以及迅速地掌握问题核心在最短时间内作出合理正确的选择。应用是指适用需要或以供使用。应用能力是指讯问人根据所学的纪法知识和原理发现问题和分析问题以及解决问题的能力，具体包括实施能力和决策能力。讯问人以采用逻辑思维使自己对纪法知识的理解更加深透方式来提高己之学以致用的能力，具体表现为：以判断哪些纪法原理适合于处理新疑难情境来强化己之知识运用能力，以确定某个特定纪法原理成立的限度来增强知识运用能力，以识别某个纪法原理的特殊例外情况并说明理由来增强知识运用能力；以运用适当的纪法原理对新情境可能发生的情况作出预测来提高思维决策能力，以运用适当纪法原理确定或认可新情境中某项特殊决策过程来增强思维决策能力，以运用已知纪法原理解释新现象来增强思维决策能力，以说明在既定疑难情境中运用某个纪法原理的理由来增强思维决策能力。

论证是指讯问人用某些理由去支持或反驳某个观点的过程或语言形式，是讯问人能够用论据来证明论点的方法，一般由论题、论点、论据和论证方式构成，通常包括作为结果的论证和作为过程的论证两种形式，作为结果的论证是形式逻辑的研究对象，作为过程的论证是非形式逻辑的研究对象。论证要使用推理，我们甚至可以从某个角度理解说论证就是推理。一个简单的论证实质上就是一个推理，其论据相当于推理的前提，其论点相当于推理的结论，从论据导出论点的过程相当于推理形式。一个复杂的论证其实是由一连串相同或不同的推理构成的，只不过其中的推理过程与推理形式可能错综复杂，我们正是基于此通常将论证与推理等同看待。但论证与推理之间也有区别，那就是推理并不要求前提真，即使假命题之间也可以进行合乎逻辑的推理，但论证却要求论据须真，以假命题作论据不能证明任何东西。论证能使讯问人的结论更加真实和更加具有说服力，能够加深讯问人对命题和观点的理解。论证能力是指讯问人合情推理所猜想和所发现新结论的思路和方法的能力以及探索与提供解决问题的思路和方法的能力。分析是指讯问人将纪法知识体系分解成比较简单的组成部分以进行研究并找出简单组成部分的本质属性和彼此间的关系。分析能区别基于科学证据及理论的论证和基于其他思考的论证，通过梳理较为复杂的纪法知识信息来判断所领悟的结论是否合适或推断是否正确并给出相应的理由。分析能力是指讯问人在思维中将纪法知识的整体分解为若干部分以进行研究和认识的技能和本领，实际上是一种逻辑思维分析能力，是讯问人在面对纪法知识时能根据自己已经积累的经验及其相关情况有效选择和实现己之目标的能力。分析是通过逻辑推演外界有限信息并最终得出结论的过程，具备信息、背景洞察和逻辑框架三个要素。所谓强大的分析能力无非就是更多的信息来源、更广而深的背景洞察以及更丰富的逻辑思维框架。因此，所谓以对纪法知识的论证来提升分析能力是指以论证作用的有效发挥来强化信息、背景洞察和逻辑框架三个要素并进而提高分析能力，具体表现为：以论证的速效性来拓宽纪法知识来源渠道从而增加信息量，以论证的科学性来审视纪法知识信息系统来加深职业钻研深度，以论证的正确性来搭建并内化尽可能多的逻辑框架进而将此作为自己思考和分析问题的方式。总之要做到：向内提升：与世界对话，开阔眼界，扩展知识广度，增加知识储备，当所有知识点进行融合链接时，便会形成更加完整的知识体系，从而就具备了高度的认知能力；向外兼容：不要轻易排斥或质疑不同的声音，要以开放心态去理解不同认知维度的观点，看清时代发展的趋势，借鉴他人经验，增加自己的信息量；实践复盘：认知属于理论，能力来源于实践，有过经历才能真正领悟，知行合一才能事半功倍，观察事物现象，反思过去经历，提炼精髓，指导前行，养成自省和总结习惯，及时修正误区，选择决定命运，认知决定选择，突破思维边界才能摸清知识规律，找到通往职业成功的捷径。

评价是指判断或分析纪法知识后所得出的结论，通常指衡量和评定纪法知识价值、评估纪法知识价值或对纪法知识所评定的价值，亦指评估价值以确定或修订价值或者指通过详细和仔细的研究和评估来确定纪法知识的意义和价值或状态，其具有诊断功能、导向功能、激励功能、鉴定功能和引导功能。对讯问人来说，评价就是讯问人对纪法知识做出客观全面的分析、归纳、总结和判断以指导其做出选择并给其力量去执行。在“以对纪法知识的评价来提高讯问人的评价能力”中,“对纪法知识的评价”是指讯问人判断纪法知识的价值高低,涉及到讯问人的认知立场、情感心态和是非观念等诸方面;“评价能力”是讯问人能够意识到在评价活动中客观存在的价值关系且能把握之,从而使得纪法知识价值由自在转为自为并运用到讯问人自我发展之中的能力。评价能力也是讯问人能够建立属于自己的一种内在评价标准,讯问人能够依据已经建立的评价标准主动、自觉和独立地进行判断和选择,并且将评价结果运用到自我发展之中的能力,是讯问人的多种心智、多种机理和多种能力的有机聚合,是讯问人综合素质的集中体现,主要包括辩证思维能力和表达能力等,其中“感受—鉴赏、思考—领悟、应用—拓展、发现—创新”四方面与讯问人的评价能力直接或间接相关。讯问人的评价能力的内部结构分为三个方面:一是把外在的评价标准内化为自己的内在标准;二是须要有意识地和能独立地进行判断与选择;三是须要反思自我和不断地促进自我发展。在该内部结构中的评价标准内化是讯问人评价能力发展的内核。“以对纪法知识的评价来提高讯问人的评价能力”是指以评价纪法知识价值高低的微观思维修炼来提升评价事物价值大小和把握是非曲直观念的宏观思维能力;主要的提升路径有:以思维自觉性原则形成反思来促使讯问人逐渐养成评价习惯和形成评价的自觉状态;以思维丰富性原则形成知识甄别习惯来锻炼讯问人的评价素养;以思维渗透性原则形成循序渐进习惯来提升讯问人的评价能力。由上可以看出,评价能力实际上是讯问人发展自我意识时所必须具备的能力,讯问人只有在对纪法知识的微观思维评价中不断地认识自己的能力、个性、态度和价值观,才能不断地进行自我发展,最终达致自己的理想目标;评价能力不断地影响着讯问人的自我意识发展,促使讯问人在发展过程中达到自主和自觉的状态,故而评价能力是讯问人自我意识发展的主要成分与主要标志,是讯问人自我意识发展的先决条件,培养讯问人的评价能力对促进讯问人自我意识发展具有重要作用。

认知升华是指讯问人在接受纪法教育过程中能够立足核心概念发现由知识点组成的知识谱系,同时厘清知识点及其知识谱系所针对的问题和所欲解决的问题,从中找到一个合适的切入点,借此将这些知识进行重新整合和建构,引导自己形成更高维度的知识。认知升华能力是指讯问人所具有的且由对纪法知识点及其知识谱系的发现能力、对纪法知识能量与以此对应解决问题的问题意识提升能力、对纪法知识切入点的锲入能力、对纪法知识的整合与建构能力、提升纪法知识维度的能力有机聚合而成的能力。创造能力是指讯问人对纪法知识产生新思想所必需的心理品质，是一种多层面的现象，具体讲是由智力维度、智力方式维度和人格维度共同作用而成的一种综合性能力。所谓以对纪法知识的认知升华来提高讯问人的创造能力是指以使讯问人对纪法知识的理解得到顿悟升华方式来促使讯问人创造出更高层次知识的能力。具体表现为：讯问人以激发求知欲和好奇心和培养敏锐观察力和丰富想象力以及培养善于进行变革和发现新问题的能力方式、以重视己之思维的流畅性、变通性和独创性方式、以培养自己的求异思维和求同思维方式，来提升己之知识创造素质和知识创造潜力并夯实知识创造实力和提高知识创造影响力，确保自己不断提升纪法知识创造能力的水平。

二、关于提升责任感情境界

责任是讯问人内化了的思维方式和行为规范，是讯问人一般性的意识准备状态和价值判断体系，该价值判断在特定情境条件下能引发讯问人相应的情感体验和内部动机并诱发相应行为。责任内化是讯问人通过纪法知识学习和职务犯罪讯问实践，对外部的责任知识形成认知，对特定的责任环境产生情感体认，且将其转化为自身的责任判断并产生相应的责任动机，进而在特定情境中产生行为实践，并将此过程联结起来转化为连贯和自觉且符合社会责任规范的一般状态。责任感情是讯问人对己之角色担当产生的情感体验或心情，具体包括履行责任时的满足感受和失责时的内疚与自责等正反两方面的情感体验，是伴随责任认识等心理过程而产生的内心体验，是讯问人将责任内化为自身内心世界的心理状态。从讯问需要角度讲，责任感情是指讯问人将责任与自身需要和价值相融合所致的内心感受或内心体验，其贯穿于讯问人履责全过程，是讯问人对自己是否履责所致的情绪体验，具体表现为在需要体现责任的情境时的情绪反应和在具体履责过程中的情绪体验以及在履责完毕后所获得的自身和社会反馈所致的体验。责任感情是讯问人责任心发展的动力，对讯问人的责任行为具有激发、维持和评价作用。不同责任水平的讯问人在不同的讯问情境中具有不同水平的情绪体验。讯问人的责任感情的形成过程分为三个阶段：从无明显的情感倾向到欣赏和接纳再到享受，此时的责任情感已经成为讯问人自我价值和社会价值的重要情感来源,是讯问人满足感的主要源泉,丰富成熟的责任感情对于讯问人责任认知的信念化和履责过程中的价值意义化以及责任行为的自动化具有非常重要的动力作用。境界既是讯问人的思想觉悟和精神修养又是讯问人的自我修持和人生感悟,是讯问人在特定的讯问情势下其内在精神修养以内在本性为根据所达到的水平和境域,是讯问人生活于其中的意义领域和心意状态。责任感情境界是指讯问人对待讯问责任的思想觉悟和精神修养的水平,是讯问人从事职务犯罪讯问活动所达到的专业责任程度,是讯问人的人性所能达到的高度或水平。讯问人责任感情境界具有三个层次:一是欲求的现实境界,二是求知的理想境界,三是奉献的使命境界。欲求的现实境界作为第一层次是指讯问人对讯问责任的外在欲求,其特征是讯问人只知道满足讯问需要中最低层次的责任需要:从责任认知角度看,讯问人并没有全面承赋对自己负责、对集体负责、对社会负责、对党负责、对国家负责、对人民负责的应担责任,对讯问责任认知停留在规范操作层面,通常机械地按照审查调查规章制度程式化地执行工作流程,在其间没有人生价值和意义的思考,缺乏独立的创造性,秉持这种最低责任欲望的讯问人仅仅把职务犯罪讯问当作饭碗,甚至还想从中获取个人利益,工作追求仅仅是为了不出差错,精神追求仅仅是在主要满足个人责任欲求基础上不得不适当考虑集体责任欲求,是讯问人在职务犯罪讯问中所禀赋的一种最低责任欲望;从情感角度讲,讯问人没有自我激情唤醒,只紧盯纪法刚性,不注重政策柔性,没有进行纪法情感的自我培育,缺乏在讯问中对被讯问人进行情感感化的知识和能力;从境界角度观察,讯问人没有“感人心者,莫先乎情”的精神高度认知,没有在讯问中对纪法知识“披文入情”的工作实践想法,缺乏在讯问中通过抒发己之真情挚感来打动和感染被讯问人并使被讯问人爱之所爱且恨之所恨方式唤醒被讯问人心灵深处最原始情感的行动准备,甚至没有在讯问中取得让被讯问人“心同其情,耳醉其音”效果的想法。求知的理想境界作为第二层次是指讯问人对讯问责任的内在升华,其特征是讯问人不再仅仅满足讯问所需要的最低责任欲望,而是进一步有了认知讯问规律和讯问秩序的责任要求,是讯问人科学的求实精神的萌芽,讯问人从最低欲求的责任满足走近责任认知的精神元素中,努力从知识和意志或从知识和行为中求得责任满足,在责任禀赋方面具有了独立性,但还没有达到最高精神境界:从责任认知角度看,讯问人追求纪法知识,掌握讯问规律,增强讯问责任感,具有职业道德感,不再单纯追求自我责任满足,而是升华了对讯问责任的层次认知，立足讯问责任自我满足统筹集体责任和社会责任的满足，具有了较为强烈的自我提升欲望和履职尽责冲动，意图提升自己的人生价值和意义；从情感角度看，讯问人对待职务犯罪讯问进入动情阶段，即，产生了热爱的真实情感和鲜明态度，通过有效的纪法知识积累和讯问能力提升产生了积极的情感体验，从而形成了努力进取的有效推力；从境界角度看，讯问人通过"动情点"指引而进入精神殿堂，在纪法知识自我储备上达到"神与物游，心与理合"的境界，在讯问技能修炼上达到"登山则情满于山，观海则意溢于海"的境界，反映出讯问人在综合素质提升上完全达到了知识与行为相匹配的和谐情境。奉献的使命境界作为最高层次是指讯问人在责任满足和责任追求上的内外统一，其特征是讯问人在新时代将对党忠诚作为第一政治要务，将干净作为必须守住的行为底线，将担当作为对党忠诚的具体体现，其在审查调查工作中的总基调是：践行忠诚即做正确的事、心向组织和胸怀大局；践行干净即正确做事、守底线、守规矩；践行担当即将事做正确、铸牢使命意识、责任意识，审查调查结论重事实证据，在职务犯罪讯问中讲文明讲人本：从责任认知角度讲，讯问人深刻学习领会党的二十大精神，以习近平新时代中国特色社会主义思想为指导，准确把握新时代党的建设总要求，强化使命担当，履行主责主业，全面统筹各项责任满足，切实将全面从严治党战略部署和任务要求落实到位，坚定不移推动全面从严治党向纵深发展；从情感角度看，讯问人对职务犯罪讯问进入情感升华的抒情阶段，认为一切学习和工作都不是为了自我获取，而是为了党和国家、为了民族和人民去奉献，为了实现中华民族伟大复兴中国梦去"撸起袖子加油干"；从境界角度看，讯问人具有了人民至上的思想境界，具有了美好崇高的道德境界，具有了责任至上的政德境界，能够牢记习近平总书记殷殷嘱托，紧紧围绕"信念坚定，为民服务，勤政务实，敢于担当，清正廉洁"好干部标准，旗帜鲜明讲政治，坚定理想信念，坚持不懈深学笃信真用习近平新时代中国特色社会主义思想，铸牢绝对忠诚的政治品格，做信念坚定的好干部，强化公仆意识，做为民服务的好干部，加强学习和实践，不断提升狠抓落实的能力和水平，主动履职尽责，做敢于担当的好干部，发扬专业精神，注重反思总结，增强审查调查工作的针对性和实效性，以思想破冰推动正风肃纪反腐高质量发展，严守党的纪律，守住内心底线，自觉绷紧纪法规矩之弦，做清正廉洁的好干部。所谓提升即是以纪法教育固有特性升华讯问人的责任感情境界。具体方式是：以规则性奠基责任关切；以强制性选择责任状态;以调节性促生责任能力。

1.关于以规则性奠基责任关切

纪法教育规则性意蕴规范性、约束性和秩序性三方面内容。所谓规范性是指纪法教育中纪法知识的表现形式是由具体的纪法条文规定的;所谓约束性是指纪法教育中纪法规范具有行为约束功能;所谓秩序性是指纪法教育中纪法规范具有维护秩序功能。责任关切是指讯问人对讯问责任的关注,这种关注包括讯问人对责任内涵的理解和对责任功能的评价,具体体现为规范性关切、工具性关切和表现性关切。所谓规范性关切是指从责任渊源和责任内涵上对责任进行关注;所谓工具性关切是指讯问人在中国特色社会主义现代化国家建设新征程中对党和国家安全的关切和在正风肃纪反腐中对违纪违法犯罪的直接危害状况或潜在威胁状况的感知,其强调纪法规范作为一项制度在保护党的长期执政地位稳固和国家事业长治久安不受违纪违法犯罪侵害和增进安全感方面的工具性作用;所谓表现性关切是指讯问人在中国特色社会主义现代化国家建设新征程中对所从事的工作从社会信任和社会凝聚力两个维度进行测量后的规范性感知与评价。所谓以规则性奠基责任关切是指讯问人以纪法教育规则性为责任关注奠定基础,体现为以规范性为责任关切提供理解基础、以约束性为工具性关切提供功能指引,以秩序性为表现性关切提供作用导向。

关于以规范性为责任关切提供理解基础:纪法规范是时代的产物,具有鲜明的时代性,反映了时代的崭新要求;新时代的纲纪法规是习近平新时代中国特色社会主义法治思想的立法体现,从根本上符合实现中华民族伟大复兴中国梦的法治建设需要,体现了新时代党和国家具有中国特色的法治努力和宗旨追求;责任渊源自职责和任务,而职责和任务则渊源自纪法规范,新时代的纪法规范正确反映了新时代社会主义中国现实的党情、国情、政情和民情,体现了党和国家正风肃纪反腐的新时代管党治国理政需要,从而为纪检监察干部的审查调查工作赋予了具有新时代特征的责任内涵,进而构建起以政治责任为统领的崭新责任结构,其中时代新人的主体目的性是责任内涵的前提,为履职尽责应当怎样做的本体属性是责任内涵的基础,主体价值判断和目标定位是责任内涵的标尺,纪法教育的规范性为理解新时代讯问责任内涵提供了关切的概念基础。

关于以约束性为工具性关切提供功能指引:约束性是纪法教育规则性的其中一个面向,既包括对被讯问人的劝说和评判又包括对除被讯问人以外其他人的导向等。纪法教育具有一定的目的性,人们为了实现职务犯罪讯问的特定目的才利用纪法规范进行纪法教育。人们欲实现特定目标便要有相应的措施,而规定目标和措施的正是纪法规范,于是纪法教育即具有了功能,纪法教育的规范作用即是通过告示、指引、评价、预测、教育和强制等确定制度界限、形成制度秩序、提供制度预期和营造制度环境。纪法规范在生效时即对人的行为具有约束力,不管是奖励还是惩罚,不管是实体还是程序,只要在其适用范围内即对其适用的时间、空间和对象皆具有约束力,人们必须遵照纪法规范行事,纪法规范对人的行为具有约束作用。因为人是社会性的存在,所以这种约束体现为对被讯问人的个体约束功能和对除被讯问人以外其他人的约束功能。这种约束功能为对讯问责任的工具性关切提供了功能指引。人们担心纪法规范在正风肃纪反腐中能否正常发挥作用,关注讯问人在职务犯罪讯问中的履职尽责方面是否做到了恪尽职守,是否尽到了应尽的讯问责任,于是便通过评价纪法教育效果对讯问责任进行工具性评价,这种评价表现为考察对个体的劝说和评判以及对社会群体的教育、警示和导向等形式实效,主要是通过对纪法教育效果的工具性评判来为对讯问责任的工具性关切提供功能指引。

关于以秩序性为表现性关切提供作用导向。秩序由纪法规范决定,纪法规范确定纪法秩序的界限,是纪法规范的核心与保证。秩序性即纪法对象遵守纪法的相对稳定状态的属性。纪法教育的秩序性是指纪法对象通过接受纪法知识的启悟而去遵纪守法的相对稳定状态的属性。这种属性具体包括整合性、协调性、控制性和防护性四个作用面向。讯问人通过这四个面向塑造表现性关切对讯问责任的价值观评价和道德结构评估,形成对支撑讯问责任体现的信任和道德共识的判断,依据纪法秩序所释放的符号意义形成秩序感,从而影响对讯问责任的表现性关切程度。纪法教育除具有认识论功能外,还蕴含价值判断和价值取向,纪法教育总是围绕讯问人的需求和目的展开,纪法教育维护秩序作用的发挥所蕴含的价值就是讯问人的价值体现,纪法教育的规则性主要是通过对纪法教育的信任度评判和凝聚力评估来为对讯问责任的表现性关切提供作用导向。

2. 关于以强制性选择责任状态

现代行动理论认为,一项有意义的行动由规则与特定的动作构成,行为人的意图依附于规则。我们可以借鉴这项理论来阐释以强制性选择责任状态问题。我们可以把此谓的行动解释为讯问人主动进取以求在自我思虑过程中的意志竞争方面留下印记，这是一种认知性的努力。从此角度理解，强制性意指讯问人在自我意识斗争过程中以意志强力自我压迫并使自我服从，责任状态意指讯问责任表现形式状况，以强制性选择责任状态是指讯问人以自我强制意志来选择讯问责任构成要素的作用强度和决定讯问责任动机激发的适时性。在没有接受讯问任务之前，讯问人没有事关讯问责任的专门需要，但在承担讯问职责以后，讯问人即产生了履职尽责的冲动和欲望，这种冲动和欲望会引致一定程度的驱力并在自我调节的协调下激发讯问责任动机，这是讯问人的讯问责任动机构成要素相互作用的结果，是讯问人在讯问责任动机构成要素与其他阻却性要素相互斗争过程中以强制性选择责任状态的结果。因为讯问人实现讯问目标的欲望程度不同，相应的讯问责任需要规模及其所引致的驱力强度也会不同，自我调节的力度亦会不同，这会导致讯问责任动机激发的时机也不会相同。只有一定适度的讯问需要及其引致的相应驱力在适当的自我调节作用下才能适时激发讯问责任动机，以强制性选择责任状态在其中起了关键性作用，这种关键性作用体现的是讯问人在择决讯问责任形态时改变责任状态和进程的转换能力。下面我们从“所欲”和“所做”两个方面阐释这种转换能力。“所欲”是指讯问人想干什么。讯问人在接受讯问任务时一般会同时产生责任意识，会基于责任意识自我检查纪法知识储备程度和自我评估讯问技能水平，形成自己能否顺利应对讯问的思维想象。在此思维过程中，讯问人通常的打算就是在纪法知识储备上进行自我提升和在讯问技能上进行自我修炼，准备在全面提升自身综合素质基础上尽量圆满完成讯问任务。因为讯问人是社会性的存在，此时的讯问人会同时存在许多种自我需要，有的与讯问需要相联系，有的与讯问需要没关系，这些需要针对讯问人欲需处理的当前问题的紧迫程度，在相互矛盾斗争中争相欲出，均想成为占据主导地位的优势需要从而诱发行为动机，这就需要讯问人围绕欲望满足的紧迫度进行自我选择。出于职业思维贯习，讯问人会出于专业责任感形成某种原初的履职尽责需要，渴望能对这种原初的履职尽责需要中的那些稳定性质有一种切实的能动性把握。这种能动性把握欲望体现在讯问人思维中，表现为围绕讯问责任需要确定选择条件以控制那些非责任满足的障碍性需要发展并争取消除这些阻却因素的全部影响的思绪，同时讯问人会产生对讯问责任需要要素提供积极协助的冲动，这时讯问人着重考虑的是自己在主观上要以讯问责任满足为思维取向，要在这种取向中思考即将面对的与被讯问人互动的社会关系，要预料到这种社会关系中隐存的对己具有积极意义的稳定性内容,要将这些稳定性内容作为指导自己进行条件选择的准则和规范,在此基础上讯问人会将那些非责任满足的障碍性需要作为依附性概念,使这些依附性概念服从己之意志选择,滋生出自我强制讯问责任动机构成要件胜出的意向性强制观,以意向性强制方式使这种意向性成为一个强制性概念,并准备使之具备强制胜出的概念特征。在这种意向性强制的作用下,那些非责任满足的障碍性需要虽然仍会对意向性强制存在微不足道的威胁,但却动摇不了讯问人对意向性强制的感知强化,这意味着讯问责任动机构成要件的呼之欲出。"所做"是指讯问人在意识中最后作出了怎样的思维决定。在意向性强制作用下,讯问责任动机构成要件在与非讯问责任构成要件的交锋中处于上风,但由于其他阻却性需要依然存在,讯问人会不自觉地对两种不同性质的需要进行权衡,比较两种不同性质需要的合理程度。讯问人对自己的选择意图一般会从目的合理性、价值合理性、感情性行动等方面实施比较。所谓目的合理性是指讯问人从价值层面选择,合理地权衡目的和手段以及与之相伴随的结果;所谓价值合理性是指讯问人在思维中不顾选择倾向的实现结果,基于对履职尽责的义务感等绝对价值无条件服从;所谓感情性行动是指讯问人受己之对履职尽责的感情的驱使而采取选择决定,同时对那些非讯问责任构成要件的不合理性作出合乎情理的解释。这时讯问人的思维特点是倾向于强调己之思维活动受纪法教育规则性属性制约的一面,偏好于用强制性选择来规制自己的思绪。但不容忽视的是,此时讯问人思维内容已经包含了手段、目的、规范、条件和主观努力等多种要素内容,讯问人会基于这些要素内容形成选择讯问责任动机构成要件胜出的建议条件,并在这些条件框架内即时性强制讯问责任动机构成要件胜出。

3.关于以调节性增强责任意识

责任是由人的资格和能力所赋予的且与此相适应地完成某些任务以及承担相应后果的法律和道德要求,是一种个体与社会的动态平衡过程,通过选择者的选择实现职责履行和后果承担。对讯问人而言,责任是其在特定的审查调查关系中对讯问任务的确认和服从,是其为了履职尽责在组织面前根据纪法标准在讯问行为内负责,既是其在讯问活动中必须承担的职责和义务又是其自我价值的体现。责任意识是行为人辨认自己思维的性质和社会意义以及控制自己思维的意识。对讯问人来说,责任意识就是其为了履行讯问职能所需要的特殊意识,即做好自己的工作所必需的意识，是实现讯问责任的前提条件，具体包括责任认知意识、责任选择意识、责任履行意识、责任反思意识等。所谓责任认知意识是指讯问人掌握讯问责任本身的性能、发展的方向和动力以及责任规律等的意识，其中最为重要的是讯问人对自己的角色认知；所谓责任选择意识是指讯问人自觉控制自己的思维以使自己知道自己在做什么的意识；所谓责任履行意识是指讯问人所期望具备的通过职责来践履责任从而使自己的责任意识付诸行动以完成自己应尽的义务的意识；所谓责任反思意识是指讯问人对自己体悟责任所得的体验式反思。此谓的调节性是指纪法教育自身所具有的自我调节属性，这种属性即是认知和行为联系起来发挥作用的特性。所谓以调节性增强责任意识是指讯问人以调控自我提升过程来提高自我提升效果方式不断增强自我提升的责任感，以综合应用认知和元认知等策略来进行自我提升方式提高自我提升责任感，以确定目标定向、提高元认知水平、提升信息加工能力、强化意志力和增强自我效能感方式来提高自我提升责任感等。以调节性增强责任意识的实质是：讯问人在目标设置的始动机指引领下，以己之信息加工系统为基础，通过意志力培养达到自我提升过程中的自觉和自控，通过元认知能力的培养达到对认知活动的监控，通过对提升策略的运用养成自我提升的方法性和灵活性，通过动机调节能力的培养学会自我激励，通过对外部因素调节能力培养学会利用各种能源，以提高进行自我提升的效能感，促使自己增强讯问责任感，最终完成自我实现的应然目标。具体反映为：以自我调节倾向奠基责任意识的强化基础，以价值取向增强目标设置高度来提升责任意识深度，以信息加工深度增强知识获取宽度来提升责任意识强度，以能力培养强度增强意志力烈度、强化元认知能力和增强自我提升策略运用能力来提升责任意识浓度，以自我效能感强化增强自我认知深度来提升责任意识烈度。

关于以自我调节倾向奠基责任意识的强化基础。讯问人在自我提升过程中具有自我调节倾向，这种倾向反映出讯问人在自我提升和自我淬炼过程中试图充分调动自身的自我调节能力，首先强调的是基于“自我”独自观察和思维来培育自我选择和自我决定的责任精神内核，讯问人此举的目的是以强烈的内在责任需要促进自我实现。讯问人实现这种强调的关键是：在自觉确定自我提升目标、制定自我提升计划、选择自我提升方法、监控自我提升过程和评价自我提升结果的每一环节都努力强化自主提升的自我责任意识。讯问人的自我提升计划紧密地与讯问职责相结合，直接为当前的职务犯罪讯问工作服务，讯问人为适应职业需要必然将自我提升与其审查调查职业紧密联系在一起。讯问人深知己之追求目标以及通过终身学习和修炼掌握纪法知识和讯问技能与其所欲目标的相关性，往往是干什么学什么和缺什么补什么，其学习和修炼内容的不断变化也表现出自我调节过程中不断被自我强化了的责任意识。这种自我调节在自我提升中起着驱动作用，其在某种程度上决定着为提升而学习什么、为什么为提升而学习以及为提升而学习到什么程度，这种来自于内在的自我调节在很大程度上达到了趋向自我增强责任和自我实现目标定向的自我驱动。讯问人在不断完善发展的责任意识结构下已经拥有了非常强大的自主能力和自主意志，因为其在一定程度上更想走好自己的路。

关于以价值取向增强目标设置高度来提升责任意识深度。讯问人自我实现的价值观意味着自我促进和自我成长，意味着讯问人能够适应环境变化和会学习的自我培养。讯问人的这一价值观包括纪法知识培育和责任意识认识能力发展以及情意发展两层含义，强调通过重视己之认知、情感、兴趣和潜能等内心世界来充分挖掘自身潜能，以实现自身价值方式来提升责任意识深度，这说明讯问人的自我概念是影响责任意识深度的关键因素，自我概念是讯问人对自己提升责任意识深度的信念，是讯问人为此而自我提升责任意识的重要促进力量。讯问人通过自我调节强化责任意识能够促使建构最好的适合讯问人目标的环境。目标是自我调节强化责任意识中的首要因素。在自我调节中需要源自于自我提升目标且具有参考价值的标准来约束和调节整个提升过程，讯问人会基于提升责任意识以此标准来评价自我提升过程是否原样继续或作出某种改变。通常认为，讯问人能够以不断提高的目标标准检测朝向这些目标的过程，以改变或调节己之认知和行为，以此种方式达到自身所欲的目标，可见目标设置在自我责任调节中起到了前提和基础的作用。讯问人自我设置的目标以标准的形式制止和控制着讯问人的认知思维，影响着讯问人对自我提升过程的观察、判断和反应，具体表现为抑制偏离自我提升目标的思维和行动，同时以调节思维和行动的形式欲求目标达致。不断被提高的标准所衡量的目标以其属性和定向影响自我责任调节。目标属性是指目标的明确性和难易度以及远近程度方面的特征，因为仅有那些虽然具有某种难度但通过努力可以能够实现的目标才能提高讯问实现目标的责任感和效能感，所以目标属性即是要求在自我责任调节中从明确性和难易度以及远近度三方面关注目标质量。明确且具体的目标可以使讯问人更清楚要怎样做以及付出多少努力才能达致目标,同时讯问人以这种明确且具体的目标来衡量与监控具体的思维和行动也能做出相对正确的反馈,并以此反馈来调节有所偏差的思维或行动来保证自我责任提升的效果,这意味着越明确的目标设定越有利于以预设目标能否达致为依据所进行的自我评价。目标难易取决于讯问人的能力和经验,在自我调节中,目标的设定要建立在客观的自我认知和自我评价基础上,讯问人应当根据己之具体情况来确定所欲成就的责任目标,本着既不挫伤努力积极性又能提升自我效能感的原则,保证目标设定不偏离自我责任调节的提升目的。责任目标设置过远或过近都会影响讯问人自我责任调节的积极有效性,有效的办法是将总目标分解为若干具有可操作性的子目标,协调长远目标与近期目标的衔接,以对目标高度及价值的深化解读来不断深度提升责任意识。

关于以信息加工深度增强知识获取宽度来提升责任意识强度。纪法知识信息和责任意识信息加工系统是讯问人自我责任调节的基础,而自我责任调节过程其实是一个纪法知识信息和责任意识信息加工的循环反馈回路。讯问人通常会通过描述责任意识提升的结果品质和结果标准来强化信息加工,深度理解所描述的提升结果与结果标准之间的差异,针对所存在的差异来自觉拓宽所欲掌握的知识面并从更宽的范围去努力掌握这些知识讯息和认知信息,以使自己的责任信息加工能力不断增强,使得自己的责任意识强度在目的性和方法性两方面得以提升。这种提升会受到讯问人新旧经验相互交融过程的影响,这种影响表现为讯问人对纪法知识和技能所进行的修正和重新整合,这种修正和重新整合即是从纪法知识信息和技能信息分析中发掘出更有用的信息进而获得更多的知识信息和技能信息,讯问人思考所有掌握到信息并理解分析它们,形成讯问人自己的观点和看法并进而变成自己所用的知识和技能,在此基础上讯问人进一步挖掘其背后的东西,尝试发现最根本的因素所在,这样坚持下去最终形成自己的智慧。这种智慧的本质在于其是一个动态变化和发展的过程,讯问人在这个动态变化和发展过程中通过对智慧元素的深度析理,在与知识信息和技能信息的交互中和从经验和体验中拓展了自己的知识宽度,知识源于体验,责任强自积累,知识的拓展伴随责任意识的增长,责任意识在讯问人自我提升的主观活动中育华了责任意识的意义建构方式,通过对知识意义的强度建构主动升华了责任意识。讯问人在主动建构自我图式过程中，通过自我调节同化过程和顺应过程，促使自己的认知结构不断地发展，以接受新观念和发展新观念形式不断地调整和强化责任意识。

关于以能力培养强度增强意志力烈度、强化元认知能力和增强自我提升策略运用能力来提升责任意识浓度。此谓能力培养包括意志力培养、元认知能力培养和自我提升策略运用能力培养，只有全面育华这些能力才能提升责任意识浓度。

意志是讯问人克服内在和外在困难而坚持实现目的的心理过程，伴随讯问人责任意识提升的每一个环节，当讯问人选择思维和行为表现出坚持性和自制性时便是意志，其中意志力因体现意志水平高低而成为责任意识自我调节的核心。意志的作用是协调与控制讯问人的各种具体的心理过程，具体包括自我责任概念调控、成就责任目标维持、责任情感的注意和调控等，而意志力所重点参与的则是责任意识提升目标的制定和对责任提升计划的坚持。讯问人在责任意识自我提升的过程中会遇到各种因素的干扰，但讯问人鲜明的社会角色和职业责任感会促使其充分发挥意志力的控制作用，通过保护责任目标而促进既定的责任意识提升结果的形成，由此而言确定明确的责任意识提升目标十分重要。提升责任意识的意志思维和行为总是指向一定的提升目的，并根据提升目标来调控和支配己之责任意识提升动作。讯问人增强提升自觉性和自制力以进行自我约束对责任意识提升也非常重要。元认知是影响讯问人责任意识自我调节的重要内部因素，在意识责任提升的目标设置、计划安排、对意识责任提升的思维和行动的自我监控、认知策略调整和自我评价的每一环节都能看到元认知的影子。元认知是有效提升责任意识所需要的机能、策略和来源的意识，能使讯问人知道为了提升责任意识自己做什么。元认知控制则是运用自我监控己之确保责任意识能够提升的实现，使讯问人知道何时与如何做什么，元认知控制过程涵括对当前任务的认识、制定认知计划、监视计划执行和调整与修正认知过程，实质是讯问人对责任意识自我认知的自我意识和自我调节，讯问人通过元认知能够意识到自己对责任意识的感知、记忆、思维、情绪体验、责任意识提升目的和计划并对己之认知活动进行调节和监控。讯问人在既定的责任意识提升目标指引下不断进行相关信息反馈，不断地调整责任意识提升方法，改变责任意识提升策略，重置责任意识提升计划，在责任意识的自我调节中起着奠定基础的作用。何时进行责任意识提升的自我调节？在多大程度上进行自我调节？这都需要讯问人对元认知的认识。讯问人要具有掌握责任意识提升任务和方法以及有效提升的策略和计划的主动性意识。培养元认知能力即是讯问人要将己之正在进行的提升活动作为意识对象，不间断地加大对其进行的积极而自觉的监控和调整力度，通过自我评价方式加强讯问人对责任意识提升认知过程的自我调节的意识主动性和对认知效果自我评价的意识主动性，不断增强对责任意识提升的自我认知度，以对责任意识提升的自我认知活动进行有效调控和评价来强化责任意识提升的自我调控能力，具体措施主要包括提高元认知的意识水平，制定提高元认知能力培育计划，在对元认知的评价和反馈中及时发现不足并及时修正和调整认知策略，在检查和评价元认知过程的各个环节时正确评估达致认知目标的水平并依据检查与评价来采取相应的补救措施。自我提升策略运用是讯问人为了提升责任意识而运用自我提升方法进行自我调节的过程。自我提升策略运用能力是指在特定情境下针对不同的责任意识提升目标恰当地选择运用所掌握的自我提升策略和技能且强调策略运用的坚持性的能力。具体的策略方法是：以善于结合己之认知特点选择最优提升方法来扬长避短，以有意识地按照提升规律组织具体的零散方法来形成一定的有效方法体系以指导责任意识提升，将好的提升方法内化为自身的提升习惯以保证提升过程的可持续性、稳定性和常规化。

关于以自我效能感强化增强自我认知深度来提升责任意识烈度。自我效能感是讯问人对自己能否胜任的责任意识提升的认知和对自己主观能力的推测。培养增强自我效能感的方法是形成对自身的科学认识和通过强化来提高自我效能感。通过增强自我效能感来充分调动讯问人本真的主观能动性和责任意识自主性，充分将讯问人的心理潜力挖掘到一个新高度，通过加深自我认知来提升责任意识浓度。

三、关于改善动力系统结构

系统是指由若干要素组成的相互联系和相互作用且不断发展变化的集合体。系统结构是指构成系统的要素间相互联系和相互作用的方式与秩序，或者说是系统联系的全体集合，具有稳定性、层次性、开放性和相对性特点。要素之间的联系通常体现为联系的形式、联结链的多少和联系的强度。讯问责任动机动力系统是一个由多层次、多维度和多方面因素构成的有机结构体系。根据系统动力学理论,讯问责任动机动力系统结构可分为源泉动力层、关系性动力层、实体性动力层三个层次。这三层次动力相互作用彼此促进,共同构成了讯问责任动机动力系统结构的合力系数。改善动力系统结构是指为了更快促生讯问责任动机而通过手段选择或方法变更使讯问责任动机动力系统结构更好一些。具体方式是:以规则性明确动力系统结构,以强制性勾联动力系统结构要素,以调节性增加动力系统结构要素联结强度。

1.关于以规则性明确动力系统结构

前文我们讲到纪法教育规则性具有规范性、约束性和秩序性三个面向。首先,规范性昭示了源泉动力层的存在。所谓源泉动力层是指讯问人的讯问责任生发需要是讯问责任动机动力系统结构要素的内在动力源泉。讯问责任动机激发的最根本原因是由于存在一系列有效驱动讯问责任意识发展的动力构造要素,这些要素的有机结合便构成了讯问责任意识发展的动力机制,其中讯问责任动机内生动力机制在各种动力机制类型中更具根本性和决定性,是讯问责任动机的原动力机制,内生要素是讯问责任动机机制构成要素中起决定性作用的基础要素,而一切内生要素都源自于讯问人的责任动机生成需要,这种需要因具有基元性特征而成为讯问责任动机内生动力的源泉,是讯问人有意识的活动的动因和动力,是讯问人责任动机生成和生成目的的内在根据。讯问责任动机内生动力机制是指讯问责任动机内在过程的动力构成要素之间相互作用的机理与方式,其因涉及讯问责任动机的内因而成为决定讯问责任动机能否生成的关键性要素,主要涉及讯问责任需要的结构要素,是讯问责任动机形成与发展的内在依据,旨在确保和增进讯问责任动机生成的承继性。昭示理由是:规范性规定了讯问责任动机激发总动力要素的必然存在,规定着讯问责任动机动力要素的系统结构性,指明了讯问责任动机动力系统的动力向量和功能动量,宣告了讯问责任动机动力系统结构的现实存在。其次,约束性揭示了关系性动力层的作用机制。所谓关系性动力层是指讯问责任动机外生动力系统构成元素由于相互作用相互联系所构成的有机整体,在组成该有机整体的诸元素中讯问责任生成目标起着统帅作用。讯问责任生成目标是讯问人在从事组织谈话时所看重并希望达到讯问责任动机生成的结果,其作为稳定且高阶的实体以抽象的组织结构影响讯问人的决策、行为选择和计划,对我们理解和预测讯问人的思维和行为具有至关重要的作用。讯问责任动机生成目标具有目标内容和目标强度两个属性。目标内容是指目标指向的对象或带来的结果；目标强度是指目标实现难度、目标解释水平和目标承诺。所谓目标实现难度是指目标的可实现程度；所谓目标解释水平是指讯问人目标在其整个目标层次结构中所处的位置；所谓目标承诺是指讯问人对所欲目标的承诺程度。目标内容和目标强度同时参与目标设置过程，并对讯问人后续的心理和行为产生影响，反映了讯问人的自我决定。这种自我决定是讯问人基于自主需要、胜任需要和关系需要三种基本心理需求产生的，是讯问人为满足三种需要而滋生的责任意识发展成为讯问责任动机的目标原因和激发原因。揭示理由是：约束性规制讯问责任动机动力系统结构的外生动力系统元素的层次性、维度性和多样性，拘束目标等外部诱因与作为动量之源的需要等内部起因、与协调潜在性动量和整合潜在性动量流向的自我调节之间相互联系的关系向度和相互作用的复杂程度。再次，秩序性规定了实体性动力层的有序作用朝向。所谓实体性动力层是指讯问责任意识发展过程中的各环节和各视阀实现良性互动的有效协调与整合要素的结构与功能及其发生联动作用的动力系统。这种联动作用围绕满足讯问责任动机生成需要这个中心，将生成讯问责任动机的目标强度作为重点，在参考具有新时代特征的政治经济文化价值观环境因素的同时，在讯问人综合评估自己的内外目标时把目标实现过程规划为掌握目标的努力和表现目标的达致两个具体阶段，所谓掌握目标是指讯问人着眼于未来并引导自己思维和行为指向与能力相关的最终状态的认知表征和将这种认知表征以趋向某种最终状态或避免某种最终状态的形式表达，所谓表现目标是指讯问人将个人注意力集中到获得所需知识或技能上的目标而不仅仅指向结果本身的目标，在具体思维和行动的操作上讯问人采用目标对己重要程度和目标实现可能性两个操作性指标，着重从目标内容出发强调思维和行动对目标实现的符合程度，这种符合程度是通过对求知和完成求知的体验刺激以及对外部调节和内摄调节的认同调节来自我测量的。规定理由是：秩序性规定着讯问责任动机动力系统结构要素合力作用的秩序和整体结构组合的合理程度，规定了讯问责任动机动力系统结构诸要素之间的最佳组合比例和协调运转的功效。总起来说，讯问责任动机动力系统结构是由动因和动力组成的统一体，其中讯问责任需要是动力系统结构中的动因且是一种潜在的核心动力和源泉动力，讯问责任动机生成目标在帮助讯问人了解并改善自身提升目标结构的同时也帮助讯问人降低或避免职业提升倦怠感，对讯问责任动机生成的自我调节为目标设置、目标可实现性和目标实现的心理体验提供强大动力。

2.关于以强制性勾联动力系统结构要素

此谓强制性是指以纪法规范的制度刚性在讯问责任动机动力系统结构要素之间实现固定缝合，基本原理是以纪法规范中义务性规范的要求和禁止性规范的要旨所体现的意识形态灌输需要和主流价值观传导需要奠基讯问责任动机生发的欲求基础，并在此基础上建构讯问人对讯问责任动机生成所需条件的硬性感觉结构，这种感觉结构经讯问人的意识化处理后内化成以纪法教育的规范刚性所强制牵引的精神指导力，这种精神指导力强制讯问人的硬性感觉结构具象为讯问责任动机动力系统结构框架，然后以讯问人的意志统一性在讯问责任动机动力系统结构框架内建立讯问责任动机动力机制要素整合与框架要素论证之间的系统论勾联。此谓勾联具有表达和阐发与接合和连接的双重含义，其重要性在于对纪法教育中的意识形态在断裂之处的缝合，这种缝合以非任意的环扣形式在框架要素之间建立寻求同一性的接连。此谓以强制性勾联动力系统结构要素是指讯问人以非任意意识按照个性心理特征在讯问责任动机系统结构要素之间建立必然的勾连，这种勾连体现讯问人在自我素质提升阶段和职务犯罪讯问特定语境中的意图与条件的聚合。具体表现为：讯问人以纪法教育技术为依托的知识传导方式，通过接受纪法教育来表达纪法规范的不可违背性和纪法规范在新时代实现的价值和意义，并以理解方式构建讯问责任动机生成需要等起因要素，实现知识功能与实践需求之间的勾连，这是讯问人表达意义上的第一层勾联；讯问人在接受纪法教育中通过对知识内容的偏向和选择，将纪法规范制度刚性的实践意指充实进满足第一层勾连目的需要当中去，以意向性选择方式把自己的目标追求结合进责任意识中去，同时生成所欲目标等外部诱因要素，以驱动意识促生自己产生需要满足的践行动力，这是讯问人结合意义上的第二层勾联；讯问人在接受纪法教育过程中，将纪法规范和纪法教育的意义结合进特定的语境，在接受语境限定前提下形成意指实践能力，并通过这种意指实践能力将诸要素的联动作用发挥框定在讯问责任动机动力系统结构的特定时空中，在讯问责任动机生成的目标意识导向下在各要素之间实现连接，具体方式是以知识积累和技能提升的空间场景为媒介，在共情基础上通过将纪法知识形态与意义表达相连接方式达致扩大与有序的共有连接，经过基于目标实现意识的自我调节强制形成各要素功能发挥的合力系数，并通过勾连深切确保合力系数的发展性和系统性，最终经过自我调节的协调作用形成一种催生讯问责任动机的综合动力系统，这是讯问人接合意义上的第三重勾联。

3. 关于以调节性增加动力系统结构要素联结强度

调节性是讯问人有意识地采用某些思维活动对自己的意愿进行干预、管理和控制进而完成某一特定的思维活动或思维目标，从思维活动角度而言，主要是讯问人对自身努力程度、坚持性和对任务的选择所进行的调节，其关注的是讯问人用于影响自己在思维活动中关于讯问责任动机生成的思想和行为，这种调节影响的是讯问人对讯问责任动机信息加工和建构意义或继续思维的意愿，被看做是与认知调节相平行的且事关讯问人怎样控制自己欲望的过程，这种调节性意味着讯问人具有能动地对自己的心理和行为进行调控的能力，这种能力以意志力为核心，通过意志的作用对自己各种具体的心理过程进行协调和控制，具体包括对讯问责任动机概念的自我调控、对讯问责任动机生成目标的维持、对讯问责任动机注意的调控、对讯问责任动机情感的调控、对讯问责任动机生成的决策的调控等，讯问人通过以上这几种思维调控形成对讯问责任动机生成的期待和价值认知，通过提升讯问责任动机生成欲望方式来提高自我效能意义上的整体感觉，这种整体感觉就是通过价值、自我效能和期待的调控作用确立讯问责任动机生成的重要目标。所谓动力系统结构要素是指由源泉动力层、关系动力层和实体性动力层组成的讯问责任动机动力系统结构。所谓联结强度是指将两个及以上事物结合在一起的程度，其在本文中特指讯问人在讯问责任动机生成的心理目标表征移动的连续过程中，通过反馈控制过程而发生的源泉动力层、关系动力层和实体性动力层互相联系相互作用的程度。所谓以调节性增加动力系统结构要素联结强度是指讯问人通过对讯问责任动机生成的价值、期待和自我效能的自我类化调节来强化讯问责任动机动力系统结构要素相互作用的合力强度，这种合力强度包括信息加工能力、意义建构能力和意愿强化能力。具体表现为：以关系嵌入增强讯问责任动机动力系统结构要素之间的关系持久度和作用强度；以结构嵌入强化讯问责任动机动力系统结构要素之间的紧密度和相互作用关系的长期性；以反馈控制强化讯问责任动机动力系统结构要素作用合力系数的绩效。

关于以关系嵌入增强讯问责任动机动力系统结构要素之间的关系持久度和

作用强度。关系本是存在、关联、联系和互动的意思。此谓的关系是指讯问责任动机动力系统结构要素之间特定的联系状态，讯问责任动机本质上是一种关系的涌现，是从讯问责任动机动力系统结构要素之间相互作用中涌现出来的不可分割的涌现物，是由互动和关系之网构成的。所谓关系嵌入是指单个的讯问责任动机动力系统结构要素的功能作用是嵌入在与其他要素互动所形成的关系网络中且关系网络中的规则性期望、对互动的赞同渴求和互惠性原则都会对讯问人的责任思维决策产生重要影响，其关注的是各要素彼此之间的相互关系。所谓以关系嵌入增强讯问责任动机动力系统结构要素之间的关系持久度和作用强度，是指讯问人基于认知心理学中的联结主义立场，以关系的生成性、互动性、连接性、价值性和关系性等属性来组合、编织和连接讯问责任动机动力系统结构要素，在关系的逻辑和机制下居间整合讯问责任动机动力系统结构要素，在以价值和关系构建为中心的思维指导下，通过激发诸要素的价值强联结来激发诸要素的创造活力和高效对接，以对要素关系的构建、增权和赋能来增强要素合力的效用，以优化配置关系要素来讯问责任动机动力系统结构要素之间的关系持久度和作用强度，在强调要素价值创造性和要素协同性基础上增加讯问责任动机的生成机会。

关于以结构嵌入强化讯问责任动机动力系统结构要素之间的紧密度和彼此作用关系的长期性。所谓结构嵌入是指讯问责任动机动力系统结构要素在系统结构中所处的位置，体现了各要素之间的结构特征，这种结构特征即是讯问人具有信息优势和控制优势，能够快速获取新质知识，并在提升讯问责任动机生成能力过程中发挥重要作用。一方面，具有学习惯性的讯问人能够通过结构嵌入获取信息优势，以持续获取多样的讯问责任动机知识资源为思维活动的核心，以持续的知识勾连促进各要素之间的合作，进一步强化讯问责任动机生成目标的中心性，为讯问责任动机生成提供知识资源保障，从而使得讯问人随着结构嵌入的发展不断提高信息优势，这种强化后的信息优势能够帮助讯问人突破原有知识领域的束缚，通过“跨界共创”的合作模式实现讯问责任动机动力系统结构新能力质的飞跃，以增加讯问责任动机动力系统结构要素合力强度的方式为讯问责任动机生发创造更加聚焦的机会。另一方面，具有经验惯性的讯问人通过结构嵌入获取控制优势：知识结构是指知识体系中不同类型知识的构成状况和结合方式；知识系统由元素知识与架构知识组成，元素知识是关于认知对象构成要素的动作原理、运行规律及结果的知识;架构知识是指连接各构成要素使之系统地整合以实现某项核心设计概念的知识;具有经验惯性的讯问人非常重视持续推动与各要素的知识共享,能够不断完善讯问责任动机知识系统和知识结构,以有效筛选出与架构知识基础高度相关的知识资源的方式强化诸要素对具有控制性属性的关键性知识资源的吸收和处理能力,以绝对控制优势把控诸要素相互作用的方向和作用水平以及作用效率,在此基础上随着结构嵌入程度的不断提升获取更强有力的影响力和控制力,进而利用这种影响力和控制力的主导地位深入吸取助推诸要素相互作用的隐性知识资源,以保障讯问责任动机生成能力提升过程中的资源供应效率来强化讯问责任动机动力系统结构要素之间的紧密度和相互作用绩效的长期性。

以反馈控制提升讯问责任动机动力系统结构要素相互作用的合力系数绩效。此谓反馈控制是指讯问人在关系嵌入和结构嵌入实施完毕后对预期与效果进行比较并以比较结果控制和影响下一步的目标导向思维活动。此谓的预期是指讯问人对关系嵌入和结构嵌入结果对助推讯问责任动机生发的效果的预判和期望。此谓的效果是指讯问人进行关系嵌入和结构嵌入的实际结果。而对两者的比较则是通过目标导向的趋近度来判断关系嵌入和结构嵌入的效果对目标实现的符合度,并以这种符合度的判断来修正或调整原先的目标趋近计划,而以新的趋近计划取而代之,还以新计划指导实施新的关系嵌入和结构嵌入,再经过往复的反馈控制反思来达致讯问责任动机生发的目的。此谓合力系数绩效是指讯问责任动机动力系统结构要素相互作用的合力系数的综合成就,在本文中意指讯问责任动机动力系统结构要素相互作用合力系数在讯问责任动机激发方面的成绩和成效。所谓以反馈控制提升讯问责任动机动力系统结构要素相互作用的合力系数绩效,是指在反馈控制自身具有的反思能力支配下对讯问责任动机动力系统结构要素实施相互作用层面的强联结以提高诸要素相互作用合力系数的绩效。具体而言,讯问人将讯问责任动机生发目的和价值定位到提升动机激发能力上面,以预期讯问责任动机生发为中心组织实施和评价关系嵌入、结构嵌入和反馈控制模式,以讯问责任动机生发为导向,重构和优化讯问责任动机动力系统结构要素相互作用中的资源配置,在讯问责任动机动力系统结构要素之间建立更具强度的多层次联动机制,提升多层次联动机制的功能质量,提高多层次联动机制效果的目标符合度和目标达成度。

四、关于保障动因要素的内情显露

动因是指诱发和维持并进而引向一定方向的过程。讯问人由于内部条件而处于讯问责任动机生成的需要或欲求状态时,驱使自己向着得到满足而恢复到正常冲动状态的方向去思维和行动的倾向可称为思维活动原动力倾向,这种原动力倾向产生于讯问人思维内部,在讯问人思维活动内部的思维倾向和满足需要对象的诱因或目标等外部条件的关系上,讯问人是朝着一定的方向以一定的强度产生思维活动的,此时在讯问人思维内部产生思维活动的心理倾向即称为动因。在动力和动因的辩证关系中,动力是讯问责任动机产生的推动力,而动因则是该推动力产生的原因。探微动力和动因的辩证关系,目的在于揭示讯问责任动机动力系统产生的动因与动能是什么和各种动因是怎样作用于讯问人的以及讯问责任动机动力系统如何随着动因变化而发生改变。讯问责任动机的动因深藏在讯问人的人性深处,伴随着职务犯罪讯问进程的发展,讯问人的责任需要在不同的讯问时刻和不同的讯问境遇中的欲求程度也不同,这就造成讯问责任动机的动因也截然不同。由于讯问任务的繁重性和复杂性,讯问人无法将讯问责任动机的动因化约为某种简单的基础,其必须从多层面采取多元思维方式来探讨讯问责任动机动因的各个层面和复杂结构。这种状况决定了讯问人必须在正确处理纪法教育的道义与功利、理想与现实和规范与教育之间关系的基础上,提出增强讯问责任动机动力要素的策略,进一步优化讯问责任动机的动力供给机制,从而提高讯问责任动机激发的概率和效率。保障是指用保护和保证等手段与起保护作用的事物构成的可持续发展支撑体系。所谓保障动因要素的内情显露主要是指如何采用保护和保证手段将动力生成及变化机制和动力与动因的辩证关系发生的内在过程涌现出来。具体的涌现方式是:以规则性揭示动因要素强化规律,以强制性优化动因要素质量,以调节性表现动因要素相互作用结果。

1.关于以规则性揭示动因要素强化规律

讯问责任动机的动力系统是由讯问人、纪检监察机关和群体社会交互构建的,该动力系统是因多种力量的叠加博弈而动态变化的,这种状况决定了该动力系统个性多于共性和复杂性与不确定共存,该动力系统是讯问人进行自我素质提升和满足履职尽责需要的驱动力,其来自纪法教育中的教与受教的关系驱动力，是讯问人进行专业实践活动的驱动力。概括地讲，讯问责任动机激发的动力因素来自讯问人、纪检监察机关和群体社会三个层面。讯问人层面包括讯问人的理想与信念、需要与意识、观念与认识、兴趣与责任、决心与毅力等，这些因素作为动因所形成的驱动力我们称之为自我动力；纪检监察机关层面包括单位文化、管理制度和人际关系等，这些因素作为动因所形成的驱动力我们称之为组织动力；群体社会层面包括宏观的政治文化因素和微观的讯问境遇因素等，这些因素作为动因所形成的驱动力我们称之为社会动力。自我动力、组织动力和社会动力组成了讯问责任动机激发的动力系统结构。讯问责任动机动力生成和变化的内在机制包括动力的内生机制、动力的外驱机制、动力的浸润机制和动力的博弈机制。所谓内生机制是指经自我动力中以讯问人精神和心理方面为主的自我因素相互作用所形成的动力机制；所谓外驱机制是指外在动力的生成机制；所谓浸润机制是指社会宏观因素对讯问责任动机激发动力的影响机制；所谓博弈机制是指由自我动力、组织动力和社会动力等多种力量博弈的结果所产生的动力变化机制。具体地说，激发讯问责任动机的动力来源有来自讯问人自身的内部源和来自外部环境的外部源两个渠道。内部源是指讯问责任动机的内在动力来源。内在动力究竟来自何处？根据中外研究的成果，内在动力的来源大体包括讯问人精神层面的诸如理想信念、价值观、认同感和责任感等以及心理层面的诸如内在需要和自我发展意识等，这些都是激发讯问责任动机的重要内在动力，但从根本上看，这些重要动力的始源是讯问人审查调查职业的本质规定，即“未完成性”。因为讯问人具有不满现状且追求某种确定性的本性，这决定了讯问人在承受讯问职责时并不停留在已经成为的东西和已经成为的样子上，其总是想努力创造新的存在状况，使自己在规定性上不断得以充丰，当今时代面临百年不遇之大变局，即使讯问人也不得不由此承认他们必须在整个生存期间更新和改进自己的知识和技能，对其而言不断学习和持续提升是一种必需，这就是讯问人的“未完成性”。这种“未完成性”和自我更新取向使其得以形成终身学习的内在动力和自主意识，且在不断地学习中改进和更新实践，从此角度讲，“未完成性”是讯问人进行终身提升己之素质和实现自我更新的根本动力来源。另外，讯问人的职业价值观和职业需要以及职业兴趣也是激发讯问责任动机的重要内在动力来源。激发讯问责任动机的动力外部源主要指由利益、制度和文化三种因素共同作用所形塑的讯问责任动机生成的目标等因素。概括并抽象以上内容，我们可以发现，以上动因内容可以被概括为个人层面、组织层面和社会层面三方面的要素。所谓个人层面的动因要素是指讯问人特定的知识和能力现状改善欲望、讯问责任动机生成需要的支撑和讯问责任动机生成的目标欲渐强等；所谓组织层面的动因要素是指组织价值与责任驱动和组织自适应性驱使等；所谓社会层面的动因要素是指宏观的社会群体影响和特定讯问环境约束等。可以讲，讯问责任动机生成是一个集多要素交互影响的动态过程，驱动讯问责任动机生发面临多种因素的综合作用。所谓强化规律是指上述各要素之间的必然联系程度得到加强和巩固的稳态发展规律。所谓以规则性揭示动因要素强化规律是指讯问人以纪法教育规则性中的规范性揭举上述要素综合作用的系统功能，亦即，以规范性揭举上述要素要能实现协同演化和共同创生讯问责任动机的目标；是指讯问人以纪法教育规则性中的约束性揭示上述要素综合作用的系统构成，亦即，以约束性揭示上述各要素经过资源整合机制被描述成动因系统参与要素并彼此之间发挥相互作用这么一种关系；是指讯问人以纪法教育规则性中的秩序性揭示讯问人在围绕动因要素的概念内涵、识别遴选和类型特征等要素集聚基础上形成目标导向下的动态作用共识认知秩序，这种秩序性意味着讯问人所具有的“动因——过程——结果”这一基本思维逻辑范式，能够反应讯问责任动机生成的驱动因素、作用过程和实现路径等内在机理发挥作用并得以强化实现的内在规律。“动因——过程——结果”基本思维逻辑范式建立在讯问人所欲动因要素作用强劲意识下形成的建构性思维技能评价基础上，讯问人在自己的思维管理过程中，在强调讯问责任动机生发愿景重要性前提下，会强化聚焦动因要素的作用交互性，能够指引各要素按照同一目标方向进行组合和自控，首先更多地关注来自讯问人内部的驱使和内生的驱动及其所滋生的功用，然后强化这种内生驱动与外部因素的作用联系，在多层次思维的自我调节作用下完成动因要素的作用框架统领，这种框架统领即是讯问人围绕讯问责任动机生发目标通过思维技能实现对动因要素功能的选择、培育和涵摄来完成框架内的要素作用突变以激发讯问责任动机。

2.关于以强制性优化动因要素质量

所谓动因要素质量是指动因要素的优劣度，亦指动因要素以固有特性满足要求的程度。所谓以强制性优化动因要素质量是指讯问人从技能维度、组织维度和环境维度厘清动因要素作用能力形成与扩散的关键因素，强化讯问人对创生讯问责任动机生发目标的能力认知水平,这对分析讯问人的思维决策制定和要素作用传播渠道效率等具有较好的指导作用,从根本上讲,讯问人通过这种方式能够强力形成一个相对系统的思维框架,其融合并优化了讯问人围绕所欲目标思维的技能特征、讯问人面临的组织管理因素和影响动因要素相互作用力创新扩散的宏观讯问环境因素,能够系统反映讯问人思维对象内外部因素及其思维技能本身特质对动因要素综合作用扩散的影响,从而体现了讯问人较强的思维系统性,这种系统性最显著的体现就是讯问人能够根据所欲目标情境把相关维度的影响因素凝练为技能、组织和环境三个维度,同时能从整合角度来分析和强化思维技能创生讯问责任动机作用的扩散和突变问题。所谓技能维度讲的是讯问人重点围绕思维技能本身的相关特质在思绪上达致与动因要素作用扩散中的技能的相对优势理念一致;所谓组织维度说的是讯问人主要关注自身所属的组织架构和运作流程,尤其关注自身所属组织的规模、组织制度和决策体系等,也就是讲讯问人在思考问题时须处处从自身所属组织角度出发;所谓环境维度是指讯问人重点关注自身所处的特定讯问空间,其中最重要的是必须关注自身所处的政治环境、讯问环境和思维技能环境等。这三个维度的综合视角能够解释讯问人对动因要素综合作用的颠覆性突变原因。讯问人正是通过思维技能提高、组织优势强化和讯问环境优化等因素来实现对这种颠覆性创生的驱动作用。具体而言,讯问人以评估自身颠覆性思维技能发展潜力和把握颠覆性思维技能培育策略的关键来强制增扩讯问责任动机生成需要的支撑规模和支撑力度和增强讯问人特定的知识和能力提升效果,以正确处理组织流程优化与管理效率提升与颠覆性思维技能作用扩散的进程关系来协同组织价值和责任驱动、组织自适应性驱使与特定讯问环境之间的联合并增强联合力度,以构建良好的思维外部生态和提高思维技能对动因要素相互作用扩散概率的保障能力来满足讯问责任动机生成目标欲渐强的强势要求。

3. 以调节性表现动因要素相互作用结果

调节性是指讯问人通过对动因要素功能的程度调整以使符合激发讯问责任动机动力要求的属性,具体的调节形式表现为讯问人有意识地采取某些策略对自己的意愿进行干预、管理和控制从而达致讯问责任动机激发的目标及综合作用合力。所谓策略是指讯问人有意识地对生成讯问责任动机的冲动施加影响时所采取的措施,可分为四类:对动因要素的内部调节;对动因要素的外部调节;对讯问人信息加工形式的调节;对讯问人动机生成意志的调节。我们先谈讯问人对动因要素的内部调节:动因是讯问人欲将讯问责任意识发展和演化为讯问责任动机之思维活动产生的原因,这与讯问人的责任动机激发需要有关。若想对动因要素进行内部调节,就得从调节动力系统结构要素中的需要及其引发的驱力着眼。具体措施是:根据新时代"撸起袖子加油干"的时代要求紧迫性,结合为圆满完成讯问任务而履职尽责的能力素质要求,提升讯问人实需践欲能力的内在激励强度,新成更为强烈的驱力,这是从产生需要及其引发驱力的原因着手,以体现社会主义价值取向和具有中国文化特色且更加注重精神生活的新时代需要观来充实讯问人的需要内涵,以习近平新时代中国特色社会主义思想来提升讯问需要的质量,以符合全心全意为人民服务的需要观及其引发的为实现中华民族伟大复兴中国梦而努力奋斗的强大精神力量奠基讯问需要的基元性。我们接着讨论对动因要素的外部调节:激发讯问责任动机的动力外部源主要指由利益、制度和文化三种因素共同作用所形塑的讯问责任动机生成的目标等因素。对动因要素进行外部调节主要是改观讯问人对利益、制度和文化三种因素的原有认知,以习近平总书记新时代的利益观、制度观和文化观统辖讯问人对利益、制度和文化的认知,以我们党新时代的利益观、制度观和文化观改观讯问人的利益观、制度观和文化观,以新时代中国特色社会主义利益观、制度观和文化观去形塑讯问责任动机生成目标的崭新内容,形成在当代马克思主义中国化的最新成果指引下的强大精神力量,以该力量具有的聚焦时代、坚守初心、彰显使命和承载梦想的特点形成讯问责任动机生成的巨大驱动力。具体讲就是将讯问人所欲目标的生成立基于对习近平总书记新时代的利益观、制度观和文化观的深刻践悟上。首先要深刻领会习近平总书记人民利益观的四维逻辑,即人民利益是习近平总书记人民利益观的根本价值,人民幸福是习近平总书记人民利益观的根本目标,全面深化改革是习近平总书记人民利益观的根本方法,全面依法治国是习近平总书记人民利益观的根本保障;其次要深刻体悟习近平总书记新时代制度治党的三重逻辑,即制度治党是马克思主义政党建设的内在要求之理论逻辑,制度治党是中国共产党管党治党经验的深刻总结之历史逻辑,制度治党是党的制度建设走向成熟的重要标志之现实逻辑;再次要深刻领会习近平总书记新时代文化观的实践逻辑,即践行习近平新时代文化观必须始终以马克思主义理论为指导、坚持社会主义发展方向和坚持中国共产党的领导为逻辑前提,以实现党内文化思想高度统一、社会文化价值追求一致、国家文化发展取向先进、价值理念国际认同为逻辑要求，加强文化观实践的载体建设、途经建设和环境建设以彰显习近平新时代文化观的深刻蕴含与时代价值，夯实提升中华文化自信和实现民族复兴的文化基础。这就是对讯问人利益观、制度观和文化观的内容改造，通过对讯问人对利益观、制度观和文化观的认知提升赋予讯问责任动机生成目标的新时代政治意义。这就涉及讯问责任动机生成的目标欲渐强、组织价值和责任驱动、组织自适应性驱使、特定讯问任务激励四大动因要素。这四大动因要素都指向讯问责任动机的外部诱发因素中的目标元素。讯问责任动机生成的目标欲渐强与组织价值和责任驱动是自我动力生成的动因要素，组织自适应性驱使是组织动力生成的动因要素，特定讯问任务激励是社会动力生成的动因要素，这四种动因要素生发的三种动力共同发力，实现了讯问人对所欲目标的追求，在对动因要素彻底改造的基础上完成了强化讯问责任动机生成目标的再造任务。下面我们从讯问人心理和权变角度谈对讯问人信息加工形式的调节：讯问人心理和权变主要指讯问人心理惯性和自我替代能力与思维创新之间的关系。在没有接受纪法教育之前，讯问人的通常具有知识信息掌握方面的发散思维，以思维多样性进行知识转移和接受，在知识承赋上具有自我替代能力的多向性。在接受纪法教育之后，讯问人的发散思维转变为收敛思维，以纪法知识的精专性进行知识转移和接受，在知识承赋上具有自我替代能力的单一性。如果说在没有接受纪法教育的情势下讯问人的旧有知识呈现松散组织结构的话，那么在接受纪法教育之后讯问人的新质知识就会呈现聚集组织结构，这是讯问人在接受纪法教育时以收敛思维对知识信息进行专门加工的结果。也就是说讯问人通过改变知识接受思维的方式实现了知识信息加工形式的转型。在这个转型过程中，讯问人通过调节知识转移形式以形成知识联盟方式实现了对知识力量结果的颠覆，即在以收敛思维精专接受纪法知识教育基础上，将讯问责任动机内部起因知识、外部诱因知识和自我调节知识凝结成集群式的知识联盟，以知识联盟的专门合力刺激讯问责任意识的神经突变，以颠覆性思维的聚力来激发讯问责任动机。再次我们讨论对讯问人动机生成意志的调节。意志是指讯问人的心理所能表现出来的弹性或者抵抗逆境的能力，表征讯问人心意的取向和对讯问责任动机的求知欲。意志源于讯问人需要的因果机制，是讯问人生成讯问责任动机的意图在当下的想要，讯问人那些能够产生驱力的需要为其意志奠定了一个扎根于因果链条的自然基础,使意志能够与自然因果机制保持完全一致,因为这种从需要到意志的联结与转换自身就是自然因果链条的组成部分。讯问人的各种需要一旦进入了自觉心理,即会通过内在的因果机制转变成对讯问责任动机生成的想要,作为心理驱力驱使讯问人从事与此相关的思维活动以满足需要。换句话说,正是因为讯问人具有了指向理性认知的需要——想要——意志,其才会形成理性思维能力且从事理性认知思维的活动,其才进而拥有了理性认知。所以我们讲,意志对于讯问人来说是不可或缺的,其作为需要的心理表现是讯问人从事思考如何激发讯问责任动机的重要动力源头。意志与讯问人的自主责任不可分割,从此角度观察,我们也可以这样讲,此谓的调节性主要是指讯问人通过接受纪法教育将对讯问责任动机生成的意志由以意志他律为主调整为以意志自律为主,而意志自律则能增强讯问人的讯问责任意识,这为讯问责任动机的生成提供了基础条件。以意志他律为主意味着讯问人在思绪上保持着对讯问责任动机生成的外部依赖性,表现为在对讯问责任动机生成的价值判断与思维主要受制于外在的特定条件和特定环境,讯问人在特定的诱惑因素或威胁因素的前提下培育自己的讯问责任意识,被动地接受外在权威或规范的影响,导致其内在的责任动机生成需求与对该需求的情感无法得到激发和释放,这样会使讯问人仅仅在思维上表现出讯问责任意识的表象,而在内心深处则对讯问责任意识处于茫然甚至排斥状态,这也使讯问人缺乏对讯问责任意识发展为讯问责任动机之必要性与重要性的深切关注,且导致讯问人忽视讯问责任意识和讯问责任动机本身在其精神构建层面的相对独立性,故而无法从本源处激发讯问人源自于内心深处的生成意识和生成紧迫感,最终致使讯问人讯问责任意识和讯问责任动机的生成必要性认知与思维活动的分离。而讯问人将此调整为以意志自律为主则会改变这种情势。以意志自律为主意味着讯问人主动自觉地构建追求责任动机生成的自我约束思维规则并自我强制接受这种规则的规制,同时要求发挥自身激发讯问责任动机的主动性,这种主动性源自讯问人的且己体察和反躬自省,取决于讯问人思维上内在的义务意识,体现着讯问人本人欲求讯问责任动机生成的"自立法"和"自守法"过程,强调讯问责任动机生成的主体性,这样就会从本源处激发讯问人源自于内心深处的生成意识和生成紧迫感,最终在思维规则的导向下使讯问人的讯问责任意识发展为讯问责任动机。所谓对以调节性表现是指以意志自律的精专功能涌现动因要素相互作用过程和讯问责任动机生成结果,也就是涌现讯问人“动因——过程——结果”之思维过程全貌。此谓精专即是指意志自律所具有的熟悉讯问责任动机生发的全程思维情况和对此的且己体察能力。动因要素之间的相互作用体现为由其形成的动力要素之间的相互作用。在“动因——过程——结果”思维过程中,激发讯问责任动机的动力系统结构由内部起因要素、外部诱因要素和自我调节要素组成,这三要素各部分的任何变化都会影响到整个动力系统结构及其各部分,这三部分的综合作用结果即是讯问责任动机生发,这种生发是动力系统结构要素相互作用而表现出来的新特性。意志自律的精专功能会自动将讯问责任动机生成过程框定在特定复杂系统的思维框架内,会使讯问人的认知能力发挥局限在该特定的认知框架之中,其能使讯问人感知内部起因要素、外部诱因要素和自我调节要素相互作用的最初“触点”,这些知识“触点”不断连接和碰撞,会将讯问人的智力资源转换成促进讯问责任意识滋生以及向讯问责任动机发展的手段,并保持自我鼓励各系统结构要素参与进来和释放自己能量的能力,与此同时各要素感受到其他要素的能量并不断地在相互之间进行信息交换并将这些信息作内化处理,内化的结果便是形成思想和观点的标识,在这些标识的导航下,各要素会避免盲目的知识搜索和信息交换,聚焦讯问责任动机生成目标且使各要素产生了足够多的接触和发力,在此基础上便自动产生个体层面的讯问责任动机生发的知识涌现。

第三节 纪法教育对运维讯问责任动机的强化

前文我们讲到,讯问和反讯问双方都必须围绕“谁”、“如何”、“为何”、“何为”这四个维度各自进行动机运维。下面我们从讯问人的角度探讨如何围绕“谁”、“如何”、“为何”、“何为”进行动机运维。关于“谁”的问题,对讯问人来讲是指如何根据纪法教育固有属性来维护思维层次的高阶性以运维讯问责任动机。关于“如何”问题,对讯问人来讲是指怎样根据纪法教育固有属性来维护情感境界的提升性以运维讯问责任动机。关于“为何”问题,对讯问人来说是指怎样根据纪法教育固有属性来保持动力系统结构的稳固性以运维讯问责任动机。关于“何为”问题,对讯问人来讲是指怎样根据纪法教育固有属性来支持动因要素内情显露的持久性以运维讯问责任动机。具体思绪是:维护思维层次的高阶性,这是讯问责任动机高质量运维的前提;维护情感境界的提升性,这是讯问责任动机高质量运维的基础;保持动力系统的稳固性,这是讯问责任动机高质量运维的方式;支持动因要素内情显露的持久性,这是讯问责任动机高质量运维的结果。讯问人通过这些具体的思绪对自己所禀有的思维意识进行理性分析,使这些关于自己的真切感受内化为其生动的生活精神。

一、维护思维层次的高阶性

关于对“谁”的思考解决的是讯问人的自我认识问题。自我认识是讯问人对己之思维、感受和行为模式的自我觉知以及对他人怎样理解这些模式的自我觉知,体现的是讯问人对“自己是什么样的人以及想成为什么样的人”的自我认知。关于“自己是什么样的人”是指讯问人对其素质状况能否与履职尽责相匹配以及是否具有通过接受纪法教育浸润而产生讯问责任动机强烈愿望的自我认知。关于“想成为什么样的人”是指讯问人对是否期盼通过纪法教育自我浸润实现自我成长和自我发展并产生讯问责任意识的自我认知。讯问人认识自我的主要途径是自省和他人反馈,思维在其中占据重要地位,因为无论是自省还是他人反馈,都是通过讯问人的思维来完成觉知的。觉知的根本目的是讯问人洞察自己需要提升的素质内容以及为此产生责任需要的愿望度,判断自己是否生成讯问责任意识,并将这种责任意识发展为讯问责任动机的欲需程度,从而自觉地思考这种洞察和判断在己之思维层次中处于什么位置。这种洞察和判断是讯问人根据纪法教育固有属性并在讯问责任动机生成目标的标杆指引下展开的。讯问人只有通过思维才能进行自我认识和对象认识,思维是讯问人自我理解的窗口和理论与实践的重要基础。讯问人思维的结果是思想,对讯问责任动机而言,这种思想便是对讯问责任动机命题的判断,这种判断是讯问人思维的现实性条件,为讯问人关于讯问责任动机的思维发生和存在的结构所内在。讯问人的思维是去发现,作为思维起点的讯问责任动机不是给定了所有存在内容而是诱发存在内容,讯问责任动机的思维地位必须加以追问。按照讯问人思维存在的结构,讯问责任动机在其所在的思维系统中享有直接的存在性,存在于作为给予的而非派生的思维内容中。讯问责任动机以其绝对的在先存在关联地位发挥对相关内容的干涉作用,故而在思维中的作用就在于抽象地划定思维的存在可能性,以关联关系作界尺而消极限制思维发展的可能内容。作为思维对象的讯问责任动机必须在思维中给出,亦即必然有其关联性存在结构,因为思维是以关联为构造形式的,讯问责任动机具有其存在的位置,而给出讯问责任动机这个思维对象亦就是制作一个指称,而且只有能够导致直观效果的指称才是有效的指称。讯问责任动机思维必须确定其所关涉,讯问人思维具有了具体的关涉物才能获得施以作用的材料,才能确定自己思维什么。讯问人思维的必然程序是由讯问责任动机"指什么"到讯问责任动机"是什么"。这就涉及到讯问人思维层次的提升,因而根据阐释说明讯问责任动机这个思维对象也就是进行指称。对于从事自我反思的思维意识而言,按照纪法教育所确定的相关逻辑要求给出讯问责任动机意识指称具有将讯问人的认知引导到正确的对象认识的认识开端意义,也是将讯问人的认识引向自我反思的唯一方法。在这种方法中,对纪法教育的内感觉因讯问人的思维能力而被把握,就纪法教育思维的特殊存在性质来讲,指向思维存在本身的意识指称仅能在纯粹思维范围内来确定。在这个范围内,讯问人根据纪法教育固有属性在讯问责任动机生成目标的标杆作用下具备了思维层次上的高阶性。所谓高阶性是指讯问人思维能力素质的有机融合,是讯问人自我培养解决复杂问题的综合能力和高级思维,其核心是具备高阶思维。也就是说,讯问人须以高阶思维来自我实现对讯问责任动机的自我概念,并以获取讯问责任动机高阶知识的高阶能力来进行讯问责任动机运维。具体思路是:以规则性保障思维定向;以强制性维护思维权威;以调节性保持思维定力。

1. 以规则性保障思维定向

规则性具有规范性、约束性和秩序性三个面向,思维定向具有指向性、专注性和坚持性三个面向。所谓以规则性保障思维定向,就是以规范性保障指向性,以约束性保障专注性,以秩序性保障坚持性。这三种保障形式使得讯问人自觉地指向所要达到的讯问责任动机运维目标,集中已之注意力和毅力去解决责任动机运维过程的关联知识迁移和集聚问题,以高阶思维保证讯问人的思维始终面向讯问责任动机运维目标。下面我们以心理学和教育学相关理论予以阐释。

我们先讨论以规范性保障指向性。根据心理学的研究成果,人的认知包括神经认知、心理认知、语言认知、思维认知和文化认知,前两个层级因是人和动物所共有的故被称为低阶认知,后三个层级因是人独有的故被称为高阶认知,这五个层级的认知形成一个序列:神经认知——心理认知——语言认知——思维认知——文化认知,其中低层阶认知是高层级认知的基础,高层阶认知包含并影响低层阶认知,这五个层阶的划分反映了人完整的认知过程,而人的认知是语言、思维和文化层级的高阶认知，人经过前三个认知所获得的是低阶知识，经后二种认知所获得是高阶知识。根据教育目标分类学研究，教育目标分为认知、情感和动作技能，认知领域的教育目标由知识、理解和应用三个低阶思维和由分析、综合和评价三个高阶思维构成，两个维度相交构成的单元格表示具体的教学目标分类，学习者通过学习事实性知识掌握低阶知识并形成低阶思维，实现低阶学习目标，其他三类知识层次与认识历程相关，学习者达到记忆、理解和应用认知层面所形成的仍是低阶思维，学习者完成对概念性知识、程序性知识和元认知知识的分析、评价和创造的高层次认知活动并形成高阶思维，实现学习的高阶目标，高阶思维是一种复杂的解决问题思维、整合创造思维、抽象逻辑思维、反思批判思维，高阶思维能力是学习者适应社会的重要能力，需要自我培养和高阶学习的支持；高阶学习涵括拓展抽象学习层次、关联结构层次，低阶学习分为多点结构层次、单点结构层次和前结构层次。根据教育学家的学习模型，学习分为表层学习、深度学习和迁移学习三个阶段；经过对比心理学的研究成果和教育家的学习模型，我们发现高阶学习对应迁移学习和深度学习，低阶学习对应浅层学习。在拓展抽象学习层次中，学习者能够进行抽象概括并深化拓展问题；在关联结构层次中，学习者能够联想和整合问题的多个要点；在多点结构层次中，学习者能够联系多个孤立要点但未形成相关问题的知识网络；在单点结构层次中，学习者能够针对单一问题进行简单分析并提取少量信息，但缺乏知识储备和解决多个知识问题的能力；在前结构层次中，学习者基本无法理解和解决问题并且回答问题逻辑混乱。在迁移学习中，学习者能够利用原有经验和知识储备面对新的情境提炼问题、判断和处理问题，甚至创造出新方式解决问题；在深度学习中，学习者能够对知识进行加工和整理并使其结构化、体系化而逐步形成思维框架；在表层学习中，学习者主要掌握学科领域中的基本概念和事实等低阶知识，运用的亦是记忆和理解等低阶思维方式。高阶能力包括高阶思维能力、高阶社会情感能力和高阶动作技能，高阶学习是学习者获取这三种能力的主要途径，学习者运用高阶知识解决具体情境中的具体问题的过程是：经过反复练习习成机械动作以及对特定现象作出积极反映基础上，结合已有知识和经验在新情境下从事更为复杂的动作行为甚至创造出新的行为动作以适应新的具体情况，并内化为自己的价值观和构成自己的价值观体系。高阶能力由动作技能目标层次由复杂的外显反映、适应和创作等目标层次构成；复杂的外显反映的内涵是学习者能从事复杂的动作行为;适应的内涵是学习者能够改变动作活动以符合新情境;创作的内涵是学习者创造新的动作模式以适应新情境。低阶能力由知觉、定势、有指导的反映和机械动作等目标层次构成;知觉的内涵是学习者通过感觉器官观察客体;定势的内涵是学习者为某种特定的行动或经验的准备状态;有指导的反映的内涵是学习者在原型示范和他人指导下完成简单的动作技能;机械动作的内涵是学习者对刺激和情境作出模仿等反映。以上这些理论知识对阐释讯问人以规范性保障思维定向具有重要指导意义。规范性在这里是指纪法规则具有能为讯问人提供思维模式和标准的属性。思维指向性即是指讯问人的思维朝向属性。所谓以规范性保障思维指向性即是以纪法规则的思维模式保障讯问人的思维朝向属性。在这里,规范性的具体表现方式是讯问人以知识、思维、能力和与学习有机融合的基本路径结构相综合方式来强化保障思维层次的高阶性。从知识角度讲,讯问人始终持有增加纪法知识储备度的思维朝向:在现实中,在纪法知识储备上处于前结构层次的讯问人员几乎没有;在没有接受专门的纪法教育之前,绝大多数同志在纪法知识储备上处于单结构层次或多点结构层次,或能够以少量的纪法知识简单分析审查调查中遇到的纪法问题,或能够以纪法知识联系若干孤立要点解决现实中遇到的纪法问题。对于具有强烈事业心和高度责任感的同志来讲其肯定不满能力现状,肯定会从增加纪法知识储备量着手提升讯问技能,这就会激起讯问人的思维兴奋,自觉保持追求目标实现的思维方向。自主动接受纪法教育时起,讯问人会自觉改变思维层次,在始终保持欲望追求方向前提下不断提升思维阶次,对高阶思维始终保持趋近态势,在付出努力的情况下在纪法知识储备上逐渐达致关联结构层次或拓展抽象学习层次。从思维角度讲,在没有接受专门的纪法教育之前,绝大多数讯问人的思维处于低阶思维层次,能够掌握一定数量的纪法知识,能够对纪法知识具有一定程度的理解,对所遇到的纪法问题也能够运用所掌握的纪法知识基本解决或有限解决,针对这种现状,讯问人出于基本的责任感不会固化自己的思维,而是提振为履职尽责去学习纪法知识和淬炼讯问技能的责任感,以上升的阶梯式思维追求努力的方向,以实现高阶思维的标杆导向努力保持趋近思维朝向,逐渐从由知识、理解和应用构成的低阶思维向由分析、综合和评价构成的高阶思维提升。从能力角度讲:从情感目标层次角度观察,讯问人大多愿意接受纪法教育并注意自身所缺,也能够积极注意自身不圆满的素质状况并作出改变的思维,因而具有解决纪法问题的低阶能力;从动作技能目标层次观察，绝大多数讯问人能够通过感官观察讯问职责和讯问任务，能够客观分析自身素质与履职尽责的匹配问题并作出改观的准备思维，也能够在现有纪法知识的示范指引下简单地分析和解决所遇纪法问题，能够正确对待知识与能力不完全匹配问题的刺激并作出努力提升自身素质的思维反应，因此具有了解决纪法问题的低阶能力；讯问人以提升自身纪法知识储备而欲提高讯问技能的思维在正常情况下总是处于活跃状态，这种非固化了的活性思维总是敦促讯问人向具有高阶能力付出努力；从情感目标层次角度观察，讯问人努力的目的即是想通过把注意到的提升素质价值与价值标准联系起来，并将此内化为自己的价值准则，在恰当的讯问任务情境中表现出一致性；即是想通过对已经成功内化的价值概念化并以此来判断各种纪法和技能概念间的相互联系以最终确立占主导地位的带有普遍性的价值和形成自己新的价值体系；即是想通过将价值观、信念和态度等组成的内在和谐系统表现出与其一致的思维倾向来实现价值体系个性化，即是想以此三种思维倾向具备履职尽责的高阶能力；从动作技能目标层次上观察，讯问人努力的目的即是想通过能力提升能适应复杂的讯问情势，即是想通过改变自身综合素质来满足完成讯问任务的需要，即是想通过创造出新方法来圆满完成讯问任务，即是想以此三种思维倾向来具备履职尽责的高阶能力。从学习角度讲，对很多没有经过专门纪法培训的同志来讲其在纪法知识的掌握上经常处于浅层学习状态，也仅仅是能够掌握一些常见的纪法知识概念和关于违纪违法犯罪的构成要件等低阶知识，在运用知识上通常依靠记忆、理解等低阶思维方式；在审查调查实践中，无论是否纪法科班出身，绝大多数同志在承接讯问任务后会自觉进入深度学习状态，经过付出努力能够加工和整理纪法知识，使所掌握的纪法知识结构化和体系化，并逐步形成纪法思维框架；对那些纪法科班出身的同志来讲，绝大多数人会在承接讯问任务后自觉进入迁移学习状态，经过付出更大努力能够利用既有讯问经验和纪法知识储备面对新的讯问情势提炼纪法问题，能够判断和处理乃至创造出新方式解决所遇到的纪法难题。总起来讲，讯问人在将知识、思维、能力和与学习有机融合的基本路径结构相综合过程中所表现出来的知识思维、能力思维、学习思维等不断高阶化，在思维层次上始终保持向高阶性追求的朝向，这种高阶性追求反映出讯问人强烈的事业心和高度的责任感，这便是讯问人不断增强讯问责任思维的集中外显，也是保证讯问责任动机运行和维护的保障手段。

下面我们谈以约束性保障专注性。约束性具有束缚性、限制性和管束性三个面向,专注性具有稳定性、凝聚性和跃升性三个面向,所谓以约束性保障专注性是指以束缚性保障思维定向的稳定性,以限制性保障思维定向的凝聚性,以管束性保障思维定向的跃升性。关于以束缚性保障思维定向的稳定性:所谓束缚性是指让停在狭小范围内。所谓稳定性是指随时间不变化的意思。所谓以束缚性保障思维定向的稳定性是指保证讯问责任动机运维目标思维定向在特定范围内的稳固存在而防止其随意变化。经过接受纪法教育,讯问人会将知识的概念、规则以及原则等以对象本质和运用规律的形式呈现在大脑中,这是讯问人通过体悟控制思维而对纪法教育进行认知的活动。在这个认知活动中,纪法规范会以被分析和被被思考的形式将讯问人的思维局滞在为讯问责任动机运维提供有效制度供给的特定范围内,而这也是讯问人想竭尽努力的思维和行动方向,这就显示出纪法教育具有局限讯问人思维层次提升的目标范围作用,这种作用即是要求纪法知识的运用只能在讯问人特定的思维范畴内得以发挥,这就要求讯问人的思维不能发散和不能无限扩界,只能在如何满足讯问责任动机运维需要的范围内进行纪法知识学习规划和讯问技能提升目标制定,在这个过程中讯问人要克服思维定向的不稳固性,不能过于依赖思维直觉,而要采取理性思维措施来维护目标的稳定性,深入强化思维定向的既有逻辑性和组织性,通过对纪法知识内容结构的深入理解来锻炼讯问技能,确保讯问责任动机运维效果。讯问人思维定向的稳定性意味着纪法教育能够作为锻炼讯问人逻辑思维能力的重要工具,也意味着纪法教育内容中解析思维能够有效巩固讯问人的知识体系结构,能够在一定程度上锻炼讯问人的定向思维能力。在纪法教育过程中,由于纪法教育内容的囊括宽泛的纪法知识结构体系,因此其活动的展开能够进一步拓宽讯问人的知识面,而这对锻炼讯问人的稳固性思维和凝固性思维会起到举足轻重的作用。在纪法教育内容学习过程中,讯问人通过对纪法知识题目进行逻辑合理的领悟使得其逻辑性思维能力得以有效提升,这种思维模式的建立进一步强化讯问人思维过程中的目标性,促使讯问人在接受纪法教育中强化思维定向意识,通过以思维讯问责任动机运维目标为导向发展定向思维,以实现定向思维能力锻炼与纪法教育的有机结合。在思维定向培育过程中,高阶思维的锻炼亦能够有效培养讯问人的思维定向能力,因此讯问人在接受纪法教育过程中应该结合高阶思维的培养模式对自己的思维能力进行定向培养。关于以限制性保障思维定向的凝聚性。限制性作为一项重要的思维原则是指在讯问人在接受纪法教育中自我规定某些限制规则以保证思维定向的非发散性，主要包括职责限制、感情限制和目标限制等，这体现出纪法教育各知识要点在为讯问责任动机运维提供有效制度供给上具有不同意义，说明讯问人在凝聚性掌握纪法教育这些要点意义思维上必有规律可循。凝聚性是指讯问人基于自己的世界观和处世哲学展示思维，并在目标导向下总是为自己的纪法信仰所统驭，总是基于纪法规范的文化相近性以增强纪法信仰功能的凝聚力保证满足讯问责任动机运维需求的思维定向的目标凝聚性。纪法规则具有强制性和义务性，纪法教育将这种强制性传导为讯问人的具体讯问职责，将这种义务性传导为讯问人应予履行的具体任务，也就是讯问人在履职尽责中享有的权利和必履的义务。讯问人在职责思维中以职责同构方式将权利与义务辩证统一在一起，克服目标思维中的发散性因素，始终保持履职尽责的责任运维要素的有效统合，以黏着性保持讯问责任动机运维要素之间相互作用方向的唯一性和保证各要素之间相互作用的力量凝聚性，最大程度发挥各要素之间相互作用合力系数的绩效，以绩效实在化方式实现纪法教育对讯问责任动机运维的最优制度供给。在这个过程中，讯问人对讯问责任动机运维要素的情感起着不可或缺的决定作用，其情感倾向在很大程度上决定着讯问责任动机运维要素相互之间的组合效力以及作用绩效。讯问人对讯问责任动机运维要素主观存在内心喜厌和内在评价决定了各要素得以进入作用场域并发挥作用的程度和对象性选择力度，决定了讯问责任动机运维要素之间的勾连密切程度，决定了讯问责任动机运维要素在讯问人思维框架内相互作用的稳固程度。这几种决定性因素从根本上规制着讯问人为满足讯问责任动机运维需求而进行思维要素组合的凝聚程度，规制着讯问人为满足讯问责任动机运维欲求而进行要素功能发挥条件建构的惯性思维程度和要素选择的调控力度，规制着讯问人进行目标思维时的不可分散性克服程度，规制着讯问人进行目标思维时的运维要素组合意愿的持久性。在这个过程中，讯问人的目标限制思维的作用也不可忽视。纪法规则的强制性和义务性在纪法教育中也被传导为明示、预防和校正功能。纪法教育的明示功能可以明确告诉讯问人什么可以做和什么不可为，以明确而具体的规范性解决了讯问人在思维定向上实现了告诫自身必须遵纪守法的基本前提问题。纪法教育的预防功能可以使讯问人知晓纪法而明辨是非，敦促讯问人在履职尽责和日常生活中根据纪法规定来自觉调控己之思想和行为，从而达致避免在履职尽责中违纪违法犯罪现象发生的可能性，这种可能性时刻警醒着讯问人在运维讯问责任动机时严格遵守纪法的“楚河汉界”，时常检视自己违反纪法免疫力在保证正常运维讯问责任动机时的预防作用，确保自己的目标思维不分神跑偏，紧紧地以关联思维将动机运维要素局限在纪法场域中，以纪法标准为选择依据实现各运维要素的合规勾连，克服目标思维中一切的不稳定性因素，以目标思维的合规性保证思维定向的凝聚性。纪法教育的校正功能主要是指讯问人通过对纪法的强制执行思维来矫正己之思想中可能出现或已经出现的偏离纪法轨道的违规想法，使自己的目标思维回归到原有的正法轨道，同时在纠正过程中净化了自己的心灵，提升了自己的思想境界，以高度的政治责任感和强烈的正风肃纪反腐事业心构建自己健康的心理思维结构，并以习近平中国特色社会主义法治思想的强大精神动力构筑牢固的思想防线，针对讯问责任动机运维中出现的具体问题能够从不同角度考虑解决办法，敦促讯问人以综合思维采取更有效的保证措施，保障己之思维定向的凝聚性，最终使讯问人能够以定向思维为基础，并采取有针对性的思维措施，进而有效解决思维定向中可能出现的松散思维问题。

关于以管束性保障思维定向的跃升性。管束性是指纪法教育意蕴的不可越轨性。跃升性是指讯问人在接受纪法教育过程中在知识储备和能力提升上实现由量变到质变的飞跃。所谓以管束性保障思维定向的跃升性是指讯问人以遵纪守法意识的管束作用保证自己在纪法知识储备和讯问技能提升上实现由量变到质变的飞跃，这既是讯问人为满足讯问责任动机运维欲求的思维目标也是现实目标。也就是说，讯问人必须在思维区域性存在基础上达致目标思维的内在化和现实化。思维是区域性存在的，思维的存在化也就是思维内容的存在必然性。思维的存在问题不是思维有无的问题，而是思维的合理性问题，现实的存在化具有关联具体思维内容的结构和具有具体的推及性，一个合理的思维亦即能够最终与具有确定存在意义的思维建立起存在同一性的思维，思维构成一个独立的思维存在区域。思维存在本身构成可以说明其存在的内容区域，也就是说在思维范围内可以充分论究思维的存在。思维创生问题的端绪已被系于思维的内容间关系，这种关系是思维本身的存在关系，是特殊思维内容间特殊性的相互关系。思维存在关系作为特殊的思维内容间关系是现实存在的思维内容之间的关系，思维存在关系在此基础上获得了共在性。思维的现实存在形式即是思维得以显示其存在的直接因素,这种要素关联特殊内容之间共存所必然采取的关联或方式。思维存在直接同一于其存乎其中的思想,因而这种要素也就是造成与思想接触的东西,思维拥有内在断言形式,在此断言中实现出自身。讯问人在以管束性保障思维定向跃升性的处理问题上,必须首先将自己的思维区域化,将思绪规定在特定的纪法场域内,以此作为思维前提去处理思维定向的跃升性问题;其次必须以拓展思维尽量掌握更多更广和更宽的纪法知识,竭力延展自己的知识宽度和深度,在既定知识框架内尽力增加所掌握的纪法知识数量,为素质提升的质变准备条件;再次必须在高阶思维导引下强化对纪法知识领悟能力和讯问技能淬炼能力,在场域上思维不越界,在方法上思维不变形,在方式上断言不走样,在形式上要素内容间关系更紧固,在目标上思维更集中,在效果上处理要素内容间关系最优化,以变化思维以量促质,以质促量,尽早实现己之综合素质由量变到质变的飞跃。具体的思绪即是讯问人采取断言思维在特定的思维区域化智为器,尊重由量变到质变的辩证规律,以辩证思维管束自己的思维方式和思维倾向,以管束思维指导自己本领和成就的跃升。

关于以秩序性保障坚持性。秩序性是指讯问人的基础能力乃至思维习惯标准,指的是讯问人自身对时间规划的能力和对讯问责任动机运维逐步推动的能力,其最能体现讯问人在履职尽责中能否按部就班地思维和行动,是否具有阶段性的目标和完整的计划步骤梳理,决定着讯问人自身强大的掌控力和归属感。坚持性是指讯问人在思维的意志行动中是否百折不挠地克服困难和障碍以达致既定目的的意志品质,主要强调的是讯问人能够始终如一地坚持自己的目标。所谓以秩序性保障坚持性是指讯问人能够以顽强的意志品格按部就班地坚持自己所欲的目标,强调的是这种坚持的时间规划性和推动的有序性及其对目标坚持的保证作用,这种保证作用主要体现为以充沛的精力增加目标追求的目的性,以惊人的毅力增加目标追求的持续度,以承压性增强目标追求的磨炼承受力。讯问人在讯问责任动机顺畅运维方面一般要投入巨大精力,这也需要具备充沛的精力储备。同时也需要顽强的意志力来延展目标追求的持久度,也需要以坚韧的压力承受能力去强化目标追求的磨炼承受力。具体讲,讯问人以基础技能学习基类方面的秩序性来增强以经验方式历练成熟的坚持性,以逐步升级提高水平方面的秩序性来增强以目标追求欲望达致实现愿景的坚持性,以学会给自己制定可行的时间计划来增强思考途径的建构能力和规律逻辑的发现能力的坚持性，以养成有规律的纪法知识学习习惯来增强解决问题能力的坚持性，以有目的地拓展纪法知识和提升讯问技能维度来增强抗干扰能力的坚持性。以上每一步都需要具有强大的秩序性和坚持性作支撑，需要以有效的秩序性增强目标追求的坚持性韧度。

2. 以强制性维护思维权威

思维权威本是对权力思维的自愿服从和支持的意思，在此处是指讯问人自我构建纪法思维的统摄力量并自我信服式的自我遵从，着重强调对自我思维的自愿服从和自我支持。强制性在这里是指讯问人以纪法教育所传导的制度刚性来对自我反抗意识进行自我压迫以达致自我服从和自我支持。所谓以强制性维护思维权威是指讯问人以纪法刚性进行自我压迫和自我服从，并以此维护己之思维的自我统摄力和自我支持力。下面我们从思维权威即思维秩序角度予以解释。所谓思维秩序即是讯问人对讯问责任动机运维所涉及的纪法问题应当以纪法标准、纪法程序和纪法思维来解决的一种不可动摇的思维规则安排，讯问人应当尊重且遵循纪法思维规律，通过思维规则的自我设计来自我保障思维的权力意志，同时杜绝己之思维上的自我恣意和自我任性，在不受自我感觉、自我情绪、自我欲望和自我恐惧阻碍的前提下形成合理且可欲的思维秩序。此谓强制性在讯问人思维层面的表现即是讯问人基于对纪法规范的正确解读和基于对所虑纪法事实的论证思维，在纪法规范与所虑事实之间施行强制链接，从而做出己之判断的思维。可以讲，这种强行思维也融合了论证、推理、解释和衡量等思维元素。讯问人的职责在于判断思维，判断思维的核心是纪法思维，讯问人对讯问责任动机运维的思考是其纪法思维的活动过程，是讯问人内生且固有的思维权威，这种权威的衡量标准是讯问人根据纪法刚性自行构筑的，对讯问人的纪法思维具有当然性的自我支配权力，当然，这种支配权力是讯问人自我赋予的权威。在审查调查实践中，鉴于工作情势的复杂性，讯问人经常对己之思维的确定性和权威性发生动摇而常常自我否定或自我摇摆，结果导致讯问人的自信危机和思维去功能化危机。根本原因在于讯问人缺少对己之思维权力的职业垄断属性的清醒认知。纪法思维具有职业垄断属性，此乃纪检监察干部职业化基本原理所在。在百年不遇之大变局的今天，纪法规范上升为缜密复杂的技术规范体系，由简单化和体系化迈向复杂化和专业化，对纪检监察干部而言只有保持稳固而坚韧的纪法思维能力才能胜任正风肃纪反腐工作。对纪检监察干部来说，这种思维垄断性亦是执纪执法方法的专属性,对讯问责任动机运维过程中发现的问题只能用纪法思维予以解决,而不能单纯用所谓的道德思维等取而代之。纪法问题由纪法解决本身最终有利于讯问人在思维深处确立己之思想的自我权威性。我们倡导的这种权威思维即是以纪法精神、纪法宗旨和纪法规范去识析和判断己之现实思维,我们倡导的这种权威思维即是以纪法标准和纪法思维去自我构建规则思维标准的特殊权威性,不能带有感情偏见和个人好恶。我们讲以强制性维护思维权威,强调的是讯问人要自信于自我思维权威的正确性,自信于强制自我服从、自我支配和自我支持的理性正确,在组织赋权的同时自我赋权和自我赋能,以理性思维强制己之发展思维,以发展思维强制己之换轨思维,以换轨思维维护己之思维权威性,只有如此才能在保证讯问责任动机正常运维方面做到思维自信与纪法道理的有机结合,产出适合自己的思维成功学,才能在解决问题时使自己的思维不停留在当下,而是着重着眼于未来,使己之思维在当下与未来之间找到合适点,才能做到看问题不管中窥豹,而是善于换位思考以得到更多发现,以免遭自己思绪中那些非权威因素的束缚。

讯问人的思维权威性建基于对纪法知识内涵的深刻体悟和对纪法知识意义的大力张扬之上,能遵循纪法思维的规律性,并遵循其自有的维护纪法尊严的思维准则,与纪法权威具有共荣关系。这种思维权威性体现在讯问责任动机运维原则上即是:从纪法出发并以纪法方法解决纪法问题,因为这种思维权威性首先是纪法思维权威性,受纪法价值、纪法规范和纪法方法的规制;程序优先,因为这种思维权威性是一种程序性优先的思维权威性,在讯问人思虑中程序问题优先于实体问题;理由优于结论,因为这种思维权威性是论证思维的权威性,其权威性的实质是不仅获得处理纪法问题的结论,而且更为重要的是提供一个能够支持所获结论的理由;因坚持独立思维而具有垄断性,因为这种思维权威性不受行政和道德思维的左右,具有超然于思维结果之外的审慎;因具有创造性而成为思维活力的源泉,因为这种思维权威性实质是创造性思维的权威性,这种权威性充满了实践理性,其魅力不在于坐而论道,而是在于其总是考虑怎样通过纪法规范实践价值取向,使纪法价值在现实的舞台上悄然起舞,其能在衡量立规意愿与纪法精神基础上不断修复其时空价值,能弥补纪法与现实社会生活之间的裂缝,极有可能实现复杂并发展着的社会对公平正义和纪法尊严的需求。法治问题不仅是由纪法规范所造成的,而且还应该包括与纪法规范并存的思维权威性,这种思维权威性应该体现这样的秩序，即在坚持纪法问题以纪法标准、纪法思维和纪法程序解决基础上应当遵循纪法但不极端地执行纪法，纪法思维的权威性得到认可，在杜绝自我任性和自我恣意基础上实现思维权威的唯一性。

思维权威性的保障机制是指对思维权威性起保障作用的内外部要素之间协调运作的作用方式。思维权威性保障机制的主要构成是我们全面了解该机制的基础，其内容体系主要包括思想观念保障和纪法规范保障。思想观念保障是指为保证思维权威性所采取的观念指导思想和及其模式，主要包括三方面内容：由习近平新时代中国特色社会主义法治思想和社会主义价值观保障，习近平新时代中国特色社会主义法治思想和社会主义价值观既是建设中国特色社会主义事业的指导思想又是保证讯问人思维权威性的指导思想；符合新时代潮流的纪法教育的先进观念保障，这是保障讯问人思维权威性的行动指南；中华民族优秀传统文化观念保障，这是讯问人为保障思维权威性应当汲取的养分和能量。欲构建讯问人思维权威性保障机制，要首先充分发挥思想观念的导向功能，自我引领纪法教育的中心理论和价值导向，一方面要以思想观念框定思想权威性树立的价值取向，另一方面要保证思想观念正常运作的精神动力和智力支持。纪法规范保障主要是指通过自我构建思维准则不断自我提高思维的科学化和规范化水平，具有长期性、固定性、强制性和预见性特征。纪法规范保障不仅对讯问人具有较强的约束力而且还可以极大提高讯问人的思维效率，使讯问人的思维权威性保障有据可依和有章可循。构建纪法规范保障机制的原则具有三个维度，一是合规性原则，二是合理性原则，三是可执行原则。构建思维权威性的保障机制的路径选择：一是讯问人自我赋能，二是纪法教育规范，三是环境支持保障。赋能是一个动态的概念，是指讯问人通过合理配置各种思维方法和模式以最优路径挖掘自身潜能并激发自身内在动力，从而自我赋予掌握资源能量以改善所处思维环境的能力。自我赋能的前提是指讯问人自我赋能运行的前提条件，即讯问人为什么可以开展自我赋能活动，其强调自我赋能的环境识别，即是否达到触发赋能条件。自我赋能的着力点是指讯问人自我赋能过程的作用要点，即讯问人针对什么问题开展自我赋能活动，自我赋能的着力点即是自我赋能问题澄清，强调的是自我赋能对象存在问题，是指自我赋能对象出现动力不足时识别自我赋能对象能力欠缺的具体问题。自我赋能的路径是指自我赋能手段的最优配置，即怎样搭配各种思维方法和模式以实现最优赋能福利。讯问人为什么可以开展自我赋能活动？因为纪法规则本身蕴含着知识力量，纪法教育自身传导的即是制度刚性的强制能量，这都涉及相关要素的动力因素，这是讯问人可以开展自我赋能的基础条件和首要原因。讯问人针对什么问题开展自我赋能活动？以强制性保障思维权威性首先需要足够的能量推力，讯问人针对思考如何以强制性保障思维权威性而开展自我赋能，意图通过自我赋能增加强制性的能量赋值来保障思维权威性。在这里，纪法教育的强制性属性与保障思维权威性的基本原则具有较高的契合度：保障思维权威性意味着讯问人思绪的优化效力，而纪法教育强制性所强调的也是讯问人思绪的优化效能，两者都关注讯问人思维的内生动力和能力，都强调讯问人在思维活动上的主观能动性和客观能力，因而在目的性和价值追求上具有一致性。所以通过自我赋能增加强制性的幅值对保障思维权威性具有手段意义，可以使思维权威性以被保留幅值或被强化赋值形式得以稳固化。具体而言，讯问人通过增强对社会环境、文化环境、政策环境和自身技能环境的有效识别能力来保障思维权威性。纪法教育蕴含政治保障的党建引领功能、讯问责任落实功能、纪法知识信息归化功能，这几项功能都对增强纪法规范的强制性幅值具有方法意义，对以强制性保障思维权威性具有赋能方式的价值意义，讯问人通过增强对强制性的赋值能力来保障思维权威性。环境支持保障是指讯问人通过加强和改进自身与组织之间的协调互动机制，其所强调的是讯问人为自己营造良好的素质提升和育人氛围。环境支持保障主要包括组织环境保障和社会环境保障。组织环境保障即是保证讯问人自身保持思维权威性的单位文化条件，特指纪检监察机关的精神环境和正风肃纪反腐的文化氛围，尤其是指纪检监察机关的历史文化积淀和被纪检监察干部所认可且践行的价值观念等意识形态，其是纪检监察机关的灵魂和纪检监察机关所体现出来的干事创业活力、创新力和凝聚力的全方位展现。社会环境保障即是保证讯问人保持思维权威性的社会条件，具体包括社会的政治环境、经济环境和文化环境等，这是影响讯问人保证思维权威性的政治制度和现实政治状况因素、社会经济制度和经济状况因素以及文化环境因素，讯问人对这些因素在意识形态上的表现和反应即是通过因素感染熏陶形成增强因素作用强度的能力，这种能力提升的具体过程是：讯问人通过领悟环境对己之思维方式和价值观念的影响，把习近平新时代中国特色社会主义法治思想和中国特色社会主义核心价值观内化成自己的思想态度、情感倾向和道德认知，然后再逐渐外化于行以付诸实践，最终达致环境对己之思维和行为的有力塑造，并以这种塑造功能的强制性保障己之思维权威性。

以强制性保障思维权威性建立在讯问人自愿前提下。以强制性保障思维权威性是一个讯问人自我驱动、自我设压、自我压迫、自我服从、自我支持的过程。这个过程的发生是讯问人为履职尽责而主动提升己之素质能力自愿促行的。在这里，自愿性是一种属于主观意识范畴的讯问人主观心态，是基于讯问人本人完全自由的意志，不受外界的任意干扰和恣意统摄，其具有一定的构成要素，具体由明知性、理智性和自由选择性构成。以强制性保障思维权威性是一个体系机制。强制性对保障讯问人思维权威性起着至关重要的作用，其作用机能浸染于保障思维权威性各环节和链端。在此谓的保障机制中，强制性的核心内容与思维权威性之间具有价值传递功能，保持思维权威性对于强制性来说具有制度运载作用。

3. 以调节性保持思维定力

思维定力是指讯问人在思考纪法教育对讯问责任动机运维的知识功能支撑和价值意义升华时的一种重要的意志力和自控力，是在对纪法教育的知识功能和价值意义的认知基础上发展起来的，是讯问人在追索时由对纪法教育的知识功能和价值意义的升华、继承和发展所形成的精神引领力。前文我们讲到讯问人围绕“谁”、“如何”、“为何”、“何为”这四个维度进行讯问责任动机运维，那么思维定力的调节作用就体现为以下四个方面：一是给“谁”赋予角色定力，二是给“如何”赋予宗旨定力，三是给“为何”赋予履职定力，四是给“何为”赋予创新定力。其中，角色定力是讯问人从自身出发思考作为公权运用者应该具备怎样的素质，应当怎样正确认识己之责任，以解决如何增强讯问责任动机运维的主体能力问题；宗旨定力是讯问人从自身服务的对象出发思考应该坚持怎样的政治信仰和职业理想为正风肃纪反腐添砖加瓦，以解决怎样增强讯问责任动机运维的政治指引力问题；履职定力是讯问人从自身价值准则出发思考自己在正风肃纪反腐中应该有何为问题，以解决如何增强讯问责任动机运维的履职实践力问题；创新定力是讯问人从实践入手思考应该如何顺应新时代的要求以工作方式科学化、正规化、规范化和法治化为正风肃纪反腐谋发展，以解决如何增强讯问责任动机运维的时代号召力问题。具体的调节思维是：首先以角色定力保持思维定力，为讯问责任动机运维提供能力层面的主体条件；其次以宗旨定力保持思维定力力,为讯问责任动机运维提供信仰层面的思想条件;再次以履职定力保持思维定力,为讯问责任动机运维提供实干层面的绩效条件;最后以价值定力保持思维定力,为讯问责任动机运维提供价值层面的创新实条件。角色定力以定向功能保持思维定力,目的是解决讯问人想成为什么样的人的问题,由于定力实际上就是一种精神力量,而任何力量的产生均需先确立方向,故而定向是定力产生的基础条件,讯问人作为新时代的纪检监察干部,首先要坚定政治信仰,信仰是共产党人的政治灵魂,为实现共产主义伟大事业而奋斗是共产党人的终身信仰,所以讯问人必须确保自己的政治志向不动摇,努力践行以人民为中心的服务宗旨,这是讯问人能够经受住各种考验的精神支柱。宗旨定力以定性功能保持思维定力,定性即是要保持共产党员本色,对讯问人来讲即是要加强党性修养,此乃定力产生的关键因素之一,掌握着定力发挥的效能,党性是讯问人思想境界的本质,思想境界是党性在思维活动中的反映和表现,确立党性即是必须始终正确对待名利和权位,正确对待正风肃纪反腐事业和职责,以加强党性修炼和坚定理想信念来树立正确的政绩观,以坚持立党为公和执政为民将党和人民利益放置于首位,故而定性的确立直接影响定力的形成和发挥。履职定力以定行功能保持思维定力,习近平总书记多次强调“空谈误国,实干兴邦”,实干是共产党人的光荣传统和优良作风,定行是检验定向与定性的唯一标准,是定力作用点的选择,讯问人的定行即是要切实践行社会主义核心价值观,把握时代大势和改革发展脉络,严以用权,既要想干事会干事又要善谋事干成事不出事。以上几种定力形态之间具有辩证关系,其中角色定力是根本基础,宗旨定力是统领目标,履职定力是基本保证,创新定力是实现动力。

我们在此讨论的角色是指讯问人的社会角色,是讯问人不可任意而为的自致角色和规定性角色。讯问人怎样认清自身角色则需要角色定力的支持。所谓角色定力是讯问人基于“我是谁”产生的定力形态,其要求讯问人充分认识自身职责背后所蕴含的党的信任和人民重托,切实把握己之正确定位之后所产生的坚定精神力量。角色定力具有特定的结构,由公仆意识、表率意识、忧患意识和责任意识构成。角色定力以公仆意识、表率意识、忧患意识和责任意识具体发挥保持思维定力的作用。具体作用方式是:始终强化政治站位和突出榜样模范的引领。宗旨是党组织最高的理想信念,凌驾于其他价值理念之上,党全部的路线方针政策的制定均要紧紧围绕党的宗旨来确定且不能违背宗旨要求。我们党自成立之时起即把人民写在自己的旗帜上，将全心全意为人民服务确定为根本宗旨，把一切为了人民作为最高行动准则。所谓宗旨定力即是讯问人基于“为了谁”而产生的定力形态，其要求讯问人必须将党的宗旨作为行动指南，必须增强宗旨意识并发挥宗旨定力，相信和依靠人民，始终把人民放在心中最高位置，恪守为民本分。“为了谁”即为谁立命、为谁谋利和为谁服务，这始终是一个根本性和方向性的问题，决定着我们党的性质，讯问人“为了谁”就是把实现好、维护好和发展好最广大人民群众的根本利益作为全部工作的出发点和落脚点，要在“一切以人民为中心”的基础上发挥宗旨定力的作用，此乃我们党的价值追求，也是讯问人的追求方向和追求目标。宗旨定力具有引领功能和统一功能，宗旨定力以引领功能和统一功能发挥保持思维定力的具体作用。具体作用方式是：提高对人民地位的认识和加强个人综合素质提升。履职定力是讯问人在“有何为”基础上产生的定力形态，主要是指讯问人在遵纪守法基础上认清己之岗位职责需要，在正确用权前提下正确发挥自身能力所产生的精神力量。“有何为”即是有何能为、有何该为、有何不能为、有何不该为，这是讯问人应当首先明确的职责问题。履职定力结构由岗位职责、自身能力、概念能力等构成；履职定力具有规范功能和评价功能，履职定力以规范功能和评价功能具体发挥保持思维定力的作用。具体作用方式是：求务“真才实学本领、真心实意态度、真抓实干作风、真见实效政绩”之“四真”和“四实”，坚持权为民用和权力监督，始终将纪律挺在前面。所谓创新定力是讯问人基于“如何为”产生的定力形态，主要是指讯问人必须持之以恒坚持的能力。“如何为”是讯问人走怎样的路、坚持样的方针和实施怎样的政策问题，是讯问人必须面对的问题。创新定力的结构由思维创新、方法创新、实践创新和制度创新构成。创新定力具有激励功能和活力功能，创新定力以激励功能和活力功能具体发挥保持思维定力的作用。具体作用方式是：营造创新氛围和激发创新定力，加强学习和促进创新定力。

二、维护情感境界的提升性

此谓情感境界是指讯问人的修养程度和情操水平，其实质是一种精神境界，反映了讯问人在纪法修养上所达到的精神高度。心理性是讯问人情感境界的重要特性，这就要求我们重视对情感境界心理结构的分析，我们可以从讯问人的心理要素和心理特征等考察情感境界的存在。讯问人的心理结构由知情意三大要素组成,其中的知和情是面向观念的,意是面向行为的,从情感境界认知、情感境界情感到情感境界实践,其中必有强大的情感意志力作为支撑,情感境界的心理性研究即以此为基础。不同层次的情感境界的划分主要是就讯问人心理形式而言的,至于情感境界的具体内容则可因历史背景和文化传统的不同而表现出差异性。情感境界的心理性要求我们关注讯问人在行为前的心理动机,而不是行为所产生的实际后果。情感境界的心理性同时要求我们持续关注讯问人在行为产生实际后果后的心理变化。情感境界是境界意义上的情感凝聚,事前的动机是否纯良固有意义,事后是否如一同样具有意义,我们对讯问人的情感境界评价会因其实践理想后的自我调整而发生变化。情感境界的心理性不仅关注讯问人行为前的情感境界心理动机,而且关注讯问人行为后的情感境界心理变化,这反映了情感境界理论对讯问人之情感境界状态稳定性的要求,本质上是以整体情感人格为评价中心的。不同的情感境界表现为不同的情感心理形式,而情感境界心理形式的具体表达即是由情感境界心理要素整合而成的情感境界心理框架,情感境界在不同的框架中亦是“远近高低各不同”。第一种框架是“情主理辅”,这是讯问人具有的天然情感,是可以不用思考便会做出反应的直觉直感,但其背后必定存在欲望发动机,这种框架顺从讯问人的感性欲望,不能体现情感境界的心理特质,以这种心理框架为主导的情感境界如果仍然可以被称之为情感境界的话,那也是一种最低境界的情感。第二种框架是“理主情辅”,这种框架体现了讯问人的理性与自然欲求的抗争,纪法情感理性主宰了感性欲望,突出了讯问人自我斗争、自我张力和自我牺牲,体现了情感境界的心理特质,以该种心理框架为主导的情感境界就是我们一般所讲的情感境界。第三种框架是“情理合一”,具有低级和高级两种形式,所谓的低级形式即是讯问人的感性欲望以合乎理性的方式得到满足,所谓的高级形式即是讯问人的高尚情感与高级理性保持一致。讯问人的情感境界具有层次性,即可以被划分为最低情感境界、一般情感境界和最高情感境界。所谓最低情感境界是指讯问人仅从经验观察层面上符合伦理原则的要求而不知道情感境界有何意义;所谓一般情感境界是指讯问人以情感境界自限的情感境界;所谓最高情感境界是指讯问人不以情感境界自限的情感境界,处在这种境界的讯问人的情感感觉是:既是情感境界又超越情感境界。讯问人的情感境界具有超越性,纪法情感境界在讯问人的精神境界中居于引领者地位,是纪法教育的纯洁性、先进性和应然性的集中表现,是讯问人情感境界的初心所在。讯问人为什么要追求纪法情感境界？第一种解答是讯问人为了自我证成、自我发展、自我完善和自我实现，第二种解答是讯问人为了克服履职尽责中的障碍。情感境界本质上是一种精神境界，是讯问人情感境界精神意识的系统化和理论化，因为精神具有超越性，因而情感境界也具有超越性，这种超越主要体现在讯问人对己之现状的精神超越和对职责使命与任务意义的超越。讯问人是超越式的整体性存在，是自然与社会、理性与情感和理想与现实并存的统一体，讯问人的超越性和整体性构成了其整体超越性。这种整体超越性决定了我们怎样理解情感境界的超越性，情感境界的超越性意指讯问人在情感境界思维、情感境界认识、情感境界意指和情感境界信念方面的整体超越。这种整体超越性主要强调主客合一，具体表现为：学与思，即，知的整体超越，学是面向纪法知识的，思是面向主观精神反思的；动与觉：行的整体超越，动是一种合乎纪法规范的客观描述，觉是一种出于境界而行动的主观自觉；知与行：品格的整体超越，知指向德性之知，行指向境界实践；心与工：境界的整体超越，心是精神心性，工是精神功夫；内与外：情感境界的整体超越，内是主观精神的，外是客观经验的。提升性是指讯问人在情感境界层次范围内逐阶提升和在情感境界框架场域内逐阶提升。所谓维护情感境界的提升性即是维护情感境界在框架场域内逐阶进行层次提升的能力趋势。具体做法是：以规则性奠基情感境界框架；以强制性提升情感境界层次；以调节性实现情感境界优化。

1.关于以规则性奠基情感境界框架

前文我们讲到规则性意味着约束性，现在我们还以约束性的三个面向来解释以规则性奠基情感境界框架问题。所谓以规则性奠基情感境界框架，即是以束缚性束缚“情主理辅”，以限制性限制“理主情辅”，以管束性管束“情理合一”。

关于以束缚性束缚“情主理辅”。讯问人的组织身份所蕴含的文化标签会与其情感逻辑产生冲突，文化标签制约讯问人的情感表达，情感逻辑驱动讯问人去积极调适情感并主动检验己之情感与文化标签间的方向是否一致，这决定了讯问人会在情感使用上使自己的真情感受与组织情感表达规则趋于一致，从而自然地把这种感受到的情感表达出来，随着讯问人个人身份与职业身份之间的边界消弭，其职业身份的公共价值超越了个人身份的私人价值，讯问人在潜意识里将对职业的热爱和对讯问工作的价值判断以及对自我职业发展恶信念投射到讯问责任动机运维上，使得自己对讯问责任动机运维思维产生了真实大于伪装的情感,讯问人也由此产生了更多的真实思维,这些真实思维意味着讯问人内心的真实感受并未发生变化,只是讯问人基于其身份角色承载的职业属性在纪法规则的影响下自动屏蔽或隐藏了己之负面情感,原因是讯问人在处于特定的组织环境氛围中需要展现出与组织要求相一致的情感以便党组织对其进行身份识别,便于党组织以情感来验证其是否是一个真实可靠的人。这也意味着组织文化和纪法规则中的情感法则会影响讯问人体验和表达情感。这里所讲的情感法则是指讯问人在特定的履职尽责情境中自我负责界定与重构其情感体验和表达的准则或规范体系。这些情感法则包括:讯问人对党组织有感情,热爱职务犯罪讯问工作;讯问人认为纪法教育是有巨大价值的,能够充满热情地去进行讯问责任动机运维;讯问人会发自内心地热爱审查调查工作,享受职务犯罪讯问工作带来的成就感。讯问责任动机运维中所隐含的情感法则会使讯问人在进行讯问责任动机运维时感到自己必须且有义务去体验和表达一种符合动机运维情境的情感,讯问人在对讯问责任动机运维进行价值判断时通常认为如果自己表现出的情感不适合讯问责任动机运维情境则应该予以自我调节。这种情感嵌入使得讯问人体验到真实的情感,情感法则对讯问人具有天然的约束力,规定着讯问人应该表现出哪些情感和应该抑制哪些情感,在这种强大却又无形的法则制约下,讯问人更加愿意以束缚性来束缚"情主理辅"情感境界框架,以使自己的情感境界更加符合讯问责任动机运维要求。

关于以限制性限制"理主情辅"。讯问人情感的产生和发展嵌套在组织文化和纪法背景中,讯问人的自我、被讯问人代表的他者、讯问情境这三维度勾勒出讯问人专业发展的情感样态,这种勾勒能够使我们洞察讯问人情感表达中表层表演和深层表演、真实的情感表达与抑制的情感表达这三重空间中的实然与应然,讯问人的情感价值意蕴最终落在以人为本的纪法专业发展上,具体表现为纪法知识外显与讯问情感内融呼唤讯问人立德树人本质的回归;感性经验和审慎反思意在唤醒讯问人的自我主体性觉知;以真实温情和质朴良心构建出情感与人文导向交相呼应的讯问人纪法专业发展模式。下面我们结合情感地理理论和情感困境概念详述之。讯问人专业发展具备在纪法空间的内生长潜力,其中必然涉及价值观传递、情感体验和情感管理与表达,故而情感作为讯问人专业发展中的重要维度正日益成为重要议题。情感地理理论和情感困境概念能够诠释讯问人的情感样态,前者所关注的是人际互动视角的"他者"对讯问人情感产生的影响,后者所聚焦的是特定讯问情境下讯问人与被讯问人互动所面临的情感困扰。根据情感地理理论,我们可知情感地理理论注重对物理层面的空间属性和人际互动结果与境脉的空间性进行构建、感知和再现。下面我们从情感地理人际互动的空间再造角度讨论自我与他者的关系。社会文化、道德、专业、政治和物理五个维度构建了讯问人的情感地理。所谓社会文化地理是指讯问人在与他人(包括被讯问人)相处的过程中之所以感到难以理解的陌生疏离,原因是源于嵌套在交往模式中的纪法文化领悟差异,由此即产生了消极的情感体验。所谓道德地理则涉及更多的专业判断和价值判断,在人际理解层面我们可以看到和谐会激发出讯问人的讯问热情,也会使讯问人随之收获更多的专业认可,但当讯问人的个人理念与组织理念产生矛盾时,讯问人便会面临着应为与能为之间的道德困惑,这种情况使得讯问人的情感具备了专业与道德的双重属性,进而在内心的情感冲动与外在机制之间形成了张力,讯问人面临着掩饰情感和表达真实情感间的选择。专业地理是指讯问责任动机运维的专业标准背后暗含轻视或蔑视被讯问人所代表的他者的思维模式,讯问人应该理性避免这一现象以规避轻视或蔑视的情感牵制。政治地理强调情感与讯问人的权力状态关系,由于受诸种复杂的政治关系的钳制,有很多时候讯问人无法合理地表达情感诉求。物理地理是指物理距离增加了讯问双方之间的情感理解风险,有时候使得情感交流陷入困境,双方互动强度过大会使双方各自产生心理不适,双方互动强度适当会使双方的人际理解不容易遭受侵害,两者之间的偏差有时会使被讯问人漠视或拒绝讯问人的情感流露。下面我们从情感困境中的应为与能为角度讨论讯问人自我与讯问情境的关系。此谓情感困境是指当互动情境中出现了与讯问人以往认知相悖的局面时,会促使讯问人不得不额外耗损精力去调控和平衡自己的情感表达,以消除由于不对称信息所带来的情感困扰现象。在此过程中,讯问人面临着本应该能却不得不的两难选择,感受到从应为到能为的情感落差。物理情境的改变和符号系统的重组是这种困境产生的重要原因。情感困境源于情感缺失和情感异化。一方面在讯问互动情境中,讯问人由于不掌握最新的时代知识而做不到对新时代主流文化知识的提取和表达,以致讯问人仿佛减弱或丧失了基本的讯问能力,感觉对被讯问人无话可讲,原本应该充满互动的讯问开始失语和沉默;另一方面有的讯问人对讯问室具有一种莫名其妙的不适应感,常常感到难以与被讯问人进行有效的情感互动,当讯问人长期处于这种状态时便会致使不良情感无法释放，当积累为患时即会无法打造属于自己的正面情感，感觉自己与被讯问人是一种对抗关系，从而在根本上忽视了自身正面情感对讯问的支持。讯问情境可以提供既定且稳定的符号系统让讯问人解释自己所处的讯问情势，并以这种方式使讯问人稳定自己的情感。当讯问人的个人符号系统与讯问情境中的符号系统存在较大偏差时，讯问互动所赖以存在的一套编码系统即需要进行重组和改造。讯问人在情感表达上能够以自身情感姿态唤起被讯问人的情感反应并得到被讯问人反馈基础上控制自己的情感呈现方式。在这种情势下，讯问人与被讯问人所各自依据的符号系统可能存在差异，彼此之间对思维和行为的解释与情感理解亦可能完全不同。再进一步说，讯问情境作为讯问互动赖以存在的条件，其变化情势会带来符号系统的波动，不同符号系统间的差距和冲突肯定会影响处于这种张力结构中的讯问双方，加剧或减缓双方之间在政治、专业、道德和社会文化方面的既有差异，从而影响到讯问人情感讯问的性质和强度。下面我们从讯问人专业发展中情感表达的三重空间角度讨论讯问中出现的情感扮演、情感真实、情感抑制问题。从讯问人自我、被讯问人所代表的他者、讯问情境三个层面分析讯问人专业发展的情感样态，有助于全景勾勒讯问人在讯问活动中隐匿的情感维度。在这个基础上还可以洞察讯问人情感表达中表层扮演与深层扮演、真实的情感表达、抑制的情感表达这三重空间的实然与应然，进而搭建起讯问人专业发展的情感分析框架。讯问人需要在特定情势下做出特定的情感行为和表现以避免被认为是情感不正常者，讯问人为此目的会在不同的讯问情境中采用表层扮演和深层扮演两种策略来调控和表达己之情感，这需要讯问人自行压抑真实自我。所谓表层扮演是指讯问人只改变己之外部情感表现而故意伪装出适当的情感。当讯问人感受到的情感与外界要求感受的情感存在偏差时，讯问人便会有意识地掩盖自身真实情感，表演出与外部要求相一致的情感特征。在此过程中，讯问人是被动迎合外界要求来改变自身情感表现的，往往表现出一种消极顺应。深层扮演是指当讯问人觉察到自身实际感受到的情感与外部要求存在偏差时，能够自觉自主地通过调适内部心理状态以实现自我调整，以此产生适当的情感表达，这时的讯问人情感是改变了的内在情感的自然流露和自然表达，讯问人通过这种认知冲突——认知调节——认知重构——自我接纳形式进行心理调适，表现出自愿式的积极配合并能够进行自我悦纳和自我说服。随着新时代的社会转型，讯问人正经历着个人与集体和奉献与自我间的冲突磨合,讯问关系日益复杂,讯问人压力陡增,处于这种状态的讯问人往往会倾向于压制负面情绪而以正相且理性的情感状态向外界传递“专业化”的身份特征。但从情感赖以存在的讯问互动中的人际关系来观察,外界对讯问人角色“应该是什么样”的理想性期待与讯问人自身“实际是什么样”的现实状态存在弥合空间,工作的长期枯燥无味有时会导致讯问人情感衰竭,在面对应该表达积极情感的讯问环境中表现出疲惫态势,这意味着抑制情感表达。换言之,抑制情感表达是讯问人在不被信任且承受问责压力状态所表现出来,如果讯问人被视为专业人士,在讯问中具有高度自主权,能够自我决定讯问情势发展方向,并且外部对讯问人的指责又较少,那么讯问人可能会具备更强烈的职业认同感和高度的职业责任感,否者相反。真实的情感表达是未经雕饰的原始自然状态,处于这种状态的讯问人能够与被讯问人对等交流,能够切身体验到情感表达的愉悦。但在职务犯罪讯问过程中,讯问人并不总是能够进行真实的情感表达,由于讯问情势的复杂性,讯问人有时难免需要掩饰自己的真实情感,调适己之情感表达方式来使其符合社会文化期待的情况。因为讯问人是社会性的存在,在讯问过程中难免与同事或被讯问人发生冲突,这些冲突会在讯问人心理上产生不同程度的映射,故而讯问人在表达己之真实情感时通常会反复思斟,有的讯问人为避免流露真实情感而给自己带来困扰,有时会选择隐藏真实情感以掩饰自身感受并表现出符合大众期待的样态。下面我们从在规训与释放中寻求调和角度讨论讯问人专业发展中的情感法则。讯问人情感表达的三重空间中隐含着一定的情感法则。所谓情感法则是指在文化、社会或组织情境中由那些界定或重构情感的准则和规范体系组成的法则,这些规范体系或准则通过建立情感管理或情感交换的权利义务并以此逐层引导讯问人的情感活动,故而我们有必要在暗含权力关系的组织架构中洞察隐匿于讯问情感背后的权力关系,以明晰讯问情感在组织体系中的运行脉络。情感规训是一种嵌入式的微观权力,与组织场域中的各种社会关系交织融合。具体讲,情感规训能够为上述微观权力提供运行框架,制约着讯问人的情感表达并起到强制性的情感规训作用,倘若讯问人情感活动的延伸方向与规训体系的运行规则相同,讯问人的专业实践即会被认为是正当且合理的,讯问人就能够感受到组织的信任与认可,同时会被同事认为是富有理性且可靠的专业讯问者。倘若讯问人背离相关准则并呈现富有个性情感特征的言行便会被指责为不靠谱和难以被信任。因此讯问人为规避风险便会有意识地管理和筛选己之所呈现的情感状态,以满足大众期待或选择于沉默中遵循秩序以换得专业身份认同。情感的释放即是讯问人在情感表达中追寻自我。讯问人情感释放表现为:对被讯问人具有发自内心的认同;在被讯问人面前流露出骄傲自满或自信大胆以为自己提供关心和支持;对同事和组织友善谦逊,在合作和遵从中寻求进步,面对冲突时及时表达己之正面情感并避免极端情绪对讯问的干扰;对纪法教育和讯问责任动机运维充满热情并能及时补充知识和更新讯问专业能力;具备过硬的纪法教育胜任力和讯问责任动机运维能力,能够挖掘出纪法知识中的情感因素并产生共鸣,营造充盈情感张力的讯问气氛等。当讯问人的真实情感与所属组织希望呈现的情感更加贴合时,讯问人所能够获得的社会支持就会更多,所感受到的心理压力和职业失落感就越少,这时的讯问人也会更加欣然的呈现情感以寻求组织和社会的进一步认可。不同理性驱动下修正过的虚幻情感和讯问人情感的释放更强调一种真实且真心的讯问互动。最后,我们从呼唤以人为本导向的专业发展角度讨论讯问人情感的价值意蕴。讯问人会以纪法知识的外显与讯问情感的内融方式回归立德育人本质:讯问人除向被讯问人传授纪法知识精髓外,还担负着表达关爱并引导被讯问人改过自新的专业责任,因此讯问情感具有主观特质并能够凸显讯问人的价值理念和人文素养,我们关注讯问人的讯问情感既有生理层面上的育人价值,还有教育层面的育人意蕴,更有维护讯问责任动机运行的强烈责任内涵。讯问人会以感性经验与审慎反思形式自我唤醒自我主体性觉知。讯问人的存在首先是一种有意识的行为,而这种主体性的浮现则体现为讯问人的意向性表达。讯问人自我主体性的觉知表现为:讯问人对纪法教育场景和讯问责任动机运维情境中的自我经验进行识别和反思后,会主动审视经验与纪法知识融合的合理性以及自我经验在纪法教育和讯问责任动机运维场景中的适切度,进而对纪法教育和讯问责任动机运维实践进行改进;讯问人在意识监控下会主动运用自我经验解释纪法教育和讯问责任动机运维场域内的人际互动及其社会关系,并通过刻苦练习把经过改造的自我经验投射到纪法教育和讯问责任动机运维中,此知觉过程倾注了讯问人大量的有意注意,使得讯问人的自我经验与专业实践勾连起来,是讯问人专业素养的充分体现。讯问人自我主体性的觉知表征着讯问意志浮现和自主行动凸显,在组织文化情境中表现为讯问人能够主动选择对其专业发展有益的纪法教育和讯问责任动机运维方式,能够主动践行己之承担的讯问职责和讯问责任动机运维事务,有勇气在制度环境下作出自己的选择。讯问人的主体性在实践中不断涌现、转化和进步,通过与讯问环境和结构性因素、支持性资源和社会景观的互动得到发展。讯问人会以真实温情与质朴良心去建构情感和人文导向交相呼应的专业发展模式。这项模式关注的是讯问人自我主体性的发展,更加注重讯问人个人德性和情感在内的品格提升。之所以要倡导这种发展模式,是因为情感不仅是受人当下的感受、价值判断与理解、调适行为共同影响的主观体验和表达,更是讯问人在整全工作经历中积累的客观感觉经验、情感定势和价值倾向,这些主观体验和客观存在弥散在讯问人的生命领域中,成为蕴含理智、价值观、品格和行为能力等素养发展的生命材料,更为重要的是,讯问人在充满情感的讯问中作为讯问的创设者和引导者是真实的个体,这种真实体现在讯问人能识别与接纳己之真实的情绪和身心状态,心智开放而不固化,在讯问和讯问责任动机运维活动中葆有专业热情和专业知识素养并向被讯问人传递。这种模式将个体置于情感理解中心,使得置身于中的讯问双方因情感关系的获得而体会到教育之美。讯问人以情感作为专业发展的底色,在专业实践中将充盈着的情感从幕后转到台前,会以限制性限制"理主情辅"的情感境界框架,从而体现情感是其获得讯问责任动机运维的精神力量的主要来源。

关于以管束性管束"情理合一"。讯问人在讯问责任动机运维过程中,会基于自身能力和讯问水平表现出三重境界:第一重境界是"教"本,即讯问人能够熟练掌握纪法知识内容,在讯问中的表现即是照本宣科;第二重境界是"师"本,即讯问人能够对纪法知识加入己之认识和理解甚至重组,在讯问中能够做到旁征博引;第三重境界是"生"本,即讯问人能够将纪法知识内容与自身或被讯问人对接,形成既适合讯问人自我施教和自我受教的内容与既适合讯问人施教又适合被讯问人受教的内容,真正做到在纪法教育和讯问责任动机运维内容中既有讯问人主体的存在又有被讯问人主体的存在,在纪法教育和讯问责任动机运维中能够促进讯问双方积极的互动。讯问人要想达到第三重境界需要先透彻地了解被自身和被讯问人思想和素质现状,明晰纪法教育和讯问责任动机运维内容与自身和被讯问人体验之间的关联点,明悟学习相关纪法知识的心理活动过程和规律以及熟练相关的施教和受教方法以及讯问责任动机运维方法。这里的"书"本是指讯问人在学习和讯问中仅单纯注重自我领会和向被讯问人传授纪法书本知识,不注意自身和被讯问人怎样"学好"并且还附带产生"乐学"的情绪,机械死板地将纪法知识内容与简单自我领会和简单宣讲画上等号，把自我和被讯问人矮化为盛装纪法知识容器，具体表现为：讯问人对纪法知识的掌握仅仅停留在对基本概念的表层理解上，较少借助对纪法知识的透彻认知和深刻领会，不去体验纪法知识符号所承载的纪法思维方式和内在纪法情感，忽视了人与知识之间的内在关联的建立，尤其在讯问中的讯问责任动机运维方面通常孤立且肤浅或亦步亦趋地照本宣科。这里的“师”本是指讯问人在纪法知识呈现时依托自身经验且用自身理解代替纪法知识内容意义与自己或被讯问人对纪法知识内容所生成的意义，具体表现为：讯问人能对所领会或所施教的纪法知识加入己之理解和认知甚至重组，在纪法教育和讯问责任动机运维中能够做到旁征博引，但却用己之理解去代替纪法文本意义，忽略自身或被讯问人的意义探索，依靠单项知识传授把纪法知识塞进自身或被讯问人头脑，导致自身或被讯问人的意义世界与施教内容的文本世界产生脱节的结果，无法促进讯问或运维经验的链接内化、改造和改组，终致学习者人生意义的荒芜。这里的“生”本是指讯问人在对纪法知识内容把握上能将所欲教和学的内容与自身或被讯问人的已有知识经验对抵结合，生成适合讯问双方的内容，做到施教内容里真正有双方的主体存在，具体表现为：讯问人对施教和受教的知识内容的把握不是停留在知识符号表面的理解上，而是把准知识的核心内容，对接自身或被讯问人已有知识经验，并结合自身或被讯问人的认知规律和思维特点去调动双方的情绪和思维的兴奋点，引导自身或被讯问人在感知中实现纪法知识的意义建构与生成。对“生”本施教和受教内容把握特点是强调将其与“书”本和“师”本统一于纪法教育中，最终的落脚点是有助于自身或被讯问人对纪法知识的生成和意义世界的建构。具体的表现是：形成动态生成性知识；生成于“纪法文本与自我经验之间”的施教和受教内容；体现为“对话交往式”的施教和受教过程；形成主动参与“意义建构”的受教观；共历“生命成长”的施教与受教关系；讯问人实现第三重境界的策略是：熟透自身或被讯问人；明确而清晰地利用新旧知识联结点和异同点，改造原有知识经验，挖掘新知识的生长点，抓住时机巧妙引导自身或被讯问人快速建立起新旧知识经验间的内在逻辑，强化双方思维的正相发展并引导自身或被讯问人从原有知识经验中“生长”出新的知识经验；熔化施教和受教内容；明悟自身或被讯问人学习纪法知识时的心理过程和学习规律；在呈现施教和受教内容时，不仅要从内容本身特性出发考虑适合哪种方式，还要从自身或被讯问人心理出发以最有利于双方深刻掌握的方式呈现新内容,让讯问双方既"乐学"又能学会如何学。根据讯问实践经验,讯问中的施教和受教离不开讯问人对纪法知识内容的把握,这种把握的效果好坏直接关系到讯问双方的学习绩效,亦关系到讯问双方在学习过程中的情感体验,讯问人只有将施教和受教内容对接住自身或被讯问人,并掌握自身或被讯问人施教和受教时的心理活动走向,溶解并化开纪法知识于细微处,纪法知识才能真正走进讯问双方的内心深处,但就讯问人来讲,讯问人为达此目的会自觉以管束性管束"情理合一"的情感境界框架,主要是以有效防止单纯地以"书"本为要或单纯地以"师"本为要,而欲以这两种有效防止方式实现"书"本、"师"本与"生"本之间的辩证融合与有机统一。

2.以强制性提升情感境界层次

情感是讯问人在纪法教育中形成的一种精神现象,是讯问人精神世界的重要寄托。情感境界层次指的是讯问人对纪法教育的关切和喜恶的程度与档次,能够引起情感共鸣是纪法教育的至高境界。提升情感境界层次是指讯问人在情感态度与价值观方面始终保持对情感境界最高层次倾心追求的态度,在纪法教育中对讯问责任动机运维逐渐由感官触摸发展到认知理解并形成一种相对完善或理性的自我情感思维。以强制性提升情感境界层次是指讯问人以自我强制手段倾心追求己之情感境界层次的提升,始终保持倾向最高情感境界的价值观目标。具体来讲,就是讯问人按照纪法规范和审查调查规范有目的有计划地对己之心智发展进行自我培育,以提高己之领悟和践行能力,以强制性帮助自己以相对成熟或理性的思维认知对待讯问责任动机运维。这种强制性在此表现为:强制培养内在秩序,培育以专注为本情感;强制植入情理原则,培养以热爱为本情感;强制植入逻辑思维,培养以准确为本情感;强制扩充放大形式,培养以领悟为本情感;强制注入创新动力,培养以践行为本情感。

强制培养内在秩序,培育以专注为本情感。所谓强制培养内在秩序,是指讯问人自我强制形成学习内容和学习方法的内心秩序感受和秩序理念。就学习内容讲,即是讯问人要学深悟透纪法秩序的概念及其所隐含的意义层面的知识延展;就学习方法而言,即是讯问人要自觉经历由低阶学习到高阶学习的磨砺。我们先讲如何理解所学纪法知识内容。首先要理解纪法秩序的概念和特征:纪法秩序是纪律和法律在调整组织关系和社会关系时在人们之间所产生的动态化、条理化、规范化、模式化和权威化的组织生活方式和社会生活方式;纪法调整是纪法秩序的前提,有序的组织关系和社会关系是纪法秩序的本质,规范化的存在方式是纪法秩序的目的;纪法秩序的外在特征是适时性、文化性、稳定性和公共性,内在特征是纪法规范性、社会动态性、实践条理性、模式性和权威性。纪法秩序的结构:纪法秩序以纪法规范为前提;组织关系和社会关系是纪法秩序的内容;纪法行为是纪法秩序的客观要件;主观目的性是纪法秩序的主观方面;人们把握纪法秩序存在方式的形式要素。纪法的内在秩序是社会关系的现状和发展以及社会各方面共处与活动都呈现出符合立纪立法者意图的有序状态,这种状态包括社会主体之间有序的关系状态和社会主体为了实现特定关系而开展活动的有序状态。其次要掌握纪法秩序的内容:纪法秩序包含一个正式的纪法规则体系所制定的整套结构性标准以及该结构性标准的实践运行状态,并隐藏着这些结构性标准与实践运作状态。在当代中国,纪法秩序包含政治话语、法律话语和道德话语;道德话语强调当事人同意的过程和当事人未来利益的最大化和良好恶社会效果,此乃构成道德话语的合法性基础;政治话语主要指由我们党缔造的且为了一定政治利益和政治目标的话语体系,其核心是将纠纷及纠纷解决纳入到我们党自身的执政理念中,在强调全面发展的当今中国背景下,政治话语的意蕴是在"革命哲学"的本色下不断强化其自身的社会功能,满足社会主体的相对公平和实现社会的良性运行,此构成了当代中国政治话语的合法性基础;法律话语主要是以西方形式理性为导向且以程序性正义为核心价值的话语体系,其合法性基础是确定一种理性建构的且可预期的制度框架以实现社会主体在经济政治上的自由,这种话语以移植方式进入中国,因而法治成为所欲实现的理想型社会秩序形态。再次要理解纪法秩序的价值:纪法秩序对组织生活和社会生活的价值可分为基本价值和深层价值;基本价值是制度价值,深层价值是精神价值;复次要掌握纪法秩序的功能:纪法秩序是一种制度化了的社会秩序,是作为纪法的基础性保证而存在的,纪法秩序更多地表现为价值而非目的,原因是纪法规范促使人们积极地对它进行维护。纪律和法律是一种秩序性社会存在,纪律和法律的形成与独立意味着内在于纪律和法律同其自身本性相适应的价值和价值观念的生成与独立,纪法秩序不同于其他社会秩序的显著特征是以党内法规与法定制度为纽带而形成而运行,纪法秩序是组织运行和社会发展秩序体系中的基础和核心。政党管理和国家管理主要方式是纪法调整,纪法调整目的是实现纪法秩序价值。纪法秩序在满足组织要求和社会要求前提下,不仅满足部分人和全体人民的发展要求,还要满足物质文明、政治文明、精神文明和生态文明发展的要求,最终为个体人获得全面和谐发展提供坚强的纪法保障。复次要理解纪法秩序的形成方式:纪法秩序实现的形成是通过社会主体自觉遵纪守法和规范强制遵纪守法两种途径实现的。再次要掌握纪法秩序的评价原则:一是综合性原则,对多系统、多因素和多层次的纪法社会运行作周密且全面的考察,对纪法社会运行状况作出整体性评价;二是协调性原则:即是对纪法各子系统及其各要素和层次间的相互配合以及纪法与其社会环境的协调进行考察,具体包括环境性协调考察,结构性协调考察,功能性协调考察,结构与功能间的协调考察,纪法规范与纪法行为的协调考察;三是人的全面发展原则,即是对人的真正醒悟和人的各种需要的合理满足情况进行考察;四是发展原则:即是结合纪法秩序状态的过去和现在预测纪法秩序的未来状态。最后要掌握如何构建纪法秩序:完善纪法制度;营造良好的社会环境;提高社会主体的纪法意识;推进社会改革;探讨纪法本身价值。就学习方法而言,讯问人要从理解、掌握和运用纪法秩序知识开始学习,经过努力付出发展到分析、综合和升华的理想状态,不仅满足于掌握纪法秩序概念,还要以此为出发点深入理解纪法秩序的知识意义层面的诸多内容,在对纪法秩序的知识认知上拓展其广度和深度,最终达到立体式掌握纪法秩序知识并形成对此的知识运用能力,自觉用来指导讯问责任动机运维。在这个“看见、知道、做到、内化”的学习过程中,讯问人要自觉培养对纪法知识学习的兴趣和强化培育自我专注力。对纪法秩序知识学习的专注力反映了讯问人积极的行为态度和良好的行为倾向,属于讯问人学习品质的重要内容,也是讯问人终身学习与自我发展的必备能力,良好的专注力能够帮助讯问人以高度的趋近知识情感完成学习任务、主动克服刺激和干扰、高效提升学习效果,进而促进讯问人的知识升华能力。由于学习的艰苦性有时会导致部分讯问人出现情绪怠倦情况,影响了对纪法秩序的学习效果,这时的讯问人以积极的学业情绪提高学习专注力对实现全方位掌握知识具有十分重要的动力作用。

强制植入情理原则,培养以热爱为本情感。情理是人的常情和事物的一般道理,是讯问人正当情感的诉求,是讯问人认知世界、评断世界的价值尺度。简单地说情理即是人情和道理或个体情绪和思虑。对讯问人来讲,情理的大约意思是一种社会中健全的价值判断,尤其是一种衡平的感觉,或者说是常识性的正义衡平感,纪法意义上的情理指的是案情和事理。情理具有伦理性、道德性和主观性特征。作为有效避免冲突和化解纠纷的有效方式,情理具有不可忽视的优势和不可替代性,但本身具有的不可预测性、主观盲从性与现代法治国家所要求的法律确定性和稳定性相冲突。情理是法理的基础,法理需从情理中寻求己之正当性资源;法理是情理的延伸,情理需要法理的支持,法理的出现是对情理的升华,社会公认的法理自身即是一种合理存在的情理;情理和法理在本质、基本属性、价值取向、运作成本和违反后果方面具有不同性。要实现情理与法理的协调,必须重视情理文化和坚守法治精神,提升纪检监察干部素质和追求情理和法理的协调平衡。情理和法理在纪法裁判中应当是相互融合和相互协调的关系,然而在很多情况下两者却在一定程度上发生了冲突,无论是纪法裁判中纪法背离情理而致社会问题还是情理挑战纪法而致执纪执法困境,皆是我们在中国法治进程中所面临的现实处境。讯问人在纪法教育中应该在坚持于纪法裁判中引入情理具有价值引领作用和具备正当性的前提下,清醒分析纪法裁判中两者存在怎样的冲突、发生冲突的原因是什么以及导致的结果是什么这些问题,同时必须回答面对目前的困境应当在怎样的原则指导下通过合理方式方法解决冲突,如何协调两者在纪法裁判中的正确适用,怎样最终达致情理与纪法适用相互平衡的稳定状态,并在搞清弄懂这些问题的前提下,坚持"惩前毖后治病救人"原则,将情理强制植入纪法教育中,尤其是在运维讯问责任动机时要秉着职业热爱的情感,用足用好"四种形态",充分发挥"四种形态"在执纪执法中的调适作用,从而达到维护社会公平正义和稳定社会秩序的目的,以推动中国法治建设的发展。在这过程中,讯问人培养自己的职业热爱情感尤为重要。因为只有热爱执纪执法工作,讯问人才能投入精力和倾注感情,去主动掌握和体悟"四种形态"转换和"惩前毖后治病救人"原则的精髓,才能通过纪法教育强化讯问责任动机运维能力性,提高自己综合素质和提升讯问技能水平,成为一个既懂法律规定又具政策素养的专业讯问者。只有这样,讯问人才能坚持"符合合法性要求、符合正当程序要求、符合纪法效果与社会效果相统一要求、符合新时代发展进步要求"的冲突解决原则,自觉完善执纪执法的尽情尽理,提高纪法裁判的说理能力,增加纪法裁判质量的情理评判力度,推进自身专业能力建设,促进自己法治思维的正确树立。

强制植入逻辑思维,培养以准确为本情感。逻辑思维是指将思维内容联结和组织在一起的方式或形式。思维以概念和范畴为工具反映认识对象,这些概念和范畴以某种框架形式存在于讯问人的大脑中即为思维结构，这些框架能把不同范畴和概念组织在一起从而形成一个相对完整的思想并加以理解和掌握以达到认识的目的。因此思维结构既是认知结构又是讯问人运用概念和范畴去把握客体的能力结构。从此角度讲，逻辑思维是讯问人的理性认识阶段，讯问人运用纪法概念、判断和推理等思维类型反映讯问责任动机运维的本质与规律的认识过程。在纪法教育过程中，讯问人强制植入逻辑思维对保证讯问责任动机运维具有理性认知作用，可以培育自己准确认知和运用纪法知识的高级情感，有助于强力促进讯问责任动机运维。讯问人在保证讯问责任动机运维中，可以运用逻辑思维思虑自己对保证讯问责任动机运维的主体责任，思虑纪法知识的定义和分类对保证讯问责任动机运维的价值意义，思虑纪法概念相互之间的关系和在运维讯问责任动机中的位置顺序，能够使自己明确在纪法知识选择时以“谁”为主和以“谁”为辅去运维讯问责任动机，思虑按不同分类规则划分的纪法概念类别在运维讯问责任动机中的各自作用，思虑纪法知识在讯问责任动机运维各阶段发生作用的先后顺序等。讯问人具有准确情感以后，也可以加深对逻辑思维能力的理解和体会。逻辑思维是讯问人借助纪法概念、判断、推理等思维形式能动地反映讯问责任动机运维的理性认识过程，其通过对讯问人的思维及其结构和所起作用的规律的分析而产生和发展起来的，讯问人只有经过逻辑思维才能对讯问责任动机运维的认识达到本质规律的把握并进而全面认识讯问责任动机运维规律。讯问人以强制植入逻辑思维形式来培育自己的准确情感，这种准确情感可以反过来增强讯问人的抽象思维能力。

强制扩充放大形式，培养以领悟为本情感。领悟是指讯问人在纪法教育的特定情境下通过感受、直觉、联想、想象、感悟等非逻辑思维方式在整体上把握讯问责任动机运维的基础上对其进行意义创造的活动。领悟的目的不是在讯问人头脑中堆积更多的纪法知识信息，而是注重讯问人精神境界的提升，这是一个由外到内、由具体到抽象的整体把握过程。领悟是由感物、生情、立象、得意四个阶段逐层深入的过程。感物即通过感官刺激形成对讯问责任动机运维具体而鲜活和深刻而丰富的印象和感受；生情即是指由于讯问人对讯问责任动机运维产生的真切心理感受；立象是指讯问人在情感状态下由于思维被激活而引起的在头脑中形成对讯问责任动机运维各要素之间的联想并产生新的观念、表象或感受；得意即指讯问人已完全介入对讯问责任动机运维的深切体验中。这四个阶段是逐层深入且后者以前者为基础和为前提的逐步实现的动态过程。扩充是指讯问人扩大对讯问责任动机运维概念的理解深度和充实由概念延展出来的诸项知识的升华认知以使概念的意义得以增多。讯问人在纪法教育过程中通过强制扩充放大形式取得对讯问责任动机运维概念体系的内省性、悟得性、创造性和主题性认知。具体过程是:首先内在消化讯问责任动机运维概念:在初步接触讯问责任动机运维概念后,将其以信息形式在大脑中重新组织、加工和编码并使新旧知识得以匹配和融合,形成该概念已被讯问人占有的个体经验,为概念为基点延展其他意义层面的知识打好基础;其次是讯问人基于智慧灵性在对讯问责任动机运维的把握上实现意义融贯:讯问人经过对讯问责任动机运维概念的重组和创造,自动唤醒对概念的意义寻求,在理念深处得到由概念生发的串组知识,据此生发出对讯问责任动机运维的立体式认知;再次是讯问人通过整合讯问责任动机运维各知识要点实现对讯问责任动机运维的完形化,深刻体悟到讯问责任动机运维概念体系被认知升华后的关系意义,也就是感悟到运维讯问责任动机能够充分发挥其真正醒悟人和尽可能满足人的合理需要功能的价值意义。这就能增添讯问人对讯问责任动机运维的领悟情感,就能加深对促进人的全面发展原则的理性认知,就能会增强讯问人运维讯问责任动机的主动性和积极性,从而升华了讯问人的职业神圣感、责任感、使命感和紧迫感。

强制注入创新动力,培养以践行为本情感。人的社会性特征反映为尊重、情感、归宿和自我实现等社会需要,人的实践性特征反映为生活、学习和创造等实践性需要,而人的实践是一种能动性创造,其不仅创造了人的过去,而且为了人的将来发展将继续坚守着。这是讯问人必须认识到的人生哲理。这也是讯问人职业使命感的来源,那就是为了被讯问人的将来而坚守审查调查职业。强制注入创新动力可以使讯问人在讯问责任动机运维过程中遵循人性的制约性和规范性,能够主动以完整、科学和准确的人的特性为依据,能够时刻强调人的存在,学会尊重人和关心人。讯问人如果在强制注入创新动力时坚守这种人本原则,则首先会自我尊重己之个性和个性感受,就会更加注重纪法知识对促成讯问责任动机运维的合理性意义生成,就会在自我启发感悟这些知识的价值和意义基础上促使自己形成科学、合理、积极的践行情感、态度、价值观,就会在尊重生活的基础上深刻体悟到己之责任即不仅仅是服务于社会所需要的外在目的,还要实实在在地服务于被讯问人的内在目的,那就是真正理解被讯问人的存在和为了被讯问人的存在！打铁还需自身硬，讯问人为了具有过硬的审查调查本领，就会在深刻领悟人本性原则基础上在从事纪法教育时主动自我接受教育，具体到讯问责任动机运维，讯问人在进行设计和操作过程中便会秉持发展原则，无论是计划的拟定、方法的选择、方案的实施还是效果的检测，都会以自我促进发展为基本标准。讯问人通过强制注入创新动力来培养以践行为本情感可以为践行情感的自我发挥提供机会和可能。

3. 以调节性实现情感境界优化

此谓调节性是指讯问人为了提高境界优化目标和达到优化目标目的而主动自我调节认知和情绪的过程。在这个过程中，讯问人自我调节的各个阶段都能够制定计划、设置目标、进行组织、自我监察和自我评价，这是讯问人自主性的表现，是讯问人为达既定目标以自身正在进行的境界优化作为对象不断地进行监督检查和评价反馈以及调控的过程，这种调控涉及到一系列关联的认知和情感过程，这些过程共同作用于讯问人信息加工系统的不同部分。这种调控是讯问人对境界优化的认知进行监控、调整和控制的努力程度以及运用认知策略调节境界优化的动态过程。

讯问人的情感境界解决的是讯问责任动机运维的精神动力问题。而优化情感境界是为了通过对现有境界加以改变或选择使优良的方式满足讯问责任动机运维的精神动力需要。讯问人的情感境界包括人生观层面上理想、世界观层面的信念和价值观层面的目标。所谓人生观层面上理想是指讯问人经过对客观现实的判断对未来产生合理的想象、希望和向往，是讯问人所期望所信仰所追求的奋斗目标或未来图景；所谓世界观层面的信仰是指讯问人对习近平总书记关于新时代撸起袖子加油干的追求的信奉和敬仰；所谓价值观层面的目标是指讯问人基于己之价值观标准通过情感境界优化来满足讯问责任动机运维需要的具体构想。无论是人生观层面上理想，无论是世界观层面的信仰，还是价值观层面的目标，都是讯问人基于现实且超越现实的关于未来的美好预见和构想，其作为讯问人自我实现的崇高目标蕴藏着稳定持久巨大的精神力量，是激励讯问人为实现既定目标而努力奋斗的强大动力。所谓情感境界优化是指讯问人依据其价值观在总体把握情感境界现实后的主体思考和超前构建，其通过价值思维过滤掉那些与美好发展状态预设和期待不符的一切元素，保留那些符合未来美好图景构想和展望的全部元素，并将那些能够满足己之主观需要和价值目标的元素作为情感境界的核心组成部分，使之成为激励自己自我发展和自我成长的精神动力。运维讯问责任动机反映了讯问人对己之职业价值判断和追求方面的坚信不疑态度，是讯问人献身审查调查事业的根本动力。而优化情感境界则反映了讯问人始终保持专业实践热情的精神状态，坚持不懈地为之实现而努力则是讯问人具有强烈责任感和使命感的具体表现，彰显出讯问人对专业的忠诚、对事业的使命感、对工作的责任感、对专业发展的追求和对职业的奉献。

讯问人通过自我调节需要和意识与情感境界优化动力的关系来将需要和意识作为情感境界优化的主体动力。需要和意识内含讯问人的情感指数，需要和意识程度越强则讯问人趋近需要和意识的情感指数越高，情感境界越纯粹，讯问责任动机得以顺利运维的可能性就越大。否则相反。需要是讯问人全部思维和一切行动的动力来源，能对讯问人的思维和行动产生推动力量，其前提是能被讯问人意识到。需要一旦被讯问人意识到便会产生积极追求需要满足的心理，也即我们通常讲的欲望，这种欲望包括讯问人的生理本能以及精神追求和渴望。需要若无欲望做中介则不会产生动力。讯问人通常具有潜在需要和现实需要两种形式，所谓潜在需要是指潜藏在讯问人身上且并未在现实活动中明确表现的需要，所谓现实需要是指讯问人在现实活动中表现出来的需要，这两种需要一旦被讯问人意识到即会形成讯问人境界优化的自觉动力。在此过程中，讯问人成了境界优化主体，那么这种动力相应成为讯问人的主体动力，追求在境界优化中实现情感超越的潜在需要是讯问人优化境界的根本动力。而讯问人对自身专业发展的主观需要和境界优化中的现实需要也同时成为讯问人优化境界的动力来源。我们可以这样说，自我发展需要引发讯问人优化情感境界的动力，境界优化的需要触发了讯问人优化情感境界的动力，职业需要催生了讯问人优化情感境界的动力。从讯问人的一般发展而言，自我意识的形成可使讯问人有目的和自觉地影响己之发展。因为讯问人在把握自己与外部关系时具有将自身发展作为己之认识的对象和自觉实践的对象，并能够构建自己的内部世界。自我意识的形成表征着讯问人具有了自我塑造能力并因此能力而成为了自主发展的主体。这时的讯问人可以在自我意识中非常理智地复现自身和筹划未来自我以及控制当下思维，使得已有的情感境界水平影响今后的发展方向与水平程度，使得自觉意识到的未来发展目标能够支配当下的思维。对讯问人而言，主要有专业发展意识、实践反思意识和终身学习意识三种意识形式。因为只有具备专业发展自我意识的讯问人才能产生自主专业发展的内在动力,只有具备实践反思的讯问人才能产生研究实践和改进实践的主体动力,只有具备终身学习意识的讯问人才能产生自觉和持续优化情感境界的主观动力。此三种自我意识相互联系相互影响,共同推动着讯问人作为人的个体发展。故而无论是讯问人自身发展还是情感境界优化的改进,皆需要唤醒讯问人的自我意识,并使之拥有主动优化情感境界的不竭动力。我们可以这样讲,规划意识引领讯问人情感境界优化的动力,反思意识助推讯问人情感境界优化的动力。关于规划意识:讯问人是有意识的、自组织的和寻求意义的观念性存在,目的性是其思维的基本特征,其有一种固有的全面实现自身目标并形成新目标的内在动力,其人生价值和意义在于不断实现自有目标从而得以不断促进自我实现和自我超越;目标是讯问人指向未来的心理图景,引导着讯问人的发展方向和未来所欲达致的状态,故而目标作为指向未来的动力因素对于讯问人的思维起着往前牵拉的作用,为讯问人的自我发展和情感境界优化提供了强大的精神动力;具有自我意识的讯问人在对未来的追求中,包含着鲜明的对自身发展的追求并根据己之追求决定自己的思维策略,亦步亦趋地为实现己之理想人格、才华能力和价值目标而努力奋斗,这种自觉的追求思维是讯问人主观能动性在影响己之发展方面重要的和高度的体现。根据职务犯罪讯问实践,讯问人对于专业发展的自我意识按照时间维度可以分为三个面向:一是对己之过去专业发展过程的意识,二是对己之现在专业发展状态和水平所处阶段的意识,三是对己之未来专业发展的规划意识。具有规划意识的讯问人经常会给自己设定未来专业发展的意向性计划并提出阶段性的欲达目标,这种心理图景能够为讯问人的自我发展提供方向和思路,能够为讯问人的情感境界优化提供指引和动力。关于反思意识:反思是讯问人在以优化情感境界来运维讯问责任动机过程中深思熟虑价值和意义的过程,是讯问人以情感境界优化为思考对象并对己之观念、思维和决策以及由决策所引结果进行审视和分析的过程,是讯问人通过自我提高觉察水平以促进能力发展和超越自我的过程。反思的最大特点是讯问人的主体性自主意识思维,其需要讯问人自主参与才能实现,故而具有反思意识的讯问人必定是自主的专业人士,这种自主性随着反思意识的发展而逐渐得到增强。具有反思意识的讯问人总是处于积极且主动的意识强烈状态,讯问人的反思意识越强烈,其情感境界优化的自觉性和自主性就越强,这种主动且积极的并带有自身追求的反思意识总能伴随、激发与指引讯问人的情感境界优化，使得讯问人在独具特色的优化情感境界情境中时刻表现出一种对讯问责任动机运维机会的敏感和自觉。明确的职业发展规划和职业实现目标是讯问人优化情感境界的牵引动力，而这种牵引动力的保持则需要讯问人具有反思意识，因为讯问人只有通过反思才能掌握与所欲目标之间的差距系数，了解自身差距才会促使讯问人自觉优化情感境界，倘若说规划意识是讯问人优化情感境界的牵引动力，那么反思意识则是讯问人优化情感境界的助推动力。

讯问人通过自我调节观念和认识与情感境界优化认知动力的关系并将观念和认知作为情感境界优化的认知动力。在职务犯罪讯问实践中，讯问人出现了状态分化，有的讯问人在职业生活中固守情感境界传统并不断重复着昨天，有的讯问人在职业生活中失却了自我并永远被牵着鼻子走，有的按照己之目标追求过着创造性的职业生活并享受着工作的意义和欢乐。这是由讯问人对自身职业价值的认识不同的造成的。讯问人对职务犯罪讯问价值的认识不同在对待情感境界优化上的态度有差别，这决定着讯问人对待讯问责任动机的运维状态也不同。讯问人如果生活在没有今天的昨天则其情感境界优化就不会发生了；如果生活在没有明天的今天则其不知道己之目标在哪里故而不需要优化情感境界；如果生活在蕴含着明天的今天则其需要优化情感境界。在现实中，绝大多数讯问人处于第三种状态。对讯问责任动机运维的创造性认识激发了讯问人优化情感境界的动力。讯问工作的创造性和艺术性不仅体现在情感境界优化内容设计上，更突显在优化情感境界情境中对各种突发问题的创造性处理，而这更需要讯问人的优化机智和优化智慧，这些机智和智慧是在解决问题的过程中渐渐生成的，生成的手段即是思考和反思，由此可见这种问题导向的思维对于讯问人智慧和机智的形成非常重要。那些把工作看成创造性艺术和注重自身智慧养成的讯问人会充分利用解决各种困难的机会来激发己之情感境界优化动力，并努力解决讯问责任动机运维中的各种困难和问题，因为其不将讯问当作手艺而是当作艺术。在职务犯罪讯问实践中，机械的生活消磨了部分讯问人自我提升和提升动力，这是由于这部分讯问人不善于观察分析讯问现象且不深入思考情感境界优化背后的本质以及其与讯问责任动机运维之间的因果联系造成的。这部分讯问人对讯问工作缺乏预见性且不能防止困难挫折的发生。因为如果讯问人不去研究、积累和分析就没有预见和创造，就没有丰富且完满的精神生活，年复一年重复发生的工作对其来讲难免是枯燥的和单调乏味的，这样就会导致其缺乏工作热情并逐渐对讯问工作失去兴趣，所有只有主动去研究和分析才能使讯问人从平凡或极其平凡中看出新的东西、新的方面、新的特征和新的细节，这是创造性进行讯问的重要条件，也是进行情感境界优化的兴趣和灵感来源。在现实中，也有部分讯问人基于自身理论素养欠缺不得不逼着自己去学习提高和尝试进行情感境界优化。对讯问工作性质和价值的认识是讯问人优化情感境界的认知动力。讯问人如果能够认识到讯问是一项极具创造性的艺术活动，那么这种认识怎能成为其不断优化情感境界的内在动力。同时，讯问人的自我认识亦能激发其优化情感境界的动力。讯问人对自我认识会产生两种结果，即会认识到己之进步和发展与认识到己之欠缺和不足，前者会强化讯问人优化情感境界的思维和自我效能感并形成新的动力，后者会促使讯问人通过优化情感境界弥补己之不足并使自己形成积极的情感境界优化动力。对于具有自我发展需要的讯问人来说发现己之不足更能激发情感境界优化动力。就讯问人的自我成长来讲，实践和理论均不可或缺，但鉴于讯问人各自的自身条件和欲求不同，两种类型的情感境界优化需求是不同的。对于有些新手来说理论学习可能并不十分重要，因为其大部分是带着理论进入讯问实践场域的，但是我们不能忽视这样的情况，即当讯问人能够熟练掌握讯问技能甚至能够创造性地进行讯问后，倘若缺少进一步的理论学习则会阻碍其进一步发展。如果将讯问必作给被讯问人上课的话，那么讯问人不能单单会上课，而是要会说课，这对讯问人来讲始终是个挑战。因为说课意味着讯问人能够重点讲出讯问设计目的、原理和理念，考验的不是讯问技能的熟练程度而是讯问人的理论素养，考察的是讯问人对讯问的理性思考和讯问理论知识的储备，这就要求讯问人必须意识到理论学习的重要性，只有这样才能保证讯问的严谨性和流畅性。如果讯问人不具备说课功夫的理论积淀，那么就会在专业能力上长期处于“原地不动”状态，由此意义可讲讯问人对自我状态的认识即是其后续进行学习和发展并随之优化情感境界的认知动力。

讯问人通过自我调节兴趣和责任与情感境界优化情感动力的关系并将兴趣和责任当作优化情感境界的动力。情感是讯问人在思维活动中有特定目的和环境气氛而诱发的对境界优化的心境和态度及体验，是讯问人一种心理反映形式和思维过程，通常表现为欲求或厌弃、喜悦或悲哀、热爱或憎恨、满意或不满意、肯定或否定等心境体验，在讯问人的动机运维上情绪和情感体验占据着至关重要的地位。所以在讯问人追求真理获取知识之路上情感和情绪是认知思维的潜在动力,强烈的爱与恨都能激发讯问人内心的潜在精神力量。随着形势变化和时代发展,讯问人作为兼具情感和理智的全人思想越来越受到重视。讯问人是情感的存在,讯问是一种涉及人际互动的工作,无论是讯问人自我接受纪法教育或者是向被讯问人施教,纪法教育都是一种情感实践和情感劳动形式,讯问人的情感与其认知密不可分且与讯问人情感境界优化密切相关。讯问人在讯问中经常会发生紧张、惊讶、生气、愤怒、恐惧、兴奋、愉快、开心、喜欢、热爱等各种复杂情绪或情感体验,这些体验可能影响讯问人的认知和情感境界优化动机,负面情绪通常会减弱讯问人的内在动机,否则相反。但有一点在这里我们不能忽视,那就是如果讯问人积极对待负面情绪并将其看成是健康的情绪,那么这也会成为一种正相动力。无论是作为喜好的情绪还是作为特殊的心理倾向,兴趣都是讯问人基于认知和探索讯问责任动机运维和优化情感境界的需要以推动自己去求知并探求的重要动力,是动力系统中最为活跃的因素。兴趣在讯问人认知过程中表现为一种强烈且无形的认知内驱力,这是因为兴趣与讯问人的认知需要相关,讯问人在参加其感兴趣的讯问活动时总会伴随着积极的且愉快的情绪和情感,并且在思维和认知过程中获得心理上的满足,故而能够调动己之认知能动性,使己之认知潜能处于最活跃状态,这样就能出色完成讯问任务。否者相反。从讯问人认知过程来观察,积极情绪体验是兴趣产生动力作用的内在条件。我们无论从事何种工作都需要具有责任感以对得起职业和岗位要求,对讯问人而言,责任意味着只要走进讯问室就必须说好课,只要面对被讯问人就必须育好人,从这个角度讲责任感比热爱更重要。既然选择讯问岗位就得无怨无悔,就得努力尽责,这是讯问人肩负的一种责任,这种责任感是讯问人自我敦促情感境界优化的情感动力。

讯问人通过自我调节决心和毅力与情感境界优化意志动力的关系并将决心和毅力当作优化情感境界的意志动力。讯问人意志的基本过程是自决心经由信心至恒心。讯问人意志过程中的主观意志因素的存在使得意志具有调节和支配讯问人思维的作用,这种作用是发动与确定的目标相符合的思维且抑制与原定目标相违的意愿,即,抑制哪些仅追求眼前利益的意愿和冲动而去追求更高的目标并进行与原定目标相适应且有计划的思维。讯问人的意志具有自觉性、果断性、坚持性和自制性特征:自觉性体现在讯问人能够有意识地确定思维目的并独立地根据既定目标的有效调节和支配己之思维,轻易不受外部影响而改变决定;

果断性表现为讯问人在受到外部环境影响时能够根据思维目的及时作出判断和决定且能够当机立断;自制性意味着讯问人善于驾驭自我且能够控制己之不良情绪和消除外界诱惑的干扰,遇到困难挫折不言放弃而能够忍受痛苦;坚持性即是讯问人具有坚定信心和顽强毅力来克服困难并能够做到坚持不懈和有始有终。意志是讯问人激发和控制己之思维的精神力量,是讯问人进行理论认知的激发和控制机制,这是因为意志作为讯问人能力结构中的动力因素不仅在思维基础上对己之需要和情感进行选择和巩固并确立认识目的,以此保证己之认识具有明确的方向性,意志能够对讯问人内部不同品质和强度的情感进行选择、整合和驾驭,使之构成持续稳定的内驱力量,保证己之认识活动过程具有稳定性,还能够对那些妨碍讯问人认识和把握情感境界优化本质和规律的情感因素及其心理状态进行抑制和排除,以此保证己之认识活动结果的客观性。讯问人在讯问实践中总是要受到各种需要和情感等内在因素以及对象或环境等外在因素的影响。意志通过对讯问人内部精神世界的自我意识和自我评价,努力保留与巩固那些具有优良品质的情感等内在因素并使之在强度上和讯问人当前思维所需要的唤醒水相适应,进而构成讯问人思维过程持续稳定发展的动力源泉,同时意志又压抑或排除那些干扰或妨碍当前思维活动的消极情感或外界的消极因素以兴利除弊,以此保证和促进思维活动的持续和深入发展。意志是讯问人人为实现特定目的而调节支配己之思维的心理现象和精神力量。优化情感境界作为讯问人认识讯问责任动机运维的主体活动,经常会受到各种因素的干扰,经常会遇到各种各样的困难,这就需要讯问人意志的介入与调节并为其提供持久的精神力量。我们常讲干事创业要有决心、要有毅力、要有恒心。有决心即是要自觉明确情感境界优化目的,确定实现目的的行动方案;有毅力即是在面对困难时不言退而勇于挑战自我和敢于克服困难;有恒心即是要有锲而不舍的精神和金石可镂的心态。对于讯问人优化情感境界而言,意志是讯问人为实现专业成长的目的,自觉地调节和支配己之优化行为,消除各种干扰因素和克服各种困难的心理状态。相对于情感是讯问人产生优化情感境界动力的直接因素,意志则是确保讯问人优化动力的持久性的精神力量,特别是在面对困难时使自己继续保持积极的情感和不懈的追求。

三、保持动力系统结构的稳固性

与讯问责任动机的密切关系使纪法教育在职务犯罪讯问中具有特殊地位，这意味着以纪法教育功能为考察对象可以从一个侧面揭示出职务犯罪讯问责任动机运维的内在规律，可以揭示组织资本在讯问责任动机延续巩固中的作用，可以透视纪法教育作为制度性安排对于讯问责任动机运维所具有的政治功能。讯问责任动机的主体特性和所蕴含的特定价值理想追求决定了其对职务犯罪讯问的持久维护以及理想实现有着内在的诉求，这就要求纪法教育能够为讯问责任动机动力系统结构稳固提供持久动力，本文将这种持久动力定义为以讯问责任动机动力系统结构稳固为主要目标而展开的各项支持性活动并由此而形成的纪法形态。由于讯问责任动机动力系统结构稳固在持久性支持中处于基础地位，这就决定了要保证持久性支持就必须充分发挥纪法教育功能。在保证讯问责任动机动力系统结构稳固的各项措施中，包含一系列能够增强和维护纪法教育与讯问责任动机动力系统结构之间契合程度的内部资源性要素，即规范、关系和功能禀赋，这些资源性要素的总和构成了组织资本。在讯问责任动机运维和动力系统结构稳固意识驱动下，纪法教育内部形成了供给机制，组织资本在此机制作用下于纪法教育内部获得了再生产，从而为讯问责任动机动力系统结构稳固奠定了组织内自我维护的基础。纪法教育作为组织资本供给机制与讯问责任动机动力系统结构稳固相结合的特殊活动，标志着组织资本供给机制的具体形式和制度安排获得了功能发挥场域。在组织资本供给机制逻辑和讯问责任动机运维逻辑的共同作用下，纪法教育的政治地位得以在职务犯罪讯问中巩固，两者在经过一定形式的互动后，纪法教育成为讯问责任动机动力系统结构稳固的特定规范供给途径，从而使两者之间组织资本形成了制度化的衔接。在组织资本供给机制中，纪法教育并非单独起作用，而是与思想政治教育工作共同产生影响。但毋庸置疑的是，纪法教育为讯问责任动机动力系统结构稳固提供了更多的组织资本。由改革开放永不关门的新时代所带来的社会转型和政治发展，既对讯问责任动机运维提出了新要求，也使纪法教育的方式面临着新的挑战。纪法教育通过不断推进自身改革和组织资本转型以回应这些要求，从而为讯问责任动机动力系统结构在新的现实条件下实现稳固作出具体贡献。至此，我们可以得出结论：纪法教育的特殊活动形式能够为讯问责任动机动力系统结构稳固生成和输送大量组织资本,从而成为讯问责任动机动力系统结构稳固的一个制度性安排,这意味着以讯问责任动机动力系统结构稳固为目的,不断为讯问责任动机动力系统结构稳固生成和输送组织资本就成为纪法教育主要的政治功能。

1.以规则性强化动力系统结构的稳定性

在讯问责任动机动力系统结构稳固的措施中存在一系列的内部资源性要素和相应运行机制,使讯问责任动机动力系统结构要素与纪法教育之间不断保持着彼此之间的契合度,从而为讯问责任动机动力系统结构稳固奠定了内部的自行运行机制和基础,我们将这些要素总和称之为组织资本。从职务犯罪讯问角度讲,组织资本供给机制无论出于何种阶段都要保证讯问责任动机的生成与巩固,没有讯问责任动机的生成与巩固也就不可能有成功的职务犯罪讯问,也就不可能有组织资本供给机制的存在。对于讯问人来说,培育强烈的讯问责任动机不仅是讯问成功的需要,同时也是正风肃纪反腐的需要。这就是说,保证讯问责任动机动力系统结构稳固是组织资本供给机制和讯问责任动机运维的核心内容和重要基础。此处言谓的组织资本供给机制即是围绕讯问责任动机动力系统结构稳固而展开的纪法活动的总和并由此而形成的纪法形态,其基本特征是:以实现讯问成功为己之使命,以保证讯问责任动机巩固和讯问责任动机动力系统结构稳固为主要保障,以讯问责任动机动力系统结构由内部引起要素、外部诱因要素和自我调节要素稳固组成为主要要求。保证讯问责任动机巩固和讯问责任动机动力系统结构稳固的基本特征包含两方面的规定性内容:一是工具性内容,即必须保证作为规范性的纪法知识系统的存在,然而只是这种存在或延续还不能称之为讯问责任动机及其动力系统结构稳固,因为这种知识系统仅是起到工具性作用,是任何讯问动机存在都必须具备的一个基本条件,并非是讯问责任动机所独有。故而我们必须看到虽然只是起到工具性作用,但这是讯问责任动机及其动力系统结构稳固的十分重要的基础性工作,缺少它讯问责任动机及其动力系统结构稳固就失去了具体承载的基础;二是价值性作用,即,是讯问责任动机与其他讯问动机产生根本性区别的价值规定。对于讯问责任动机来说,最重要的价值性内容有三个方面:代表讯问人的责任感和事业心,以实现正风肃纪反腐为自己的理想目标和职责使命以及以习近平新时代中国特色社会主义法治思想为指导思想。因为失去这三方面价值性内容,讯问责任动机性质就会发生根本性变化。三是主体性内容,即讯问责任动机动力系统结构要素必须为正相要素。

讯问责任动机及其动力系统结构稳固是纪法教育中组织资本供给机制的最为重要的工作和活动。从职务犯罪讯问实践来看,讯问人为了保证讯问责任动机及其动力系统结构稳固主要是在以下三个方面下功夫:一是讯问人自身建设,即全面提升己之综合素质;二是讯问人处理好讯问责任动机运维与纪法教育的关系;三是讯问人完成讯问责任动机运维各个阶段的现实任务。讯问人自身建设是讯问责任动机及其动力系统结构稳固的基础,是保证讯问责任动机正常运行的关键;讯问责任动机运维与纪法教育的关系是讯问人获取资源以及根据讯问情势变化不断调整纪法教育结构和功能的基础。从一定意义上讲,讯问人加强自身建设以及处理好讯问责任动机运维与纪法教育的关系的根本目的即是为了完成好讯问责任动机运维各个阶段的现实任务。只有这样讯问责任动机才能得以稳固和正常运行。而保证讯问责任动机才能稳固和正常运行的重要基础即是要保证和增纪法教育与强讯问责任动机动力系统结构要素之间契合度,亦即,讯问人要保证讯问责任动机及其动力系统结构稳固的话,就必须使讯问责任动机动力系统结构要素各方面条件与纪法教育的各种要求相吻合,并根据讯问责任动机需要的变化而不断进行调整,而后通过讯问责任动机动力系统结构要素的适格程度来得以实现。从某种意义上讲,这是讯问责任动机动力系统结构可控的内容,讯问责任动机正是不断通过保持讯问责任动机系统结构要素与纪法教育之间的契合度来使讯问责任动机及其动力系统结构稳固得以实现。如果从保持契合度这个角度来抽象以上各项措施的内容,就可以概括出以下要素:规范、关系和功能禀赋。这些要素总和即谓组织资本。下面我们考察组织资本要素:规范。此谓规范是指为保证执纪执法活动正常运转而要求讯问人具备的且符合纪法性质要求的纪法知识、处理问题的基本技能和纪法教育胜任力以及纪法规矩接受程度及其在此基础上所形成的纪法习性。首先,纪法知识的掌握、处理问题的基本技能和纪法教育胜任力的拥有及其所达到的水平。纪检监察机关是为了达到某种政治目标和完成特定任务而组成的一个有机体系。而讯问人作为其中成员为了达到组织目标和完成特定讯问任务必须具有两方面的能力:一是保证讯问责任动机正常运转以及自我维护的能力,二是保证讯问责任动机动力系统结构保持稳固的能力。前者是基础,后者是目的。为了达致这两方面目标,讯问人就必须拥有相关纪法知识和履职技能。这就意味着讯问人不但要学会组织中相应的明确知识,还应该学会组织中相应的默会知识并将其转化为具体的能力。因为对纪检监察机关来讲,组织运行和维护以及完成应有任务归根到底是由讯问人员来保证的,在这方面要求讯问人必须努力学习及理论与实践相结合。一是学习习近平新时代中国特色社会主义法治思想,这是保证讯问责任动机特性所决定的,二是根据不同时期和不同讯问任务而学习纪法知识,这是讯问人为了完成讯问责任动机运维任务的要求所决定的。其次是纪法规范接受程度:对于讯问人来讲,无论是为了完成讯问任务还是为了维护讯问责任动机运转都需要由严明的纪法规范作为保障,因为若想做到这两点就要保持讯问责任动机动力系统结构要素保持内部力量的一致性以提升整体结构组织力和执行力。对讯问人自身建设而言,也同样需要纪法规范作为保证,因此纪法规范对于讯问责任动机运行是一个必不可少的保障性因素。纪法规范对讯问责任动机运维的意义在于其通过强制和自觉两种手段取得人们的认同和遵从,若想保持讯问责任动机运行的正常性就必须使纪法规范具有必要的或是较高程度的权威,讯问人必须遵纪守法,讯问人做到是否遵纪守法的程度情况将直接影响到其对讯问责任动机维护运行的态度,故而从讯问责任动机动力系统结构要素与纪法教育之间的契合度情况看,讯问人自觉遵纪守法程度就成为组织资本的一个组成要素。关于纪法习性的形成:习性是讯问人持久的和可转换的潜在行为倾向系统,有一些有结构的结构倾向于促进结构化发挥作用,亦即作为讯问活动和表象的生成和纪法原则起作用,而这些原则能够使讯问人责任动机运维客观地适应自身的意图,而不用设定有意识的目的和特地掌握达到这些目的所必需的程序,因而讯问责任动机运维是客观地得到了调节并合乎纪法规则,而不是服从于某些改规则的结果。讯问人经过纪法教育的浸润并不断以纪法规则的规定性要求进行自我修养并使之内化,就会形成与纪法特性具有结构同型的纪法习性。纪法习性将内化与讯问人的精神心态和秉性中,自然而然地贯穿于讯问人的各种思维方式、态度和作风以及讯问人的思维才能和思维策略能力之中。当讯问人习性形成后,其就能够自觉运用纪法知识及由其产生的技能以及自觉遵从纪法制度。如果讯问人将纪法习性自觉充填进讯问责任动机动力系统结构要素中,那么各要素之间的契合度就能达到较高状态。下面我们考察组织资本要素:关系。讯问责任动机动力系统结构要素处于讯问现实之中,而讯问现实是由具有多种关系的元素组成,这些元素会影响到讯问责任动机动力系统结构要素,使讯问责任动机动力系统结构要素之间的互动形成错综复杂的关系网络。讯问责任动机正是依靠这些关系和网络才能实现其正常运转,讯问人也正是通过这些关系才能实现与讯问环境的互动。这些关系网络欲获得良性运作,需要以作为心理和观念形式的相互依赖作为支持。同时,由于关系网络能够传递信息,从而使网络中的各要素可以利用关系网络获得各种资源和收益或者实现某种目的。下面我们考察组织资本要素:功能禀赋。讯问责任动机是具有自身使命的动机形式,其为了实现讯问人的理想就必须保证自身存在以及完成相应任务,从而不断推进自身稳固发展和本性延续。为此,讯问责任动机对其动力系统结构要素存在两项特殊要求:一是动力系统结构稳固性需求,二是讯问责任动机自身发展性要求。讯问人会组织这两方面偏好性的需求,使那些与特殊要求相吻合的结构要素存在相对优势的同时转化为组织资本,我们将这种结构要素适应特殊要求的特征称为功能禀赋。所谓动力系统结构稳固性需求是指从讯问责任动机动力系统结构组成出发,对动机内部起因要素、外部诱因要素和自我调节要素等不同类型的成员的需求。所谓讯问责任动机自身发展性要求是指讯问责任动机在不同讯问阶段为了完成不同任务而对对动机内部起因要素、外部诱因要素和自我调节要素等不同类型的成员所产生的需求。组织资本是讯问责任动机稳固运维与动力系统结构要素发展的内在机制。对于讯问责任动机动力系统结构来说,其与动力系统结构要素之间是一种相互建构的关系。这对动力系统结构要素而言,其相互之间存在相互渗透和相互转化的现象和逻辑。这种相互建构关系正是通过包含有规范、关系和功能禀赋等要素的组织资本的作用来完成的。通过组织资本,讯问责任动机动力系统结构与其组成成员之间通过相互渗透和相互转化增强了双方之间的契合度。由于讯问责任动机动力系统结构具有本能的生存和延续意识而其组成成员也具有结构内发展的需求,这就为组织资本得以再生产奠定了基础,并使组织资本存在着再生产能力。组织资本再生产机制使动力结构与结构成员双方都为了各自目的而努力进行组织资本的投资,这样组织资本便不断地被在生产出来,从而使讯问责任动机稳固延续和动力系统结构要素发展均能得以实现。讯问责任动机动力系统结构及其构成要素的相互建构关系是组织资本存在的根据,讯问责任动机稳固运维意识和动力系统结构要素发展意识是组织资本再生产机制存在的基础。组织资本具有增强和保证责任动机动力系统结构及其构成要素之间契合度的功能,有利于讯问责任动机稳固运维以及动力系统结构要素发展,并在动机稳固运维意识和结构要素发展意识的驱使下不断获得再生产。组织资本的变化规律是:组织资本各要素及其子要素结构和基本规定性是相对稳定的,但其具体内容和标准将会根据纪法规范内容的变化而变化;组织资本中各要素中子要素的具体作用将会根据纪法教育的方式和效果差异而发生变化。

2. 以强制性克服动力系统结构的暂时性

讯问情势总是处于变化中,决定着讯问需要相应处于一种程度上增减变化中,而需要的变动不居会导致讯问责任动机动力系统结构同时处于不稳定状态,由动力系统结构所致的讯问责任动机亦会以短暂稳定的形式显现后立即投入新的变化状态中,以便形成新的讯问动机。而讯问人责任动机的暂时性存在会影响讯问人对待讯问的态度,具有强烈事业心的讯问人通常希望己之讯问责任动机感愈来愈强烈,而不希望其逐渐减弱,这就势必要求讯问人以强制性思维想方设法来强化讯问责任动机动力系统结构的稳定性,期望以此实现对讯问责任动机的稳定性期盼。而纪法教育中的组织资本供给机制会为这种期盼强制提供智力支持。

组织资本中的规范作为纪法知识接受程度以及在此基础上所形成的纪法性格在讯问中已经形成了一系列具有自身组织特性并适合讯问发展的强制性组织规范,因而成为保证讯问责任动机正常运维和稳固延续的重要内在要素。因此讯问人要求自身必须具备这些规范,而是否具备或具备这些规范的程度如何将直接影响讯问责任动机稳固和延续情况。纪法教育的组织特性以及整体特点决定了讯问责任动机能够获得较多的规范资本,使其能够较快适应讯问人对稳定讯问责任动机的需要并具有自身优势,从而为讯问责任动机及其动力系统结构稳固奠定了基础。掌握纪法知识、基本讯问技能和具备纪法教育胜任力是保证讯问人正确履职尽责的重要基础,是讯问人能力素质水平的具体表现。纪法教育的组织特性使得讯问人能够在讯问岗位上得到较为充分的锻炼,从而获得上述这些内容并呈现出传承与创新并存的特征。讯问责任动机动力系统结构与其结构要素同型能够帮助讯问人具备较高的事业责任感或能够较快提升己之素质能力水平。所谓同型是指讯问责任动机动力系统结构与其结构要素均以满足讯问人正当性需求基础上拥有基本相同的要素组织体系或相似的职能职责。因为这种同型是组织资本衔接的组织内结构性因素,所以讯问责任动机动力系统结构要素所获得的规范、关系和功能禀赋等组织资本要素才能在彼此相互作用中通用并转化为组织资本。规范强制是讯问人纪法性格的形成逻辑。此谓纪法性格是指讯问人在与纪法教育自我互动过程形成的与纪法知识结构同型的行为倾向系统。讯问人一旦形成纪法性格,不但在思想上认同纪法强制,而且在行为倾向上也与纪法规制保持着相对一致性,也就是说,纪法性格生成是讯问人在纪法教育中通过社会化而将纪法组织结构和制度等内化的结果,纪法性格对于组织资本自身延续和再生产具有决定意义,是纪法制度和纪法文化得以顺利发挥作用的重要基础。因此讯问人为了履职尽责一定会努力通过各种方式使己之纪法性格得以强制性的稳固式延续。

组织资本中的关系作为保证讯问责任动机正常运行的工具性要素,能够增强讯问责任动机动力系统结构要素的相互作用效果,从而使讯问责任动机在其动力系统结构要素内外关系互动中获得强制性维持与发展。对于讯问人个人来讲,它能够为讯问责任动机动力系统结构要素有效相互作用创造条件。这是因为关系具有三种功能:一是能够针对性地促进纪法信息流动;二是能够对讯问人排除各类阻力产生影响;三是能够强制增强结构要素凝聚力。这三种功能使得组织资本中的关系的工具作用得以强制且有效发挥。

组织资本中的功能禀赋作为满足讯问责任动机动力系统结构稳固性需求的工具性因素,其所满足的稳固性需求具体是指讯问责任动机动力系统结构要素与讯问责任动机动力系统结构之间的承接性,其所满足的发展性需求具体包括专业性需要和政治性需要。纪法教育的组织特性使得讯问责任动机动力系统结构要素拥有相应的功能禀赋资本,从而为讯问责任动机动力系统结构要素在讯问责任动机动力系统结构内的相互作用中具有相对的稳定性优势。这种优势表现为讯问责任动机动力系统结构要素被纪法教育强制增添进政治禀赋和专业禀赋。政治禀赋决定了讯问责任动机动力系统结构要素稳定性发生作用的价值意义,专业禀赋决定了讯问责任动机动力系统结构要素稳定性发生作用的期望和自我效能感。政治禀赋代表着对讯问责任动机动力系统结构要素稳定性发生作用的韧性价值追求,专业禀赋代表着对讯问责任动机动力系统结构要素稳定性发生作用的自我效能感满足。讯问责任动机动力系统结构要素稳定性发生作用过程是一个向以强制性克服动力系统结构暂时性心理目标表征移动的连续过程,这种运动是通过讯问人强制性思维的反馈控制过程而发生的,是讯问人个体经验与内部自我调节系统不断调适的过程,讯问人在这个过程中会不断强化所欲目标的权威性地位并努力促成权威性的现实化，试图减小现有状况与所欲目标间的差异系数，讯问人努力向所欲目标移动的过程是一个差异递减的过程，由此形成了由政治禀赋和专业禀赋促成的差异递减的层级作用框架结构。这种框架结构具有由强制性保障的特定稳固性，能够实现有序的目标差距递减和秩序性层级性变化，能够有效克服讯问责任动机动力系统结构要素内容存在的暂时性。具体的作用机理是：在差异递减层级模型中，政治禀赋反馈和专业禀赋反馈具有关键作用，因为这两种反馈的存在使得讯问责任动机动力系统结构要素发生稳定性作用形成了一个更加稳固的单向递减过程，讯问人不断地以所欲目标的政治禀赋和专业禀赋标准检验当下的状态，并把这些觉知的与记忆中的参照标准进行比较，再以政治禀赋和专业禀赋要求反馈出来，根据反馈信息结果引导自己尽量缩减差距系数，以便于不断向所欲目标连续移动。在这个过程中，不变的是政治禀赋和专业禀赋自身所具有的标准导向作用，变化的是差距系数的增减，而在标准导向作用和差距系数的增减的关系中，标准导向作用本身即是一种所欲目标，差距系数的增减仅是实现目标的手段，标准导向作用本身具有稳固性，在其要求下的所欲目标权威性地位当然也具有稳固性，这就决定了讯问责任动机动力系统结构相应具备了稳固性条件，其存在的时段自然会得以延展，其发生作用的持久度亦会得到延长，这就说明讯问责任动机动力系统结构存在及发生作用的暂时性是能够被克服的，既然政治禀赋和专业禀赋具有稳固性作用，这种暂时性也一定会得以克服，关键是要充分利用和发挥政治禀赋和专业禀赋的强制性标准衡量的具体作用。原因是衡量标准是不变的，变化的是被衡量对象的符合度，所以以强制性克服动力系统结构的暂时性是有充分的理论依据和现实依据的。

3. 以调节性戒除动力系统结构的易变性

易变性是指由讯问人个体内部驱动的动力系统结构要素选择和定型倾向，这种倾向要求讯问人在动力系统结构要素选择和定型过程中进行自我管理，通过自我学习的手段主动调整己之角色定位、态度和思维倾向，并以此为指导选择和定型讯问责任动机动力系统结构要素，以实现己之所欲的内在自我价值追求。也就是说，在易变性状态下，哪种讯问责任动机动力系统结构要素能被选中和定型主要是由讯问人的自我价值追求和个性化职业发展目标决定的。讯问责任动机动力系统结构的易变性是指讯问人在己之自我价值追求和个性化职业发展目标驱使下，可能会随时更新或替代讯问责任动机动力系统结构要素，可能会不断改变各要素的幅值和赋值，以致讯问责任动机动力系统结构要素因不稳定而容易处于变化状态。自我调节是指讯问人激活和保持自身认知和情绪并系统指向所欲目标的过程。所谓以调节性戒除动力系统结构的易变性是指讯问人以调整或修改己之价值观和职业观形式，依据纪法价值追求的需要并结合组织性职业发展目标调整讯问中的自我需要并引起结构性连锁反应，以组织价值观念和高度组织忠诚度戒除讯问责任动机动力系统结构要素中的个体意志性，使讯问责任动机动力系统结构要素因处于相对稳定状态而不致出现易变性，直接目的是保证以稳定的讯问责任动机动力系统结构要素通过正向作用形式生发出讯问责任动机，根本目的是保证不以自我价值追求导向来表达己之职业愿望，从而保持强烈的事业责任感和对党组织的绝对忠诚度。这种表现是通过讯问人自我调节来完成的。

讯问人的自我调节分为三个阶段，即，初始阶段；调节监控阶段；反思阶段。在初始阶段主要涉及五种动机信念，即，自我效能、兴趣、价值理念、成就目标和情绪。自我效能是指讯问人对自己具有组织和执行大道特定成就的能力信念和主观能力判断。作为特殊领域信念的自我效能具有很强的情境性，讯问人对特定任务的效能判断会受其前见的影响，同时也会受到任务或情境特征的影响。自我效能与结果预期存在关联，自我效能感较强的讯问人通常会预期己之在任务中有出色表现并取得优秀的结果。自我效能影响讯问人对行为的投入，自我效能感强的讯问人会付出更多努力，更倾向于坚持不懈进行下去，否者相反。自我效能影响讯问人对认知的投入自我效能感强的讯问人更可能采用积极的深层加工策略进行思考，否者相反。自我效能会影响讯问人的动机和情绪，自我效能感强的讯问人在效能信念与兴趣价值信念之间存在积极的正相关，否者相反。兴趣是讯问人同时具有认知成分和情绪成分的心理状态且随着兴趣的发展会逐渐变成与内容想联系的个人倾向，分为情境性趣和个体兴趣。情境性趣是指讯问人由当前环境中的条件刺激而引起的心理状态，其特点是注意力的集中和积极的情绪反应；个体兴趣是指讯问人源于特定内容、信念和价值观的相对持久的倾向性，其对于注意过程和质量以及过程选择具有积极作用，也对讯问人讯问动机要素选择具有策略意义。价值信念是讯问人从事特定活动的理由，主要包括获得价值、内在价值、效用价值和代价四个层面。讯问人对成功的预期和思维表现具有最直接的联系,而成就价值信念则对思维活动的选择具有更为直接的作用。在提高和支持情境兴趣的环境中,讯问人对特定的讯问情境兴趣能使其认识到任务的获得价值、内在价值和效用价值。成就目标是讯问人在成就情境中投入某一思维活动的原因或目的。情绪通过记忆影响到讯问责任动机动力系统结构要素的选择与定向,能影响到讯问人认知策略与调节策略的运用,能通过动机过程影响到讯问责任动机动力系统结构要素的选择和定型,能影响到讯问人的个体认知资源。在调节监控阶段,讯问人会运用多种策略来调节自己的动机动力要素的选择与定型,因为其更关注自己的动机质量。在讯问人动机调节过程中,组织观念和组织价值如果起到主导作用的话,讯问人会自觉消弭动机动力要素选择和定型的个体自主程度,而代之以形成更加讲政治的且具有更高心理健康水平的科学动机动力要素选择和定型观,越容易形成绝对忠诚于党和国家的健康的讯问责任动机。在反思阶段,讯问人总是根据对讯问责任动机动力要素选择与定型的知觉以归因思维对这种知觉进行分析并推断其原因。知觉到的原因和原因维度是这种归因思维的核心。讯问人所知觉到的原因通常受环境因素和个人因素这两种先决条件的影响。环境因素指的是纪法标准,个人因素指的是讯问人的前见。这两种因素会影响讯问人的实际归因,影响到讯问人会将知觉归因于怎么样的内容。讯问人具有的归因内容一般包括能力、努力、任务难度三种,而且讯问人所有的归因内容均可以根据归因源、稳定性和可控性三个维度来加以分类和分析。所谓归因源是指讯问人知觉到的原因来自其内部还是外部;稳定性是指讯问人区分原因是否随时间变化的分类方法,讯问人根据这一维度可以将己之行为原因进一步分为稳定的原因与不稳定的原因;可控性是指讯问人对特定原因的控制程度。单纯的归因并不具备动机的本质,而归因的维度为讯问人简单的归因内容赋予了心理方面的意义和动力,对讯问人的目标预期、自我效能、情绪和思维产生影响。稳定性维度与对目标的预期具有最为密切的关系,不管结果与否,归因的稳定性皆与预期的变化相联系。当讯问人将动机动力要素选择与定型归于稳定性的原因时,其就会预期在未来出现同样的结果,而讯问人如果将此归因于不稳定的因素时,其对后继结果的预期很可能会改变。如果讯问人体验到成功并将其归因于内部因素,期通常也会体验到自我价值提升感,否者则会导致其自尊的降低。归因的稳定性维度与讯问人的希望相联系,归因于稳定性因素会使讯问人产生将来还会出现类似结果的预期。归因的可控性维度与诸如情感支持等社会情绪相关并可能导致讯问人表现欲降低。在未达目标时可控性与归因源一起影响到讯问人是否会体验内疚和羞愧。而将失败归因于自身努力不足时,这种内部的可控性因素将会导致讯问人的内疚感,如果讯问人将其归因于自己能力不足时,这种内部的不可控的因素将引发羞愧感。归因是讯问人自我调节的关键动机因素。在反思阶段,当讯问人需要对己之选择和定型进行评价时归因过程就会进入到自我调节中。当讯问人接收到归因反馈时,讯问人通常会修正比照纪法标准需要修改的选择和定型,从先前较为关注归因策略转到关注结果目标,其会将纪法标准集中到如何有利于纪法治理功能释放这一点上,以此标准重新进行选择和定型,以形成更为正当合法的动机动力系统结构,对讯问责任动机动力系统结构要素进行最后的选择和定型。

纪法治理功能可以从以下四个方面释放:一是权威指引,二是价值定位,三是效能强化,四是正向激励。权威指引是有效的制度供给,纪法规范是治理功能从理念步入现实世界的载体和平台,纪法治理功能在现实中更多地指向有权迫使人们服从的正式机构和规章制度。纪法治理功能的核心要义是良法善治,当今我们所需要的纪法治理不仅得有依纪依法而治的功能,还要有通过纪法治理功能所蕴含的美好价值为治理导航。有效性和效率是纪法善治的必备要件。纪法善治是使人们服从规则治理的事业,纪法规范的确定性、稳定性和持续性不仅是生成纪法秩序的基石,而且是公平正义的社会得以高效率和强制性构建的法宝,控权和保权的辩证统一成为当今纪法善治的主要特征,纪法善治最能满足治理对于效率和效能的需求。纪法不仅治患于已然,还防患于未然,还以确认性规范、授权性规范和激励性规范激起治理参与热情并保证参与质量。

戒除讯问责任动机动力系统结构易变性与组织承诺具有直接关系。此谓组织承诺是指讯问人对于让哪些元素留在动机动力系统结构内的倾向,具有情感承诺、持续承诺和规范承诺三个测量维度。讯问人首先以对纪法治理功能的情感承诺来进行动机动力要素选择与定型;所谓情感承诺是指讯问人对纪法治理功能的认可和对元素符合性认可。其次以对纪法治理功能的持续承诺来进行动机动力要素选择与定型;所谓持续承诺是指讯问人对如果不选择动机动力要素的看法,讯问人持续承诺越高,动力元素被讯问人选中的可能性就越大。再次讯问人以对纪法治理功能的规范承诺来进行动机动力要素选择与定型;所谓规范承诺是指讯问人对于自己选择动机动力要素是如何看待的,规范承诺高的讯问人不予选中的概率会减小。在以上自我调节过程中,凡是讯问人认为符合纪法治理功能释放标准的动力元素都会被选中并定型于动机动力系统结构中,这些被选中且被定型的元素就会成为动机动力系统结构要素,否者相反。这些元素一旦被讯问人选中就会产生相对稳固性,至少在由以上三种承诺构成的组织承诺内容没有发生变化前,这些元素都会得以存在于动机动力系统结构内,其存在价值不会发生根本性变化,只是当讯问人的价值观发生改变时才有可能发生重新审视其是否继续存在的价值的情景,而这种存在的相对稳固性则会排斥易变性,轻易不会发生元素更新或元素替代情况,这样就有可能戒除讯问责任动机动力系统结构的易变性。

四、支持动因要素内情显露的价值性

纪法教育以将知识性与价值性相统一方式支持动因要素内情显露的价值性。所谓知识性是指讯问人在探索动因要素内情显露的过程中所获得的观念与意识的属性。所谓价值性是指在实践基础上动因要素内情显露所具有的能够满足讯问人特定需要的属性,是动因要素内情显露对讯问人所具有的积极意义。坚持知识性与价值性相统一是讯问人探索动因要素内情显露的内在诉求。从探索目标维度考量,探索动因要素内情显露既要以价值引导统领知识传授又要以知识传授支撑价值引导。从探索内容维度考量,探索内容的知识性与价值性更具统一性;从探索思维角度观察,这种探索的目标和内容最终要靠讯问人思维过程的主体作用发挥和思维方法恰当运用得以落实。具体的落实方法是:以规则性支持动因要素内情显露的正当性;以强制性维持动因要素内情显露的合法性;以调节性维护动因要素内情显露的合理性。

1. 以规则性支持动因要素内情显露的正当性

规则性首先表征纪法教育的知识性,纪法教育的规则性内蕴立基于知识性基础上的约束性。纪法教育的知识性为将其与价值性相统一奠定了知识前提。知识性与价值性是讯问人探索动因要素内情显露的两种基本目标元素,而坚持两者的统一是讯问人探索动因要素内情显露的内在要求。所谓以规则性支持动因要素内情显露的正当性就是戒除知识性与价值性相分离的现象,杜绝注重知识性而淡化价值性和注重价值性而忽视知识性的倾向。是否能正确处理知识性与价值性的关系直接决定探索动因要素内情显露的效果好坏。从探索目标、内容和实践等环节考察,坚持知识性与价值性相统一是新时代讯问人思想建设的内在诉求。

从探索动因要素内情显露的目标维度考量,探索的知识性具有与价值性融合的统一性。探索动因要素内情显露作为讯问人有意识的思维活动必定具有目的计划性,具体表现为讯问人在动因要素内情显露之前对探索目标的设定。这种明确的目标落实既是动因要素内情显露有效进行的主要表现,又是探索质量切实提高的重要保障。从宏观的讯问人素质培养和探索的功能定位上来讲,其与探索目标具有一致性,也就是说,讯问人的探索活动既要实现知识传授和能力培养又要实现价值引导的目标,从而将自己打造成符合审查调查需要的专业者。由于讯问人思维方法的差异,讯问人微观层面的具体探索目标可能存有差异,但讯问人如果坚持知识传授和价值引导两个目标融合并重则能消弭这种差距。讯问人探索动因要素内情显露要突出价值性,即是要求探索活动在设定价值引导目标时须强化价值引导的系统性、计划性、全面性、直接性和外显性。这种价值引导特性要在落实讯问人事业心和责任感培育任务中发挥关键作用,这是探索活动价值性的集中体现。价值性是探索活动的灵魂,价值导向为探索活动指明方向。坚持探索活动的价值性关键在于坚持探索活动的政治方向原则,用习近平新时代中国特色社会主义思想铸魂育人,将价值引导作为更高目标指向是探索活动区别于其他的最显著特色。价值导引建立在知识传授基础上,需要知识传授的配合与支撑。

从探索动因要素内情显露内容维度考量,探索的知识性和价值性具有内在一致性。探索目标是探索活动的出发点和落脚点,需要借助探索内容这一载体将其具体化,探索活动中知识传授和价值引导融合统一的目标正是依托知识性与价值性内在一致的内容得以实现的。探索活动内容的知识性与价值性是一种对立统一关系。首先知识性与价值性是对立的。知识是讯问人主观反映探索活动客观的结果,是回答“是或者不是”的问题;而价值则是探索活动对于讯问人的意义,是回答“应该或者不应该”的问题。对“是或者不是”的回答其是搞清探索活动的性质和特征等事实判断问题;对“应该或者不应该”的回答则是对探索活动能否满足以及在多大程度上满足讯问人生理、情感、尊重、发展、兴趣和情绪等需要的价值判断或价值评价。从认识论角度讲,知识性与价值性属于不容混淆的两种不同属性的认知。其次知识性与价值性不能完全割裂且具有内在的统一性。讯问人对探索活动的反映具有主观性和社会性,讯问人的主观性判断判断正确与否最终取决于探索活动的客观规定性,简言之,那就是价值评价受制于知识认知,价值性需要知识性的支撑。

从探索实践维度考量,探索的知识性和价值性具有相互依赖性。探索目标和内容实现了知识性和价值性的统一并不意味着一定会有好结果,因为目标达致和内容呈现须在实践中实现。探索的知识性和价值性相统一的目标和内容最终要靠讯问人在实践过程中具体落实。从讯问人在探索实践中的主导作用来看,讯问人主导作用的发挥直接甚至决定着知识性与价值性相统一的效果,讯问人如果仅有纪法概念而缺乏价值引导意识或只注重价值引导而缺乏纪法知识都无法取得满意的探索效果。

正当性是指探索动因要素内情显露与其所存在的或社会建构的规范、价值和信念系统相匹配和相契合。在讯问实践中,讯问人通常会以知识性与价值性相统一的积极情感倾向建构探索活动的正面形象,起到一种“润物细无声”效果,这种效果是讯问人采用事实筛选方法取得的,即,讯问人通过将知识性与价值性相统一形式对探索动因要素内情显露相关事实材料的筛选与突出来自我引导对于探索活动特定议题的认知。由于看待事物的不同视角和价值观念,人们可能会同时使用不同的框架建构社会现实。具体到职务犯罪讯问中的讯问责任动机运维情景,讯问人一定会以知识性与价值性相统一的纪法标准去遮蔽其他框架以形成主导性框架,从而传递了特定的纪法价值观念,并围绕这种主导框架筛选事实和组织材料,以此构建以规则性支持动因要素内情显露的正当性。由知识性与价值性相统一的纪法标准体系主导的框架即是由党内法规体系与法律体系正当衔接所形成的框架话语体系,党内法规体系与法律体系是中国特色社会主义法治体系的两大核心,两者具有共同的理论基础、相同的本质要求、深厚的历史渊源、丰富的现代实践以及强烈的未来需要,党内法规体系的社会引领作用和法律体系的规范作用同频共振,为我们解释以规则性支持动因要素内情显露的正当性提供坚强的理论基础和法治保障。这种理论基础和法治保障体现为:以纪法规范具有的历史正当性支持动因要素内情显露的正当性,所谓历史正当性是指纪法规范源自于历史,是人心向背决定的和是人民的选择;以纪法规范具有的形式正当性支持动因要素内情显露的正当性,所谓形式正当性是指纪法规范体系具备正当性所应满足的外观、形式和效力等方面所应达到的基本品质;以纪法规范具有的实质正当性支持动因要素内情显露的正当性，所谓实质正当性是指具备正当性的纪法规范体系在价值目标、实体理念和构造原理上所应具有的基本品质；以纪法规范具有的程序正当性支持动因要素内情显露的正当性，所谓程序正当性是指具有正当性的纪法规范体系在运行机制、操作过程和实际效果上所应达到的基本标准。

讯问人以规则性支持动因要素内情显露正当性的后果即是改变了讯问人的思维方式，添厚了正当性的内涵。因为讯问人受制于纪法理论前见，往往从"以权利限制为中心"的视角去思考纪法规范体系正当性问题，其思考结果通常会面临着传统公法学理论体系中基本权利保障目标的诘难，因而讯问人会呈现出理论解释力不足的困境。讯问人为了消解这一困境，在纪法教育中会根据己之体悟而转换思维视角，转为"从现象到目的"的角度去思索和分析纪法规范体系正当性问题，以我们党的政策表述以及现有党内法规体系意蕴为依据去探寻纪法规范体系正当性目的，从而自我引进了权力运行制约的思考角度，以此来补强既有理论阐释的不足。在权力运行制约视角下，被支持后的纪法规范体系正当性主要表现为：为加强制约和监督权力运行力度，我们党要求全体党员尤其是党员领导干部遵纪守法的同时将纪律挺在法律前面，从而确保党员领导干部正确行权以避免权力滥用。这种思维方式的特征是在因循比例原则要求基础上对党内法规严于法律的限度作出正确判断，同时把对公权运行约束作为所欲目的纳入手段与目的的平衡中予以考量，讯问人这种建立在权力限制和权力制约双向度之上的正当性理论阐释能更符合当今政治现实和更具理论说服力。

2. 以强制性维持动因要素内情显露的合法性

从微观上讲，合法性是指这样一种政治关系，其是讯问人在信仰习近平新时代中国特色社会主义思想基础上对这种主流价值规范的认可和自觉服从支持，其特点是：政治性、历史性、价值性和有效性。政治性是指合法性意味着讯问人对现行政治秩序统治权力的承认；历史性是指讯问人的合法性标准是动态发展的且没有适用于一切时代的价值基础。价值性是指合法性必须涉及讯问人的价值评价而不能仅考察政治统治被认可的事实。有效性是指讯问人对任何一个具有合法性的统治总是与其治理有效性相联系的认知效果。从宏观上讲，从我国政治发展理路看，合法性基础至少包括意识形态基础、民主法治基础和统治绩效基础。巩固政治合法性基础的方式是通过意识形态的宣传和教育使人们对现存的政治秩序产生广泛的好感并承认和服从当前的政治秩序。合法性维护是合法性理论的价值所归,任何合法性理论最终都要维护合法性。此谓的动因要素内情显露的合法性作为讯问人的一种政治信仰思维和政治理念思维方式,指的是讯问人在思考支持动因要素内情显露的合法性问题上,要以考虑如何维护我们党长期执政的合法性为旨归,要明确形成讯问责任动机的目的不仅仅是增强自己的责任感,更重要的是如何通过责任感和使命感驱使自己为维护我们党长期执政的合法性而努力,要明确所谓维持动因要素内情显露的合法性即是自己要思路正确,必须在立基于具有讯问责任动机基础上通过正风肃纪反腐来维护我们党的执政合法性,自己的使命和责任便是在“一切以人民为中心”的前提下积极维护我们党的长期执政合法性,这是讯问人产生和运维讯问责任动机最根本的合法性要求,也是讯问人之所以产生和运维讯问责任动机的政治原因和根本原因。

讯问人所需要的思路是要明确运维讯问责任动机的政治向度,即思考如何拓展执政合法性资源以满足我们党长期执政的现实需要,以此为运维讯问责任动机提供资源支持,以此为维持动因要素内情显露合法性提供政治方向保证,具体要坚持政治思维,以明确“两个确立”的决定性意义为前提,以做到“两个维护”为己任,以坚持“四个自信”为方式,以增强自我革命使命感和责任感为手段,以强促提升政治思想觉悟为目的,以增强合法性为目标拓展执政合法性资源为追求,以巩固既有执政合法性基础拓展执政合法性资源,坚持“为人民谋幸福、为民族谋复兴”这个长期执政的价值基础,坚守执政为民这个我们党长期执政合法性的内核,坚持发展党内民主这个我们党保持长期执政的有效之举,增强以开拓和巩固执政合法性资源为根本职责的强烈思想意识,将强化这种思想意识作为己之讯问责任动机的根本内容,将以规则性维持动因要素内情显露正当性作为己之讯问责任动机的直接内容,以真正保证讯问责任动机运维的正确政治方向为己任。

讯问人要遵循“伟大自我革命”论的生成逻辑,为以强制性维持动因要素内情显露合法性提供科学理论支持。对讯问人而言,自我革命主要是指讯问人对自己自觉、自发和自动的革命性行动,是讯问人通过不断的自我净化、自我完善、自我革新、自我提高方式经常解决自身存在问题和克服自身存在缺点以始终保持生机活力的过程。“全面从严治党永远在路上,党的自我革命永远在路上”,这是党的二十大报告中提及的重点。围绕“伟大自我革命”这一科学论题,习近平总书记作了许多重要论述,既准确把握了无产阶级运动的历史规律,又揭示了新时代管党治国理政的根本遵循,并在新时代背景下依据时代要求科学回答了时代命题,讯问人深入研究和总结这些重要论述的生成逻辑和核心要义以及当代价值对于指导自身进行自我革命具有重大理论价值和现实意义。“伟大自我革命”论是马克思主义自我革命论在中国实践中的运用和发展。“伟大自我革命”论的理论逻辑是:马克思主义自我革命真理的理论支撑;其实践逻辑是:中国共产党百年自我革命实践是“伟大自我革命”论生成的实践逻辑;其时代逻辑是:直面新时代自我革命的需求。“伟大自我革命”论的核心要义是:永葆先进性和纯洁性是党的自我革命的题中之义;守初心和担使命是党自我革命的前进动力;讲政治是党自我革命的根本途径;坚持问题导向和真刀真枪解决问题是党自我革命的必由之路;习近平新时代中国特色社会主义思想是党自我革命的思想武器。“伟大自我革命”论的当代价值是:从国内维度上准确回答了“为什么要进行自我革命”,明确指引了“怎么样自我革命”;从国际维度抓住了无产阶级政党建设的根本,彰显了中国政党建设方案的说服力。讯问人要深刻领会习近平总书记关于党的自我革命精神重要论述的思想精髓,从坚持敢于斗争的宝贵经验中汲取彻底自我革命的力量,打好自我革命攻坚战持久战,对腐败分子严惩不贷零容忍,坚持“三不腐”一体推进和用“全周期管理”方式遏制腐败清除腐败,在把反腐败这个最彻底的自我革命进行到底的同时坚持刀刃向内进行彻底自我革命。

讯问人要以刀刃向内的自我革命精神强力维持动因要素内情显露合法性的方向性;要以“把党建设得更加坚强有力”的理想追求强力维持动因要素内情显露合法性的目标性;要以“进行最彻底”的坚强决心强力维持动因要素内情显露合法性的程度性;要以“永远在路上”的紧迫感强力维持动因要素内情显露合法性的时间性;要以“区别于其他政党的显著标志”的识别力强力维持动因要素内情显露合法性的标识性。其中目标性是讯问人强力维持动因要素内情显露合法性的推进导向,方向性、程度性和时间性是讯问人强力维持动因要素内情显露合法性的目标性必然要求,标示性是讯问人强力维持动因要素内情显露合法性的本质体现。讯问人强力维持动因要素内情显露合法性具有独特价值:一是共产党员身份属性的内在要求,二是坚守初心使命的迫切要求,三是加强自身建设的必然选择。

3. 以调节性维护动因要素内情显露的合理性

合理性就本质而言是指环境中受众对组织遵循和支持环境规范与否及其程度的感知,代表着环境对组织的总体接受程度。对讯问人来讲,合理性的核心理念不在于自身的利益机制而是极为关注制度环境,期望己之思维和行动能够获得组织认可或合乎情理。此谓环境是指从事职务犯罪讯问的纪检监察干部及其交互关联所组成的特定讯问场域。此谓制度环境是指讯问人必须遵守的纪法规范和条件。合理性分为规制合理性、规范合理性和认知合理性三种形式;规制合理性强调与纪法规范的一致性;规范合理性关注评价合理性的更深的道德基础,主要来源于社会道德观和价值观;认知合理性的强调指向采用纪法规范这个普遍的情形参考框架。对讯问人而言,动因要素内情显露的合理性是指讯问人在动因要素内情显露时遵循纪法规范和支持讯问规范与否及其程度的感知;以调节性维护动因要素内情显露的合理性是指讯问人在维护动因要素内情显露的合理性过程中,自我调节所面对的纪法规范的规制压力、规范压力和认知压力,自我要求内情显露服从合理性机制,以使内情显露结果能够变得更合理、可接受和易获得组织支持。此谓规制压力是指纪法规范的强制力,规范压力更多体现的是价值观和行为准则,此谓认知压力则代表从纪法规范视角来判断内情显露结果是否理所当然,这可能使讯问人采取模仿等行为以达到稳定化。

讯问人大致顺着讯问环境——讯问人——讯问人的逻辑思路展开动因要素内情显露过程,在这个过程中讯问人通常围绕着以下因素思考动因要素内情显露的合理性:思维清晰正确;纪法规范体系;己之目标实现;工具性;规范的正确性;元合理性。所谓思维清晰正确是指讯问人必须成功地自我传达和自我接受既定的纪法规范信息;所谓纪法规范体系是指纪法体系的系统合理性,讯问人必须保证任何新制定的纪法规范都应该融入现有的纪法规范体系中,即,纪法规范体系建构必须满足逻辑上的一致性;所谓己之目标实现是指思维现实的合理性,动因要素内情显露的结果在多大程度上符合讯问人的自我追求,这种自我追求具有可预期性或转化为事实;所谓工具性是指纪法规范体系实现既定目标的能力;所谓规范的正确性是指纪法规范被期望是公平和公正的;所谓元合理性是指一种跨层次的标准,在所有其他合理性层次之间实现最佳平衡或者合理调整。

讯问人对动因要素内情显露的思维具有多层次性。讯问人通常将内情显露结果理解为形式、目的、价值、政治标准、纪律标准、法律标准、政策标准的混合体;讯问人经常将内情显露的形式理性理解为内情显露过程中的纪法规范的普遍适用并会得到自己的情感认同和价值认同,着重关注纪法规范的确定性;讯问人往往将内情显露的目的合理性理解为评估自己思维决策作为达到目的的手段尺度,其中包括对社会效果的评估;讯问人常常将内情显露的价值合理性理解为表明给定的程度和社会实现一套实质的原则或者伦理道德原则;讯问人往往将内情显露的政治合理性理解为通过达到所有以前合理性水平的合理组合来维护己之思维决策。

内情显露合理性由多个维度组成并不意味着这种合理性可以归结为某种维度以供讯问人对思维决策合理性进行检验。因为内情显露合理性的各个维度可能相互之间存在难以驾驭的现象,一旦这些不同维度发生冲突时必须给予一个维度或几个维度的优先权,这就会导致意识形态、价值取向的选择,而这一切均是很难提前预测的,所以固定的合理性层次结构无论是在理论上还是实践中似乎均不可行。但重要的是,在内情显露合理性语境中,任何单一维度或标准均不能事先完全享有优先权,在此意义上的合理性总是需要牺牲一定维度的合理性。所以讯问人的重点通常不是将所有的合理性的片面视角重新定义为一个普遍的标准,而是要促进不同维度合理性之间的融合,这就需要从以上各方面对相关合理性进行全面评估。这种全面评估以及权衡远远超出了任何微观形式的思维决策评估,而且微观形式的思维决策不能在抽象层面上形成思维决策合理性,如果能够形成思维决策合理性亦仅是个案层面上形成的思维决策合理性,这种优先权和比例选择的双重困难将我们引向了内情显露上的思维决策合理性的其他特征,即,渐进性和有界性,所谓渐进性意味着合理性构想是一个逐渐发展的过程。所谓有界性意味着纪法规范必然为可接受的合理性选择开辟了回旋余地,不同的纪法规范内容均符合内情显露合理性的要求。关于这一点,对讯问人来说,最重要的条件是自己被给予了一系列的选择,而这些选择需要自己证明是正确的。

内情显露合理性具有现实性。从理论上讲,讯问人的认知、决策和行为能力都是不受限制的,但现实却恰恰相反,讯问人会受到来自许多条件的限制,这些限制界定了讯问人的决策选择范围和纪法规范的实施范围,错综复杂的社会关系和纪法标准都会影响讯问人的思维和行动。尽管内情显露合理性具有象征意义,但内情显露合理性必然是有限的,内情显露合理性强调了讯问人认识讯问环境和信息处理的固有局限以及其他制约或框定内情显露合理性的因素,故而讯问人会对内情显露合理性保持期望适度，通常会用现实的眼光看待内情显露合理性，亦即，满足于最好的解决方案而不寻求最优的解决方案，这些最好的解决方案是讯问人在考虑到诸多情况前提下实现的一种平衡，这种平衡可以防止仓促取消第二好的解决方案，以实现令讯问人满意的内情显露合理性选择。言而总之，内情显露合理性具有多维性、渐进性和有限性特征。作为规范的概念，内情显露合理性促进纪法语言、纪法规范体系、社会目标和个人目标、工具要求和道德要求等达到令讯问人满意的水平。没有内情显露合理性自我证成就不可能实现内情显露合理性，该预设前提要求讯问人自我陈述和自我论证其作出的合理性选择，亦即，仅有提出并自我证成后才能达到内情显露合理性的各方面的满意程度，内情显露才会被认为是具有合理性的。

讯问人动因要素内情显露结果所反映的规范和价值观的认可具有规范力量，所以讯问人会认为这种规范力量是其所向往的。讯问人动因要素内情显露结果兼具客观性和主观性，其所主张的规制、规范和认知都是被这种合理性提供的不同的基础。这些都说明：当讯问人遵循纪法制度层面的期望和要求时，将能获取资源和其所遵循的目的，是为了增加内情显露合理性生存的可能性，讯问人在制度环境的压力下会驱使自己寻求内情显露合理性。讯问人为达致自我认可，会在相同的纪法制度化内产生与组织同形的现象，因此，内情显露合理性的产生其实与组合所面对的制度环境压力有极大的关系，从这个角度讲，纪法制度环境也是内情显露合理性的重要来源。

讯问人为运维讯问责任动机而寻求内情显露合理性，这是讯问人寻求内情显露合理性的第一个原因。关于内情显露合理性努力的重要性、困难和有效性是随讯问人努力目标而变化的。在这方面有两个重要维度，即，讯问人追求连续性和追求有效性之间的差异；寻求被动支持和主动支持间的差异。内情显露合理性提高使讯问人获得稳定性和可了解性，而且这种稳定性和可了解性会经常相互促进。由于讯问人更可能向看似合理和适当的认知提供资源，所以内情显露合理性会导致持久性。同时，内情显露合理性不仅影响讯问人如何对待纪法规范也影响其怎样理解纪法规范。寻求内情显露合理性的第二个原因在于讯问人是否寻求积极支持或只是被动的默认，这是因为讯问人会认为内情显露不仅仅需要具有意义，而且为了获得自我肯定的承诺，内情显露就必须具有价值。

讯问人以调节价值理性与工具理性的辩证关系来维护内情显露的合理性。

讯问人动因要素内情显露合理性是价值合理性与工具合理性的辩证统一。在价值层面上,讯问责任动机的固有属性决定了内情显露合理性的立场和理性与本体合理性;在价值合理性的约束和规制下,内情显露合理性呈现出鲜明的工具合理性。价值合理性与工具合理性之间相互依存和互动共进的内在统一推动了内情显露合理性的现实化。立场合理性是讯问人自我发展的内在规定,本体合理性是讯问人运维讯问责任动机的必然选择。从内情显露目标角度看,其政治价值具有应然性;从内情显露的价值尺度上看,其政治价值具有实然性;这两方面彰显了内情显露合理性的本质属性和方式特色,阐释了讯问人内情显露合理性的基本逻辑和现实化进路。工具合理性为价值合理性的现实化提供载体,价值合理性规制和引领工具合理性的运作。价值合理性与工具合理性的深度融合实现了价值合理性的工具化和工具合理性的价值化。

第四节　纪法教育对反讯问动机的弱化

纪法规范是反复出现的个人与群体之间相互作用的模式,同时个人和群体或多或少地明确承认这种模式产生了应当满足的相互的行为期待,这种行为模式和行为期待都是主观上建构形成的且通过客观上的语言予以确定和阐发。纪法教育的纪法话语作用就在于讯问人以交流为工具说服被讯问人从内心遵循纪法规范的要求,通过讯问人融贯内部理念和外部语言来以言表意和以言取效以实现说服被讯问人的目标,这是纪法教育纪法话语属性的基础内容,体现了讯问双方间的彼此认同,这种效果的取得是纪法话语发挥自身功能弱化反讯问动机的作用定格。在弱化反讯问动机过程中,讯问人会分析反讯问动机的本质和形成特点,研究反讯问动机的过程要素,根据纪法教育的固有属性,有针对性地利用纪法话语功能采取弱化措施。

一、反讯问动机的本质和形成特点

反讯问动机的方向、动力和期望价值等因素使其在被讯问人的应讯活动中占有十分重要的位置,因而成为被讯问人应讯活动的核心内容。讯问人如果想达致讯问目的,首先必须弱化反讯问动机。在职务犯罪讯问实践过程中,讯问人通常会通过研究反讯问动机的形成过程来把握其内涵、特点、价值、本质等,在已之前见基础上形成反讯问动机形成过程的规律性图式,建构起较为系统的反讯问动机认知以助益于弱化反讯问动机。

1. 反讯问动机的本质

反讯问动机具有特有的内涵、特点和价值,其与空想与幻想既有差异又有联系,其形成过程的本质规定可理解为:反讯问动机的形成是被讯问人反讯问目标的确定,是被讯问人自我价值追求的凝练,是被讯问人精神追求的定格。把握住反讯问动机形成过程的本质是讯问人弱化反讯问动机的逻辑起点。

研究反讯问动机的形成过程,最为基本的是诠释反讯问动机的内涵、特点和意义等。反讯问动机是被讯问人对当下如何应讯和对未来前途的想象和希望,是被讯问人在应讯活动中形成的、有可能得逞的对当下自己怎样行为的选择和对未来前景的追求,是被讯问人世界观、人生观和价值观在应讯努力目标上的集中体现,是建立在应讯现实基础上指向未来的且有实现可能的努力目标。作为应讯目标的反讯问动机实际上是被讯问人内在需要的外在表现,这种内在需要的外在表现实际上是被讯问人对应讯现实不满足的表现,是被讯问人对己之当下的行为选择和对己之未来有所期待。反讯问动机作为应讯目标体现的是被讯问人的精神追求,被讯问人超越现实的应讯目标是被讯问人在己之精神世界建构的,会使被讯问人的精神世界获得暂时满足。在研究反讯问动机过程中,一个很重要的内容就是要讨论反讯问动机与空想和幻想之间的区别与联系,因为在讯问现实中难以把握它们之间的关系,并且就与反讯问动机相近的角度看也必须予以讨论。我们先讨论它们之间的共同点:首先,它们都是一种具有想象性的想象,都是指被讯问人在应讯中对己之当下和未来的想象或希望,是被讯问人对当下应对措施和未来设想的希望,是被讯问人对当下或未来貌似合理和貌似有根据的设想或希望。被讯问人作为特殊的高级动物能够借助于想象设计当下和未来,这是被讯问人的一种理性能力。反讯问动机作为应讯目标仅仅是一种设计希望。空想是不切实际和不能实现的一种凭空想象,因为其违背职务犯罪讯问规律,缺乏条件和道路差异不能实现,空想虽然不能实现,但其也是被讯问人借助理性所设定的一种想象,其以被讯问人的反讯问动机愿望为依据,对还没有实现的讯问结局有所想象,是一种突发式的不切实际的想法,是对尚未实现的愿景设想的向往和有所想象。所谓幻想即是没有现实根据的且不真实的即时性虚幻,故而也是在职务犯罪讯问中不能实现的想象,反讯问动机、空想和幻想虽然在想象能否实现上存有差距,但想象是其的共同点。其次,反讯问动机、空想和幻想都是具有未来性特征的想象。反讯问动机是被讯问人在应讯中形成的、有可能实现的并包含对己之未来设想内容的向往和追求,就反讯问动机成分来讲,其包括对当下和未来的设想两个层面内容,其中具有关于未来的想象,但有一点需要注意,反讯问动机不是对过去的设想,但被讯问人过去的人生经验会对被讯问人关于未来的设想发生影响。空想作为想象也是指向未来的,既不是对过去的想象也不是对现实的想象,但是其也是将目标锁定在未来层面的。幻想虽然是虚幻的想象但同样也是关于未来的和在未来实现的想象。再者反讯问动机、空想和幻想均是具有完美性的想象。反讯问动机在一定层面上讲是未来对现实的超越,是美好对不美好的超越,正因为反讯问动机具有设想比现实更加美好因素所以被讯问人才会秉持它。反讯问动机具有超越性,其既是未来对现实的超越又是美好对不美好的超越:被讯问人对现实不满意才设定美好理想去实现它。空想虽然是不能实现的,但其也是被讯问人关于未来的一种美好想象,被讯问人之所以去追求它同样在于它所描述的和体现的景观是美好的,在某种意义上讲,空想之所以被被讯问人追求同样也是因为它具有美好性。幻想具有即时性和虚幻性,其在现实中是不存在的,被讯问人之所以幻想也是因为其的美好性,或者讲被讯问人的幻想都是美好的,因为被讯问人不愿意去幻想自己时时刻刻处于所谓的苦难境遇中。我们再讨论反讯问动机、空想和幻想的区别。首先,反讯问动机是具有实现可能性的想象,其作为一种想象能够实现是其本质特征,其所以能够具有实现可能性是因为其对被讯问人来讲是一种自认为的“合理”想象,这种貌似的“合理性”就在于它来自于被讯问人企图摆脱被讯问的现实需要,又具备了某种程度的现实条件,所以经过被讯问人努力会产生实现可能性。此谓实现可能性是说经过被讯问人的努力具有实现可能。但并不是任何“合理”的想象都能得到实现,因为想象得以实现需要具备很多条件因素。其次,空想是不能实现想象。空想最本质的特征是其实根本不能实现的想象,被讯问人设定这种想象的目的是为了实现它,这意味着空想并不是指被讯问人不想去实现它,而是想实现也不能够实现。这是因为空想或者是违背讯问规律的或者是缺乏实现的主观和客观条件的,或者是符合讯问规律但被讯问人阻止的原因不能实现。空想还包括讯问人设定应讯目标而不打算付出努力就想实现它。空想之所以是空想是因为被讯问人不是不想实现它,而是想也不能实现。再次,幻想是不能实现的想象。幻想最本质的特征在于它是不想实现的想象，这是因为幻想是一种即时的缺乏现实依据的想象，在讯问现实中无论如何都不能实现，亦即，幻想只是停留在被讯问人想象中而没有进入应讯活动的视野。被讯问人作为幻想者仅是在头脑中即时性地虚构了一种图景，只是采取了并没有打算实现的胡思乱想，亦即，幻想只是停留在被讯问人想象中的不想实现因而与实现无缘的想象，不是被讯问不想而是在讯问现实中没有实现条件，或者讲，幻想是因为在讯问现实中不能实现，故而被讯问人在应讯中就不想去实现它，但这并不意味着未来条件成熟时去实现它，而现实不能实现的原因或是不能实现或是不具备实现的条件。我们在看到反讯问动机、空想和幻想之间的联系和差距的同时，更要关注三者之间的关联和发展。幻想在应讯现实中是不想实现的也是不能实现的，但经验证明幻想具有两种发展趋势：一是如果讯问人一不小心被被讯问人钻了空子，被讯问人的幻想就极有可能得逞，在这种条件下，幻想就可以被被讯问人作为理想去追求和尽力去实现，经过被讯问人抗谈拒供真可能由虚幻的想象变成现实。二是在讯问人化智为器的斗争下，被讯问人的幻想永远是不能实现的空想，这种趋势是说当被讯问人将此类幻想付诸行动时，因为其违背讯问规律和缺乏条件而成为不可能实现的空想。就幻想本质来讲，其是在被讯问人"钻窟窿打洞"或是讯问人不小心被钻了空子的情势下，被讯问人自认为具备了条件而会将幻想内容作为一种具体目标去追求，此时幻想的两种趋势就明了起来，即，要么变成理想，要么变成空想。幻想是一种特殊形式的创造想象，是指被讯问人的未来指向与未来愿景相结合的想象。其分为积极幻想和消极幻想：所谓积极幻想是指被讯问人在基本符合应讯实际基础上滋生的想象，其能够激励被讯问人向往摆脱纪法制裁而得以全身而退的良好愿望，对被讯问人抗谈拒供具有积极意义和推动作用；所谓消极幻想是指被讯问人不切合应讯实际的想象，其脱离或歪曲讯问现实，通常被不敢正视审查调查现实的被讯问人用来代替应讯行动，此时的被讯问人会整日沉溺于怨天尤人和自怨自艾情境中，整日处于这种侥幸脱纪脱法的空幻的和不着边际的想象中，借以寻求感情上的虚假的自我安慰和自我满足，这种幻想不仅不能推动被讯问人积极争取具备好态度，反而会使被讯问人意志消沉和空虚伤感。反讯问动机虽然也是具有指向未来并与被讯问人自我愿景相结合的成分想象，但其更多地指向被讯问人奔向积极抗谈拒供的近远期规划，往往体现被讯问人应讯中的努力目标和侥幸方向，并同被讯问人的"三观"紧密结合。

此时的被讯问人犹如精神上注入了麻醉剂,不仅脱离讯问现实而且不能很好地配合组织审查调查。

本质是反讯问动机固有的属性,我们讨论反讯问动机形成过程的本质则是要揭示反讯问动机形成过程的固有属性,反讯问动机并非被讯问人先天具有的,其是被讯问人在应讯中形成的。讨论反讯问动机形成过程的本质对于引导讯问人认清这种动机本质具有非常重要的意义。反讯问动机的形成是被讯问人应讯努力目标的确定。被讯问人的理性使其在应讯中指向努力目标,被讯问人不仅思考应讯的必要存在而且思索这种存在的意义。理性对于被讯问人来讲在于理性能够设计己之未来并通过应讯将想象变成现实。理性使被讯问人不只关注如何应讯而且还算计己之未来的路怎么走,因而需要自己对明天的事情设计规划,这个规划设计对被讯问人来讲就构成一个应讯目标,而这个应讯目标就是反讯问动机。被讯问人需要在应讯动机的指导下追求应讯目标,这个目标意味着被讯问人不满足应讯现状而去意图改变,这就是反讯问动机对应讯现实的超越性。想完全摆脱纪法制裁是被讯问人产生反讯问动机的根本理由。被讯问人的这个需要指向应讯活动,或者说应讯活动即是被讯问人需要的对象化体现。需要的对象化表现就是被讯问人将己之需要具体化为应讯目标并通过具体的应讯表现显示出来,这意味着被讯问人在应讯活动中自然将应讯行动自身也指向目标。被讯问人的努力目标和需要以及理性集中在一起即是被讯问人的需要目标,由于被讯问人的需要目标具有主观性,因而其会存在选择性和必要性的筛选,这说明反讯问动机的形成是一个努力目标确立的过程。被讯问人与此同时还要能够清楚知道所确立目标的价值,这也需要被讯问人也要给自己确立目标,这在实际上标识着被讯问人给自己确立反讯问动机目标即是为自己确定应讯行为方向,即是为自己应讯行为确立行为结果的标准。反讯问动机的形成是被讯问人自我价值追去的凝练。被讯问人向往和追求应讯目标的集中表现是指向其认为最理想和最想实现的未来目标,这就是被讯问人的价值追求。而被讯问人最想实现和最理想的目标即是被讯问人的反讯问动机,由此我们可以讲,被讯问人的反讯问动机也即被讯问人自身价值追求的凝练。确立反讯问动机是价值凝练的过程,反讯问动机目标的确立是价值追求的凝练,不同的被讯问人具有各异的凝练价值追求。反讯问动机的形成是被讯问人精神追求的定格。反讯问动机是被讯问人精神追求的体现,所体现的是被讯问人的追求,该追求体现为一种可以为被讯问人提供应讯方向的目标追求，体现为对被讯问人内在需求外在表现的能给应讯行为提供动力的对象物的追求。无论是把这种追求理解为被讯问人对接受审查的不满或是理解为被讯问人具有超越现实的本性，反讯问动机体现的均是被讯问人的追求，这种追求展现的是被讯问人的一种应讯企图。体现的是被讯问人的一种希冀和可能。我们讲反讯问动机的形成是被讯问人精神世界的定格，是因为反讯问动机的特征之一是其具有未来性。反讯问动机的另一特征即是它的超越性，所谓的超越性体现在未来对现实的超越和完美对不完美的超越，这两个特征综合起来使被讯问人精神世界的超越成为反讯问动机形成的本质规定，具体体现在：反讯问动机是一种想象；反讯问动机是一种想象的结果；反讯问动机是被讯问人想象世界中未来对现实的超越；反讯问动机是被讯问人的精神支柱；反讯问动机世界是被讯问人精神追求的定格。

2. 反讯问动机的形成特点

作为被讯问人应讯努力目标的反讯问动机具有自己的特征。

反讯问动机具有实践性：所谓实践性即是被讯问人的反讯问动机是在应讯活动基础上产生的，反讯问动机的目的就是将其变成现实，但只有被讯问人侥幸应讯才有可能将其由想象变成现实。反讯问动机的实践性是由被讯问人的实践性知识支撑起来的。所谓实践性知识是指被讯问人以被审查调查的特定环境为特征并以高度经验化和个人化的类型知识为工具，在将这些类型性知识整合成取向其应讯实际情境所形成的个人价值观和应讯信念。理解被讯问人实践性知识需要把握三点：一是被讯问人实践性知识专属于被讯问人。任何人在生活中都会产生实践性知识，但此处的实践性知识是专属于被讯问人的，带有明显的应讯特征，与被讯问人的应讯活动紧密相关，既指被讯问人的社会经验知识又指应讯知识。二是被讯问人实践性知识源于经验又超越经验，是在经验基础上经过反思和提炼后所形成的知识，与一般的经验相比较，被讯问人实践性知识更具抽象性和更具理性，是被讯问人感性经验的理性概括。三是被讯问人实践性知识需要通过应讯行动来体现，但许多时候内隐于被讯问人心中。所谓必须通过应讯行动来体现主要强调被讯问人实践性知识的实践特征：被讯问人的应讯活动应该是一种反思性实践，具有在知识理论和行为操作之间来回修正的辩证张力，经过反思和提炼后的应讯经验通常以一种被讯问人自身也不一定完全意识到的形式储存在被讯问人心中，讯问人等外界人士难以觉察得到，但这些内隐于被讯问人心中的知识并非不是实践性知识,而是实践性知识的一种储存和沉淀,仅当被讯问人面临应讯的具体情境时,才能通过应讯问题的具体解决过程体现出来,这时候的被讯问人实践性知识是一种被激活了的实践性知识。被讯问人实践性知识包括被讯问人关于自我的认识、关于应讯中人际关系的认识、关于讯问与应讯关系的认识、关于应讯中接受知识的认识和关于应讯信念的认识五类认识方式,其中关于应讯信念的认识起统领作用。所谓关于应讯信念的认识是指被讯问人对应讯活动基本主张和原则的确认与信奉,其回答的是"被讯问人应该如何?"应讯信念源自被讯问人生活经验和应讯经验同时又指导着被讯问人的应讯活动,是被讯问人实践性知识最重要的组成部分。关于应讯中人际关系的认识:被讯问人的应讯活动主要发生在其与讯问人互动过程中,被讯问人除了自我认识外,还要了解讯问人并形成对讯问人的认识,所以在两者之间形成了一个人际关系网络,在双方互动过程中被讯问人形成了自己关于对这种人际关系的实践性知识。关于讯问与应讯关系的认识:在被讯问人应讯过程中,被讯问人需要逐渐丰富己之感受和体悟,学会依据不同的讯问情境选择性地或创生性地运用己之感悟知识,并不断反思提炼和修正调整,这样就形成了对讯问人及其讯问风格的认识,从而形成自己关于讯问与应讯关系的全部实践性知识。关于应讯中接受知识的认识:在应讯过程中,被讯问人努力地去掌握讯问人如何问和主动地确定自己怎么答,从中不断给出关于如何掌握对讯问输出知识信息的相信度的具体指导策略以为应讯提供不可或缺的实践性知识。被讯问人实践性知识首先具有实践性面向,同时又具有个体性、情境性、缄默性、生成性、纪法道德性向度。根据职务犯罪讯问实践,不管被讯问人是否觉察的到,被讯问人实践性知识结构都由被讯问人应讯意向、被讯问人应讯原则和被讯问人实践原则三部分组成,其中的意向主指被讯问人关于应讯是什么或看起来是什么的主观心理图像,具体包括被讯问人的应讯理念和信念等,这些知识既是被讯问人实践性知识的组成部分又是被讯问人生成其他实践性知识的价值导向,通常的情况是,被讯问人会在应讯中沿循上述应讯理念和信念习惯并结合新的应讯感悟对既有应讯理念和信念进行更深入的思考和感悟,并依据这些更深入的思考和感悟反过来促使自己不断修正和调整己之应讯理念和信念,在这个基础上又形成了自己新的实践性知识,由此可言理论性知识是被讯问人实践性知识生成的基本来源。被讯问人所进行的应讯活动是实践性知识生成的重要来源,经常的情况是,被讯问人在遇到应讯困境时,通常会建构或调用已有的实践性知识以具体的行为来应对困境,以此来强化实践性知识模块或重新建构实践性知识模块,希冀尽可能以此成功解脱应讯困境。在应讯活动中,被讯问人会以自身为中心,随时向讯问人学习纪法知识,从而构成一个以拓展被讯问人实践性知识为基点的潜在的人际关系网,进而被讯问人的人际学习也成为其实践性知识生成的又一来源。被讯问人实践性知识的生成途径是:理论知识来源途径:理论知识——应讯活动——实践性知识;自我实践途径来源途径:应讯活动——直接经验——实践性知识;人际学习来源途径:人际学习——间接经验——应讯活动——实践性知识。被讯问人以实践性知识管理作为应讯活动的支撑方式。被讯问人的实践性知识管理具有客观性和辩证性,是被讯问人显性知识与隐性知识的辩证统一和相互转化,是应讯理性和人文理性的辩证统一。被讯问人进行实践性知识管理的必要性在于:被讯问人实践性知识可承载的重要作用与其应讯现状之间的巨大落差,即,被讯问人实践性知识作用的应然与实然之间的落差。被讯问人实践性知识的作用:一是被讯问人以实践性知识的发挥保证己之应讯活动得以实施;二是实践性知识的丰富是被讯问人应讯活动专注化进行的知识基础;三是整合实践性知识是被讯问人有可能提高应讯效果的前提。尽管如此,我们不能高估被讯问人的实践性知识自我管理能力。通常的现状是:被讯问人对己之实践性知识反思不足,被讯问人因己之实践性知识的零散存在而运用不足,被讯问人因己之实践性知识经常处于边缘化状态而自我认知不足,这些方面都是讯问人应对被讯问人的应讯活动的有利之处。被讯问人进行实践性知识管理的目的:一是有助于被讯问人生成实践性知识,二是有助于被讯问人存储和运用实践性知识;三是有助于被讯问人形成新的实践性知识。实践性知识是被讯问人有可能提升应讯能力的唯一基础,因此被讯问人通常会非常在意自身实践性知识的积累和扩大,很多时候能够有意识地对实践性知识自我管理,这是被讯问人自认为的且意图使应讯活动尽可能取得绩效的有效途径。“剪不断理还乱”是绝大多数被讯问人在应讯中的思绪表现,也需要被讯问人进行实践性知识管理。实践性知识的拥有程度决定着被讯问人的应讯质量,不同实践性知识的掌握度使被讯问人产生了应讯能力高低的分化,这也是讯问人得以说服或征服被讯问人的有利之处。这些有利之处还表现在:有的被讯问人知识管理意识较差,有的被讯问人对由讯问压力和自我惰性导致的反思不足。在职务犯罪讯问实践中,被讯问人还存在显性知识管理与隐性知识管理能力的差别,需要讯问人在讯问中全面观察被讯问人的应讯表现,尽量尽快从中发现被讯问人的这种差别,以便于更有针对性地去做被讯问人的思想工作。

反讯问动机具有现实性:应讯现实是反讯问动机的基础,只有建立在应讯现实基础上的反讯问动机才具有得逞的可能性,否者就不能被称为反讯问动机。被讯问人本质的应然性和实然性规定体现了被讯问人本质所具有的理想性和现实性。理想层面意指被讯问人的应讯自觉性和精神动力,现实层面意指被讯问人的应讯实践性和社会性。在实际的应讯活动中,被讯问人存在理想性与现实性的内在张力与统一。有许多被讯问人通常会更自我关注如何能够摆脱纪法制裁以全身而退,这是被讯问人最彻底和最直接的应讯动力和理想支柱,这种偏重于自我前程的理想层面强调了被讯问人的本质上的理想性,并没有正视自己所面临的组织能力和组织压力,所以这时的被讯问人在对理想性和现实性的理解上是不平衡的,这就显示出被讯问人的理想性和现实性之间存在巨大的差别和内在张力。我们这时必须认识到被讯问人片面强调理想性而忽略现实性的重视和仅靠理想性诉求企图达致理想的想法是不正确的,也是会导致被讯问人应讯支撑力长久不了的致命原因。讯问压力对被讯问人来讲是现实生成的,组织能力和组织压力是被讯问人阻挡不了的,被讯问人必须直面这双重压力,必须正确对待这双重压力,以社会性需要来思考如何面对这双重压力,才有可能在纪法规范内寻求到出路,否者相反,这就是被讯问人必须从现实存在的视角诠释自己所面临的现实性困境的现实原因。虽然许多被讯问人认为正是因为这种现实性困境存在,其才更有必要保留具有针对性的应讯抗压欲望和能力。在这样的情况下,被讯问人从现实性诠释已之应讯困境仅能强调对抗理由存在的合理性和必要性;被讯问人从理想性诠释已之应讯困境只是想象已之主张成功的可能性却没有思考失败的可能性同时会存在;所以在这时候我们必须认识和强调被讯问人只有同时重视理想性和现实性两个维度以全面把握已之思维本质才有可能转化态度的机会存在。客观地讲,被讯问人的理想性思考是在其被审查调查的现实基础上产生的,通常会对心有侥幸的被讯问人抗谈拒供具有引导作用,因为这种理想性为被讯问人在现实性困境下树立了个体价值理想,自我指明了被讯问人将来可能会出现的“理想状况”。同时我们也必须意识到,被讯问人的现实性思考是由其理想性思虑所促成的,对被讯问人理想性发展具有规范作用。被讯问人抗谈拒供的现实性需要和摆脱纪法制裁的理想性需要使被讯问人的理想性思维变成了具有事实决定性的思维，明确了被讯问人需要本质对被讯问人现实性存在所具有的现实决定作用以及对被讯问人的理想性应讯所具有的制约和规范作用，由此可言，被讯问人现实性存在以及理想性思维发展在很大程度上受制于被讯问人现实应讯困境的存在。然而，被讯问人不满困境存在并欲使之向好本身对被讯问人来讲也是一种现实性存在，这种实际的存在并不会使被讯问人最后如愿，因为其肯定会受到现实讯问环境的社会合力的左右，所以这也是被讯问人理想性与现实性之间张力的表现。对于被讯问人来说，其在困境中保持对将来的理想是有道理的，被讯问人虽然从现实存在的角度来界说已之理想，但同时也强调了其在现实条件下的客观存在所具有的受动性和社会整体性，并没有忽视其在困境中的已之主观能动性，还表现出了其在困境下的理想性，可以说此时的被讯问人的理想性更加侧重于已之理想层面来解释其的现实性。这意味着被讯问人思维中不自觉地具有将理想性与现实性辩证整合的意识，虽然其在审查调查中不会真正实现我们常讲的辩证统一。如果此时我们对处于理想性与现实性纠葛状态的被讯问人一味指责是不科学的，倘若我们真的这样做了是不理解被讯问人的表现，这对彻底做通被讯问人的思想工作是非常不利的。我们希望被讯问人能够将其理想性与现实性真正辩证统一起来，更能按照马克思主义的辩证思维法来思考和解决应讯问题，能够按照讯问人的要求和思路来思考和解决其之出路问题，但也要理解被讯问人的作为自然人的自然想法。按照马克思主义的辩证思维法，人的本质是理想性和现实性的辩证统一，人的本质的现实性中包含理想性，现实性是由理想性发展而来，现实性与理想性揭示着人的本质的过去、现在和将来相互关系的范畴，存在于人的本质发展过程中。被讯问人受约于自身认知的局限，经常达不到这种认识高度，因而单凭朴素的个人需要对此予以考虑，这就需要讯问人具有针对性地去做纪法教育和思想政治教育工作，不客气地讲，被讯问人的这种认知会为讯问人做好纪法教育和思想政治教育工作提供切入口。事实上，在职务犯罪讯问实践中，我们的讯问人也是这样做的。人是通过实践实现人的本质的理想性和现实性辩证统一的，这是马克思主义辩证法的理论观点。讯问人如何遵循这一辩证法？重点要抓住被讯问人如何实践这个牛鼻子，以解决被讯问人的思想纠葛，要着重考虑让被讯问人如何实践，是放任其按照个体需要来应讯以抗谈拒供？还是通过扎实的纪法教育和思想政治教育使其根据社会需要来真诚改过悔罪？这正是讯问人的讯问任务和工作内容。讯问人必须遵循马克思主义辩证法来纠偏被讯问人的错误思想认识，以习近平新时代中国特色社会主义思想来武装被讯问人的思想觉悟，做到让被讯问人自觉自愿去完全彻底交代问题和真正改过悔罪的忏悔，以达致立德树人的政治目的和人文目的。讯问人要在承认被讯问人自然属性这个现实性基础上要求被讯问人的实践性和社会性，要求被讯问人树立在纪法范围内寻找出路和重新做人的正确理想，要求被讯问人接受组织关怀和按照组织要求去真诚忏悔以获得组织认可，要求被讯问人从纪法标准的社会需要思虑己之前途命运，要求被讯问人放弃一切不切实际的幻想，更要立马改正抗谈拒供的错误行为，要求被讯问人遵循马克思主义辩证法思维法来根本考虑自己如何应讯，要求被讯问人能够以具有良好态度和表现的现实行动来实现其之理想性与现实性的辩证统一。同时还要要求被讯问人正确理解和把握其之自由个性与社会共性的辩证统一，告诉被讯问人其的自由个性是有政治和纪法限度的，要自觉遵照纪法的社会共性去形塑自己的个性自由，要以现实社会的普遍性去规制其个体的特殊性，最终做到能以现实的纪法实践结果来确证自己的人生理想。

反讯问动机具有个体差异性：不同的被讯问人由于受生活或工作阅历以及教育环境等的影响会有不同的反讯问动机。个体差异性是指被讯问人在认识、情感、意志等心理活动过程中表现出来的相对稳定而又异于他人的生理和心理特点，其表现在质和量两个方面，质的差异是指被讯问人心理生理特点的不同及行为方式上的不同，量的差异是指被讯问人反讯问动机生成的快慢和水平高低。被讯问人的个体差异性通常会对其反讯问动机知识的管理行为产生重要影响，使被讯问人更容易作出反讯问动机知识隐藏行为，加大了讯问人对反讯问动机的认知难度。感知个体性差异包括讯问人对被讯问人个体性差异的感知和被讯问人对讯问人个体性差异的感知两个向度。在职务犯罪讯问实践中，讯问人一般通过感知被讯问人动机隐藏的方式来认知反讯问动机。惯常的做法是：讯问人通过比较被讯问人与以前所办案件的审查调查对象之间的相似性和差异性，从而将被讯问人归型到不同的群体中以判定其之反讯问动机的概况。所谓感知被讯问人个体差异性是指讯问人感知到被讯问人与其他审查调查对象的区别程度，一般包括讯问人感知反讯问动机的可见差异、感知被讯问人的信息差异和感知被讯问人的价值观差异。其中，可见差异指的是被讯问人在表层可见属性上的差异,信息差异指的是被讯问人与其他审查调查对象在专业背景和工作经验等特征上的差异,价值观差异包括被讯问人的应讯伦理、应讯动机与应讯价值观差异。信息差异和价值观差异是被讯问人的感知深层差异,这种深层差异表征着被讯问人的个性、个人价值观和应讯态度等。讯问人更为关注被讯问人的价值观差异和看问题的角度等深层次方面的差异。从被讯问人向度讲,被讯问人通常认为自己已经不是组织成员了从而将自己与讯问人员对立起来,并相应减少与讯问人之间的信息共享和合作决策;从讯问人向度将讲,如果讯问人如果也采用被讯问人思路将被讯问人当作“组外人”,通常会导致被讯问人对讯问人的评价不那么积极,对讯问人的言行也没有较为有利的归因,通常表现为与讯问人的离心离德。对讯问人来讲,感知被讯问人个体性差异是为了把握和调整自己对被讯问人的信任度以及思考怎么有针对性的做工作增强被讯问人对党组织的信任感和向组织靠拢的自觉性。此时的讯问人是基于人际信任理念作出的思维,其具体的思路是:对被讯问人的应讯态度和行为保持一种积极期待,同时将自己置于被动位置,由于对被讯问人有积极的预期因而自己愿意承担由被动所带来的风险,同时希望被讯问人通过判断己之言行是否符合纪法规范而作出积极的反馈行为,在改变消极应讯基础上主动呈现其所隐藏的反讯问动机知识,基于对讯问人认同的信任建立起彼此相互认同的基础,并能向讯问人分享其反讯问动机的欲望、意图和价值观内容,此时的讯问人希冀通过彼此了解对方的意见和意图来构建双方均可接受的意见框架,彼此都在相互信任关系中进行感情投资并对对方关切表达真诚地关心,构建起对双方关系充满信心并相信这些情感投资会产生互惠结果的互动思维体系。对被讯问人来讲,感知个体性差异会导致两种极端向度,一是被讯问人在确定应讯目标基础上和认知清楚自己与讯问人之间态度和能力差异后,否认对讯问人抛来的信任诉求,增强了坚持己之反讯问动机的信心,从而在应讯中作出更与党组织离心离德的行为;再则就是被讯问人自知阻挡不了和承受不住组织能力和组织压力,经过接受纪法教育后基于对讯问人的认同在彼此之间的情感互动过程中产生信任感,基于对组织和讯问人的认同使自己与讯问人建立较为强烈的相互关系和共同认同,从而促使自己生发出集体感优势,配合讯问人在保持共性的前提修正反讯问动机目标,而代之为在组织价值观指导下的真诚改过悔罪欲望,在促进与讯问人形成基于认同的信任基础上深刻反省己之错误和罪行社会危害性并认真剖析其中的原因,以重新做人的欲念配合组织审查调查。职务犯罪讯问实践证明，在消弭个体差异性而基于认同的信任的前因变量中，个体因素和讯问环境因素都会对基于认同的信任感产生重要影响，讯问人和被讯问人的纪法价值观越相似和对讯问环境的体悟感越近似，被讯问人对讯问人的基于认同的信任感就越强。在消弭个体差异性而基于认同的信任的结果变量中，基于认同的信任对个体行为和组织效能产生重要影响；在职务犯罪讯问实践中，讯问双方均能感知到消弭个体性差异后的双方之间基于认同的信任存在于成熟伙伴关系中，如果双方之间形成了较高水平的相互尊重和相互理解、相互信任以及相互义务的话，基于认同的信任更有利于被讯问人形成趋向为公共利益而行动的信念，基于认同的信任水平越高，被讯问人真诚改过悔罪的努力付出就越多。下面我们探讨反讯问动机的知识隐藏问题。具有个体性差异的被讯问人通常会对反讯问动机知识进行隐藏方式选择，其会针对对讯问人的不同的认同感和信任感来选择是否采用装傻隐藏或逃避隐藏或合理隐藏中的哪一种，这说明被讯问人对讯问人会采取不同的应讯策略。所谓装傻隐藏是指被讯问人假装不知道讯问人所要求的具体信息；所谓逃避隐藏是指被讯问人即使打算隐藏反讯问动机知识才会假装其会向讯问人透露信息但却尽可能地拖延或者提供错误信息；所谓合理隐藏是指被讯问人会对隐藏信息的原因向讯问人提出合理的解释。被讯问人反讯问动机知识隐藏具有三个关键要素：一是反讯问动机知识隐藏的前提是被讯问人受到了讯问人的询问，二是反讯问动机知识隐藏过程是由被讯问人的主观意愿在其中起支配作用的，三是反讯问动机知识隐藏结果是被讯问人选择不同策略对反讯问动机知识进行的有意保留。总的来讲，不管被讯问人采取什么策略，最终结果都是没有向讯问人提供所要求的知识，此时的被讯问人会因为拒绝讯问人的需要以及在特定情况下欺骗讯问人而滋生一种不满足组织期望的感觉。被讯问人的个体性差异是客观存在的，错综复杂的原因导致了被讯问人个体性差异的产生，讯问人要在尊重被讯问人个体性差异的前提下学会利用被讯问人的这种个体性差异。但无论被讯问人的个体性差异如何巨大，但另有一种情况也是同时存在的，那就是讯问双方需要从对方那里获得信息、材料和支持以便决定自己的讯问或应讯策略，也就是说，在职务犯罪讯问中存在任务互依性。这种任务互依性源自讯问双方间的“合作需求”，因为其是讯问双方在讯问或应讯过程中产生的，因而其可以被人为操纵，如果讯问双方具有较高的任务互依能够给双方带来更顺畅的交流沟通和信息共享等多种合作方式。任务互依性包括范围、资源和关键性三个维度。范围是指讯问双方对信息输出和接受与整个讯问或应讯活动的联系广度；资源是指讯问或应讯中的知识输出和知识接受之间的相互依赖关系；关键性是指讯问重点或应讯重点与整个讯问或应讯活动的相互依赖程度对讯问或应讯绩效的关键程度。任务互依性说明了讯问双方为完成各自任务而进行的互动与合作程度，反映了讯问双方在讯问或应讯中的相互联系，在其间双方的纪法沟通与纪法交流扮演着非常重要的角色。个体性差异决定了被讯问人的任务互依性选择方式：任务互依性具有并列型互依、序列型互依和交互型互依三种形式，并列型互依在职务犯罪讯问中较为常见，讯问双方各具行为目标，最终讯问任务是否得以完成决定于双方为各自目标的付出程度，用通俗的话讲，就是讯问双方在讯问中"各敲各的锣，各打各的鼓"，整体处于一种情感分离式的状态，在这种状态下的讯问结果通常是失败的；序列型互依是指讯问双方应答接连有序，其中一方的应答开始于另一方的应答结果，这种情形经常发生在讯问过程或应讯过程中间，是讯问成功的精彩呈现；交互型互依是指讯问双方为实现己之目标所进行谈话节奏推动时因相互影响而需要更多的纪法沟通交流，其中一方的结果也为彼此的工作输入，以相互协同方式来彼此满足各自的需要，也就是双方在需要满足上求同存异以构建由社会需要主导的公共需要，并以这种公共需要作为推动讯问或应讯正向进行的动力来源。这是讯问渐入佳境的表现。

3.反讯问动机的本体规定性

始基、存在、生存、形式、实体、本体六个概念是本体论研究的对象，亦即，它们都是对象性概念，其中的本体是本体论的基本对象性概念。从形式上界定，本体是由本原个体构成的开放本原系统，是世界的本原状态或本来面目；从实质上界定，本体是无论是本原个体还是本原系统都是现实个体和现实系统必备的本然本质，这种本质是指由不同层次的共性和个性构成的规定性以及不同本原个体内部构成要素之间、不同本原个体之间相互作用的规律性。抽象和整合上述所谓的形式界定和实质界定，我们可以得出结论：本体是由具有本然本质规定性和规律性的本原个体构成的具有本然本质规定性和规律性的开放本原系统。这个界定包含四层意思：本体是本原意义上的本真状态，而不是现实意义上的事物状态；本原事物是指事物的必备本质，包括事物的相同本质和个别本质；本体是由不同本原个体构成的本原系统，本原个体只是构成本体的元素；构成本原系统的本原个体是构成本体的实体。马克思主义哲学在科学实践基础上实现了存在与本质、对象化与自我确证等总之是世界观和方法论的高度统一,从而历史性地第一次将理想与现实有机结合在一起,是真正的即体即用和体用无间的哲学,为我们研究反讯问动机的本体规定性提供了根本遵循。鉴于笔者笔力不逮,在此我们只讨论面向被讯问人自我实现的反讯问动机本体规定性。我们先讨论对"自我实现"的预设性理解。先从反讯问动机知识体系的概念符号表征说起。反讯问动机概念作为表述和分析命题的语言载体和思考框架,直接影响着反讯问动机命题的可识别性与可理解性、可交流性和可变化性的限度。我们将"自我实现"作为反讯问动机本体规定性研究的实践导向,实际上即是引入生命哲学的视角作为反讯问动机基底问题的设问框架,由此,自我认知、意义和价值判断、情境判断、问题辨识和自我实现规划等以被讯问人思维发展为中心的概念谱系为我们展开反讯问动机本体规定性研究提供了基本的致思方向。该种面向自我实现的反讯问动机本体规定性观念构成了反思与重构反讯问动机知识体系的前提基础和根本原则,可它却不是反讯问动机知识体系本身,其仅代表一种应然性选择,而不囊括其所有实然性知识本体观,因此我们需要借助于另一套面向"知识体系"的概念符号以表征和解释反讯问动机知识的构型特征。此谓的自我实现旨在描绘和构建一种被讯问人作为"人"之存在状态的理想型,亦即,被讯问人在充分认知和了解自我本性基础上,通过自我设计、自我规划和自我实施使得己之自我潜能得以最大发挥并进而实现反讯问目标。由于被讯问人"自我实现"中的"自我"通常是作为特定价值主体而被识别的,因而其中的"实现"从外在角度又可以被视作特定价值追求的"实现",故而作为富有价值蕴含命题的自我实现是对被讯问人及其反讯问价值追求的澄清和规定构成自我实现命题的必要前提和重要基础。从理论上讲,被讯问人通常处于个体实现与共同实现的价值裂痕中。从社会关联性维度上讲,被讯问人自我价值的实现必然建立在促进讯问人价值能否实现的基础上,也就是说,当被讯问人持有强烈的反讯问动机时,其会阻碍讯问价值的实现,但当被讯问人持有强烈改过自新动机时可以促进讯问价值的实现。这种思想冲突势必涉及到讯问人的价值追求情势。我们从讯问人视角分析这个问题。如果讯问人能在最大范围回应被讯问人的价值实现诉求,如果讯问人能够经过心理机制过滤被讯问人的价值实现诉求后对此认真辨识与本真还原的话,可以通过深刻的纪法教育和思想政治教育予以理性批判,并在此基础上帮助被讯问人予以反思性的理性重构，完全可以帮助与促进被讯问人有效而全面地实现纪法规范维度的相关正相价值诉求，并能帮助被讯问人将这个思路嵌入内心以形成持久性的精神动力并鼓励被讯问人以此原则指导应讯活动，帮助被讯问人达致真诚改过悔罪境界的自我实现，这就会使讯问人达致极致意义上的自我实现，尽管在现实的讯问实践中这是很难做到的。因为被讯问人受已之意识形态、官场潜规则、以及自身视野、际遇、时间、精力与认识水平等诸多内外因素制约，这些制约决定了被讯问人无法在短时间内超然地转变己之应讯态度，从而会罔顾讯问人的价值实现诉求，而只能在自身理解可及的范围内秉持反讯问动机优先回应己之价值实现诉求。在这个过程中，被讯问人任何一种选择和舍弃都将会引发或强化其自我实现范围和程度以及速度上的差异，这些差异进而造成被讯问人自我与讯问人他者之间不同价值实现诉求面向的价值裂痕和利益冲突，这是讯问双方有时会出现激烈对抗的根本症结所在。如何协调与弥合这些价值裂痕是讯问人全部讯问工作的重中之重，是讯问人在通往自我实现之路上不得不面对的基本问题和巨大挑战。我们不得不承认，关于在职务犯罪讯问中的自我实现，对讯问双方而言，自我价值的内核在于关切自我是否达至自身能及范畴内的最大与最全面的价值实现，这是双方最现实的和最直接的价值观表现。当然，对讯问人来讲这是从解决具体讯问问题的狭隘角度来说的，在现实的职务犯罪讯问实践中，绝大多数讯问人拿下被讯问人的根本目的在于其更关切党和人民的事业是否得以维护和发展。而对于被讯问人来讲，反讯问动机的目标才是其在相当一段时间内一如既往的朝向，被讯问人的这种负相韧性在很多情况下会导致讯问僵局，这是由于被讯问人基于当下性和局部性价值目标思维与自我评价体系的片面理解与追求所造成的，这时的被讯问人会基于自身潜能与所处知识语境确立自身的行为方位，并以一种无遮蔽、无异化和无扭曲的本真性知识追求诉求固凝其自身价值维护，根本不想进行配合组织审查调查之知识本体与知识实践的现实重构，尽管这种情况下的被讯问人在过程中尽最大努力实现了自我的价值潜能，但会给讯问人造成巨大的现实麻烦，这时候最容易形成久谈不下的僵局。解决的办法即是：讯问人要反复告诫被讯问人其之自我实现需要党和人民正风肃纪反腐的伟大事业作依托才能真正实现，要耐心地通过纪法教育和思想政治教育帮助被讯问人进行主体性的意义重构，帮助被讯问人从混乱的自我纠结中还原出本真性的对党组织的热爱之情和维护人民利益的大义情感,以此为基础来解决其之自我价值实现问题;讯问人要激发与坚定被讯问人以真诚改过悔罪来自我实现的信念、意志、激情和勇气,而不能以所谓的谈话技巧去故意遮蔽、压抑和扭曲被讯问人的价值实现诉求。从这个角度说,讯问人的自我实现之途以解决被讯问人的本体难题为起点。这样说的原因和依据是:被讯问人的本体难题与讯问人自我实现之途之间存在着互为因果和互相制衡的根本性关联;被讯问人本体难题是阻碍讯问人自我实现的心理性因素,讯问人对被讯问人自我以及自我实现可能性之关怀不足是被讯问人本体难题长时间维持的根本原因。破解被讯问人本体难题的根本之道是讯问人与被讯问人建立范式共识。下面从反思与重建角度讨论以范式为反讯问动机知识架构的感念表征问题。反讯问动机知识体系作为抽象的哲学建构,需要通过共识性的概念符号表征反讯问动机知识的构成特点和生成机制,进而使反讯问动机知识成为可辨识、可理解、可表达、可交流和可实践的对象。范式作为辨识和思考的框架对我们理解反讯问动机具有非常强的洞见性。“范式”的作用机制在于通过凝聚和组织共识来理解反讯问动机知识体系构建。这种作用是对解决被讯问人本体难题问题的概貌性回答,反讯问动机强调被讯问人自我实现诉求这一心理倾向的价值关切,而讯问人与被讯问人建立范式共识能够弱化被讯问人的这种价值关切,通过纪法标准的确立和导向作用,唤醒和强化被讯问人自我实现追求意向的本真面向,使被讯问人能从中辨识出自己的知识主体身份从何处来、自己现处于何种境地以及要往何处去的理论话语,同时帮助被讯问人对反讯问动机当下性知识语境判断和被讯问人自我实现的机遇和障碍以等具有清醒的认知,帮助被讯问人从最本源的价值关怀出发树立如何使己之自我价值得以最大化实现的马克思主义价值观,促使被讯问人抛弃反讯问动机并将自我完善与发展建立在与最广泛他者及与党和人民事业的共同发展基础上,帮助被讯问人形成面向未来的语境,这种语境要求被讯问人扩大知识视野和关切维度,要求被讯问人要面向生活、面向党组织、面向党和人民事业,以最接近实践本真和最接近全面完善的知识实践者去面向未来。在这种情况下,讯问人要帮助被讯问人树立自觉以纪法标准升华己之应讯规划意识,帮助被讯问人客观分析其之反讯问目标规范、自我秉性、组织审查大势与被讯问人当下存在的负向问题产生的原因并指出改正错误的具体措施方法,敦促被讯问人在充分认识与准确判断形势的前提下结合当下情境条件采取符合组织要求的行动策略,帮助被讯问人回归真实的存在。

二、反讯问动机形成的过程要素

反讯问动机是由诸多要素构成的一个复杂系统过程，各要素在这个过程中相互联系、相互依赖、相互制约和相互促进以共同完成反讯问动机的型塑。下面我们择取心理基础、反事实思维和心理距离三个要素进行分析。

1. 反讯问动机形成的心理基础

反讯问动机是被讯问人努力追求的目标，该目标倾注了被讯问人的价值需要和精神追求，但其的形成并不是凭空产生的，其的形成必须建立在心理发展的基础上，感觉、知觉和思维的发展是反讯问动机形成的心理基础。

从基础的角度看，反讯问动机的形成不能离开对讯问环境的感知，如果缺乏对讯问环境的感知被讯问人就无法进入理性层面的思考，同时也不形成反讯问动机，因而把握被讯问人的感觉世界的发展无疑要对反讯问动机形成基础的把握。反讯问动机的形成在心理层面上不仅要有感觉系统的发展而且还要有知觉的发展。知觉和感觉皆属于感性层面的东西，但反讯问动机的形成发展不能缺少对讯问环境的感性把握，被讯问人只有经过感性世界的把握才能进入理性层面。被讯问人的感觉是对反讯问动机个别属性的反映，而知觉则是被讯问人对反讯问动机综合分析的反映。注意是被讯问人对反讯问动机的定向活动，是对反讯问动机的指向和集中，是产生各种心理过程时必不可少的心理属性，没有对反讯问动机的注意就不可能有对反讯问动机的认识。思维是被讯问人大脑对反讯问动机的概括和间接的反映，是反讯问动机的本质和规律的反映，是在被讯问人应讯活动中于感觉的基础上以表象为中介并借助语言和前见而实现的一种高级的心理活动过程，亦即，思维是指被讯问人的精神活动，其将被讯问人外在所得的表象和概念经由分析、综合、判断和推理等步骤的认识活动的过程，是认识活动的过程和认知信息加工过程，基于心理学的视角看，我们在构建反讯问动机思维概念体系的过程中，要将对这种思维的探讨建立在反讯问动机认知方面的理论和反讯问动机决策方面的理论基础上，前者从认知心理学体系中汲取资源，解决被讯问人“怎么想”和“想什么”的问题，后者从决策心理学体系中吸纳资源，解决被讯问人“怎么想”、“想什么”到“怎么做”的问题。鉴于笔者在先前出版的《职务犯罪讯问要素研究》中对反讯问动机形成的心理基础已经做了相对完整的描述，在此不赘。

2.反事实思维对反讯问动机的影响

所谓反事实思维即是被讯问人在心理上对过去发生的严重违纪违法事实在当下予以否认并进而建构一种摆脱纪法制裁可能性假设的思维活动。反事实思维普遍存在于被讯问人的应讯活动中,其主要强调对过去发生的事实进行否认,受制于过去可供选择的事实。被讯问人的反事实思维一般由前提和结论两部分,其假设性就表现在前提和结论与既定事实相反,但却在被讯问人心理上获得了某种可能性。在中外学研成果中,对反事实思维的分类意见不一,我们在此根据研究需要将反事实思维划分为上行反事实思维、下行反事实思维、自我策略反事实思维和他人策略反事实思维。所谓上行反事实思维是指对于已经发生的事实想象其如果满足某种条件的话则可原本可能出现比事实更好的结果;所谓下行反事实思维是指假设一种比事实更坏的或更糟的结果;所谓自我策略反事实思维是指被自我—长期与长期——具体策略合二为一的理论;所谓自我—长期策略是指这类反事实思维主要包括个性特征、态度和爱好以及能力等;所谓长期——具体策略是指反事实思维主要反映了自我可变性特征,包括个人状态、自我展示、理解、努力和责任等;所谓他人策略反事实思维是指将行为策略和情境策略合二为一的理论;所谓行为策略是指主要涉及到特定行为的理论;情境策略是指所谓主要涉及到对诸如自我和他人以及其他事件等情境描述的理论。

下面我们讨论反事实思维的产生机制和功能。反事实思维的激发过程受被讯问人态度、归因等认知因素的影响,目标—指向说是这些观点的统称。目标—指向说的基本观点是:反事实思维并非自动化过程,其是被讯问人在特定情况下对以往经历的某些特定事件的特定思考,被讯问人为了达到应讯目的可以有意识的控制与运用反事实思维,并把其当作一种认知策略工具,被讯问人会努力了解其所处的讯问环境,并通过刺激—反应的一致性和随后行为的认知过程形成原因来解释特定的讯问环境,在此基础上对己之将来结果进行预测。反事实思维可以作为被讯问人今后遇到与以往不一致的信息时的重要参考,通过加强对应讯信息内容的审查以区分强和弱的意见。被讯问人在应讯中会追求两种目标,即,进取性目标和保守性目标,前者是被讯问人追求达到积极效果,而后者是要求被讯问人避免消极后果。被讯问人因为应讯的目标类型不同所以对成功与失败的定义也不同,对持有进取性目标的被讯问人来讲成功即达到积极效果,失败即没有达到积极效果。对于持有保守性目标的被讯问人来说,成功即避免消极结果,失败即没有避免消极结果。被讯问人的应讯目标不同,则其的反事实思维方向就会不同,目标影响着被讯问人的反事实思维。被讯问人在良好状态下容易发生反事实思维,在情绪不良时高自尊的被讯问人则会花更多时间去思考可能性结果,同时关注下行反事实思维。被讯问人进行反事实思维通常是为了将来发展做准备,其关切的是应讯变化的可能性和可控性等因素。如果被讯问人是为了推理和了解讯问环境的话,通常其会关注产生不同结果的不同原因。反事实思维具有情绪功能和准备功能。此谓情绪功能即指被讯问人经过反事实思维后情绪会发生变化。在职务犯罪讯问过程常发生的情况是,当被讯问人当回想起以往的自由生活以及考虑到自己将来有可能摆脱纪法制裁的更好可能性时,通常会产生一种被剥夺感的感觉,会对组织产生怨恨并听不进讯问人的纪法教育和思想政治教育,尤其是当被讯问人感觉到他们的不幸是由于组织调查审查的外部施加造成的更会加大这种怨恨感产生的几率。被讯问人这种对将来有可能摆脱纪法制裁的更好可能性考虑即是上行反事实思维,在被讯问人实施上行反事实思维时,被讯问人会想象一种更好的结果,但这种美好想象回到被审查调查的现实中时,被讯问人的情绪就会变糟,此时的被讯问人一般会产生后悔和怨恨等情绪。被讯问人通常利用反事实思维的情绪功能来调节己之情绪。根据心理学的研究,被讯问人在被留置后产生的失败感并不是自发产生的下行反事实思维,而是策略性地使用下行反事实思维以对将来的虚幻想象来自我安慰,这时的被讯问人会有目前应讯状况以及将来的结果还具有可控性的感觉,这是一种典型的侥幸心理表现,也是产生下行反事实思维的一个中介机制,也就是说与结果可控相比当被讯问人感知到结果是不可控制时更容易产生这些想法。这种情绪变化是以比较效应机制来解释的,被讯问人将被留置的现实结果与反事实思维中假设的更好或更坏的结果相比较并进而产生更好或更坏的情绪。需要讯问人注意的是,被讯问人在进行上行反事实思维和下行反事实思维过程中,不仅会有比较效应,还会产生同化效应,即,被讯问人不仅会将现实结果和假设结果进行比较,而且还在某些情况下可能沉浸在反事实思维假想的世界中。这时候被讯问人的比较效应和同化效应产生的情绪变化是不相同的,上行反事实思维比较的情绪会变坏,上行反事实思维同化情绪会变好,下行反事实思维比较情绪会变好,下行反事实思维同化情绪会变坏,但更多时候这些情绪会混杂在一起难以区分。此谓反事实思维准备功能即指被讯问人经过反事实思维对己之未来有准备并意图拥有更好的未来,其主要体现在反事实思维对被讯问人应讯意向和应讯行为的影响。应讯意向是指被讯问人对应讯未来的打算,是未来想实施但现在并未实施的想法。应讯行为是指被讯问人真正表现出来的应讯行为。应讯意向能够在一定程度上预测应讯行为,但不一定会产生与行为意向相匹配的应讯行为,反事实思维对应讯意向具有促进作用。与被讯问人自我相关的反事实思维的主要作用即是修正特定应讯行为并形成应讯行为意向,为未来的打算做准备。研究表明,反事实思维能够缩短应讯行为意向的判断时间,能够改善应讯行为,被讯问人经过反事实思维帮助自己对已经发生的事情进行归因,进而通过因果论推论来按照己之预期结果来改善应讯行为,并且还会影响被讯问人对于未来的预期和希望,反事实思维能够提高被讯问人对应讯顽性的坚持性。被讯问人不同类型的反事实思维准备功能也不相同,上行反事实思维准备功能更好,但反事实思维方向对应讯行为的作用还受被讯问人对应讯行为可达到性判断的影响,当被讯问人认为上行反事实思维中的应讯行为达不到时则会削弱上行反事实思维的准备功能。对于被讯问人反事实思维、应讯行为意向和应讯行为之间的关系,我们可以发现被讯问人被留置与反事实思维、应讯行为意图和应讯行为其实是一个相互联系的反馈环,这个反馈环包括被讯问人正在执行的行为和记忆中的持续连接,该调控环路通过在反讯问动机生发到运维期间提高应讯活动强度和水平来保持平衡,该过程包括三个步骤:一是被讯问人被留置引起反事实思维;二是反事实思维引起应讯行为意向;三是应讯行为意向引起相关行为。被讯问人通过这种联系实现了从反讯问动机激发到维持的过程。被讯问人一般会将其被留置当作一个负性事件,自被留置时起被讯问人会进行反事实思维,被讯问人会根据反事实思维生成相应的反讯问动机生成意向进而产生反讯问动机并在此基础上生发应讯行为意向和应讯行为。反事实思维也会促进与反事实思维内容匹配的应讯意向。

下面我们讨论反事实思维与应讯行为意向的关系。应讯行为意向不仅包括了被讯问人希望达到某种反讯问目的的清晰且具体的打算,而且包含希望达到反讯问目的的初步设想或是对特定反讯问目的的指向,意向是被讯问人在采取反讯问行动之前所必经的历程。亦即,应讯行为意向是应讯行为的必要但非充分条件,是被讯问人应讯行为的主要预测量度,是在实际的应讯行为发生前的应讯行为计划,这种计划和构想的目的即是被讯问人希望将来的行为结果如愿实现,包含态度和动机等主观因素的应讯行为意向是实际应讯行为的重要影响因素。在审查调查中,被讯问人遭到留置时,一般情况下都会假想使已经发生的事情如何变好,这个过程会激发和影响被讯问人将来的应讯行为指向,形成针对改变不好现状的应讯行为意图。反事实思维能够指导被讯问人在未来的应讯中做什么或不做什么,被讯问人利用反事实思维自我证明过去是对的而为过去辩护和为过去找借口,能够自我调节自身情感以支持己之判断结论。一般来说,上行反事实思维能够为被讯问人提供准备功能,这能够提高被讯问人未来应讯行动的可能性;下行反事实思维能够为被讯问人提供情感性功能,为自己幸亏没多收钱而不会受到更严厉惩罚而庆幸,会让被讯问人产生轻松感。反事实思维是一个自我调节的过程,能将被讯问人关于过去的信息转化为对未来行动的计划。心理学研究表明,被讯问人产生自我相关的反事实思维有助于被讯问人强化反讯问动机,有助于被讯问人发挥反事实思维准备性功能。而如果被讯问人产生与党组织和讯问人相关的反事实思维时则无益于其接受纪法教育和思想政治教育的自觉性提高。产生上行反事实思维的被讯问人被认为是感知到更能控制讯问节奏并且对于讯问节奏会采取更多的干扰行动,因此会自我强化后续应讯的顽抗程度。当讯问人认为改善己之将来境况是可能达到的时候,上行反事实思维能够增强反讯问动机及其表现强度,但当被讯问人认为改善己之将来境况是不可能达到的时候,下行反事实思维会增强反讯问动机及其表现程度,上行反事实思维则会降低反讯问动机和表现。被留置会使被讯问人更容易产生反事实思维,被讯问人偏离纪法标准更能引发反事实思维,有实现可能的事件前提比没有实现可能的事件前提更易引发反事实思维。按照心理学理论,事件结果的效价会影响反事实思维。一般说来,消极事件比积极事件更容易引发反事实思维,而且消极事件引发的多是上行反事实思维,积极事件多引发下行反事实思维。对被讯问人来讲被留置是其极不愿发生的消极事件,这会出现被讯问人以己之引发的反事实思维来否认自身存在严重违纪违法犯罪行为而生发反讯问动机,其会假想如果我不被组织审查就不会被留置,这时其会激发上行反事实思维,同时其也会假想要不是当初我及时收敛恐怕早被留置了,这时其会产生下行反事实思维。事件结果的接近性会影响反事实思维。所谓结果的接近性即是被讯问人对被留置的结果与心理上的理想或预期的结果之间的差距的接近程度。当结果比较接近时被讯问人会产生更多的下行反事实思维。被讯问人看问题的视角和个性特征会影响反事实思维。当被讯问人抗谈拒供的努力屡屡受挫时其会更容易产生反事实思维;白日做梦倾向明显和善于想象的被讯问人更容易产生反事实思维,有强烈自由意志的被讯问人也是这样。事件发生的顺序和时间长短会影响反事实思维。在讯问过程中的系列独立事件中,被讯问人往往倾向于针对最近的事件产生反事实思维,意气用事的短期行为会使被讯问人引起后悔,长期保持被动应讯而不行动会引发被讯问人的后悔,被讯问人如果在应讯中选择过多也会引发后悔。这都是被讯问人基于反讯问动机而生发的应讯表现。应讯行为意向是被讯问人给自己以特定的应讯方式而行动的指示或被讯问人想去执行反讯问行为目标的动机,其既包括做或不做的方向也包括为了准备做某事要付出多少时间和努力的强度,具体内涵包括执行意向和目标意向。执行意向即是被讯问人关于反讯问背景和将要进行的行为计划,在反讯问目标追求过程中具有前瞻性的作用,被讯问人为了形成执行意向一般会确定能够促进目标完成的行为反应和对启动该行为反应的情境作出预期;目标意向即是被讯问人对设置的反讯问目标的计划,当被讯问人依据所处的讯问环境来决定相应的执行意向,其详细说明在特定时间段被讯问人想要做的事。被讯问人的应讯行为意向能够影响应讯行为,但不是首要的决定性影响因素。当应讯行为意向形成时,被讯问人通常对于应讯行为改变具有不正确的认识,其没有考虑在真实讯问情境中其需要作出什么改变,这不仅可能会导致意向和行为之间的差距,而且会增强被讯问人不予配合的顽固性。一般来讲,被讯问人反事实思维导致的意向越具体,相应的反讯问行为结果越可能发生。与目标意向相比,执行意向对于反讯问行为的促进作用更大。

下面我们讨论反事实思维与反讯问动机的关系。上行反事实思维更具准备功能。反事实思维准备功能与被讯问人提升反讯问绩效和改进反讯问方法的愿望有一定联系。在职务犯罪讯问中,被讯问人不同的反事实思维定向与反讯问动机的关系不同,该两者的关系是以不同的情绪为中介的。上行和下行反事实思维服从被讯问人情绪和动机的功能,上行对比比下行同化对反讯问动机的生成与坚持更具动力性,而上行同化与下行对比则与此相反。被讯问人面对被留置的局面,经常采用上行反事实思维并通过强化反讯问动机的解决办法来意图实现自我改善的目的,或者采用下行反事实思维并通过为可能的失败寻找支撑点来提供保护机能。上行反事实思维可以通过社会比较方式为被讯问人提供有用所谓成功应对信息,从而提高被讯问人的反讯问动机。下行反事实思维更具情绪功能。被讯问人的情绪对反事实思维的类型具有主效应,调控方式对反事实思维的数量具有主效应。被讯问人的情绪和应讯取向会对反事实思维的类型产生影响,而且两者之间还存在交互效应。积极情绪使被讯问人认为其之反讯问工作做得非常好,没有进一步改善的需要,从而降低反讯问动机。当被讯问人渴望反讯问成功时由于受反讯问动机的内在影响而不会产生厌倦感,所以就不会产生拖延的行为,在应讯中无论真正态度如何都显得非常干脆和利落,能够将其之主张和理由尽快告知讯问人,否者被讯问人会不断地以拖延方式逃避谈话。总起来讲,反事实思维为反讯问动机形成提供前提条件和生发基础,反讯问动机实际上就是在被讯问人具有反事实思维的前提条件下并以反事实思维为工具基础生发的。

3. 心理距离对反讯问动机的影响

此谓心理距离是指以被讯问人本身为起点,到使被讯问人产生感触的反讯问动机之间的距离,亦即,心理距离是一种讯问人以自我为中心的对于反讯问动机接近自我或者远离自我时产生的一种主观体验,其参照点是此时此地的被讯问人自身,而心理距离沿着不同的维度向外延伸和扩展形成了时间距离、空间距离、社会距离和可能性四维向度。所谓时间距离是指被讯问人的当前时间和反讯问动机产生有多少时间分隔;所谓空间距离是指被讯问人的当前位置和反讯问动机产生在空间上有多少距离;所谓社会距离是指社会目标与被讯问人的自我有多大区别,即,被讯问人对讯问人的区别有多大;所谓可能性是指反讯问动机发生的可能性有多大,即,被讯问人自己解释反讯问动机的产生与现实距离有多近。以上这四个维度的零锚定点是被讯问人的直接经验,也就是被讯问人此时此地感受到的刺激。

时间距离在反讯问动机生发中具有重要影响,会影响被讯问人对应讯未来的判断和行为决策。比如,被讯问人在选择近期未来的应讯结果还是远期未来的应讯结果时,时间距离就是一个重要因素,被讯问人在做远期未来决策时通常认为自身的欲望更重要,在做近期未来决策时会认为可行性的考虑更重要。时间距离对被讯问人的反讯问行为决策也有影响,时间距离会影响到被讯问人风险评估和个人风险选择,

被讯问人往往低估将来长期坚守反讯问动机的风险,却高估短期秉持反讯

问动机的风险,被讯问人对长期坚持反讯问动机通常寻求风险,对最近秉持反讯问动机则倾向规避风险。

空间距离是被讯问人心理距离的另一维度,其比其他三个距离维度更为基本,因为其能更清楚地检测到。被讯问人对于短期秉持反讯问动机倾向于描述秉持手段,而对于长期坚持反讯问动机则倾向于描述坚持结果和目的,同时被讯问人使用更为抽象的语言来描述这个坚持结果和目的,这表明空间层面的反讯问动机的长期坚持比反讯问动机的短期禀赋在更高层次上被解释。

社会距离包括被讯问人与讯问人和组织内与组织外等,相比与被讯问人感觉讯问人的社会距离更远,相比于组织内个体感觉组织外的社会距离更远。当被讯问人想象己之反讯问成功时会激发出强度很高的反讯问动机。我们知道,无论是态度观察还是从个性特征以及背景变量的相似性看,人际关系的相似性都会促进被讯问人与反讯问动机生成与运维之间形成一种单位关系。在相关维度上,此谓单位关系是指被讯问人与反讯问动机生成和运维之间的一种"归属感"或亲密感。当被讯问人与讯问人越不相似,其就会在交往时疏远讯问人,社会距离就越远,反讯问动机感就越强烈。

当被讯问人就短期禀赋反讯问动机作出决定时,主要考虑这种短期禀赋的可行性,也就是短期禀赋反讯问动机的难易程度,这表明被讯问人可能使用具体的特征来解释短期禀赋;在就长期坚持反讯问动机作出决定时,被讯问人通常考虑其个人对这种长期坚持的渴望,也就是被讯问人对长期坚持的价值大小的主观判定,这表明抽象特征可能用于解释长期坚持,说明时间距离会影响被讯问人对坚守反讯问动机的解释。解释水平理论认为被讯问人会用具体且低层次的解释来表示短期禀赋,用抽象且高层次的解释来表示长期坚持;低层次的解释是相对非结构化,上下文化的表述包括从属和附带的事件特征,相比之下高层次的解释是示意性的,是从可用的信息中提取要点的去文本化的表述,这些解释包含了坚守反讯问动机的上位的核心特征。因此,尽管对对短期禀赋的表现形式具有丰富的细节,但这些细节是偶然的或次要的,而对长期坚持的表现形式却通过忽略次要的或偶然的特征来达到抽象的目的。同时这种抽象的过程亦不是一个全有或全无的现象,越是独特和附带的特征省略,表征就变得越抽象和图式化。坚守反讯问动机的心理距离越远,其就会被表现在更高的抽象层次上,也就是说,当坚守反讯问动机不是被讯问人直接经验的组成部分时,其在某种程度上在被讯问人心理距离上是遥远的。因为坚守反讯问动机有多个距离从直接经验中移除,所以被讯问人的心理距离具有多个维度。故而,与反讯问动机坚持或禀赋的时间、空间、可能性或社会距离越大,被讯问人就会越抽象地期待其被表现出来。

在对坚守反讯问动机进行决策和判断时主要取决于被讯问人对此的心理特征。对于长期坚持反讯问动机,被讯问人更倾向于高水平解释,相反则倾向于低水平解释。被讯问人倾向使用更广泛和更具包容性的类别来对长期坚持情况的对象进行分类,而不是对涉及短期禀赋的对象进行分类。被讯问人更可能利用抽象和无背景的表征预测和解释长期坚持,而不大可能依靠具体的背景来预测反讯问动机坚守。对被讯问人来讲,遥远的自我是一种更完整和更有结构的方式,而近端的自我则是一种更语境化和更流动的方式。

讯问人一味提升权威会增加被讯问人的心理距离。随着人际相似性的增加,信息的次要特征使被讯问人在对讯问行为的判断中变得更加突出,表明当被讯问人认为讯问人与自己相似时,被讯问人倾向于越来越多地从次要关注点看待其之行为,亦即,对被讯问人行为的判断更明确地基于高水平解释特征,而对相似讯问人行为的判断更基于低水平解释特征。另外,更亲密的关系通常涉及更亲密的互动和暴露对方的想法和感受的特殊信息,进而更好地了解对方的表征包含有更具体和更详细的特征,被讯问人会更抽象地表示出这些特征信息,而且要依赖于其之行为相关的判断中的广泛而核心的特征。

当被讯问人想象反讯问行为发生在一个遥远的空间位置上时,比想象反讯问行为发生在一个较近的空间位置上时,更会倾向于将反讯问行为确定为目的而不是达到目的的手段,同时被讯问人会使用更抽象的语言来描述长期坚持,增加所描述的空间距离,导致被讯问人更抽象和全局性地表示它们。被讯问人的心理距离尤其是空间距离会影响被讯问人分割行为流的方式,与坚守反讯问动机的空间距离增加导致反讯问动机坚守行为块的增大。

处于被留置状态的被讯问人通常会比在自由状态下更看重自己的反讯问行为在未来时的价值,与我们通常的想象不同的是,这时身处困境的被讯问人恰恰具有高水平解释的倾向,有更容易修正或消弭自己的反讯问动机,更容易产生与讯问人合作倾向的可能性,心理学研究表明,被讯问人越是处于资源困境越是具有高水平解释并与讯问人合作的欲望,这就增大了讯问双方合作的可能性,因为被讯问人意识到其必须寻求讯问人的帮助,其必须在组织关爱下才能谋得真正出路,这为讯问人实现成功说服被讯问人目标提供了可能的心理基础。抽象价值对被讯问人心理的引导作用更容易出现在考虑是否长期坚持反讯问动机的情境中,反之则更容易出现在被讯问人考虑近期禀赋中。职务犯罪讯问实践证明,具有“亲自我”取向的被讯问人比具有“亲社会”取向的被讯问人更倾向于在短时间内与讯问人合作,而具有“亲社会”取向的被讯问人比具有“亲自我”取向的被讯问人更倾向于在长时间内与讯问人合作。因为具有“亲社会”取向的被讯问人通常以社会动机(即,社会主流价值取向)来指导自己的应讯活动。这是讯问人需要对被讯问人进行纪法教育和思想政治教育的根本原因。所谓社会动机是指被讯问人在对待讯问人的方式上系统地存在差异,有的被讯问人倾向于相信和依靠讯问人并与讯问人合作,有的被讯问人则倾向于不合作态度而拒绝不信任讯问人并不与讯问人合作,这种差异与是否具有社会动机有关,社会主流价值取向被定义为对被讯问人自己和讯问人的某些关系模式的稳定偏好。当被讯问人对双方合作情况作出主观解释时,根据内部规则将提供的矩阵转化为有效的矩阵,因此对自己将来的结果和与以前的表现结果会有不同的偏好,这种偏好从某种程度上表达了不同的社会主流价值取向。社会主流价值对帮助行为、合作与竞争的选择、关于合作选择的决定及判断以及在亲密关系中牺牲的意愿均具有预测和引领作用。被讯问人对社会主流价值取向的不同面向会产生三种取向:合作取向;个人取向;竞争取向。合作取向意味着反讯问动机的消弭;个人取向意味着反讯问动机的保持和强化;竞争取向意味着反讯问动机的极端化。被讯问人心理距离对合作行为的影响机制可以概括为:基于解释水平理论,心理距离会通过影响被讯问人的认知表征进而影响对不同信息比例重要性的分配,最后影响了被讯问人是否合作的差异,社会主流价值作为抽象价值观会在较高解释水平上更多地影响双方合作行为。

三、纪法教育对反讯问动机的弱化

纪法教育的纪法话语的理念应当具备融贯性特征:讯问人通过讲好纪法话语让被讯问人能够充分、完整和准确地了解纪法信息并决定和选择己之思维和行为。讯问人要在这一特定思想指导下灵活地向被讯问人传导纪法话语以体现融贯性,这种融贯性是纪法话语表述顺畅的基础和条件。纪法话语欲具备这种融贯性就必须形成一个系统的指导思想和原则以整合不同的纪法话语部分,避免各部分之间的冲突，建成纪法话语的合力和逻辑一致性。纪法教育的纪法话语理念反映纪法思想和纪法语言的辩证协同关系：纪法语言与纪法思想密切关联，纪法思想是决定纪法语言结构和形式的基础，纪法语言是补充纪法思想体系性的工具和素材，纪法语言结构和形式蕴含着特定的观念体系，纪法教育使讯问双方形成近似的思维并彼此传达相互沟通的心意。纪法思想可以使各具特定内容的纪法语言建成具有密切关联性的有机整体，提高了纪法思想的权威性。纪法话语理念应当体现将纪法作为修辞的追求：纪法修辞是在思维中将纪法规范放到与政治、道德、人情同样的位置上，使纪法规范成为日常话语系统因子来评价人们的思维和行动。比如被讯问人在接受讯问中必须履行义务即是纪法修辞。纪法教育的纪法话语理念依托融贯性、稳定性和开放性总是在特定方向上运行。纪法教育的纪法话语理念可以被视作意识形态的立场：纪法话语在纪法思想的指引下，在意识形态上必须表态，为纪法教育中的话语限定规矩和轨道，纪法话语体系的应用应当立足社会主义意识形态的方向，不能脱离纪法思想观念的指引和指导。纪法教育的纪法话语理念具有以下五个特征：一是政治性：纪法教育是一种公共话题形式，纪法教育的纪法话语蕴含着权力特征，那就是话语主线必须围绕支持和强化我们党所提出的代表性话语来进行，纪法话语属于政治话语的内容，所以权力对于纪法理念具有关键作用。二是知识性：话语必须体现特定的专业性和知识性，纪法话语的内在思想应当接纳和认同政治学和法学理论等，具有专业话语体系的属性。三是社会性：纪法教育的纪法话语理念的基本属性表现为社会性，立足于人与人的交流、共识、分享和权威。四是规范性：规范性是纪法话语最核心的要素，是纪法实施和纪法思维的基础，纪法实施必须依据纪法规范，纪法思维必须从规范性入手思考。只要纪法话语的指导思想始终有规范性特征，纪法话语的表达就必须有据可循和有章可依，这样就能保障纪法的秩序和稳定。五是开放性：纪法教育的纪法话语理念应当包含特定范畴的意识形态但又不能封闭，必须留有必要的开放性空间，这种开放性是纪法话语理念作为社会构成要素并在其中持续发挥重要作用的必要条件。

纪法教育是讯问人用纪法思想观念和政治观点对被讯问人施加有计划有目的有组织的影响，以使被讯问人形成符合纪法规范和社会需要的思想品德的讯问活动，其目的在于通过对被讯问人的主观意识进行系统性的改造以使被讯问人在遭到社会排斥后重新成为符合社会需要的人。这种目的是依靠纪法教育的纪法话语功能实现的。纪法话语具有导向功能、保证功能、育人功能、激励功能和文化功能。这五种功能构成一个相互联系和相互作用的有机整体并进而发挥整体作用。所谓导向功能即是通过明确让被讯问人认罪悔过目标而引导被讯问人的思想意识和应讯行为符合纪法规范要求。讯问人通过纪法教育、激发灌输和启迪鼓励等方式引导被讯问人的思想和行为符合纪法规范要求,有利于实现改造被讯问人的目标实现,这是纪法话语的一种特殊功能,由此而言,纪法话语功能也是纪法教育的目的。导向功能主要由理想信念导向、努力目标导向和行为活动导向三部分组成,即,第一层内涵是帮助被讯问人树立正确的理想信念,第二层内涵是帮助被讯问人明确在被讯问中的己之正向努力目标,第三层内涵是帮助被讯问人形成正确的思维方式和良好的行为规范。保证功能是指纪法话语既是稳定讯问秩序的重要保证又是政治建设的必要条件。育人功能是指被讯问人经过纪法话语感染不断形成和修正对己之问题的评判原则,并根据这种原则深刻分析自身违纪违法犯罪事实的严重程度和社会危害性以及具备完全彻底供述的良好态度,在真诚认错悔罪基础上重新形成符合社会需要的品格,育人功能是纪法教育得以存在和进行的重要基础和纪法教育最基本的目的,其第一层内涵是引导被讯问人形成正确的政治方向,第二层内涵是帮助被讯问人树立科学的思想观念,第三层内涵是促进被讯问人理想人格的完善,第四层内涵是培育被讯问人主动供述的自觉性和认罪悔过的真诚性。激励功能体现在被讯问人在接收到讯问人所发正强化信息后引起心理情绪和思想的变化,自觉将纪法教育目标转化为个人目标并为此目标实现而努力,其第一层内涵是帮助被讯问人明确合理行为目的,第二层内涵是促进被讯问人思想积极向上;第三层内涵是培养被讯问人人文情感追求。第五层内涵的文化功能是指被讯问人内化讯问人所传导的正确思想和主流意识以实现自身素质的提高,其第一层内涵是引领被讯问人接受社会主流文化,第二层内涵是促使被讯问人选择社会先进文化,第三层内涵是帮助被讯问人整合纪法文化和政治文化等以形成对新时代中国特色社会主义文化的凝聚力。以上五种纪法话语功能会弱化被讯问人的反讯问动机。在职务犯罪讯问实践中,讯问人为了充分发挥纪法话语功能所采取的思维方式是:以规则性限制被讯问人的思维方向;以强制性改造被讯问人的动机动力系统结构;以调节性框定被讯问人动因要素内情显露结果。

1. 以规则性限制被讯问人的思维方向

以规则性限制被讯问人的思维方向即是以规范性、约束性和秩序性限制被讯问人的思维方向。

关于以规范性限制被讯问人的思维方向。此谓规范性即是纪法规范所具有的按公共意志来调控个人行为与社会运行的功能,这种规范性具有使未规范或不合规范的状态得以规范化的功能。这种规范性是纪法规范的根本性质,是纪法规范之所以是纪法规范的特质。此谓的规范性源自一种“予求理由”的职务犯罪讯问实践活动,这种实践活动使纪法教育的纪法话语的断言同时具有了承诺和权利,我们主要通过理解这种规范性概念在纪法话语推论中的位置和角色,来理解这种规范性概念的意义和使用。这一主题涉及到与这种规范性概念相关的纪法规范判断或纪法规范命题的真值条件,比如,根据对纪法规范的规范性理解,回答什么是“应该的”?什么是“正确的”或“恰当的”?什么是“强制的”或我们“有资格”去做的?我们如何做出这种规范性判断并采取相应的行动?这种规范性概念不仅涉及纪法语言,而且涉及到讯问人的欲望和情感,既关系到讯问人的意识、意向和态度也关系到讯问人思想和行动,既关涉到讯问人对讯问中的纪法事实的信念及其证成和推理,还和党的纪律和国家法律等具有重要关联。这些也是讯问人必须通过纪法教育向被讯问人传导的规范性内容,并以纪法话语的规范性内容限制被讯问人的思维方向。就规范性概念的本质而言,纪法话语始终与特定的约束性力量联系在一起,在形式上通常体现为纪法话语具有规范性内容的命题或陈述,这种命题或陈述的典型形式一般地归结为包含“应该”的规范性词项的假言条件句,即,如果被讯问人想要谋取真正的出路,那么其就应该遵循纪法规范。这就揭示出规范性概念的义务性基本特征。规范性所具有的约束性力量通常意味着某种程度的义务,对被讯问人而言,其只有履行了这样的义务或遵循纪法规范的规范性要求才能顺利地达到某种效果,对这种效果的追求约束着被讯问人被讯问人的思维方向,使被讯问人的思维只能朝向这种效果追求,故而纪法规范性对被讯问人的思维方向始终具有约束、范导和调节作用,正是因为这种规范性作用,被讯问人才能正确地理解并使用纪法话语和遵守纪法规范以取得客观有效的纪法知识。一般而言,被讯问人能够做出遵守纪法规范的思维首先由于其对纪法规范的领会和把握,这些纪法规范构成或部分地构成了被讯问人的思维行动或语言表达,从这个角度讲,纪法规范是构成性的,这些规范支配或影响了被讯问人的思维方向和语言表达方式,从这种意义上讲,纪法规范对限制被讯问人的思维方向是具有指令意义和支配作用的。只有通过纪法规范本身的构成性分析才能进一步理解纪法规范遵循行为的实现,正是因为纪法规范的构成性条件,被讯问人对纪法规范遵循活动的发生和阐释才能为可能。从此而言,作为被讯问人思维指令的纪法规范至少必须满足四个条件:一是纪法规范的自主性和认知条件:如果纪法规范能够对被讯问人的思维有所指导,那么被讯问人哪种思维符合纪法规范以及哪种思维不符合纪法规范应该在被讯问人作出判断之前就已经确定下来了,而且预设了被讯问人可以在作出思维时以特定方式领会和把握该适当的特定规范。这既要求被讯问人能在不定数量的竞争规则中获得具体思维所要遵循的一条特定规范,而且要求被讯问人对那条纪法规范保持适当的敏感度,以使得该规范实际上能够发挥对被讯问人具体思维方向的指导作用。二是纪法规范的客观条件性:纪法规范在发出指令和要求前,必须保证其中没有被讯问人的因素被考虑或被置于相关语境中,也就是说,在被讯问人领会和掌握纪法规范之前就能够独立地提出明确要求且保证被讯问人的思维过程能够符合其要求。三是纪法规范的确认与同一性条件:如果某条纪法规范能够对被讯问人的思维方向发出指令,并且被讯问人的思维方向感正是由于遵守这条纪法规范而产生的,就要保证被讯问人能正在遵从和受其引导的思维方向是已经确定的特定规范,它在纪法规范遵循的思维中能够保持其自身的同一性。在这种条件下,纪法规范遵循的思维方向不会由于解释的原因而符合纪法规范或与纪法规范相矛盾,也不会由于解释而与那些不确定的其他规范相符合。四是纪法规范的评价性条件:怎样判断被讯问人遵守纪法规范的思维正确与否?由纪法规范的自主性和客观性条件可知,该评价标准不但独立于被讯问人具体的判断,也不取决于纪法语言共同体成员的协商或一致性。但是,以上纪法规范的自主性、独立性和客观性等条件只能表明纪法规范之所以被称为"规范"以及其基本的构成要素是什么。但这些条件本身仍然不足以充分说明被讯问人对纪法规范的领会和把握以至将纪法规范的要求付诸实践的过程,也难以澄清纪法规范与规范遵循活动之间的关联。事实上,被讯问人对纪法规范的领会和把握要考虑多种因素,例如:被讯问人需要区分这样两种领会:领会一个纪法规范所表达或所发出指令的内容,了解该规范意指什么思维过程,领会对某条纪法规范进行表达的语句的意义;理解某条纪法规范的意义并不蕴含事实有纪法规范遵循的思维过程。总之,被讯问人对纪法规范的把握以及纪法规范遵循活动的实现需要被讯问人结合纪法语言实践的具体过程进行细致分析。被讯问人从心灵上把握纪法规范以形成一种俘获纪法规范的意义图景以及相关信念,进而再将对于纪法规范的理解和把握在思维过程中体现出来,按照这种思维模式,被讯问人的思维方向总是会出现对纪法规范符合与否的问题。这就意味着纪法信念问题在纪法规范内容的规范性解读中具有优先性。被讯问人心灵内容的规范性解读侧重于在纪法话语实践基础上来考察被讯问人的信念和意向等问题,从而使意义理解的条件更有充分性和方向性,被讯问人这种规范性论题的阐明无法脱离对其自身的动机和理由等问题的讨论,这些相关问题的分析也具有其必要的思维方法论作用。被讯问人由正确性和客观性不能直接推出信念的规范性,信念的规范性要求亦应被限于一个合理的范围内,不然则会导致纪法规范性问题的扩大化。纪法话语表达式运用的正确性条件或规范与被讯问人的思维意向具有内在关联,这些规范并非仅仅通过构造表达的句法符号操作来发挥作用,在表层的形式规定下首先隐含着对构造表达方式的约束和限定,故而关于纪法话语表达规范的探讨则需要从表层形式扩展到构造表达式的思维意向等方面。被讯问人的思维意向性与应讯语境有关,体现出其所处纪法话语共同体的规范性特点。被讯问人的思维意向性渗透着纪法话语共同体的整体意向性,其都处于特定的职务犯罪讯问背景并承载着纪法文化的政治性特征,在被讯问人思维方向上必然会受到纪法话语共同体的思维准则和价值判断等规范性条件的限定和约束。从总体上讲,纪法话语规范性的语义分析与内容的规范性密切相关,被讯问人对此的思维方式不能脱离其思维的意向、欲望和信念等心灵状态,而这些心灵状态是具有方向性的,故而探讨被讯问人纪法话语表达式的正确条件亦在某种程度上意味着理解被讯问人相关心灵内容的正确性条件,以此可见纪法话语断言与被讯问人心灵内容互为说明。但是,与被讯问人纪法话语表达式的正确性条件不同的是,被讯问人心灵内容的正确性条件通常并不体现为明确的规范,而是根植于纪法话语共同体的政治性语言习惯中,在这个意义上讲,纪法规范语义的规范性主要体现为一种显规范性,而内容的规范性主要体现为一种隐规范性。意义的规范性与内容的规范性的密切关联意味着纪法话语表达式意义方面的"应该"无法脱离被讯问人信念方面的"应该",纪法话语语义规范性不能脱离信念的规范性而获得独立的说明。意义归因和信念归因的分析都内含于规范性的论域中,这些问题从不同侧面体现了纪法话语限制被讯问人思维方向的规范性问题的维度和特征。我们再探讨一个问题,即,如果被讯问人“应该”以,保持思维正确性的方式正确地使用纪法话语表达式,那么是否蕴含着被讯问人具有动机或欲望这样去做?在被讯问人对纪法内容的规范性问题进行解读过程中,被讯问人各种心灵状态的合理性探讨隐含着一种实践理性的分析指向,因而实践理性的诠释维度越来越显示出其必要性和独特意义,这至少可以归结为以下三个方面:一是合理的纪法规范性条件与要求需要以被讯问人理性的应讯应用为基础,而且通过被讯问人对“内容的规范性”探讨凸显了作为一种前提或语境的实践理性维度相对于理论理性维度的方法论优先;二是被讯问人关于规范性的探讨本身体现了对多种领域的借鉴和融合,最为明显的是对于“内容规范性”的阐明不可避免地会涉及思维理由和思维动机等相关理论,在对这些进行考察时就会涉及情感主义和规定主义以及义务论和目的论与应讯实践等相关讨论;三是从较为广泛的意义上说,这些相关领域存在着共同的话题与关注焦点。如果被讯问人将其思维判断为“正确的”或“好的”,那么无论被讯问人是否将思维实在化,被讯问人都应该感受到被激发去将此实在化和现实化的推动力,这种推动力规制着被讯问人的思维方向并保证思维方向的唯一性。

下面我们讨论以约束性限制被讯问人思维方向问题。发挥纪法价值观引领功能需要解决一个基本问题,那就是掌握纪法价值观的生命展开过程,尤其是掌握延长纪法价值观发生作用的周期并使纪法价值观发生作用的范围和深度获得前所未有的状态,以最大可能地保证被讯问人思维方向唯一性的持久度。这是以纪法规范的约束性限制被讯问人思维方向的基本保障。纪法价值观作为纪法教育的内在变量与关键所在,深刻地约束着被讯问人的思维方向。这种约束性主要体现在:纪法价值观是被讯问人思维方向生成与发展的关键要素和内生变量,纪法价值观在多样时空形态中形塑被讯问人思维方向自身并在一定程度上规制被讯问人思维方向的唯一性持久度。纪法价值观对被讯问人思维方向的约束不仅体现在被讯问人思维方向的生成与发展受纪法价值观的塑造,而且体现在被讯问人思维方向也创造纪法价值观特性。一方面纪法价值观为被讯问人思维方向的生成和变化以及表现提供条件,使其能够生成和发展被讯问人思维方向的稳定结构;另一方面纪法价值观又在一定程度上规制着被讯问人思维方向发展变化的范围和领域并使其不可能随心所欲。故而从纪法价值观范畴来审视被讯问人思维方向的形成与变化及其特征，不仅是掌握被讯问人思维方向基本问题的需要，也是探索纪法价值观引领功能条件的必要。我们先谈纪法价值观是被讯问人思维方向生成与变化的内在变量和关键要素。纪法价值观是否与被讯问人思维方向有关系，仰或说两者究竟存在何种关系是探索被讯问人思维方向受约性的前提和基础。思维秩序向来是被讯问人思维方向维持和变化基本条件，而反过来维持和变化成思维秩序的必然目标，彼此不可或缺。实际上，我们在此言谓的思维秩序就是思维方向所呈现的相对平衡的空间状态，而思维方向则是思维维持和变化的时间过程。存在于时空条件下的纪法价值观并非是思维方向的外在环境，而是被讯问人思维方向形成和维持以及变化的内在变量，限制着被讯问人思维方向的产生、维持和变化过程，具有防止被讯问人思维方向在此过程出现方向偏离的功能，维持着被讯问人思维方向沿循着纪法价值观所导引的朝向而发展变化。就纪法价值观而言，其是被讯问人对应纪法价值观所形成的认知、理解和评价己之思维方向的系统理想观念，这种认知、理解和评价系统的形成即是存在于时空作用背景下的纪法价值观约束的结果。从时间维度来看，被讯问人思维方向的产生、维持和变化是一个历史性的过程，在此过程中被讯问人思维方向也生成了自身变化的运动时间。被讯问人思维方向是被讯问人纪法思想、纪法观念和纪法意识直接与纪法教育互动的结果，与讯问人和纪法话语相互交织和相互作用，在此过程中被讯问人不断形成关于人际互动和自身的意识观念以及思维方向沿循朝向感，并将互动与己之意识相互作用的结果作为己之思维朝向的方向标。对被讯问人而言，纪法教育对己之意识的决定作用并非是单线条地直线性地完成的，而是需要被讯问人作为个体的自我反思以及个体所赖以存在的人际共同体的集体反思，这种反思以及相关共同体对纪法思想和观念的理解、认同和例行化遵守是纪法价值观得以生成的基本条件，但就被讯问人来讲，这一基本条件的生成是被讯问人在经过反复激烈的思想斗争后完成的。在纪法价值观的例行化遵守中，纪法价值观形成了自身的内在稳定结构，这种稳定结构保障了纪法价值观的连续性并以必要性名义阻碍其可能的方向性变化。在职务犯罪讯问中，被讯问人总是在勘察纪法教育中的价值意义，有意识地衡断这种价值意义是否“合宜”于自己，反映着被讯问人在时间和方向视域内的价值判断和价值倾向，这样被讯问人从共时性和历时性对纪法价值观的双重把握可以证明纪法价值观不仅是影响其之思维方向的关键因素，同时也是其之思维方向的内生变量。职务犯罪讯问中双方互动以及个人反思和集体反思是影响纪法价值观变化的关键条件,无论是人际互动还是个人和集体反思,其基础都在于共同在场的人际互动中所形成的情感价值。这种情感价值与纪法价值观相互作用表现出纪法价值观不仅是被讯问人思维方向存在的外在条件,同时也是被讯问人思维方向变化的内生变量。我们探索被讯问人思维方向中纪法价值观的形塑目的是要掌握连续性和非连续性问题和被讯问人思维方向唯一性持久度问题,因为其关涉纪法价值观发生作用的生命周期。而欲解决这个问题就会涉及到被讯问人思维方向的时态特征问题和价值取向问题。被讯问人思维方向具有过去时、现在时和未来时的区别,这种区别不仅是被讯问人对己之过往价值观的回顾、观照、总结和概括,而且也是对当下相关应讯活动所探索的经验教训的反映、总结和概括,还包括其充分运用逻辑推演和丰富想象力以及对己之未来理想状态进行的价值预估和价值模拟。被讯问人能够将价值预估和价值模拟有机地融合起来,使之不仅具有深厚的个人思想基础和当下应讯实践基础的支撑,而且有对未来价值和理想秩序的假设。所谓价值观过去时是指被讯问人现存价值观的过去形态和作用方式及其特征和被讯问人曾经存在过的价值观;所谓价值观的现在时是指被讯问人所秉持的某种价值观的当下表现形态及其作用特征;所谓价值观的将来时是指被讯问人所禀赋某种价值观的未来形态及境遇。下面我们从被讯问人价值观的现在时切入来探讨三种价值形态之间的关系。所谓现在是指朝向新的象征性重构的过去的出发点和朝向未来目标和期望的起点,就被讯问人的价值观而言,其总是随着时间的推移而至少面临两个向度,即,对过去的回顾和对未来的展望,对过去的回顾包含对“过去是”的接受和对“过去是什么”的重述和重构,在重述和重构价值观过去时的过程中,被讯问人的价值观通过相关变化进行的相对不变的再生打破过去而获得新的样态,这种新样态在被被讯问人接受中成为现在时。重述和重构价值观过去时不仅有利于诊断价值观的现在时,而且是为价值观的现在时确定同质关系体系以寻求价值观的连续性。被讯问人价值观的现在时在应讯中孕育未来,同时也在集体与个人的反思中不断获得预见性以使被讯问人价值观的现在时不断发生变化并未价值观的未来时奠定基础。由此可见,被讯问人的价值观总是在“持续的非持续”与“非持续的持续”中保障自身稳定性以寻求保证被讯问人思维方向的唯一性持久度。在对价值观的管理过程中,被讯问人通常比较关注价值取向问题,即,“向前看”、“往回看”和“关注当下”。在职务犯罪讯问中,有的被讯问人习惯于“向前看”,有的则习惯于“往回看”,有的则比较注重现实和当下。实际上,被讯问人的价值取向是一个可以计较的问题,关系着被讯问人对不同时态价值观的理解、接受和践行。这又涉及被讯问人价值观的心理时间调适问题,我们讨论这个问题实际上是关注特定价值在被讯问人心理上驻留并打下印记的时长和印象深刻程度问题。不同的价值观对被讯问人的心理影响力是有区别的,这种影响是一个变量,这就意味着存在着调适的可能性,比如考虑怎样将较短的心理时间变得持久,亦可以将不温不火的心理状态调适为激情四射的状态。因为被讯问人的心理时间因对纪法教育的不同感悟而导致的内在意义会发生变化。这种心理时间主要表现为被讯问人对特定价值观认同的时间长短、新鲜感变化速度和喜好或热衷程度的可持续时间长短等方面,这决定着被讯问人思维方向是否得以维持以及维持多久。讯问人通过什么方法延长被讯问人对纪法价值观持偏好态度呢?这涉及外部性问题和内部性问题。说其是外部性问题意指被讯问人对纪法价值观持偏好或反对的心理时间需要纪法规范制度和党的政策等外部条件的保障,因为被讯问人会利用纪法制度和党的政策来规范己之思维,故而纪法制度和党的政策是支持或者是反对、其内部价值观是同质性还是异质性均是影响被讯问人价值观是否得到关注、内化和认同的重要影响因素。当然这里的规范作用得以发生的重要条件来自被讯问人的自主性反思。自主性反思内容包括被讯问人价值观与自身利益的相关性、与原有价值观的相关性以及区别等。这也表明,价值观的自身特征是被讯问人对其持偏好或反对的心理时间的内部影响因素,价值观的自身特征决定着被讯问人思维的方向选择和定向。下面我们讨论纪法价值观对被讯问人思维方向发挥的规制。纪法价值观是被讯问人思维方向生成、维持和变化的基础条件,其至少表现在多样时空形态中价值观自身的制约性和被讯问人思维存在的时空特征对价值观的制约性。从价值观自身时空形态不难看出,某些价值观所确认的价值观念大体只能在一定时间范围内发生作用或产生影响力,或者某些价值观尽管依然具有某些影响力但这种影响力却正被另具影响力的价值观所取代而逐渐式微。时空压缩和时空扩张是当代社会的特征,这会使之不可避免地被被讯问人带入应讯活动中,被讯问人心理结构亦因此发生变化,其对价值观的认同也呈多元的方式存在,这就要求讯问人思考如何将被讯问人的多元价值观统摄在纪法价值观这一元的核心价值观中,以保证被讯问人的思维方向逐渐转向有利于纪法价值观导引作用发挥的朝向，最终实现被讯问人思维与讯问人思维同向而行。

下面我们讨论以秩序性限制被讯问人思维方向问题。此谓秩序性是指一个人的基础能力乃至行为习惯标准，指的是自身对时间规划的能力和对事件逐步推动的能力，其最能体现的是平时生活中能否按部就班地执行和是否具有阶段性目标以及完整的计划步骤梳理，决定着一个人的掌控力和归属感。在这里，秩序具有正负两个面向，负相面向是被讯问人较有条理地和较有组织地安排自己的应讯行为不配合组织审查调查，这种情况发生在被讯问人自发性秩序独大的情势下，是被讯问人反讯问动机发生作用的结果；正相面向是被讯问人较有条理地和较有组织地安排自己的应讯行为以配合与维护讯问正常运转的状态，这种情况发生在被讯问人自发性秩序与计划性秩序协调整合并发挥良性作用的情势下，这是被讯问人反讯问动机弱化的结果。对被讯问人来讲，秩序性意味着被讯问人能否根据组织要求按部就班地配合审查调查并具有阶段性的配合目标和计划，表征着被讯问人一种具有组织归属感的秩序生产能力。被讯问人的秩序生产能力是指被讯问人促进自发性秩序和计划性秩序相融合并最终产出应讯秩序配合样态的能力。所谓以秩序性限制被讯问人思维方向即是以增强被讯问人计划性秩序生产能力的方式来限制被讯问人的思维方向。职务犯罪讯问是国家治理的微观基础，其间被讯问人的秩序生产能力问题回应的是国家与社会和社会与个人的连接问题。对于国家而言，如果被讯问人具备和增强计划性秩序产出能力就能有效降低国家治理成本。对于被讯问人来讲，如果其能具备和增强计划性秩序生产能力就能保持配合的主观能动性，就能促进被讯问人的配合意识并能防止被讯问人出现思维方向偏离错误。从当下职务犯罪讯问实践来看，影响这种秩序生产能力的核心要素体现在：一是被讯问人与讯问人之间的关系结构决定着秩序生产能力的整体格局，二是秩序资源在职务犯罪讯问中的配置和整合影响着秩序生产能力的发挥程度，三是自发性秩序和计划性秩序相互连接和相互作用的机制决定着秩序的生长渠道。所谓自发性秩序是指被讯问人在应讯过程中所表现的本真性秩序，这种秩序是排除外来干扰因素的原始秩序状态，是被讯问人不经加工的自生自发秩序。所谓计划性秩序是指被讯问人在应讯该过程中所表现的不排除国家因素且国家始终占据重要角色的秩序，是被讯问人被动或主动接受国家力量对己之应讯活动的影响和改造所形成的秩序状态，是被讯问人内化纪法教育时经过加工的后发秩序。这两种秩序生产能力只有通过法治化才能发挥驱使被讯问人配合审查调查的作用。被讯问人秩序生产能力法治化的核心即是要充分体现法治的包容性和整合性功能,也就是法治要同时融入自发性秩序和计划性秩序中,并具备调节两者之间关系的能力。在职务犯罪讯问实践中,计划性秩序与自发性秩序是分离的,但其相互之间同时保持着相互交织和相互依赖的状况,没有自发性秩序的计划性秩序是缺乏根基的,但没有计划性秩序的自发性秩序是盲目或缺乏方向的,其两者之间的关系本质是处理国家与社会关系和社会与个人关系,故而两者的遭遇和结合往往因时因地呈现出不同的差异并产生不同的后果。下面详述之。职务犯罪讯问处于审查调查的最前沿和最基层,属于基层治理的重要组成部分,无论对讯问人职业追求还是对国家治理都非常重要。职务犯罪讯问构成了讯问双方在监察留置期间的生活世界来源,同时也构成国家治理前沿式的微观基础。职务犯罪讯问是审查调查的细胞和产生利益冲突与社会矛盾的基源,更是利益关系协调和社会矛盾疏导的出口。深刻把握职务犯罪讯问重要性有利于着力推进被讯问人秩序生产能力的法治化。法治化的核心就是要在法治框架内形成能够生长出秩序的有序社会生活。我们必须知道:无论是党和国家还是普通群众都有"有序"的需求,并且这种"有序"还不仅仅止于党的健康发展、国家稳定和社会安宁的需求,还包括对诸如职务犯罪讯问这种具体社会细节的关注。法治正是通过构建个人自由与社会控制之间的平衡方式来界定核心关系、边界及规则并进而实现有序的社会状态。故而被讯问人秩序生产能力法治化的关键点是应该弄清需要何种秩序以及秩序的生产何以可能的问题。需要什么样的秩序是本文的出发点。我们认为,仅当被讯问人能够在监察留置期间因应不同的讯问环境持续动态地生产出配合的应讯秩序时,被讯问人的秩序生产能力才是内生与可持续的,故而被讯问人具有和增强秩序生产能力是非常重要的。根据职务犯罪讯问实践,影响被讯问人秩序生产或使被讯问人秩序生产呈现不同样态的关键要素体现为:讯问双方在秩序生产过程的关系;秩序生产中可资利用的资源;自发性秩序和计划性秩序在现实中的互动机制。着眼于这三个要素来提升被讯问人秩序生产能力是夯实职务犯罪讯问基础的重要途径。下面我们讨论影响被讯问人秩序生产的核心要素。我们先考察被讯问人秩序生产中的主体关系。在被讯问人秩序生产的场域,讯问双方各自的法定位置和讯问中人际关系中的相互距离以及由此形成的彼此关系样态直接影响着被讯问人秩序生产的实际方式与实际效果。在这个场域中,其重点即是处理讯问双方的关系,亦即,在不同的应对资源间形成什么样的关系结构以及各自期待什么样的关系结构。被讯问人秩序生产过程中出现的典型问题是讯问双方间力量对比显著失衡,通常会出现讯问人一方独大的格局,经常会出现讯问人的强制性权威在具体讯问领域中压制被讯问人主体力量的局面,甚至有些讯问人习惯性地将被讯问人称之为"治理的对象",这就意味着被讯问人的自发性秩序力量被压制甚至被客体化成为了秩序结构的显著特征。正是因为这一点,重塑讯问双方之间的关系结构并确立合理且健康的主体间关系成为被讯问人秩序生产的关键要素。较为理想的关系结构是平衡讯问双方的力量对比,但仍需以不弱化其间的国家权力为目标,因为失去计划性力量而单纯依靠自发性秩序将无法解决讯问中的复杂问题,只会导致职务犯罪讯问中的无序和混乱,故而讯问人所期待的关系结构并不是选择谁的问题,而是尝试怎样在彼此之间形成一种合理的讯问关系,这种结构的关键在于计划性秩序与自发性秩序之间应当是相互界定边界并相互生成的一个关系结构。为什么这样说呢?因为讯问人通常会处于一种选择两难的境地,那就是在对被讯问人实施心理限制的时候不清楚如何界定权威程度才是合理的,这就需要以被讯问人自发性秩序作为参照系,在参照被讯问人自发性秩序基础上去刚化计划性秩序,在自发性秩序与计划性秩序之间画出红线,以此边界检视和把握计划性秩序的越界程度,使计划性秩序与自发性秩序相互生成。要形成这么一种相互界定和相互生成的结构则会产生对讯问人和被讯问人的"双主体"需要,亦即,所谓"双主体"模式是指讯问人不能将被讯问人置于客体位置和被动接受位置,而是要强调双方之间不是主客关系,而是主体与主体之间的交融与互建关系,故而对讯问人来讲,无论是在认识论上还是在具体的讯问中,尤其是在讯问策略设计和政策择取以及实施过程中,要解除对被讯问人自发性秩序力量的客体化认知和设置,这是在讯问双方之间建构合理讯问秩序结构的时候讯问人要考虑的首要问题,这也是促使被讯问人思维正向发展的前提条件和基础条件。由于被讯问人自发性秩序与过去具有天然的联系,在很大程度上是被讯问人出于己之前见才滋生的,所以在被讯问人自发性秩序中必然会内蕴抗谈拒供因素并且会在讯问前期居于主导位置,通常表现为被讯问人不配合或不主动配合审查调查,在思维方向上通常进行反向思维,通俗地讲会因逆向思维朝向而与讯问人对着干,这需要讯问人花费很大精力去应对和处理，同时也显示出对被讯问人进行纪法教育的必要性要求，对被讯问人进行纪法教育的目的就是要形成双主体的结构空间，这时候讯问人通常需要一种真正的主体性路径，尤其是对于被讯问人的自发性秩序而言，被讯问人的主体性要得到真正确立和运用。这时候讯问人的主体性工作即是塑造和确立被讯问人在秩序生产中的主体性，一方面要允许被讯问人以思维多样性和思维朝向选择自主性为应讯方式，为被讯问人自发性秩序腾出更大的释放空间，让被讯问人充分暴露思想，为下一步有针对性做被讯问人的思想工作做好铺垫，另一方面还需要通过纪法教育并以扶持和赋权手段使被讯问人计划性秩序生产能力得到真正成长和增强，进一步做工作尽量消除被讯问人自发性秩序与计划性秩序之间的鸿沟。总起来讲，讯问人处理好双方之间的主体关系关乎讯问人能否将被讯问人自发性秩序纳入一个合理的边界当中，被讯问人秩序生产的合理结构是双主体之间相互生成的关系结构，此处包含着双重指向，亦即，代表着国家权力末端的计划性秩序的讯问人和代表自发性秩序拥有者的被讯问人均应当拥有表达和释放的话语权以及思维空间，讯问人必须保证被讯问人的主体性真正体现在应讯活力的有效释放上。下面我们讨论被讯问人秩序生产中的资源配置和整合。被讯问人的秩序生产能力与讯问双方可以调动的资源类型以及范围和数量具有直接关联。资源在职务犯罪讯问中的合理配置、充分激活和有效整合成为被讯问人秩序生产的又一个关键所在。被讯问人秩序生产所依赖的资源类型是多元的，如果从宏观角度观察，其首先包括政治经济文化等诸方面，倘若从微观角度看，其包括权威性、自主性和政治性资源，这些资源构成了被讯问人秩序生产的基本资源样态，如果将这些资源放置于被讯问人秩序生产的具体过程中来观察，我们会发现这些基本资源有可能是计划性的力量，也有可能是自发性的力量。职务犯罪讯问的本质从某种角度讲即是计划性秩序与自发性秩序的竞争关系，即，以内蕴组织权威的计划性秩序内容锲入自发性秩序结构中并部分替代自发性秩序中的不合理部分，尽可能实现自发性秩序与计划性秩序的内容同质化，以最大可能保证被讯问人思维与讯问人思维同向而行，以锲入方式寻求双方之间争取合作的最大公约数。尤其是在权威性和政治性这一范畴内，讯问人要在计划型权威资源与自发型权威资源之间处理好边界界定和突破问题。鉴于这两种权威各自具有规范体系和影响力，讯问人不可能彻除被讯问人自发性秩序，在实践中也轻易做不到以计划性秩序取代自发性秩序，因而只能以计划性秩序部分取代自发性秩序内容,并争取到以计划性秩序主导自发性秩序的作用范围和决定自发性秩序的作用程度的结果,以强有力的介入机制剔除自发性秩序结构中不合理内容,而代之以纪法价值观主导下的被讯问人思维朝向,同时激发出被讯问人自发秩序中对党组织的信赖感和感激感的基底本真,在对自发性秩序进行必要约束和必要性责任追究基础上保证被讯问人立基于组织信赖之上的自发性新秩序具有相对独立的良好运作空间,以纪法权威替代个体信念权威,以趋向组织替代离心离德,以正向思维替代逆向思维。言而总之,讯问人应当保持开放视角去识别和利用秩序形成中的不同力量,以双主体结构为基础,在更大视野和范畴内寻找和挖掘可供形成计划性秩序的资源,尤其是加强同类资源之间的衔接和整合,以提升被讯问人计划性秩序生产能力。下面我们讨论秩序生产的有效机制问题。我们强调职务犯罪讯问中的双主体关系建构并不意味着任由被讯问人思绪信马由缰,以致被讯问人自发性秩序惯性过大而致计划性秩序功能减弱,我们的意思是说要在讯问中尊重被讯问人和不把被讯问人仅仅视作客体而加以歧视。也不意味着计划性秩序机制过强而致被讯问人自我调节空间过小,导致计划性秩序完全压制了被讯问人自发性秩序的生长,在这个方面,我们的意思是说要把对被讯问人的尊重体现在具体行动上,要让被讯问人适当地释放压抑的情绪和倾诉困境中的不惑,防止被讯问人因心理过度紧张而心理失衡乃至因心理崩溃而走向对抗极端。并不意味着计划性秩序对自发性秩序中的某些微观领域采取完全放任的方式而缺乏适度锲入机制以致不能有效回应自发性秩序的负面顽性,防止出现计划性秩序和自发性秩序同时失灵现象的出现,使计划性秩序因此失去依托基础而导致秩序危机,在这一点上,我们的意思是说不要对计划性秩序生长信心不足,也不要任由自发性秩序疯狂生长,防止出现破坏两种秩序之间应有的平衡,亦不要恐惧计划性秩序内容对自发性秩序内容的部分替代难度,更不能放弃计划性秩序内容对自发性秩序内容的替代努力,要以和谐观指导自己实现计划性秩序对自发性秩序的足够包容,不要忘记职务犯罪讯问目的的初心,要在有必要注意和把握计划性秩序锲入程度、强度和效度基础上平衡好纪法制度供给与秩序成长环境之间的关系。以上几种情形证明了计划性秩序和自发性秩序两种秩序力量之间需要寻找到适当相处的机制,其中的关键是两种秩序机制既相对独立又在功能结构上相互作用,由此说明讯问人要发展出彼此的适应性、调适性和回应性,要在相互之间预期和方式磨合基础上做到两种力量在组织感召下实现共享共治,因为被讯问人的秩序生产应当始终是一个不断选择和动态平衡的体系,适当的机制应当是既承认张力的存在又寻求合力的基点,而良性互动和功能互补能够保证被讯问人思维方向得以僭越抗谈拒供的自发性秩序面向而不偏离计划性秩序法治的轨道。下面我们讨论通过能力建设对应讯进行改质问题。对于职务犯罪讯问整体而言,协调是表层目标,有序和有活力是灵魂。这需要讯问人从根本上意识到:有秩序和有秩序生产能力是不同的面向,有秩序是表明此刻的状态,而有秩序能力表明的是不断因讯问环境变化而回应性地生产秩序,应讯秩序的获得依赖于被讯问人秩序生产能力的生成,故而被讯问人秩序生产能力提升是关键所在。这需要讯问人充分注意到以下相互关联的方面:提高被讯问人的整合能力:计划性秩序意味着包含更多的法治内容,自发性秩序意味着包含更多的自治内容,能否有效协调两者的关系标识着讯问人的谈话水平和能力高低;实践证明单一的秩序供给不能满足职务犯罪讯问需要,从整体视域看有效的谈话必须发挥自发性与计划性的双重作用;谈话就是一个互动的过程,从经验看讯问人需要考虑的是他们应该如何互动才是有效的和有序的,在职务犯罪讯问中处理好计划与自发的关系考察的就是怎样有效提升被讯问人的整合能力;再则就是提升被讯问人以整合与配置资源方式处理好讯问双方主体关系并形成有效秩序机制的能力:计划性秩序的实施对自发性秩序有指导、引导和塑造的作用,讯问人的具体作用方式决定着计划性秩序与自发性秩序的运作状态和互动效果,因此如何帮助被讯问人提升秩序生产能力就成为决定谈话效果的重中之重,具体要做到确保被讯问人参与秩序生产的主体地位,帮助被讯问人多从纪法教育中挖掘有用资源,激活和整合纪法话语资源功能,显著提升被讯问人秩序生产能力,并在不断试错中探索两种秩序力量恰当相处和相互作用的机制,使所探寻到的机制始终保持活力和始终趋向组织的正确朝向。最后要发挥法治的包容性和整合性功能,法治是自由和控制的要素结合,法治秩序本身就包含自发性秩序生长的空间,包含着被讯问人多种选择的可能和机会,但这并不意味着自发性秩序就可以无视法治要素,自发性秩序中同样也包含追求制度和正义价值标准的内容,这就决定了法治应当是成为自发性秩序的内在需要,这也是讯问目标得以实现的具体体现,法治所具有的包容性和整合性功能应当在职务犯罪讯问中得到充分体现,也就是说,法治要能给融入自发性秩序和计划性秩序中并具备调节两者相互关系的能力,而不是对被讯问人自发性秩序的彻底消灭。这就需要讯问人不断地向被讯问人传导纪法规范信息,不断地向被讯问人进行人际反馈,不断地以纪法规范意识削弱自发性秩序感,不断地帮助被讯问人生发更多的计划性秩序意识,不断地敦促被讯问人保持正确的思维朝向,在持续的互动中不断地给予被讯问人以扶持,以增强被讯问人的计划性秩序生产能力限制其思维方向,为此讯问人持续地探索、实践、总结以及保持足够的耐心都将是必要的。这个过程是讯问人通过思想管理方式得以实现的。所谓思想管理是指讯问人以特定意志为导向向被讯问人进行的实现被讯问人的思想有序性的活动,具体讲即是讯问人为实现坚持主导思想、建设思想秩序、维护公共利益、促进被讯问人的社会化目标,对被讯问人的思想发生、思想交往及所凝结的思想关系进行规范、沟通、组织、领导、控制和创新的一种基本社会实践活动。讯问人思想管理的具体内容有:纪法思想关系控制;纪法思想关系引导;纪法思想关系转化;纪法思想关系协调;纪法思想发展。所谓纪法思想关系控制是指讯问人帮助被讯问人确立纪法规范在其思想关系中的统治地位并以此为方向引导被讯问人的思想统一到纪法规范这一主导思想上来;所谓纪法思想关系引导是指讯问人帮助被讯问人的思想关系形成鲜明的鉴别是非层面的导向性;所谓纪法思想关系转化是指讯问人帮助被讯问人将错误的思想认识转化为纪法规范的正确认知;所谓纪法思想关系协调是指讯问人帮助被讯问人通过纪法思想联结活动理顺其现存的各种思想矛盾;所谓纪法思想发展是指讯问人帮助被讯问人以纪法规范为主体形成其之思想各方面的联结并达致思想共识。思想关系控制的途径是:确立纪法规范的统治地位,即,以纪法规范为核心形成符合习近平中国特色社会主义思想的纪法意识形态;组织纪法思想反馈,即,重视对被讯问人进行纪法规范传导和反馈。思想关系引导的途径是:环境引导,即,重视讯问环境对被讯问人的纪法规范思想激发;动因引导,即,通过对被讯问人心理动力因素的引导从而使其思想关系向纪法规范发展。思想关系转化的途径是:缓解思想关系矛盾,即,从时间上缓解思想关系矛盾,将被讯问人思想关系矛盾的解决视作一个过程,以防止矛盾激化并帮助被讯问人找到解决的办法;从空间上缓解思想关系矛盾,讯问人找到一种双方均能接受的纪法观点作为缓冲带,以避开尖锐的矛盾冲突并化解讯问僵局;转化思想关系矛盾,即,讯问人通过纪法规范的统治作用使被讯问人与之不同的观点向纪法规范方向转化。思想关系协调的途径是:强化纪法规范认同,即,帮助被讯问人加强纪法规范互识并在思想认识上求同存异;化解思想分歧,即,帮助被讯问人区分根本矛盾和非根本矛盾;促进思想关系协调,即,协调纪法思想共识、影响和反应等。思想关系发展的途径是:帮助被讯问人在对纪法规范的认知上实现由感性认识向理性认识发展、从自发意识向自觉意识发展、从零散认识向系统认识发展、从局部认识向全面认识发展。以规则性限制被讯问人思维方向是纪法教育弱化反讯问动机的基础。

2. 以强制性改造反讯问动机动力系统结构

所谓以强制性改造反讯问动机动力系统结构是指讯问人以纪律和法律的强制性规范来改变反讯问动机动力系统结构要素并使之适合弱化反讯问动机的需要。强制性规范是纪律和法律规范体系中的重要组成部分,强制性规范的制度价值功能在纪法制裁的设定上得到了集中体现。所谓强制性规范即指纪律和法律直接规定行为人应当为或者不能为一定行为且如果违反则需受到纪法制裁的纪法规范。强制性规范作为一种对具体行为加以指引和对具体后果加以评价的标准,只有在受到认可和遵守情况下才能显现其生命力,这是其具有制度性价值的首要前提。强制性规范在构成要件中明示出行为人的法定义务且规定了违反该规范的制裁,因而纪法效果更具有保障性。纪律和法律中的强制性规范是一种强制秩序,是一种评价对错的标准,能够指导人们的行为,受到标准的服从理由的支持。强制性规范形式是为不遵守纪法规范的行为描述一种可怕后果,而履行守纪守法义务多半不会直接获得某种利益,然而一旦违反则会受到纪法规范否定性评价并会承受纪法制裁,强制性规范的制裁性更为明显且运用也更广泛。强制性规范基于强行性规范维护社会秩序和公共利益的特殊使命,必然需要使用更强有力的手段来保障纪法规范有效性,用纪法规范的具体规定来确定具体的制裁种类和内容,能够更好地起到强制性规范所具有的教育功能,对于违纪违法犯罪后果有更为明晰的认识。强制性规范为讯问人在职务犯罪讯问中的整体性治理思路提供了规则依据和现实工具。

讯问人以强制性纪法规范扭转反讯问动机需要的向度来弱化反讯问动机。需要是被讯问人对特定反讯问目标的渴求或欲望,是被讯问人应讯的动力基础和源泉,通俗地讲需要即是被讯问人对反讯问状态的一种向往。在被讯问人应讯过程中,反讯问需要是被讯问人一种潜在资源,支撑着被讯问人反讯问需要的满足,决定着被讯问人反讯问需要的向度,即,被讯问人的应讯需要指向反讯问活动,此谓的被讯问人需要即是反讯问需要。在日常生活中,人们对待需要的态度是:先了解和激发需要,再梳理和引领需要,再次是满足和分享需要,最后是淬炼和提升需要,这是一种内隐的存在。对被讯问人来讲,其之应讯需要也经历了这种过程,不过这种需要的向度却与讯问需要相向而行,不在同一个轨道上。如何扭转反讯问需要的指向是讯问人首先必须解决的问题,也是讯问过程具体展开的主要内容之一。这就需要讯问人对应讯需要进行管理。在需要管理过程中,讯问人以强制性纪法规范扭转应讯需要向度是弱化反讯问动机的首要手段,具体方式是:首先是讯问人利用纪法规范的制度刚性对应讯需要进行权威管理,激发被讯问人的纪法敬畏感;其次是讯问人利用纪法规范的规范性作用对应讯需要进行制度管理,激励被讯问人用纪法敬畏感统摄其他同向度不同层次需要的驱动感;再次是讯问人利用纪法规范的文化特性对应讯需要进行文化管理,敦促被讯问人重视己之应讯追求的境界感,提升被讯问人理解强制性纪法规范正确性的能力;最后是讯问人利用纪法规范的强制性功能对应讯需要进行需要管理,针对应讯需要逆向讯问需要的特征消磨其个性张扬,催促被讯问人加快应讯需要与讯问需要的同质化进程,以纪法规范的标识导向指引应讯需要的指向,最后扭转应讯需要的反讯问向度,实现应讯需要与讯问需要同向而行,为弱化反讯问动机提供方向导引。

在需要管理过程中,讯问人以强制性纪法规范更换应讯需要内容是弱化反讯问动机的必要手段,具体方式是:首先分析被讯问人是否出现强制性公民行为。所谓强制性公民行为是指被讯问人处于纪法敬畏感在并非发自内心的情况下进行应讯活动,具体讲即是在畏惧纪法惩处的情势下不得不做出违背其真实意愿的公民行为。亦即,强制性公民行为是被讯问人在感知到源于纪法权威以及讯问环境的压力时做出的违背其真实意愿的义务外行为,比如被讯问人想以虚供和假供等方式蒙混过关,这也是被讯问人反讯问动机的外显。从理论上讲,被讯问人遭受到强制性公民行为程度越高,越倾向于保存其现有知识资源来解决防止个人资源的进一步损耗;从实践上说,被讯问人遭受到的纪法压力程度越高,越有可能更积极地实施违纪违法犯罪事实隐瞒行为,这是因为当讯问人对被讯问人施加强制性压力时,被讯问人感知到来自外部环境的压迫感,纪法权威会加重被讯问人的心理失衡感,被讯问人通常不敢直接表露抵触和不满,往往选择在隐性层面寻求心理平衡,通过采取内隐方式表现其情绪抵触以减少心理不平衡感,比如增加沉默行为、不与讯问人真诚沟通交流,不愿承认自己具有严重违纪违法犯罪事实，而更愿意将已之严重违纪违法犯罪事实隐藏在心底，这就是为什么在实践中尤其是讯问前半期被讯问人不愿向讯问人抛露心迹的原因，这就是理论上所讲的知识隐瞒行为，也是现实中的畏责心理表现。其次是研究被讯问人情绪耗竭情况：所谓情绪耗竭是指被讯问人在应讯过程中超额消耗自身情绪及生理资源而产生精疲力竭和烦躁紧张的心理状态；情绪耗竭是由于被讯问人因应讯负荷重而导致的身体疲惫和精神萎靡状态；情绪耗竭主要表现为被讯问人不关心党组织和讯问人感受，甚至会对与讯问人的相处从内心里产生不满，并对接受讯问呈现消极态度；根据心理学研究，强制性公民行为通过提高被讯问人的情绪耗竭水平从而诱发其知识隐瞒行为，情绪耗竭在两者之间的正向关系中起着一定的中介作用，亦即，情绪耗竭是激发遭受到强制性公民行为的被讯问人产生知识隐藏的动因，强制性公民选择行为间接干扰了被讯问人的行为选择，并且两者之间的正向影响通过情绪耗竭实现。再次是研究被讯问人知识隐藏行为的强烈度：所谓知识隐藏是指当讯问人发问有没有严重违纪违法事实以及当讯问人问及被讯问人对自身问题的认识时，被讯问人会寻找借口或采取拖延行为故意推脱，不愿意向讯问人谈及自身问题并有意识地隐藏的行为；被讯问人知识隐藏意识越浓越不愿供述，越倾向于消极应对讯问，甚至在反讯问动机驱使下抗谈拒供；研究知识隐藏强烈度的目的是摸清被讯问人思想底数以便于下一步有针对性做工作。再次是强化被讯问人的组织认同感：所谓组织认同是指当被讯问人认同组织时会对组织产生积极正向的情感并希望与组织保持良好的关系；组织认同是被讯问人认为其理念和目标等与组织相同并进而认为自己属于组织的一员的感知，当被讯问人认知与组织价值观近似或一致时其会认可自身成员身份并由此产生归属感，实际是被讯问人将对组织的认识与自我进行连接并纳入自我的一种心理过程，是被讯问人用其所感知的组织识别特征定义自我的一种过程与结果并从而产生与组织一致或归属于组织的感知；所谓组织识别特征即是被讯问人对党组织所形成的核心的和独特的以及持久的认知想象。被讯问人所感知的组织识别特征需要讯问人的纪法规范传导才能形成，这种知识传导具有强制性，此时讯问人要做的工作是：利用纪法规范的制度刚性向被讯问人宣讲纪法规范是每一位党员干部都必须遵循的根本规则体系，是认定其是否具有严重违纪违法犯罪事实的唯一根据，是认定其是否具备真诚改过悔罪态度的唯一依据，是对被讯问人进行纪法处罚的唯一依据，也是对被讯问人进行从宽处理的唯一根据,被留置本身已经说明其具备了纪法规范规定的严重违纪违法犯罪构成要件事实,其前途命运取决于其能否以实际行动具备纪法规范规定的从宽条件,以此奠定被讯问人的规矩意识,这种规矩意识会与反讯问意识发生激烈冲突,被讯问人也会处于自我区别和自我选择的自我对立中。这时需要讯问人从被讯问人个体因素和讯问环境因素层面来探究强制性公民行为的前因变量和结果变量,研究非自愿性对被讯问人的负面影响有多深;需要讯问人在判断被讯问人情绪倦怠和冷漠化程度基础上,从被讯问人个体特征、应讯状态和组织特征层面来探究被讯问人情绪耗竭的前因变量和中介变量,研究情绪耗竭对被讯问人的应讯态度和应讯倾向的负面作用有多大。在摸清被讯问人思想底数和应讯倾向基础上,讯问人要帮助被讯问人克服情感困惑,敦促被讯问人自我延续和自我强化组织认同感,帮助被讯问人以规矩意识尤其是政治规矩意识更换被讯问人强制性公民行为意识,帮助被讯问人代之以配合审查调查意识,为弱化反讯问动机提供需要内容更换的奠基作用。

在职务犯罪讯问中,讯问人会基于改造反讯问动机动力系统结构要素的总体目标以及目标导向,来整合被讯问人反讯问需要的层次和幅度,来整合己之目标功能为导向的动力矫治架构,以强行性规范为己之思路提供纪法制度支撑。讯问人的整体性治理思路主张以弱化反讯问动机为问题导向,强调讯问人与被讯问人之间的协调配合,同时注重纪法强行性规范手段,更好地解决弱化反讯问动机问题。讯问人整体性治理思路是基于弱化反讯问动机的讯问问题展开思维的,其以改变被讯问人反讯问需要及其所引发的驱力为基础,是一个关于职务犯罪讯问整体的思维方法,其以社会公共价值为先,更强调纪法强行性规范的治理方法。讯问人的思路主要以整体治理观与整合主义为首,其寄希望于弱化反讯问动机和整合纪法强行性规范并建立整体治理职能,以应对越来越复杂的反讯问动机整体治理要求。这种要求的核心范畴和最重要机理是协调和整合,所谓协调机理主要是对反讯问动机整体态势的把握及其被讯问人在其内的角色和作用的调节,所谓整合则倾向于对讯问双方之间进行纪法强行性规范指导下的合作机制选择。整体性治理思路为综合分析弱化反讯问动机工作中存在的问题、更好地利用纪法强行性规范推动被讯问人反讯问动机需要改造、科学做好反讯问动机弱化工作提供了现实出路。讯问人的这种思路是建立在分析反讯问动机需要基础上的。“求无”是被讯问人反讯问动机需要的先导层次,“求轻”是被讯问人反讯问动机需要的核心层次,“求生”是被讯问人反讯问动机需要的重点层次,抗谈拒供是被讯问人反讯问动机需要的保障层次,心理拒绝是被讯问人反讯问动机需要的基础层次。针对上述被讯问人反讯问动机需要的内容层次结构,讯问人的思路是有针对性地进行纪法教育,从而将自己的纪法教育思路也做层次划分,即,一是纪法教育的核心层次内容:针对纪法规范的强制性对被讯问人进行义务履行教育,告知其主动讲清讲全自身严重违纪违法犯罪事实是每一个被审查调查者必须履行的纪法义务,逐渐消除被讯问人心理抗拒的顽固性,清除被讯问人心理拒绝的思想基础;二是纪法教育的中间层次内容:针对纪法规范的制裁性对被讯问人进行去幻想性教育,告诫被讯问人其“求无”之路走不通,组织上已经掌握了其大量严重违纪违法犯罪事实证据,根据纪法规范其必须受到纪法制裁,逐渐打消被讯问人不切实际的“求无”幻想,消除被讯问人企图摆脱纪法制裁的侥幸心理;三是纪法教育的基础层次内容:针对纪法规范的可调节性对被讯问人进行去畏惧感教育,告诫被讯问人纪法规范除了制度刚性外还具有制度温情,其中就有从宽处理的条文规定,鼓励其以悔过自新方式争取具备这些从宽条件,逐渐打消被讯问人畏责心理;四是纪法教育的拓展延伸层次内容:针对纪法规范的育人功能对被讯问人进行责任教育,告诫被讯问人要遵循罪责刑相适应的纪法原则主动真诚改过悔罪,强调党组织的客观公正性,既不会人为加重对其的处罚也不会无原则放宽对其的处罚,动员被讯问人相信组织、依靠组织解决问题,帮助被讯问人建立尊重客观意识和在组织关爱下寻找出路意识。讯问人通过纪法教育层次内容的全面展开来使被讯问人反讯问动机需要内容在欲望向度上逐渐改变,具体讲,由幻想式的企图改变为正视现实的追求,由主观虚幻改变为客观对待,由对纪法规范的僭越感改变为对纪法规范的尊重感,帮助被讯问人的虚假欲望变成更具客观性的纪法满足,保障被讯问人的反讯问动机需要由负相状态转变为正相状态,最终由对抗式拒绝需要转变为协调式配合需要,以改造反讯问动机动力系统结构中的需要要素形式消弭反讯问动机。由此可见,讯问人修改被讯问人需要的方法也具有层次性,可分为根本方法、具体方法和操作方法。根本方法是指贯彻于纪法教育全过程并对纪法教育具有指导意义和规定性作用的方法总和,对修改被讯问人反讯问动机需要具有引领和指导作用,处于纪法教育方法的最高层次,具体包括实事求是方法、理论联系实际方法、显性教育与隐性教育相结合方法等;具体方法是指纪法教育原则方法在纪法教育过程中各环节的具体运用而形成的方法，处于纪法教育方法的中间层次，具有主导作用，具体包括思想分析方法、纪法决策方法、纪法教育反馈调节方法、纪法教育总结评估方法等；操作方法是指纪法教育具体方法在纪法教育实践中的实际运用和操作，是讯问人与被讯问人的思想发生联系和作用的纽带，处于纪法教育方法的最基础层次，是纪法教育的操作方式，是实现纪法教育的特殊形式，具体包括说理教育方法、情感教育方法、心理教育方法、自我教育方法等。以上不同层次的纪法教育方法都是讯问人基于目标导向的讯问内部控制评价而展开的。所谓目标导向是指讯问人依据修改反讯问动机需要的需要并根据反讯问动机需要所蕴含的信息作出正确判断以采取合意的修改决策，目标导向原则具有信息量丰富的特点。所谓内部控制是指讯问人保障控制效率和确保反讯问动机需要修改活动有序进行的自律系统。内部控制要素包括控制环境、风险评估、控制活动、信息沟通与监控五个要素，其贯穿于修改反讯问动机需要全过程。所谓目标导向的讯问内部控制评价是指讯问人在对修改反讯问动机需要进行信息分析和反馈时为了确定内控风险水平而对内控设计是否健全以及内控执行是否有效而作出的评价。实现目标导向的讯问内部控制评价的手段是目标管理。所谓目标管理是指讯问人各项反讯问动机需要修改活动是围绕弱化反讯问动机目标进行的。目标管理的实质是在讯问人制定出特定时期内期望达到的修改反讯问动机需要目标以后，讯问人和被讯问人采取互相配合方式来协商确定各自的分目标，形成以总目标为中心的双方紧密衔接和协商一致的目标体系，同时在目标执行过程中实行自我管理和自检和互检相结合的方式实行基于行动成果评价的管理控制，目标管理通过目标分解和层层落实的方式实现了讯问双方之间的相互协调和综合。在弱化反讯问动机过程中应用目标管理可分为三个阶段，即，目标的制定阶段；目标的实现过程中的管理阶段；目标成果的评价阶段。我们先谈目标的制定阶段：此谓目标管理可分为组织目标管理和个人目标管理。所谓组织目标管理是指讯问人以修改反讯问动机需要方式弱化反讯问动机的整体目标；所谓个人目标管理是指讯问人和被讯问人基于个人独特需要和认知修改反讯问动机需要的方式而形成的目标。在这个过程中，讯问人要做的即是按照组织目标要求并结合被讯问人个体情况去设置好被讯问人的个人目标，实现组织目标与个人目标的有机结合。在制定个人目标过程中，讯问人要结合被讯问人自身条件和价值观取向等个体差异采取协商和教育的方法，帮助被讯问人制定具体切实可行的个人努力目标。为此讯问人需要把握好以下五项原则:第一是方向性和层次性,即,被讯问人的个人目标既要与组织目标方向一致又要与修改反讯问动机需要的阶段性具体任务和要求相一致,同时体现先易后难和循序渐进的层次性;第二是可行性,即,确定目标要切合实际且相对合理,既不能超越客观条件设置过高的目标也不能目标太低以易于实现;第三是阶段性和连贯性,即,要做到近期目标为长期目标服务,各阶段性目标间要相互衔接和互为服务以保持连贯性;第四是认同性和参与性,即,制定的目标应具体,要注意量化这些目标以便于考核;第五是动态性,即,目标管理是一个动态过程,要随时根据讯问情势变化适时作出调整,要使被讯问人方向明确,使其感到目标近期可行和远期可望。在目标管理的组织实施阶段,讯问人制定目标是为了实现目标,而目标能否实现以及实现程度如何关键取决于目标实施中的阶段性管理,讯问人要加强对被讯问人目标的研究和指导,根据讯问现场的体验分析和掌握被讯问人的情绪现状,对照目标找出被讯问人的现实状况与目标要求的差距,并据此找出致使差距产生的原因所在,分析影响被讯问人个人目标实现的主要原因,并针对原因制定相应对策,进而为被讯问人制定个人目标指明努力方向,要加强纪法教育和咨询指导,对被讯问人目标实现过程中所出现的问题要主动出主意想办法,帮助和指导被讯问人及时有效地解决问题,要抓好被讯问人信息反馈工作,及时掌握被讯问人目标实现进度,及时纠偏以保证目标实现。在目标成果评价阶段,讯问人必须建立对被讯问人评价和评估机制,对被讯问人目标实现情况作出评价,敦促被讯问人及时主动总结经验教训,对目标完成较差的被讯问人该批评的要勇于批评,在帮助其找出原因基础上提出下一步的目标要求。以上论述中我们采用了协商协调的用语,这似乎与强制性相冲突,答案是否定的。因为这种协商是在纪法规范强制性作用下的协商,这种强制性是在协商基础上的强制性,讯问人的目标管理本身即带有强制性。这种强制性表现为:第一,讯问人在目标管理过程中,以对纪法强制性规范的文义解释方法向被讯问人传导效力性强制性规范含义,帮助被讯问人建立强行性改观思想的意识;第二,讯问人在目标管理过程中,以对纪法强制性规范的目的解释方法向被讯问人传导效力性强制性规范语用,帮助被讯问人确立自我强制的规矩性观念;第三,讯问人在目标管理过程中,基于己之对纪法强制性规范的理解,以纪法规范所保护的利益作为效力性强制性规范的识别标准,向被讯问人传导效力性强制性规范的价值,帮助被讯问人确定自我强制改观应讯需要的价值意义。可见讯问人和被讯问人协商的内容都是自带强制性的规范内容，由此角度我们可以说，协商协调只是双方人际交流的表象形式，而其交流的内容都是自带方向唯一性的纪法规范及其效力性实质，对被讯问人来讲其仅仅存在自我选择问题，而不存在被放纵的条件前提，故而我们说这种协商实际上也可以被视作一种强制。对被讯问人来讲讯问人的法定身份决定了被讯问人只能对其意志单向服从的社会关系，讯问人的权力意志在讯问全过程中是被讯问人所打不破的，被讯问人的义务也决定了其在权力关系中处于被动角色，讯问人的权力资源是纪法规范，这也是被讯问人必须遵循的根本规则，因为其命运前途取决于其应讯效果与纪法规范的近似度或相符度，这也决定了被讯问人应讯意愿的不对称性。对讯问人来讲，其以破坏被讯问人原有反讯问需要的方式迫使被讯问人接受或服从其权力意志，这是其维持和支持权力关系存在的最基本和最直接的方式，其支持和维系权力关系的最大资源即是占有绝对优势的纪法规范，其通过向被讯问人传导占据优势的纪法资源，可以使被讯问人明白这样一种前景，即，只要被讯问人服从纪法规范，被讯问人就可以从讯问人处得到某种其所希望得到的利益，否则就得不到这种利益，这就会使被讯问人的选择本身也处于了被强制的境遇中，所谓的被讯问人选择亦即意味着被讯问人是完全服从仰或是服从某一方面仰或是服从某一方中的具体意志仰或是自绝于服从，但被讯问人受想获得从宽的利益驱动通常不会选择自绝于服从，一般是在前三种可能中进行选择。在权力均衡状态下，关系对等的权力双方之间的交往规则是能够体现双方妥协意志的谈判与互利的对等合作，但这并不意味着权力双方是彼此和睦与和谐融洽的，在双方于重大利益主张和利益认知上趋于接近时，则表现为较为和谐的对等谈判与合作，但当双方在重大利益主张和利益认知上趋于冲突时，则表现为较为对抗的对等合作与谈判，但根据我国现行纪法规定，被讯问人并没有被赋予和讯问人对等谈判与合作的权利，这意味着被讯问人如果违反现实的权力运作规律往往会遭受严重的损失和惩罚，这是被讯问人所最不情愿发生的，故而其不得不接受城下之盟。由此而言，以上所谓的协商协调和相互配合合作都是在这个情势下发生的，这也意味着一种权力关系常态性中的非对称性的强制，尽管其经常会在被讯问人“自愿”状态下出现，从这个角度我们也能说讯问人改造反讯问动机动力系统结构要素具有强制性。以强制性改造反讯问动机动力系统结构及其结构要素是弱化反讯问动机的过程表现。

3. 以调节性弱化反讯问动机动因要素内情显露结果

此谓调节性是指纪法话语能对被讯问人反讯问动机动因要素内情显露结果强加约束或限制从而减少被讯问人动因要素内情显露结果的自由或随意性。弱化是指一种趋势逐渐淡薄。反讯问动机动因要素内情显露结果即指反讯问动机的生发。所谓以调节性弱化反讯问动机动因要素内情显露结果是指讯问人通过纪法话语限制反讯问动机动因要素内情显露结果从而得以减少反讯问动机动因要素内情显露结果的随意性。

根据心理学研究成果,被讯问人反讯问动机动因要素内情显露意向的决定因素是:显露信念,即指对显露后果可能性以及对这些显露后果的评估的信念;标准信念,即指反讯问标准期望以及对服从反讯问标准期望的动机信念;控制信念,即指对有利于或阻碍后果显露表现因素以及对这些因素的控制感的信念。其中,显露信念会产生积极的或消极的显露态度;标准信念会导致主观标准的出现;控制信念会产生感知的行为控制;显露态度、主观标准和控制信念会结合作用于显露意向,被讯问人若有积极的显露态度和主观标准以及感知到高行为控制,其显露的意向就越高,显露意向越高,则更可能表现出所期望的后果。但被讯问人具有显露意向并不意味着显露结果必定出现,因为被讯问人的目标意向与目标达成之间存在鸿沟,有显露意向不能决定显露结果的一定出现。掌控被讯问人反讯问动机动因要素内情显露结果不能单纯依靠意向还得依靠具体的显露行动。在没有纪法话语的调节下,执行意向是被讯问人目标追求阶段的自我调节策略,其与目标设定阶段的自我调节策略—心理对照相结合能够促进意向转向显露,更加有效地减小意向与显露之间的鸿沟。正是在此意义上,讯问人通常会利用纪法话语的调节性约束和强制被讯问人的执行意向和心理对照,以达到弱化被讯问人反讯问动机动因要素内情显露结果目的。

讯问人以纪法话语调节被讯问人内情显露的目标追求过程以弱化内情显露结果。被讯问人动因要素内情显露可分为四个过程:一是决策前阶段,即,被讯问人主要任务是在内情显露成功期望和期望结果价值的标准下,选择其真正想追寻的目标意向;二是显露前阶段,即,被讯问人主要解决的问题是怎样促进显露目标的达成并形成执行意向;三是显露阶段,即,被讯问人主要任务是执行上一阶段形成的计划;四是显露后阶段,即,被讯问人主要任务是评估达成的显露结果,如果被讯问人满意于显露结果则停止目标设定,反之则降低期望放弃目标或坚持原来期望并增加努力去达成目标。其中,显露决策前阶段和显露后阶段是被讯问人目标设定时的动机过程,显露前阶段和显露阶段是将目标意向转变为显露的过程。在显露决策前阶段,讯问人将纪法话语植入被讯问人目标意向中,将被讯问人单向选择转变为包含纪法话语的多向选择,增加了被讯问人的选项内容。在显露前阶段,讯问人以纪法话语力促被讯问人显露目标的达成,尽量阻止反讯问执行意向的形成。在显露阶段,讯问人以纪法话语最大限度地减少被讯问人执行反讯问动机显露计划的积极性。在显露后阶段,讯问人以纪法标准敦促被讯问人逐渐增强对反讯问动机显露结果的不满意度。在这个过程基础上,讯问人以纪法话语帮助被讯问人对应上述不同阶段改变反讯问思维定式。在显露前阶段,讯问人以纪法话语帮助被讯问人形成开放性思维,在已经确定反讯问思维前提下,能够接受纪法话语并以此作指导来深思熟虑是否改变反讯问愿望,并对可能的多个目标可行性进行认真的分析。在显露行动前阶段,讯问人以纪法话语帮助被讯问人形成封闭性思维,即,考虑在形成何时何地怎样显露的计划时多大程度采用纪法话语的指导,帮助被讯问人将思绪集中在是否以纪法话语为标准指导己之思维上。在显露阶段,讯问人以纪法话语帮助被讯问人着重关注对已选择目标的再评价信息以及对执行意向或其他信息的再评价,不忽略纪法话语的功能作用。在显露后阶段,讯问人以纪法话语帮助被讯问人形成评估思维,在对显露结果和后果进行评估时对全部信息进行无偏分析,并将反讯问动机结果与配合动机后果进行比较,帮助被讯问人更改反讯问动机而尽量代之以配合动机。在这个过程中,讯问人以纪法话语调节被讯问人执行意向具有关键作用。

执行意向是被讯问人在动因要素内情显露前阶段形成的且归属于目标意向并确定了在何时何地如何反应以达成目标。讯问人以纪法话语调节被讯问人执行意向,即指讯问人将纪法话语作为情境线索植入被讯问人与对期望结果有效的反应联系起来的计划中,旨在帮助被讯问人弱化反讯问目标努力过程中的意志问题,帮助被讯问人尽量把反讯问目标意向转换为配合目标意向,同时该策略能够对被讯问人目标定向反应的控制委派给纪法话语具有促进作用,使得被讯问人的自我调节变成一个自动化过程。这个目标追寻过程包括启动目标、维持目标、停止追寻目标、为未来目标追循保存资源等阶段。在启动目标阶段,讯问人将纪法话语作为执行意向的情境线索能使执行意向促进被讯问人启动不情愿进行的弱化或更改反讯问动机意念；在维持目标阶段，讯问人将纪法话语作为情境线索能够使执行意向有利于被讯问人在目标追寻上尽量免受非纪法话语干扰；在停止追寻目标上，讯问人将纪法话语作为情境线索能够使执行意向抑制被讯问人反讯问动机承诺的进一步扩大；在为未来目标追循保存资源等阶段上，讯问人将纪法话语作为情境线索能够使执行意向促进被讯问人合理利用自己的应讯资源。在纪法话语调节性作用下，被讯问人执行意向的作用机制是：在认知机制上，纪法话语以及话语和期望反应之间联系的强度能够调节执行意向对目标成就的作用，这种作用体现在加强纪法话语的可接近性和纪法话语与反应之间的联系强度上，这种强烈联系的结果即是当被讯问人接受纪法话语时其目标相关的反应则会自动出现，表现出立即性和效率性；讯问人将纪法话语植入被讯问人动因要素内情显露过程内，会激发被讯问人自我协调与自我不协调两种动机的冲突与交互作用，所谓自我协调是指被讯问人感知到的个体目标定向是在其的兴趣和价值系统内的，而自我不协调即指被讯问人感知到的个体目标定向是由讯问中的人际间力量压迫的，由此表明，被讯问人目标意向的不同强度和难度会影响被讯问人执行意向的效果，在强烈的目标意识下，被讯问人的执行意向有利于目标达成，被讯问人为了使执行意向产生效果则需要强烈地承诺于目标意向，因此将执行意向干预与动机阶段的心理对照干预结合起来。所谓心理对照是指被讯问人清晰地构造出关于未来目标实现后的积极结果以及实际可能遇到的困难的心理特征。而讯问人为了达致弱化反讯问动机动因要素显露结果目的，一般会采取以纪法话语介入被讯问人将执行意向干预与动机阶段的心理对照干预相结合的过程，目的是减少被讯问人执行意向与心理对照之间的结合紧密度。这一策略有助于讯问人帮助被讯问人能够提高对配合审查调查目标的承诺和减少对反讯问动机的承诺。心理对照是被讯问人解决问题的策略，其将未来与现实相结合，提示为了实现期望的未来，被讯问人必须首先在现实中行动以克服困难障碍，故而被讯问人成功的期望被激活，并进而改变被讯问人随后追寻目标的认知、情绪和行为，当期望水平较高时被讯问人会主动承诺于努力实现期望的未来，否者相反。这就为讯问人以纪法话语调节被讯问人心理对照内容并进而改变心理对照作用机制提供了可能性。被讯问人心理对照促进目标追寻的可能机制是：认知改变；动机改变；对消极反馈反应的改变。心理对照对被讯问人认知改变的内容是：未来与现实之间联系的强度；现实与克服现实障碍的行动之间联系的强度;现实的意义。讯问人的做法是:以纪法话语帮助被讯问人降低对反讯问的期望水平,增加被讯问人配合审查调查认知的未来与现实的联系,鼓励被讯问人为保持对配合的高水平期望而增强心理对照与克服困难障碍的行动之间的联系;讯问人以纪法话语激起被讯问人配合审查调查的高水平的期望,通过心理对照改变被讯问人动机进而影响被讯问人应讯行为;讯问人以纪法话语调节被讯问人心理对照并使心理对照通过改变被讯问人对反讯问目标的消极反馈的反应进而影响目标追寻,当被讯问人反馈出反讯问目标信息以后,讯问人以纪法话语调节被讯问人心理对照并使心理对照加工有用的配合信息进而形成有利于配合审查调查之目标追寻的计划,同时保护被讯问人对自我能力的判断并能对消极反馈作出更积极的归因。讯问人能够以纪法话语将被讯问人心理对照与执行意向结合在一起,使之共同作用于被讯问人对配合审查调查目标达成:首先在纪法话语指导下的心理对照不仅能为被讯问人执行意向提供发生作用前提,即,强烈的目标承诺,同时还有助于被讯问人确定在现实中障碍,让被讯问人处于弱化或消弭反讯问目标的准备状态;其次是在纪法话语作用下的执行意向可以减少配合目标意向和行动之间的鸿沟来增强心理对照的效果。

第八章
思想政治教育视域中的讯问动机和反讯问动机

视域不仅与生理和物理的“看”的范围有关，而且与精神的“观”的场所有关，因而在这个意义上，感知、想象、感受、直观、本质直观和判断等意识行为都具有自己的视力范围。我们说思想政治教育视域中的讯问动机和反讯问动机，实际上是讲思想政治教育对讯问动机的维持和对反讯问动机的瓦解。下面我们从思想政治教育的内涵谈起。

第一节　思想政治教育概说

思想政治教育是指一定的政治集团为促使社会成员的发展需要与社会主流意识形态的要求相统一，用社会核心价值观为核心的理想信念、价值信念和道德信念引导其成员改造主客观世界的社会实践活动。一般来说，思想政治教育包括纪法教育，但由于纪法教育对职务犯罪讯问的独特作用，我们已经设立专章予以论述，所以此谓思想政治教育仅包含思想教育、政治教育、道德教育和心理健康教育等讯问实践活动。“促使社会成员的发展需要与社会主流意识形态的要求相统一”揭示了思想政治教育的价值追求，能够较好化解社会取向的概念和个人取向的概念之间的矛盾，即，思想政治教育社会面向的价值追求必须体现社会主流意识形态的要求，个人面向的价值追求必须体现受教育者的发展需要，故而思想政治教育的价值取向即是把社会与个人统一起来，亦即，思想政治教育所追求的应当是在教育过程中使教育者认识到欲想获得自我价值实现则须将个人发展与社会主流意识形态的要求相结合，从而实现受教育者对于主流社会意识形态的认同和对社会核心价值观的践行。“用社会核心价值观为核心的理想信念、价值信念和道德信念”强调了思想政治教育的主要内容,思想政治教育的本质属性是其意识形态性,这种本质属性更适合在思想政治教育的主要内容中体现,因为社会核心价值观和社会主流意识形态具有本质上的一致性,故而所谓价值观即是一套关于好与坏、应当与不应当和值得与不值得的思想观念,而价值观上升到党和国家层面则成为了意识形态,亦即,社会主流意识形态的本质体现即是社会核心价值观,因而只有在思想政治教育概念主要内容中突出社会核心价值观地位,才能凸显思想政治教育的额意识形态性。“引导其成员改造主客观世界”说明了思想政治教育的主要目标设定,这样能够把全部可以被称之为思想政治教育的活动囊括在内,因为这不仅包括在受教育者的主观世界中生产出目前并不存在的思想观点,还包括转变或巩固受教育者过去的固有观念以及避免形成违背社会主流意识形态的思想观念,同时也强调引导受教育者改造客观世界。总之,我们要以习近平中国特色社会主义实践观为指引来理解思想政治教育的概念。

思想政治教育以“以人民为中心”的新时代人本观为价值取向。从宏观社会角度看,职务犯罪讯问中的思想政治教育坚持“以人民为中心”的新时代人本观是当代社会发展和新时代进步的必然要求;从微观个人角度看,职务犯罪讯问中的思想政治教育以“以人民为中心”的新时代人本观为价值取向,是讯问人尊重、理解和关爱被讯问人并最终促进被讯问人发展的必要途径。在新时代,职务犯罪讯问中的思想政治教育的教育方针必须体现和坚持习近平新时代中国特色社会主义思想教育的主导价值,使这种教育能够充分满足新时代社会发展的需要。在监察留置期间,讯问人要通过有计划有目的的教育、引导、管理和服务活动,使被讯问人认同讯问人所传授的政治观点、思想体系、道德规范和行为准则,并敦促被讯问人将此逐渐内化为自身的思想政治素质,使之树立正确的“三观”,形成良好的思想道德品质和身心素质。由此,这种思想政治教育成为对被讯问人开展思想政治教育最基本和最重要的途径,在增强被讯问人思想政治教育实效方面发挥着重要功能。这种思想政治教育在特定的讯问时空侧重于在道德化内涵上丰富和拓展被讯问人思想政治教育,故而在提高被讯问人政治素质和养成良好品德方面具有不可替代的特殊作用。这种教育以习近平新时代中国特色社会主义思想为理论基础和教育导向,在职务犯罪讯问实践中运用和检验思想政治理论成果,实际上延展了思想政治教育的课堂教育体系,与其他思想政治教育形式形成协同育人格局,能够从根本上保证教育成效。这种思想政治教育的内容结构为:其核心内容是以理想信念教育为核心的“三观”教育;其重点内容是以爱党爱国主义教育为核心的民族精神教育;其基础内容是以基本道德规范为核心的公民道德教育;其具体内容是以被讯问人全面发展为目标的素质教育。这种教育的特点是:空间上的弥散性;时间上的全天候性;内容的广泛性;方式的渗透性。这种教育的内涵是:视被讯问人为思想政治教育的平等主体;视被讯问人为思想政治教育的“自育”主体,以培育被讯问人重新符合社会需要为根本出发点。这种教育的功能是:在意识形态功能上,实现党和国家意志以及社会要求的转化;在教育功能上,落实思想政治教育“育人为本”的原则;在社会功能上,推动新时代社会政治经济文化进步;在个体功能上,促进被讯问人重新符合社会要求而得以改过自新。习近平总书记关于“把思想政治工作做在日常和做到个人”的要求不仅体现了对被讯问人进行思想政治教育的新时代育人观的极端重要意义,也为我们指明了对被讯问人进行思想政治教育要以人为本的现实选择。这种新时代育人观实现的现实途径是:一是确立科学的理念,这是坚持对被讯问人进行思想政治教育新时代育人观的前提,具体要做到:尊重被讯问人,发挥被讯问人的价值主体作用;服务被讯问人,发挥被讯问人的权益主体作用;发展被讯问人,发挥被讯问人的发展主体作用。二是贴近被讯问人思想实际,这是坚持对被讯问人进行思想政治教育新时代育人观的基础,具体要做到:坚持习近平新时代中国特色社会主义思想理论的内涵要求;坚持贴近被讯问人思想实际进行思想政治教育的必要性。三是满足被讯问人合理需要,这是坚持对被讯问人进行思想政治教育新时代育人观的动力,具体要做到:要区别性掌握被讯问人需要的层次性、多样性、发展性和差异性;要注意满足被讯问人合理需要的路径选择:立足被讯问人需要现状,区分被讯问人的合理需要;理解被讯问人的精神需要,提升被讯问人的精神品位;尊重被讯问人人格需要,塑造被讯问人的理想人格。四是融入对被讯问人的人文关怀,这是坚持对被讯问人进行思想政治教育新时代育人观的情感支撑,具体要做到:教育观念人本化;教育管理人性化;教育活动个性化。融入人文关怀的具体路径是:坚持理论传导与引导渗透相结合;坚持人文关怀与心理疏导相结合;显性教育与隐性教育相结合;理性教育与情感教育相结合。五是促进被讯问人全面发展,这是坚持对被讯问人进行思想政治教育新时代育人观的归宿,具体要做到:坚持习近平新时代中国特色社会主义思想之全面发展理论的内涵;坚持党和国家对被讯问人发展目标的要求;实现这种发展目标的途径是:以德为定向;以智长才干;以体强身心;以美塑精神;以干助梦想。

立德树人是职务犯罪讯问中思想政治教育内涵式发展的重要举措。这种内涵式发展是新时代国家监察体制改革的要求,其以习近平新时代中国特色社会主义思想为指导,将立德树人作为思想政治教育的根本任务,坚持为中国特色社会主义现代化建设服务和为人民服务,对全面提高讯问质量和深化讯问中思想政治教育综合改革以及实施立德树人教育和培育中国特色社会主义核心价值观具有积极意义。立德树人是促进国家监察体制改革的精神保障。在这种改革背景下,教育被讯问人如何做人和做什么样的人的问题被提上职务犯罪讯问日程。培育"撸起袖子加油干"的新时代社会主义觉悟的劳动者是民族复兴的重要资源和正风肃纪反腐的重要动力,所以内涵式发展中立德树人工作显得非常重要。立德树人是对中华优秀传统文化教育理念的继承和发展,是培养和践行中国特色社会主义核心价值观的需要,会更好地弘扬新时代中国精神,反对功利主义腐朽思想,帮助被讯问人形成正确的"三观"提供智力支持。从历史辩证唯物主义角度看,中国特色社会主义进入新时代是社会历史发展的具体形态和历史方位,而人的发展则是社会历史发展的根本目的和基本内容,贯穿人类社会历史发展的始终,是中国特色社会主义革命和建设的最终目的。这种内涵式教育所蕴含的人文精神和科学精神是促进被讯问人改过自新和重新做人的重要精神资源,是讯问中思想政治教育最本质的精神力量和构建新时代社会主义新文明的关键,显示了职务犯罪讯问生命力的根本所在,贯彻了党的群众路线,体现了"以人民为中心"的核心价值,会促进被讯问人重新符合社会需要的有效实践,是新时代新时期党的解放思想、实事求是和与时俱进思想路线的具体体现,对新时代职务犯罪讯问的高质量发展具有价值导向功能。内涵式发展强调的是职务犯罪讯问"质"的发展,是职务犯罪讯问内在属性的发展,其以职务犯罪讯问的内部因素作为动力和资源,如要素优化、结构协调和资源配置等,强调职务犯罪讯问质量与效益的提高。内涵式发展是新时代科学的发展观、价值观和质量观,自身具有非常丰富和深刻的理念。这种内涵式发展是以提高职务犯罪讯问质量为核心,以职务犯罪讯问内部因素为主要动力的发展。这种内涵式发展的基本构成要素是:坚持立德树人和以人为本;以提高职务犯罪讯问高质量发展为中心;以优化职务犯罪讯问资源配置而凸显特色。立德树人在内涵式发展中的现实依据是:新时代中国特色社会主义现代化建设需要"立德树人";职务犯罪讯问中思想政治教育在新时代新形势下承担的重大使命需要“立德树人”;破除传统外延式思想政治教育发展模式的局限需要“立德树人”。立德树人在职务犯罪讯问内涵式发展中理论依据是:习近平新时代中国特色社会主义教育观彰显立德树人;促进人的全面发展战略彰显“立德树人”;“四个全面”的教育理论彰显立德树人。内涵式发展是提出立德树人之思想政治教育理念的前提。内涵式发展的核心是将培养人的全面发展放在首位并结合新时代的教育理念与时俱进,其以提升职务犯罪讯问质量为根本出发点,以服务政治经济文化社会为宗旨,优化思想政治教育内部各要素,统筹兼顾职务犯罪讯问质量与效益关系,更加注重新时代人的精神领域的能力培养,是提出立德树人教育理念的前提。立德树人的核心是新时代“以人民为中心”的育人观,这是新时代职务犯罪讯问高质量发展的本质需要,为在职务犯罪讯问中全面实施素质教育奠定了思想基础,习近平新时代马克思主义人学是职务犯罪讯问中立德树人的理论依据。立德树人是新时代职务犯罪讯问中思想政治教育的核心和本质要求,是促进被讯问人重新回归社会的需要,是新时代中国特色社会主义现代化建设事业的需要,是在职务犯罪讯问中进行素质教育的需要。立德树人教育理念对职务犯罪讯问中思想政治教育提出的基本原则是:人的全面发展教育原则;以人为本的教育原则;德育优先的教育原则。立德树人在职务犯罪讯问思想政治教育内涵式发展中承担的重大使命是:职务犯罪讯问思想政治教育内涵式发展需要培育被讯问人重新回归社会的能力;培育“人是目的”的教育观。职务犯罪讯问思想政治教育内涵式发展实现立德树人的关键要素是:内涵式发展需要思想政治教育培养社会主义人文精神;对被讯问人进行社会主义人文精神培育是新时代职务犯罪讯问中思想政治教育的要求;社会主义人文精神培育能帮助被讯问人树立正确的“三观”并进而促进被讯问人的全面发展;通过培养被讯问人社会主义人文精神有助于解决职务犯罪讯问中工具理性问题;内涵式教育培养社会主义人文精神是贯彻习近平新时代中国特色社会主义思想的要求;职务犯罪讯问中的思想政治教育需要培养被讯问人思想品德;职务犯罪讯问中的思想政治教育需要培养被讯问人社会主义政治价值观;职务犯罪讯问中的思想政治教育需要培养被讯问人审美价值观。内涵式教育发展需要思想政治教育培养被讯问人求真务实的科学精神和“为真理而真理”的科学观。

职务犯罪讯问中思想政治教育共同体是讯问系统里一个相对独立的系统形

式,既包含一般系统结构共性也具有自身独特性的价值追求。共同体意味着从内部的相互依赖心理和外显的组织呈现形态,而职务犯罪讯问中的思想政治教育共同体则是基于共同价值诉求的关系性集合体。职务犯罪讯问中的思想政治教育共同体若想获得有效认同则必须以问题探讨和实践跟进来观照各构成主体的现实诉求。职务犯罪讯问中的思想政治教育共同体构建是顺应职务犯罪讯问中育人实践的逻辑考量,也是提升职务犯罪讯问中育人实效的必然性选择。职务犯罪讯问中的思想政治教育共同体具有"职务犯罪讯问"特定场域和特定群体的特殊规定性,是职务犯罪讯问中的思想政治教育合规律性与合目的性的产物。此谓职务犯罪讯问中的思想政治教育共同体是由实质主体、实践主体和受益主体组成的主体认同和实践共进的育人生态系统。职务犯罪讯问中的思想政治教育具有特定意识形态属性,由此而言职务犯罪讯问中的思想政治教育共同体的实质主体即是党和国家,职务犯罪讯问人是职务犯罪讯问中的思想政治教育共同体的实践主体,职务犯罪讯问中的思想政治教育共同体的受益主体即是被讯问人。职务犯罪讯问中的思想政治教育共同体具有独特的解释力:首先是聚焦职务犯罪讯问之特定场域;其次是强调被讯问人主体定位;最后是明确了被讯问人的主体地位。思想政治教育具有理论性和实践性特点,所以我们应该首先厘清职务犯罪讯问中的思想政治教育共同体的学理基石:一是习近平新时代人类命运共同体思想的理论启迪;二是中华优秀传统和合文化的理论启发;三是我们党共同体理论思想的启示。职务犯罪讯问中的思想政治教育是否对被讯问人提供了有效供给是决定其教育实效的重要条件,提高职务犯罪讯问中的思想政治教育实效是新时代的召唤。职务犯罪讯问中的思想政治教育共同体构建是立足于新时代语境,着力于理论探索和现实性考量以及可能性分析的理论探索,这样可以为职务犯罪讯问中的思想政治教育共同体构建奠定理论基础。职务犯罪讯问中的思想政治教育共同体构建命题的提出,正是我们推进职务犯罪讯问中的思想政治教育实效性探讨和进一步回应现实诉求的积极探索。对职务犯罪讯问中的思想政治教育共同体构建可能性分析要着眼于党和国家的方针政策以及各构成主体的利益价值诉求两方面。职务犯罪讯问中的思想政治教育实效的发挥离不开职务犯罪讯问中的思想政治教育共同体各构成主体的协力共进,职务犯罪讯问中的思想政治教育共同体功能得以实现和价值得以发挥的前提在于明确职务犯罪讯问中的思想政治教育共同体的主体构成。职务犯罪讯问中的思想政治教育共同体整体效能的发挥在于引导被讯问人遵循党和国家的基本价值导向，将被讯问人培养成重新符合社会需要的时代新人以实现精神塑造，使被讯问人找到真正的成长道路和精神依归。总而言之，职务犯罪讯问中的思想政治教育过程实质在于推进被讯问人的“政治社会化”，这是职务犯罪讯问中的思想政治教育共同体固有的工具价值，除此之外还存在一项极为重要的价值即目的价值，亦即职务犯罪讯问中的思想政治教育共同体所内含的教育价值导向，工具价值和目的价值统一于职务犯罪讯问中的思想政治教育共同体，工具价值的实现为目的价值奠定了发展根基，目的价值的实现是职务犯罪讯问中的思想政治教育共同体的终极价值。职务犯罪讯问中的思想政治教育共同体的工具价值和目的价值紧密相连缺一不可，共同完成了职务犯罪讯问中的思想政治教育共同体的价值使命。通过对职务犯罪讯问中的思想政治教育共同体内在的价值构成进行梳理，不难看出职务犯罪讯问中的思想政治教育共同体的主体不外乎要符合以下四方面的意识或素质：政策前瞻意识；实践主导素质；实践融入意愿和实践协同参与。职务犯罪讯问中的思想政治教育实效的收获离不开政策前瞻价值导向，政策制定和发展规划是指导职务犯罪讯问中的思想政治教育的基本遵循，也是党和国家力量确保职务犯罪讯问中的思想政治教育有序推进的重要保障。职务犯罪讯问中的思想政治教育共同体的政策前瞻意识意味着职务犯罪讯问中的思想政治教育共同体内蕴政策前瞻性和预见性要义，通过推动理性决策、政策执行和政策评价的系统运转，为职务犯罪讯问中的思想政治教育共同体提供强有力的政策保障，成就系统推进的育人实效。职务犯罪讯问中的思想政治教育共同体还离不开基于政策导向的实践落实。职务犯罪讯问中的思想政治教育本身即具有明确的导向意蕴，这种导向意蕴彰显了维护意识形态安全的本质规定。这里强调的导向是指讯问人在开展思想政治教育过程中始终起引领和导向作用，始终把习近平新时代中国特色社会主义思想作为职务犯罪讯问的鲜亮底色，维护职务犯罪讯问意识形态安全的正确方向，切实落实职务犯罪讯问立德树人根本任务，切实保持政治定律和态度鲜明。职务犯罪讯问中的思想政治教育共同体内含的主导素质包含了政治理论素质和人格品质，讯问人要胜任实践主导的示范引领重要任务就要坚持以正确的理论指导实践和实践主导自身人格魅力的观点，只有讯问人俯下身子导之有效，才能推动职务犯罪讯问中的思想政治教育实践行之有力。职务犯罪讯问中的思想政治教育共同体发展的实践融入意愿旨在强调在职务犯罪讯问中的思想政治教育共同体内部,基于政策前瞻和实践主导下,还必须内含实践主动的主体存在和主体实践。在这里,被讯问人已经不是作为一种客体的存在,而是作为主体的存在,尤其强调被讯问人实现自觉自省主体身份的“习惯养成”,这有利于被讯问人主体角色地位的明确和增强被讯问人归属意识、责任意识和使命意识,在自身角色定位明确基础上明确主体地位有利于被讯问人责任框定,最大限度地调动被讯问人的积极性和能动性。职务犯罪讯问中的思想政治教育共同体既包含政策前瞻、实践主导和实践主动的有机融合,还应强调彼此之间的协同合作。这四个方面在职务犯罪讯问中的思想政治教育中充分发挥深化、拓展、沁润、支撑和互补的协同作用,只有如此才能实现职务犯罪讯问中的思想政治教育合力,呈现职务犯罪讯问中的思想政治教育共同体各构成主体在共建共融共享的发展图式。被讯问人经过主体身份的沁润改造,以身份确认、责任框定和实践主动融入职务犯罪讯问育人各环节,从而实现职务犯罪讯问中的思想政治教育目标和被讯问人重新做人的发展诉求相契合,以此诠释强调注重力量整合的良好育人发展态势。职务犯罪讯问中的思想政治教育具有内在意识形态教育诉求,党和国家是职务犯罪讯问中的思想政治教育中肩负顶层设计的重要使命,是职务犯罪讯问中的思想政治教育育人实践的发展谋划者和政策制定者以及权力享有者,其顶层设计表达和凝聚了主流价值诉求,在整个职务犯罪讯问中的思想政治教育实践中起到了前瞻导向定位的重要作用,党和国家是职务犯罪讯问中的思想政治教育的主导和权威。职务犯罪讯问中的思想政治教育共同体各构成主体的角色定位决定了讯问人作为实践主体是政策推进的执行者,是党和国家意志和诉求的“传声筒”和“代言人”,同时也是被讯问人的“引路人”。无论是从外部作用还是内生动力而言,职务犯罪讯问中的思想政治教育共同体的受益主体即是被讯问人,被讯问人主动的自我实践、自我发展和自我突破真正融入了共同体的实践探索,彰显了被讯问人完整的人格或自我,是被讯问人迈向悔过自新的有益实践。被讯问人在自主内化和自我教育中感知存在、收获真实、主体确认、责任框定和自觉融入,从而形成职务犯罪讯问中的思想政治教育共同体受益主体的有效认同,这是职务犯罪讯问中的思想政治教育获得实效的前提和保证。职务犯罪讯问中的思想政治教育共同体的主要特征是:体系构建的系统性;主体构成的多元性;价值目标的统一性;育人实践的协同性。职务犯罪讯问中的思想政治教育共同体的功能定位是:服务和导向功能;传导与教育功能;动力与发展功能;协调与整合功能。职务犯罪讯问中的思想政治教育共同体的价值意蕴是:维护职务犯罪讯问主流意识形态安全的重要抓手;营造职务犯罪讯问协同育人文化环境的重要举措;实现职务犯罪讯问思想政治教育现代化发展的重要途径;增强职务犯罪讯问思想政治教育实效性的重要依托。职务犯罪讯问中的思想政治教育共同体构建途径是:以“十大”育人体系建构为契机,强化协同育人思维转向;以“责任矩阵”机制明确为导航,落实协同育人权责归属;以“全融入”平台建设为阵地,把握意识形态话语权;以“命运与共”关系融合为纽带,凝聚职务犯罪讯问协同育人共识。由于职务犯罪讯问中的思想政治教育共同体各构成主体有别和利益不同以及价值差异,因而需要以互通形式求同存异共塑、共建和共享职务犯罪讯问中的思想政治教育实效:坚持价值主导与发展相统一;坚持平等互信和和谐共存相协调;坚持内生动力与外在动力相结合。职务犯罪讯问中的思想政治教育共同体构建的互通过程是:职务犯罪讯问中的思想政治教育共同体的认知过程;职务犯罪讯问中的思想政治教育共同体的情感过程;职务犯罪讯问中的思想政治教育共同体的意志过程。职务犯罪讯问中的思想政治教育共同体构建的立体互通需要实现系统内部的自我调节、动态调适、共生共进和协同发展,相应地离不开互动与创新、稳定持续与动态调调适和失衡与平衡三个环节的动态演化和实践推进。职务犯罪讯问中的思想政治教育共同体构建的实践进路是:助推职务犯罪讯问中的思想政治教育共同体思维转向,具体而言包括:从单一思维转向系统思维;从分散思维转向协同思维;从个体思维转向共同体思维。健全职务犯罪讯问中的思想政治教育共同体运行机制:建立领导与组织机制;建立激励与联动机制;建立评估和反馈机制。职务犯罪讯问中的思想政治教育共同体构建理应固守话语根基,正视职务犯罪讯问中的思想政治教育话语“危”与“机”,坚持职务犯罪讯问中的思想政治教育话语的“守正”与“创新”,搭建职务犯罪讯问中的思想政治教育话语的平台和中介,凝聚职务犯罪讯问中的思想政治教育共同体价值共识。

合作意识的培养对被讯问人树立正确的价值观和提高自身思想道德素质具有重要意义。合作意识是被讯问人在应讯互动中所形成的积极的具有感情色彩的心理觉悟,包含两层含义;一是被讯问人对于合作的认知程度和情感倾向,二是被讯问人在应讯互动中,合作意识使其应讯行为更具有目的性和专注力,体现被讯问人积极调整应讯行为以达到与讯问人协调互动的自觉性和主动性。思想政治教育视角中的合作意识具有以下内涵:一是合作意识是集体主义教育的重要内容,二是合作意识是社会主义核心价值观不可或缺的部分,是社会主义核心价值观的特征展现。合作意识一定程度体现了被讯问人实现自我价值和树立集体主义价值观以及社会主义核心价值观的价值诉求,体现了被讯问人突破个人利益的局限,有效克服自我中心的倾向,构建应讯互动和谐人际关系形成健康心理的追求。被讯问人合作意识培育的功能是:一是合作意识培育能够有效促进被讯问人个体的社会化,二是合作意识培育有助于被讯问人形成健全的自我意识,三是合作意识培育有助于被讯问人理性看待竞争与合作的关系。合作意识培育的价值意蕴是:是帮助被讯问人构建应讯互动中和谐人际关系的现实需要;是帮助被讯问人形成健康心理的需要;是培育被讯问人实现重新做人的重要环节。合作意识意味着被讯问人的反讯问动机转化为配合动机。配合动机是被讯问人应讯活动的内在心理过程或内部动力系统,由配合审查调查目标引导、激发和维持。激发配合动机最有效的手段即是在合作意识培育过程中建立起利益共同体的关系,这种共同体通过帮助被讯问人改过自新的共同目标途径来实现。配合的合作动机包括合作需要和合作期待两部分,讯问人和被讯问人为实现这个共同目标而相互配合和彼此合作以达到合作的实际效果,伴随着合作的深入双方都希望达到良好的效果并继而产生合作期待。合作动机有利于提高被讯问人的积极性,有利于明确合作意识培育的目的性。合作意识目标必须体现中国特色社会主义的性质和发展方向,还应当具有时代性以反映时代精神和时代特征,有助于被讯问人在合作情感和合作认知上适应时代发展要求,这就需要培养被讯问人形成集体主义价值观,教育培养被讯问人建立共同体意识,教育引导被讯问人实现知行合一,这就需要讯问人发挥思想政治教育主渠道作用并准确把握合作意识内涵,教育引导被讯问人理性看待竞争与合作,这就需要讯问人整合教育资源并优化合作意识培育功能,这就需要讯问人找准合理的切入点并增强合作意识培育效果,这就需要讯问人打造合作平台并创设合作意识培育环境,这就需要讯问人构建评价体系并客观评价被讯问人合作意识。

被讯问人思想政治教育价值期待即是被讯问人对讯问中思想政治教育是否给自己带来价值和价值大小的预期性评判,其关注的落脚点是价值问题。关注被讯问人思想政治教育价值期待有利于增强被讯问人思想政治教育的实效性,有利于激发被讯问人接受思想政治教育动机。思想政治教育价值期待是指在特定的职务犯罪讯问条件下讯问双方对思想政治教育的功能属性能够满足被讯问人重新做人需要的预期性评价，是关于思想政治教育价值应然状态的期待和预估，反映的是讯问双方对思想政治教育价值基本观点和基本态度，直接规范和导引讯问双方参与思想政治教育的思想与行为。按照价值期待主体角度划分，思想政治教育价值期待包括社会价值期待和个体价值期待。社会价值期待是以社会为主体对思想政治教育目的的具体表现，实现途径是被讯问人对思想政治教育所倡导的主流意识形态的内化和外化。思想政治教育应当弘扬主旋律，实现以科学的理论武装人，以正确的舆论引导人，以高尚的情操塑造人，始终围绕增强主流意识形态的理论认同、情感认同和价值认同。个体价值期待是指以个体为主体，对思想政治教育的功能属性能够满足被讯问人自身改过自新需要要求的预期性评价，主要体现在个体的生命存在、社会存在和精神存在的价值样态的应然性认知。被讯问人对思想政治教育需要什么往往会在思想意识中产生什么样的欲求并进而形成相应的价值期待。影响被讯问人价值期待的因素包括内部因素和外部因素，其中内部因素包括认知结构和心理特征以及倾向等，外部因素包括思想政治教育的内容和方式等。无论是社会价值期待还是个人价值期待，均产生于思想政治教育实践，以自身发展需求与客体功能属性为评判尺度，并随着主体需要的变化而变化。被讯问人思想政治教育价值期待是指被讯问人在特定应讯条件下对于思想政治教育能够提高自身思想政治素养、道德修养和人文素养并使己之思想观念、政治观点和道德规范符合党和国家与社会要求的预期性评价反映了被讯问人对自身改过自新与思想政治教育之间价值关系的肯定性构想，是被讯问人对价值关系的应然性认识，简而言之，即是被讯问人对思想政治教育有用性的理想追求。表现为被讯问人期待什么、选择什么、规避什么和拒斥什么等。被讯问人思想政治教育价值期待是对即将进行的应讯活动价值的预先评估，制约着接受活动的开启，并且这种预判会在接受活动过程中不断得以强化、改变或放弃。作为一种思维定向，被讯问人思想政治教育价值期待直接影响着参与教育活动的任务选择、投入度和表现。被讯问人思想政治教育价值期待的功能是：价值预判功能；资源整合功能；行为导向功能；意义重构功能。被讯问人思想政治教育价值期待具有复杂的生成过程，主要包括两个维度：一是价值信念维度，即，被讯问人对思想政治教育“有何用”的预判，经过价值认知、价值情感、价值意志和价值信念的发展逻辑；二是期待信念维度，即，被讯问人对思想政治教育怎样实现价值的期待。在被讯问人思想政治教育价值期待生成发展中，价值认知、价值情感、价值意志和价值信念在职务犯罪讯问中统一地表现为观念向信念的转变，最终实现价值认知的科学化、价值情感的积极化、价值意志的坚强化、价值信念的坚定化。期待信念包括被讯问人对思想政治教育的教育内容、教育方法的希求和期待。被讯问人期待“有用”和“有料”的思想政治教育内容，被讯问人对教育方法的期待意味着被讯问人对教育方式提出了更高的要求和期待，要求思想政治教育能够更加贴近自己的应讯思想实际。被讯问人思想政治教育价值期待生成具有客观规律性，需要我们透过表象抽象出来。这种客观规律是被讯问人价值期待各要素之间及其与外在因素的本质联系和必然趋势，主要包括：对立统一规律是关于被讯问人思想政治教育价值期待矛盾运动的规律，从宏观上揭示了价值期待发展的根本动力；互动规律是关于被讯问人价值期待生成的外部作用规律，从中观上揭示了价值期待是被讯问人内外部因素共同影响的结果；否定之否定规律从微观上揭示了被讯问人思想政治教育价值期待自身由肯定到否定再到否定之否定的变化发展的周期性和总趋势。在职务犯罪讯问中出现的被讯问人思想政治教育价值期待问题：一是被讯问人价值认知模糊，价值期待失衡；二是被讯问人思想顽劣性强，改观认知难度大；三是被讯问为人注重近期目标，缺乏远期规划；四是讯问人对被讯问人思想政治教育供给不足；五是被讯问人价值观念错位，对思想政治教育价值认知不正确和对价值取向有偏差。解决的办法是：建构被讯问人价值期待的内容体系；以有效供给满足和引导被讯问人价值期待；完善满足被讯问人价值期待保障机制；与被讯问人有机协同，处理好讯问中双边关系；解决被讯问人思想问题与解决被讯问人实际问题相结合。

被讯问人思想政治教育以文化人在新时代应时而兴。以文化人历来就是立德树人的重要方式，在以往的职务犯罪讯问中虽有所体现但未受到特别关注，在新时代国家监察体制改革以后，在新时代、新方位和新境遇背景下，新时代被讯问人思想政治教育以文化人便应时而兴，其地位和作用不断凸显，从而使之渐成为一个具有时代新蕴含和新价值的新命题。我们要从内在要素、外在边界和实质要义角度来把握新时代被讯问人思想政治教育以文化人的蕴含。从内在要素出发把握新时代被讯问人思想政治教育以文化人在主体、目标和过程方面的内部规定性：从主体看，新时代被讯问人思想政治教育以文化人涉及到讯问人和被讯问人两个主体,对讯问人来讲是有目的有意识的活动,对被讯问人而言则是自主自愿的自我教育,一方面文化能对被讯问人产生积极或消极影响,但思想政治教育是有明确正向目标指向的,因而被讯问人思想政治教育中的以文化人应该是讯问人有意识地利用优秀文化对被讯问人产生积极影响,其中便隐含了讯问人的自为性,需要讯问人注意的是,由于落后的消极的文化也会影响到被讯问人,故而讯问人还要有意识地对被讯问人加以警示、预防和抵制,这亦是其目的性的体现;另一方面,被讯问人在接受以文化人影响时,虽然不会明确感知教育过程和结果,但却在与讯问人有意安排的优秀文化接触中,通过学习、领悟和应用的方式会不由自主地产生自我感知、自我领悟、自我修正和自我巩固等自我教育行为。事实上,新时代被讯问人思想政治教育以文化人所追求的即是在不对被讯问人意志强加控制的状态下使被讯问人能够提升和完善自我,该过程会在无形中调动被讯问人的自觉意识和激发被讯问人自我教育的内在动力,使被讯问人能够自主自愿地发挥主观能动性不断进行更具持续性和有效性的自我教育;从目标上看,新时代被讯问人思想政治教育以文化人的直接目标即是使“化人”之“文”中蕴含的精神营养液变成被讯问人的主体素养,是要使“化人”之“文”在被讯问人应讯活动中得到充分彰显,并促使“化人”之“文”中蕴含的精神营养变成被讯问人思想意识、政治素养、道德品行和精神境界的主体素养,也就是将文所载之“道”内化为被讯问人的心灵之“德”;从过程来看,讯问人使被讯问人于悄然中实现了正确行为的养成、思想的感化、情感的陶冶和价值的认同,这是文化在潜移默化中的绵绵用力,也是新时代被讯问人思想政治教育以文化人的内在之义。从外在出发把握新时代被讯问人思想政治教育以文化人在边界上的规定性:就文化的边界而言,新时代被讯问人思想政治教育以文化人所涉及的文化是有规定性的,只有那些具备正向化人功能、能够为讯问人利用和对被讯问人真正起到化人作用的优秀文化才能成为“化人”之“文”,这是新时代被讯问人思想政治教育以文化人之文化总体的原则规定;就以文化人的边界来看,在被讯问人思想政治教育领域,以文化人既是相对于文化育人和以文育人而来的,亦是相对于理论教育、实践育人、管理育人和服务育人而来的;从实质出发把握新时代被讯问人思想政治教育以文化人的深刻要义:新时代被讯问人思想政治教育以文化人在很大意义上即是强调用新时代被讯问人自己的生存方式教育自身,最根本的是要发挥各种优秀文化及其蕴含的精神营养的思想政治教育功能。适时而谋是新时代被讯问人思想政治教育以文化人的新要求。讯问人只有根据时代发展深刻把握新要才能并做到适时而谋,才能顺时而为提升实效,这既要着眼整体又要把握关键部分,既要统揽全局又能找准工作着力点,才能提高新时代被讯问人思想政治教育以文化人工作的系统性和针对性,并强化工作的自为性和切实增强实效性,具体而言即是要以把握这种以文化人新目标为前提和基础,以明确"化人"之"文"为重点,以抓好"化人"之"化"为关键,有的放矢地厘清新时代"以何文"和"如何化"被讯问人的根本问题,从而在促进新时代被讯问人思想政治教育自觉自为发展中积极培育符合社会需要的时代新人。在把握新时代被讯问人思想政治教育以文化人的新目标上,一要培育重塑理想信念且符合社会需要的时代新人,二要培育能够真诚忏悔的时代新人,三要培育重新持有使命担当的时代新人。在明确新时代被讯问人思想政治教育"化人"之"文"方面,一要以中华优秀传统文化为根基,二要中国革命文化为重点,三要以社会主义先进文化为关键。在抓好新时代思想政治教育"化人"之"化"方面,一要紧跟时代有新意,二要紧贴被讯问人有情义,三要紧抓协同有实意。以中华优秀传统文化滋养被讯问人的固本培元之举,讯问人要厚植被讯问人自信底蕴来滋养被讯问人的价值旨归,讯问人要以中华优秀传统文化思想精华启迪被讯问人智慧,以中华优秀传统文化传统美德涵育被讯问人德行,要以中华优秀传统文化的人文情怀润泽被讯问人心性。讯问人要以中国革命文化感化被讯问人进行自我革命的自觉性,具体做到以革命特质提振被讯问人精神状态,以崇高品格导引被讯问人至善灵魂。讯问人要以革命文化主要内容感化被讯问人,具体做到以革命历史洗礼被讯问人,以革命精神激励被讯问人,以革命道德感染被讯问人。讯问人要以社会主义先进文化引领被讯问人的内在诉求,具体做到以社会主义先进文化应对落后腐朽文化,以社会主义先进文化培塑被讯问人先进基因,以社会主义先进文化激发被讯问人改过悔罪的现实需要。讯问人要以社会主义先进文化的核心内容引领被讯问人,具体做到以习近平新时代中国特色社会主义思想指引被讯问人应讯方向,以共产主义远大理想和中国特色社会主义共同理想凝聚被讯问人自新改过力量,以当代中国精神提升被讯问人精神境界,以社会主义荣辱观夯实被讯问人道德根基。讯问人要以社会主义先进文化的重点表征引领被讯问人,具体做到以科学理论武装被讯问人,以良好风尚塑造被讯问人。

机制建设旨在以系统化运行方式发挥对育人资源的整合优化功能,促进职务犯罪讯问中立德树人的全面落实。中国特色社会主义进入新时代赋予了职务犯罪讯问立德树人新的深刻内涵,其主要体现在以习近平中国特色社会主义思想为指导,围绕中华民族伟大复兴的时代主题,着眼于改造被讯问人思想并使之重新回归社会。职务犯罪讯问中立德树人落实机制是立德树人工作中各构成要素在遵循特定机理基础上相互作用有机联系而形成的结构化体系,并由此产生的以落实为目标的立德树人运行方式和调节方式以及保障措施的总和。职务犯罪讯问中立德树人落实机制的特征是:目标性;系统性;潜隐性;科学性。职务犯罪讯问中立德树人落实机制的基本功能是:政治导向功能;关系协调功能;资源整合功能;动力保证功能。职务犯罪讯问中立德树人落实机制的价值意蕴是:是强化职务犯罪讯问立德树人导向功能的时代需要;是增强职务犯罪讯问立德树人整体合力的内在要求;是推进职务犯罪讯问立德树人提质增效的必由之路。关于新时代职务犯罪讯问立德树人思想引领机制建构:要明确新时代职务犯罪讯问立德树人思想引领机制的结构要素:互动的两重主体;系统的引领内容;发展的引领方式;特定的空间格局。新时代职务犯罪讯问立德树人思想引领机制的运行机理是:价值表达;目标推进;动力激发。新时代职务犯罪讯问立德树人思想引领机制的建构思路是:构建思想理论武装体系;抓好讯问中思想政治教育主渠道;打造思想文化生态圈;创新思想政治教育模式。关于新时代职务犯罪讯问立德树人能力建设机制的构建,新时代职务犯罪讯问立德树人能力建设机制内容结构要素包括组织能力建设和讯问人素质提升两方面内容。新时代职务犯罪讯问立德树人能力建设机制运行机理是:讯问人素质内涵的价值导引;能力要素的系统整合;育人情境的正向驱动;组织功能的准确定位。新时代职务犯罪讯问立德树人协同机制的构建途径是:加强党的领导,统揽立德树人全局;树立“三全育人”理念,推进立德树人融合发展;强化协同制度建设,提升立德树人落实力度;注重营造良好讯问氛围,发挥立德树人整体效应。构建新时代职务犯罪讯问立德树人成效评价机制的基本原则是:系统评价与重点评价相结合;精准评价与模糊评价相结合;定量评价与定性评价相结合;结果评价与过程评价相结合;双维评价与分类评价相结合。构建新时代职务犯罪讯问立德树人成效评价机制的路径是:拓展评价机制的主体设计;完善评价机制内容架构;创新评价机制方法路径;强化评价机制动态管理。

第二节 思想政治教育对讯问动机的维持作用

思想政治教育以其固有属性来维持讯问动机。思想政治教育的固有属性是规定性、规范性和规划性。讨论思想政治教育的固有属性首先要探讨思想政治教育的本质问题。马克思说人的本质从现实性上讲是一切社会关系的总和,由此理解也就最终确定了思想政治教育是为社会和个人双重利益服务的本质。思想政治教育的根本任务是目的明确地传授和掌握向人的意识和行为提出的全部社会要求,而这种社会要求又是以人的思想政治要求为核心的。可以讲马克思主义的诞生使思想政治教育本质思想的确立成为可能,马克思主义强调无产阶级的意识形态是为无产阶级政治服务的,这为思想政治教育作了质的规定性,阐明了思想政治教育的党性原则,同以往阶级社会的思想政治教育理论具有了本质区别。可以说,马克思主义关于人的本质的基本观点是思想政治教育本质论的理论基础,马克思主义关于人的全面发展学说是思想政治教育本质论的理论依据,马克思主义关于人与社会发展是辩证统一的理论观点是思想政治教育本质论的理论前提。思想政治教育的直接目的是通过教育为政治服务,进而为促进个人与社会的发展服务;思想政治教育的最终目的是通过与政治要求密切相关的教育手段促进和影响人的自身发展,以满足社会发展对人的发展提出的要求,进而促进人类的全面发展,最终达到为社会发展服务的目的,这即是思想政治教育的特殊性之所在。思想政治教育本质具有目的性、功能性和价值性,我们只有明确了这种目的性、功能性和价值性才能真正理解思想政治教育的本质属性。思想政治教育本质的目的性主要体现在政治目的、个体目的和社会目的的和谐统一上,思想政治教育本质的功能性主要体现在对政治功能的重视、对个性发展的促进和对社会进步的推动的和谐统一上,思想政治教育本质的价值性主要体现在阶级价值性和全民价值性的统一上。抽象和概括以上内容,我们可以对思想政治教育本质做一个较为全面的理论概括:思想政治教育是特定政治集团为了建立和巩固其政治统治而进行的符合本集团根本利益的意识形态教育,其是按一定的个人需要与社会需要促使人类自身发展从而为一定社会服务的活动,其本质属性在于个体价值性与社会价值性和阶级价值性与全民价值性的历史统一。“思想政治教育是特定政治集团为了建立和巩固其政治统治而进行的符合本集团根本利益的意识形态教育”使思想政治教育具有了规定性,“其是按一定的个人需要与社会需要促使人类自身发展从而为一定社会服务的活动”使思想政治教育具有了规范性,“其本质属性在于个体价值性与社会价值性和阶级价值性与全民价值性的历史统一”使思想政治教育具有了规划性。思想政治教育的本质是规定性、规范性和规定性的有机统一。所谓规定性是指思想政治教育本身所具有的特性,指的是思想政治教育受到所有可能的约束或制约而具有一定或明确的规律性和确定性;所谓规范性是指思想政治教育具有一定的规矩和标准,其着眼于应该是什么并以目标为起点推演出应该采取的措施。所谓规划性是指思想政治教育对未来整体性、长期性和基本性问题的考量。所谓思想政治教育维持讯问动机是指思想政治教育以规定性保持讯问动机内生动力系统的稳定性,以规范性维系讯问动机外生动力系统的持久性,以规划性支持讯问动机联动动力系统的措施性。

一、思想政治教育以规定性保持讯问动机内生动力系统的稳定性

思想政治教育的展开是一个合目的性与合规律性相统一的辩证过程。我们在探讨思想政治教育有效性途径时,不但要将目光始终聚焦在其应然的展开要求上,更要从根本上把握思想政治教育在不同元素综合作用下形成的内在规定性。这种内在规定性首先是其内在性质的集中体现,具有鲜明的新时代特征,故而在什么意义上理解新时代思想政治教育具有何种内在规定性,对于思考思想政治教育有效性问题具有重要意义。思想政治教育只有在契合其内在规定性的发展规律基础上才能有效回应新时代对思想政治教育的现实要求。特殊的价值观定位内在规定了思想政治教育的本质特点:思想政治教育全部知识均承载着以习近平新时代中国特色社会主义思想为内核的且代表主流意识形态的价值观。从讯问人的主体视角看,思想政治教育对讯问人个体之用是以间接地方式深入到讯问人的价值观认识,使其在接受教育中理解人类社会的发展规律,学会以正确的价值观来看待和分析讯问情势。在此意义上,思想政治教育于讯问人之“用”间接地隐藏在讯问活动中。思想政治教育是承载立德树人根本任务的关键课程。职务犯罪讯问的根本任务在于立德树人,在落实根本任务过程中,思想政治教育具有至关重要的作用。思想政治教育是职务犯罪讯问价值观教育的主要特色之一。党和国家给思想政治教育赋予了重要使命,这意味着思想政治教

育不仅让讯问人以知识形态掌握教育内容,更要使这些内容以价值的形态整合到他们固有的价值观中,这需要讯问人对思想政治教育挺立起高度的学习动力和价值自觉。特有的价值需求内在规定了思想政治教育的时代特点:思想政治教育改革的目的是要在满足讯问人敦促被讯问人改过自新需求和期待中实现价值观教育,使被讯问人在主观上接受并认同主流价值观;思想政治教育有效性的提升是在满足讯问人需求中实现的,对讯问人需求的挖掘内在规定了对思想政治教育时代特点的理解;思想政治教育作为承载科学世界观和方法论的价值观教育内蕴破解讯问人意义需求的钥匙,同时也唯有通过对讯问人意义需求的回应,思想政治教育才能真正触及讯问人灵魂,实现培根铸魂功能。教育对象的理论背景内在规定了与之相适应的理论展开方式:教育对象的特殊性为思想政治教育回应被讯问人价值需求提供了空间;思想政治教育的教育空间由教育内容和教育对象的特殊性决定;意义需求对讯问人来讲是一个需要被点拨和揭示的存在境遇,需要讯问人用理论方式为自己解答思想困惑,而满足讯问人价值追求是思想政治教育实现价值认同的前提和途径。思想政治教育满足被讯问人价值需求的关键在于理论的“问题化”展开方式。讯问人需要的是能够被他们固有认识所理解的“具体化”了的知识和理论,因此提升思想政治教育有效性的根源在于理论内在逻辑具体化的展开方式。

从思想政治教育的本质来看,人的需要是思想政治教育的重要依据,思想政治教育的产生、内容框架、目标指向和评估标准都与人的需要密切相关。人的需要即是人的本性,从人的需要出发实行深入人性的思想政治教育是提高其有效性的关键。下面我们从讯问人角度来论述人的需要与思想政治教育关系问题。思想政治教育的逻辑起点即是讯问人个人需要与社会需要,确立该逻辑起点对思想政治教育的成熟和发展具有重要价值,思想政治教育是协调讯问人个人需要和社会需要的重要形式,由此而言,思想政治教育效果的实现过程即是谋求讯问人个人需要和社会需要相统一的过程。讯问人个人需要与社会需要相契合是思想政治教育有效性的生成基础,但该契合是有度限的,即,社会需要应该是符合社会成员的个人需要的。在新时代中国特色社会主义条件下,讯问人个人需要和社会需要的关系在政治上表现为人性与党性之间的关系,讯问人在进行思想政治教育过程中要处理好讲党性与讲人性的关系。那么讯问人个人需要与社会需要相契合怎样实现呢?具体途径就是实现社会需要个体化和个体需要社会化的辩证统一。提高思想政治教育有效性的基本策略即是从讯问人的个人需要出发,就要求讯问人努力做到:满足被讯问人的合理要求,增强思想政治教育的现实性;引导被讯问人的需要发展,增强思想政治教育的导向性;注重被讯问人的需要差异,增强思想政治教育的针对性;最终实现使被讯问人改过自新重返社会的终极目标。该终极目标实质是讯问人个性化发展与社会化发展相统一的过程,既是讯问人最高层次的需要也是思想政治教育的终极目标。

由上可知,讯问人个人需要所体现的即是讯问人的生理结构、心理结构和精神——文化结构所构成的人的整体性存在与讯问环境的一种关系,是基于讯问人与讯问环境的不平衡而产生的趋于平衡的一种自觉倾向。所谓的规定性意味着思想政治教育受到讯问人个人需要的制约而具有明确的规律性。这种规律性是指客观存在的讯问人个人需要与其思想、动机和行为密切相关,思想政治教育过程既是讯问人按照社会需要进行的施教过程,又是被讯问人根据己之内在需要接受教育并进行自我教育的过程,故而思想政治教育的效果与讯问人的个人需要密切相关,讯问人的个人需要与思想政治教育之间存在不可分割的联系。这种不可分割的联系体现在讯问人个人需要与其动机的关系上,即是讯问人个人需要是其动机的内在条件,动机是在讯问人个人需要基础上产生的,有了需要才能产生动机,离开需要的动机是不存在的,需要是讯问人进行思想政治教育的动力和源泉,需要在讯问动机中的真正位置是讯问动机的根源。这种不可分割的联系体现在讯问人个人需要特点与思想政治教育关系特征上,即是这种关系特征的客观性、自觉性、社会性、历史性。所谓客观性是指讯问人个人需要的客观性源于这种需要的形成机制,思想政治教育是解决社会矛盾和人们思想的主要途径,其是不以人的意志为转移的客观存在的需要,可以讲,讯问需要存在思想政治教育就存在,讯问需要变更思想政治教育就要更新,讯问人个人需要的客观性决定了思想政治教育存在的客观性。所谓自觉性即是讯问需要是有意识有目的自觉能动的需要。所谓社会性即指讯问需要从本质上来讲是一种社会性需要,需要的内容、产生和发展程度以及需要满足方式皆受到社会文化和社会制度的制约,社会性是讯问需要最根本的特征,思想政治教育也具有社会性,其是指思想政治教育具有维系社会存在和发展的重要功能。所谓历史性即指讯问需要不是固定不变的,其是具体的和历史的,是在历史过程中不断生成发展的,亦即,思想政治教育要贴近讯问实际情况而与时俱进。这种不可分割的联系体现在人的需要分类与思想政治教育关系上,即是在新时代中国特色社会主义条件下,个人需要和社会需要的关系在政治上表现为人性和党性的关系,两者是辩证统一的关系,人性是基础,党性是升华,讲人性是讲党性的前提和基础,讲党性是讲人性的根本保证,思想政治教育要注意处理好讲党性与讲人性的关系,将人性贯穿始终,但又要以讲党性为最高指导原则。这种不可分割的联系体现在人的需要是思想政治教育的重要依据上,即是讯问需要与思想政治教育的产生、内容构架、目标指向和评估标准均密切相关:思想政治教育源自人的需要,是引导和完善人的需要的重要保证,思想政治教育内容根源于人的需要,人的需要是思想政治教育效果的重要评价标准。

前文我们讲过,讯问需要是讯问动机的内生动力机制元素,讯问动机内生动力机制涉及讯问动机的内因,是决定讯问动机能否有实效的关键性元素,主要涉及讯问人的需要的结构要素,讯问动机内生动力机制是讯问动机形成和发展的内在依据,旨在确保讯问动机的正确方向和增进讯问动机的承继性。刚才我们又讲讯问需要是讯问人进行思想政治教育的动力和源泉,讯问需要在讯问动机中的真正位置是讯问动机的根源。由此我们可以得出结论:讯问需要是讯问动机激发和思想政治教育启动的动力根源。那么思想政治教育与讯问动机之间又是什么关系呢?我们认为,讯问动机是思想政治教育的内在条件,思想政治教育是在讯问动机的推力作用下进行的,有了讯问动机才有了思想政治教育,离开讯问动机推动的思想政治教育是不可能存在的,而思想政治教育效果的好与坏反过来又刺激讯问动机的强与弱。讯问动机是一般的且抽象的,与讯问人主观愿望相联系;而思想政治教育是具体的且直接的,与讯问人讯问行为相关联。思想政治教育以其规定性保持讯问动机内生动力机制的稳定性而与讯问动机同步发展。

二、思想政治教育以规范性维系讯问动机外生动力机制的持久性

思想政治教育的规矩和标准体现在思想政治教育的功能上。思想政治教育具有驱动功能、指向功能和强度功能;所谓驱动功能是指驱使讯问人进行思想政治教育的功能;所谓指向功能是指决定讯问人进行思想政治教育的方向并使思想政治教育朝着特定方向或预期目标进行;所谓强度功能是指讯问人依据强度的不同而为思想政治教育提供不同的动力并决定思想政治教育的措施状态。

从思想政治教育驱动功能上讲,思想政治教育的外生动力来源于诸多外在的

动力因子。思想政治教育外生动力机制的逻辑基点是思想政治教育外生动力机制得以形成的历史起点,是各种有利于促进思想政治教育存在和发展的外在动力构造要素的有机组合。能够满足这个逻辑基点必须满足以下条件:一是这个逻辑基点必然是思想政治教育外生动力机制得以形成的逻辑出发点,二是该逻辑基点必然是思想政治教育外生动力机制得以形成和运行条件;三是该逻辑基点是变化发展的,但应该具有一定的稳定性。着眼于这三个基本条件的考量,我们发现基于一定讯问环境之上的讯问活动的和谐发展最适合作为思想政治教育外生动力机制的逻辑基点。讯问活动是思想政治教育的基础和源泉,是思想政治教育的重要外部动力要素;讯问活动是思想政治教育的实践基础;思想政治教育必须在一定的讯问环境基础上进行。思想政治教育外生动力机制是指所有驱动思想政治教育存在与发展的各种外在动力构造要素之间相互作用的机理与方式。从概念内涵上看,思想政治教育外生动力机制主要包括以下内容:外生动力来源于思想政治教育主体的内在需要之外;思想政治教育外生动力机制包含一切间接驱动思想政治教育发展的动力构造要素;思想政治教育外生动力机制包含理论创新机制和实践创新机制。思想政治教育外生动力机制与内生动力机制是对立统一的辩证关系。首先两者是对立的,其之间的界限是明确的,其在思想政治教育过程中的地位、作用和性质是各不相同的,内生动力机制是思想政治教育形成和发展的各种内在构造要素的有机组合,外生动力机制是思想政治教育存在和发展的各种外在构造要素的有机组合;其次两者是统一的,两者都是思想政治教育形成和发展的各种构造要素的有机组合,其相互作用相互支持,共同推动和促进思想政治教育的存在和发展。外生动力机制是内生动机制的必要补充,促进了思想政治教育的内化与外化双向互动,有利于内生动力机制发挥作用。

从思想政治教育指向功能上讲,思想政治教育的外生动力机制指向思想政治教育形成和发展的外在关系机制。外因是思想政治教育动力的一种能源,促使主体去追求思想政治教育目标,外在条件是思想政治教育形成和发展的重要外在动力要素,仅当其变成内在需要时才能推动思想政治教育行为并有持久的思想政治教育动力。思想政治教育的外生动力机制对思想政治教育发展变化虽不起决定作用,但也是重要的外在关系机制,能够促进思想政治教育的内化与外化双向互动。内化即是接受知识并把知识转化为能力的过程;外化即是知识的回忆和能力的表现过程。内化是外化的基础,外化是内化的运用和表现。思想政治教育过程本身即是新旧思想政治教育知识和能力的重新连接和重新建构过程,故而思想政治教育过程离不开原有知识和能力的外化,同样,思想政治教育知识和能力的外化也是思想政治教育主体实践内化过程,可见内化与外化互为条件密不可分,统一于思想政治教育过程。

从思想政治教育强度功能上讲,思想政治教育的外生动力机制增添思想政治教育的改革和创新活力。首先,理论创新增添思想政治教育改革与创新动力:思想政治教育理论本身即是思想政治教育和思想政治教育动力的重要组成部分,思想政治教育理论为做好思想政治教育实践提供了理论支持和科学依据,所以理论创新的结构要素是思想政治教育动力机制中重要的结构要素。所谓理论创新即是讯问人在开拓进取的职务犯罪讯问中对不断出现的新情况新问题作新的理性分析和理论解答揭示和预见职务犯罪讯问的本质、规律和变化趋势,对现有讯问经验作出新的理论升华。理论创新是思想政治教育理论发展的基本形式,是使思想政治教育理论和实践皆有保持旺盛生命力和持久力的根本途径,是思想政治教育拥有内在活力的本质要求。其次,实践创新增添思想政治教育改革与创新的活力。思想政治教育最终要付诸实践才能有价值和意义。思想政治教育实践本身即是思想政治教育和思想政治教育动力的重要组成部分,因而实践创新的结构要素是思想政治教育动力机制中重要的结构要素。思想政治教育是在实践中发展的,但目前存在针对性不强和实效性差等许多问题,都需要讯问人在实践中予以改革和创新。而这种改革和创新需要讯问人在保持思想政治教育驱动性功能、指向性功能和强度性功能基础上,以思想政治教育的规范性维系讯问动机外生动力机制的持久性,以保证这种改革与创新的实效性和持久性。

三、以规划性支持讯问动机联动动力系统的措施性

思想政治教育动力机制是思想政治教育系统的整体或部分之间相互作用的过程和方式由不同层次和自成体系的若干机制组成,这些机制按照一定方式结合为一个整体,每类机制的功能怎样以及按照何种方式将这些机制组合起来决定着整个机制的功能。基于制度性整合、利益性整合、价值性整合和文化性整合的思想政治教育联动动力机制即是基于一定整合要素和一定整合规划能够将各种类型的机制及其要素协调起来的整合机制,其实现各机制功能发挥总是在整体机制的运行过程中与其他机制及其要素相互作用相互协同形成联合动力。故

而思想政教育联动动力机制是一种规划性不同的整合性和衔接性动力机制，最终使思想政治教育取得可持续发展的动力发挥了重要的整合功能。

思想政治教育联动动机制保持思想政治教育工具理性和价值理性的合理张力，以规划性支持讯问动机联动动力机制的措施性。工具理性与目的选择无关，不管这种目的是什么，代表着选择正确的手段以实现意欲达致的目的，其着重手段对达成目的的可能性，强调目的与手段的分离，核心是对效率的追求，是一种理性的社会模式，然而这种理性的极端发展使得工具理性对价值理性的排拒，从而步入了形式化和工具化的歧路。对于思想政治教育而言，其运用结果就是出现工具理性对价值理性的遮蔽与背离。价值理性表现为价值主体合规律性与合目的性相统一的行为取向，指的是用来寻找价值的根据或给价值提供基础的理性，这就给思想政治教育提出了一个难题，那就是怎样在工具理性与价值理性之间保持合理张力。在工具理性下的思想政治教育各主体必然会更多关注思想政治教育的即时效果和眼前时效，最终会导致各主体的急功近利和形式主义。事实上，思想政治教育必须建立在工具理性和价值理性的辩证统一之上，价值理性需要工具性理性的支撑，价值理性为工具理性提供方向指引，如果没有工具理性的支撑则家孩子理性就会陷入“乌托邦”，而如果没有价值理性的指引则工具理性就会陷入歧途，因为离开价值理性而放任工具理性的非法膨胀就可能导致主体的迷失，从而导致人失去判断和反思能力。其实信仰的形成基于人自身的价值理性，这是在思想政治教育过程中，主体产生并坚持特定行为并甘愿承担其行为后果的动力。反观思想政治教育，思想政治教育是一项有意识有目的有计划的育人实践活动，其本质在于塑造人和完善人，该本质使思想政治教育必须坚持以人为本的额基本价值观念、思维模式和方法论特征。实际上思想政治教育本身应该是价值理性和工具理性的统一过程，思想政治教育本身应该更关注人的需要和人的价值，思想政治教育必须摈弃纯工具化理性，赋予人更多的终极信仰关怀和社会责任关怀，引导主体超越自身的有限性以追求并提升生命的永恒价值。思想政治教育联动动力机制按照利益性、制度性、价值性和文化性等规划性整合的要求逐步促进各种动力构造要素的有机统一，防止思想政治教育工具理性的过度膨胀而出现价值迷失，按照思想政治教育的规划性要求，不但追求工具理性而且更注重以人为本的价值理性追求，体现工具理性和价值理性的一致性，保持工具理性与价值理性的合理张力，更加关注人的生存和发展，更加体现价值理性的终极关怀，使把“人实现为人”本身成为思想政治教育的最终目的和归宿。

四、思想政治教育对讯问动机的维持作用

以上我们探索和厘清了思想政治教育动力机制的构造要素及其相互联系相互作用，接下来我们总结思想政治教育如何维持讯问动机。思想政治教育以框定思想政治教育动力机制建构目的来维持讯问动机；以夯实思想政治教育动力机制构建基础来维持讯问动机；以确定思想政治教育构建途径来维持讯问动机。

思想政治教育以框定思想政治教育动力机制建构目的来维持讯问动机。思想政治教育动力机制构建的根本目的是实现“将人实现为人”的终极价值，其直接目的即是要将思想政治教育动力最大限度地激发出来并形成适度的合动力，使之成为推动讯问动机持续稳定的力量，但是这还是一种空泛的目的，我们有必要从具体化方面对此予以阐述。首先，讯问人要实现对思想政治教育异化与人的异化的双向扬弃：思想政治教育异化是思想政治教育动力缺失的重要原因，因为异化下的思想政治教育不再是讯问双方所需要的思想政治教育，而是变成一种单纯约束人和限制人的异己力量。思想政治教育异化在本质上即是讯问双方的异化。按照历史唯物主义的观点，现实的人存在本身即是最高的价值且任何人均不应该被忽视、蔑视和践踏，相反对任何人皆应充满同情、关怀、尊重和爱护。思想政治教育异化最根本的体现即是漠视被讯问人的生命存在和对被讯问人的人格尊严深层蔑视。而在异化的思想政治教育培养出的被讯问人必然具有人格缺陷，其会对他人缺乏同情、怜爱、关怀、呵护，必然会成为对他人尊敬的麻木和冷漠的人。这样的人必定是异化了的人，这是与思想政治教育的本质背道而驰的。当然，从根本意义上说，思想政治教育是讯问双方精神世界和意义世界的构建，讯问人会以思想政治教育来维持塑造人、提升人和发展人的讯问动机，使讯问双方皆能超越自身的时空限制而获得精神提升，因此构建思想政治教育动力机制的首要任务和目的即是防止和抵制思想政治教育与讯问双方的双重异化，讯问人会以此来维持讯问动机的正常运转。为此讯问人会实现讯问双方的社会化与个性化发展的双向互动。根据马克思主义基本原理，人的社会属性决定了人应该且必须社会化。从此意义上讲，讯问双方与现实社会是互相需要且相互构建的统一体。对于被讯问人来说，其要重新融入社会则须获得必要的社会资格，必须首先实现自身的社会化；对于社会而言，纪法规则和道德规范如欲

被被讯问人认同亦需要实现个体社会化，故而讯问双方的社会化是思想政治教育的重要任务，亦是思想政治教育动力机制构建的根本目的。思想政治教育动力机制能够促使其动力机制更好地激发出来，不仅使得思想政治教育获得被讯问人的而普遍认同并成为其内在需要，而且优化了被讯问人从“生物人”向“社会人”转化的途径和方式，推动思想政治教育向着合乎推动讯问双方合目的性和合规律性的方向发展，使得讯问双方掌握了社会道德和文化，学会了社会道德规范和道德行为，形成了独立的人格并产生自我意识，从而促进个体社会化。在此意义上讲，讯问双方的社会性与个性是互释和并存的，故而我们在强调讯问双方的社会性时也要重视双方的个性，因为讯问双方的发展是一个包括多种因素的综合概念，是各种因素相互作用下的综合发展。个性和特殊性是讯问双方的本质特征之一，是讯问双方区别于他人的特性和存在方式。对讯问双方个人而言，仅当个性得到充分发展时其潜能才能得到激发和发挥，其独特的人生价值方能得到实现；对社会而言，仅当充分发挥双方的个性时社会才能充分调动讯问双方的积极性、能动性和创造性。由此可见，个性的存在无论是对讯问双方还是对现实社会皆具有十分重要的价值，故而思想政治教育不仅要促进讯问双方的社会化，而且要同时充分肯定、尊重和促进讯问双方的个性，所以思想政治教育动力机制要为促进个性社会化和社会化个性的双相促进而努力，并且绝对不能出现偏废情况。为此讯问人会实现讯问双方的全面发展与思想政治教育文化的双向互促。讯问双方同时是认识主体、实践主体和价值主体，我们的思想政治教育则必须以此现实的人为根本出发点和根本归宿；讯问双方的根本需要是全面发展的而需要，从思想政治教育的终极意义上讲其就是要促进讯问双方的全面发展，思想政治教育的原点和归宿应该是讯问双方的全面发展，这种价值取向不仅是由人之为人的内在本质决定的，而且也是人之存在的要求的应有之义，所以思想政治教育的动力机制要围绕讯问双方的全面发展这一原点和归宿展开。对于讯问双方的全面发展而言，这种追求实际上是思想政治教育动力机制建构的一种终极价值取向，思想政治教育及其动力机制都要围绕这一价值取向展开，因此思想政治教育动力机制构建要坚持以人为本和注重人文关怀，要以提升讯问双方的精神境界和主体性为旨归，使讯问双方自觉人之责任和获得正确的政治方向奠定理性文化的信仰基础，并通过文化自觉实现政治上的坚定。从文化角度理解思想政治教育是一种文化现象，意味着讯问动机也具有精神文化本性，讯问动机推动思想政治教育的进行既具有鲜明的文化背景也有深厚的文化底蕴,既具有丰富的文化内容也有多样的文化方式,讯问动机应当是一种文化意味着思想政治教育则是一种“文化场”。将思想政治教育和讯问动机视作一种文化的存在,说明文化性是其的本质属性之一,亦代表着我们以文化视角重新阐释两者。因为文化是两者的载体,对讯问人而言,其正是通过文化的交流进行思想政治教育的宣传和教育的,提高讯问双方的思想道德素质以形成健康向上的精神状态既是思想政治教育的根本要求,也是讯问动机推动思想政治教育的根本任务。从某种意义上讲,思想政治教育就是运用先进文化去教育和感化人,就是在思想政治观点层面上逐步消除分歧和隔阂,就是在文化认可中接受并遵循正确的价值观念和理想信念。故而思想政治教育作为一种文化教育活动,在讯问双方文化建设意义上是一种内在的人格陶冶和培养力量,由此而言讯问动机必须指向讯问人自身的文化建设而且指向帮助被讯问人进行文化建设。一方面保障思想政治教育能以其独特的精神文化价值和知识文化内涵,通过其精神文化品质和精神文化生产过程实现对讯问双方精神世界的建构,另一方面保障讯问动机通过系统有效地推动思想政治教育,来陶冶和培养讯问双方高尚的人格和情操,使讯问动机外在的思想资料和道德法则等内化为讯问双方的自我修养的文化成长的内在需要,而不是外在的压力。总而言之,思想政治教育作为文化现象和文化运动是指向讯问双方精神世界建设的,而讯问动机的任务则是陶冶和培养讯问双方的高尚人格和情操,其价值旨归是实现双方的全面发展。可见思想政治教育与讯问动机是内在的文化统一,因此两者的建设必须强调文化意义和价值生成及其与双方全面发展的价值统一,从而实现两者的双向促进。

思想政治教育以夯实其动力机制构建基础来维持讯问动机。思想政治教育动力机制构建的基础是关系到讯问动机是否稳固和动力机制能否真正发挥应有功能的重要基石。讯问人要尊重被讯问人的存在和主体性。真正符合人本性的讯问动机应该充分尊重被讯问人,应该教会被讯问人把崇高品格与理想作为价值标准,应该引导被讯问人将其自身的悔过自新作为伦理目的,对于讯问人而言,标准是一种抽象的原则,是用来衡量或矫正被讯问人的选择以便于达到具体的且特殊的目的,作为被讯问人能够重归社会所必需的东西是运用于被讯问人的担负原则,把该原则运用于具体且特殊目的与理性存在相适应的理想目的属于作为个体的被讯问人。讯问双方都必须遵照适合于自身的标准来选择行为、价值和目标,以此来达到、保持和感受终极的价值。思想政治教育作为育人活动,尊重、提升、发展、丰富和完善被讯问人应当成为思想政治教育的出发点和价值旨归。这种人本价值旨归应当充满对被讯问人自身的尊重并蕴含深厚的人文精神和终极关怀。由此而言,思想政治教育必须与被讯问人的尊严联系起来,使思想政治教育真正成为人的教育而不是机器的教育,使思想政治教育不只是一种训诫手段,而且还能成为提升被讯问人需要层次和丰富被讯问人精神世界的途径。主体性是思想政治教育的主体所具有的完善自身和完善他人的能动性,其中的讯问人不是传播某种理论或意识形态的机器,被讯问人也不是一个需要填充的容器,他们本身都有己之作为独特的能力、情感、意识、品行和价值取向。在由讯问动机驱使下的思想政治教育过程中,如果讯问人要塑造、完善被讯问人,讯问动机的起点就是讯问人必须首先要做到尊重被讯问人的人格尊严和价值意义,由此而言思想政治教育动力构建的基础即是讯问人首先要尊重被讯问人的主体性,因此主体性理论为讯问动机驱使思想政治教育的主体性构建提供了理论指导和可能路径,这些理论指导和可能路径反过来又促使思想政治教育以夯实其动力机制构建基础来维持讯问动机。

思想政治教育以确定思想政治教育构建途径来维持讯问动机。动力机制通过制度化运作为思想政治教育提供适度的动力,推动思想政治教育发展并实现思想政治教育价值,满足思想政治教育主体利益需要。思想政治教育主体具体包括讯问人、被讯问人、社会主体和政治主体四种,但就一般而言,社会主体和政治主体是隐身存在于讯问人的代言之中,故而思想政治教育主体突出表现为讯问人、被讯问人两种,人们平常所言谓的思想政治教育主体通常指称讯问人和被讯问人,为了论述方便我们在此采用人们的通常称谓。从思想政治教育动力机制运作机理看,其主要包括主体、利益、价值和制度四种要素,思想政治教育动力机制运作的最终指向是讯问人和被讯问人的需要满足,故而讯问人和被讯问人是思想政治教育动力机制的最终目的,也是思想政治教育动力机制建构的首要内容。思想政治教育中讯问人的需要和被讯问人的需要皆表现为一定的利益,思想政治教育动力的内生动力、外生动力和联动动力皆是建立在利益基础上,利益因素是思想政治教育动力系统有机联系的中介,故而利益是思想政治教育动力机制中的核心因素。由于受到利益最大化的驱使,在多元价值格局中建立不同利益追求基础上的思想政治教育主体之间必然产生矛盾和冲突,故而思想政治教育动力机制除了通过利益激发动力还必须超越利益的视野，通过提升价值和优化价值引导讯问人和被讯问人选择、确立并维系共同价值理念和基础，进而使讯问人和被讯问人利益结构趋向平衡、协调和有序并实现讯问中的和谐，所以价值也成为思想政治教育动力机制必须构建的内容，但思想政治教育动力机制也不是随意而为的，必须且应当具有一定的规则才能更好地规范思想政治教育活动，从此意义上讲，制度也是构建思想政治教育动力机制必不可少的内容。下面我们讨论主体维度的构建路径。从思想政治教育动力机制的性质和实现途径看，讯问人与被讯问人互动是思想政治教育理念的核心价值所在，是思想政治教育动力机制的应然取向和现实诉求，这种互动是整体思想政治教育合力育人观，其核心思想即是讯问人和被讯问人都是思想政治教育主体，形成“全员育人、全方位育人、全过程育人”的思想政治教育格局。我们着重谈谈被讯问人的主体建构。这种建构必须要明确被讯问人的主体性地位，必须要尊重被讯问人的人格，必须要把思想政治教育与帮助被讯问人改过自新联系起来，必须要采取讯问人与被讯问人平等对话方式，必须要给被讯问人留有足够的改过自新空间。下面我们讨论利益维度的建构路径。思想政治教育不但承认对利益追求的正当性，支持讯问人和被讯问人对正当合理利益的追求，而且也让讯问人和被讯问人认识到利益追求的有限性，有正当利益也有不正当利益，讯问人和被讯问人对利益的追求有一致性也有差异性，利益之间还可能存在矛盾和冲突，此时则需要规范进行利益关系协调，将讯问人和被讯问人的利益追求调节到有利于是党和国家事业发展的轨道上来。尤其是讯问人必须要意识到被讯问人在不违背纪法规范前提下正确追求个人利益是合理的个人追求，与此同时思想政治教育动力机制的利益驱动必须需要一个完整的体系。在讯问实践中，讯问人和被讯问人的利益关系由于出现多元化而导致利益出现分化和差别化，这就必须建立利益协调机制，有效整合讯问双方的之间的利益关系，保障讯问双方的动力维持动态平衡。这个利益协调机制应该包括利益导向机制、利益表达机制、利益约束机制和利益调节机制。下面我们探讨价值维度的建构路径。“培养什么人、如何培养人”的问题是思想政治教育的灵魂和核心问题，而所能回答该问题的正是思想政治教育动力机制所负载的价值取向及其价值引领功能。价值维度的思想政治教育动力机制的目的即是要使多元化的价值取向之间互促互动以保持思想政治教育价值取向体系的整体和谐。在实现个体价值的思想政治教育动力机制建构路径上,思想政治教育作为一种意识形态教育方式,本质在于成就讯问双方尤其是被讯问人的心灵,以释放被讯问人的心灵和敦促被讯问人改过自新为逻辑起点和最后归属,即,以被讯问人的建构为目标,以培养和提高被讯问人的综合素质与改过自新核心能力为主要任务,引导被讯问人在共性基础上个性化发展而主动进行"高尚的人"的意义建构。在实现社会价值的思想政治教育动力机制建构路径上,思想政治教育将一定的社会思想和道德原则转化为被讯问人个体的思想意识和道德品质,始终关注被讯问人灵魂深处的东西,从此意义而言,思想政治教育的社会价值包括合格公民的培育与和谐社会的构建。最后我们讨论制度维度的建构路径。首要的是要确定讯问双方之间的平等关系,其次是根据不同的关系赋予不同的调节机制,再者是教育性行为适用到的调整机制。

通过以上阐述,我们可以发现,思想政治教育动力机制不仅是要解决机制问题,在根本意义上是要解决讯问动机的问题。在何种理论框架下建立何种思想政治教育动力机制涉及到研究的价值取向问题。不同的价值取向选择不同的理论框架,以建立不同的讯问动机。我们应该在当代马克思主义人学理论和需要理论框架下审视讯问动机问题和思想政治教育动力机制问题。因为被讯问人是思想政治教育的起点和归宿,讯问需要是思想政治教育动力的源泉,所以人本路向和需要路向成为思想政治教育获得讯问动机支持的根本途径,一切抛开讯问需要谈思想政治教育动力机制都只能是舍本逐末。离开了讯问需要以及其支撑的讯问动机会导致工具性理性,必然无法激发思想政治教育动力,无法维持动力的持续与动态平衡。我们必须使价值理性得以回归,使思想政治教育动力机制保持工具理性和价值理性的合理张力,始终把被讯问人的发展放在中心位置,使得讯问动机闪耀着人性和党性交互的光辉,思想政治教育以确定其构建途径来维持讯问动机。具体的维持方法是:抓住思想政治教育根本,彰显讯问动机铸魂育人主线:所谓根本意指决定事物本源根基并起着极为重要的作用的本质要素和核心环节以及关键步骤。思想政治教育关系着"培养什么样的人、如何培养人、为谁培养人"这个根本问题,归根结底即是实施铸魂育人工程,用习近平中国特色社会主义思想武装头脑、铸造信仰、引领价值、培元立德和教育引导被讯问人明白己之人生应该在哪用力、对谁用情、怎样用心和做什么样的人。这是加强讯问中思想政治教育的根本。由于讯问动机是思想政治教育的推动力量,所以在根本性问题上两者应该具有同质化的内容。立德树人是讯问动机的根本特性,也是职务犯罪讯问的立身之本,这决定了思想政教育的根本问题与讯问动机的根本特性之间的任务同一问题。亦即,抓住了思想政治教育的根本问题就能展现讯问动机的铸魂育人的本质。两者统一于坚持"国之大计、党之大计"的战略地位,以立德作为先导因素和基础前提,将树人作为根本目标和最终归宿;统一于牢记"国之大者",捍卫"两个确立",做到"两个维护",增强"四个自信",学懂弄通做实习近平新时代中国特色社会主义思想,采取有力措施和积极主动开展思想政治教育,自觉在思想意识、政治觉悟和实践行动上同以习近平同志为核心的党中央保持高度一致,锚定改造被讯问人思想目标,努力帮助被讯问人培养重返社会的能力和素质,并且在创造性转化政治优势和创新性探索可贵经验的基础上,将显性教育和隐性教育相结合、解决思想问题和解决实际问题相贯通、广泛覆盖和分类指导相协同,不断提高思想政治教育科学化水平,推动讯问动机外化朝着创新的航向顺利前行。

第三节　思想政治教育对反讯问动机的瓦解作用

所谓思想政治教育对反讯问动机的瓦解作用是指思想政治教育以教育知识的人文取向破裂反讯问动机,以国家治理功能离散反讯问动机,以社会治理功能解体反讯问动机,以心理育人功能崩溃反讯问动机。

思想政治教育以教育知识的人文取向破裂反讯问动机。思想政治教育的规定性决定了教育知识主要关涉怎样有效地引导被讯问人的真正成长,在此意义上其具有很强的实践智慧和人文取向,因为思想政治教育知识给被讯问人所提供的应该是具体有效的且机智灵活的实践知识和各式各样的教育智慧。思想政治教育知识的人文取向需要一种道德性和伦理性的外显,这种外显反映了讯问动机的理论诉求和现实呼唤,同时也侧显出反讯问动机的技术化和工具化倾向。讯问动机的理论诉求和现实呼唤与反讯问动机的技术化和工具化倾向之间存在尖锐的矛盾冲突,如何破解这种尖锐的矛盾冲突是思想政治教育在讯问动机推动下全面展开的重点任务。这项重点任务即是讯问动机的努力内容在思想政治教育中的具体体现,下面我们从理论层面的教育知识对象规定性、意向规定性和经验规定性决定实践层面的教育知识性质与讯问人的智慧实践和人文实践之间的关系着手,来探讨思想政治教育以教育知识的人文取向破裂反讯问动机。思想政治教育知识的主要表现形态是教育经验、教育思想和教育理论。教育经验是对教育实践的感性认识,教育思想是对教育实践体验的结果,教育理论是对教育思想的思辨创造,反映讯问人对教育活动认识和思维水平的提高,折射出教育知识的建构性特征。从分类分析上看,思想政治教育的界定模式具有两种分类:一是"是什么"的教育知识,即,教育知识主要是描述"是什么"的知识;二是"如何做"的知识,即,讯问人要达到一定的教育目的就必须掌握一定的教育实践的基本活动原则或规则,并能自觉地将其运用到教育实践过程中去。思想政治教育知识是讯问人在职务犯罪讯问中内心真正信仰并践行的知识,亦即,讯问人在职务犯罪讯问中进行思想政治教育中"知道如何做"的知识,这些知识具有对象规定性、意向规定性和经验规定性,这些规定性决定了思想政治教育知识的性质并在某种程度上决定了教育知识性质的恰当和合理与否。所谓对象规定性意指被讯问人是思想政治教育知识的出发点和归宿,在此规制下的思想政治教育知识性质主要表现为发展性与个体性。思想政治教育的发展性主要体现为两点:一是培养以改过自新为发展方式的被讯问人,这是发展的目的性表现;二是让每一位被讯问人都拥有改过自新的足够发展空间,这是发展的全体性表现。思想政治教育的个体性是思想政治教育知识应有的内在属性或根本品行,突出表现为内隐性。所谓意向性规定即指讯问人对被讯问人改过自新的真正关注。意向性规定下的思想政治教育知识主要表征为人文性和道德性。人文性意味着讯问人关心被讯问人,意味着思想政治教育知识对被讯问人更多的精神观照,人文性的价值在于对人性的尊重和对被讯问人精神状态的关注,提升被讯问人的精神追求与人生境界是人文性的价值旨归,人文性在于提升和改善被讯问人的内在品质,启迪被讯问人的生存智慧,反省己之人生价值与意义。人文性还意味着讯问人应教育被讯问人不应该以昨天而应该以明天的角度拓展己之精神境界,还意味着讯问人要看到被讯问人进步需要与目前水平的客观性与可能性,考虑被讯问人的当前精神状态和心理感受,理解和倾听被讯问人的心灵之音,尊重被讯问人的感受,关怀被讯问人的价值选择和进步的内在需要,从更深层次上为被讯问人进步提供价值理念、思维方式、独特视角和路径等,以人文情怀与生命意味来探寻被讯问人复杂的心理背景与内心历程,帮助被讯问人学会辨别和选择。道德性是思想政治教育知识的精神品性,即,关注被讯问人的精神状态,关切被讯问人的精神生活,提升被讯问人的精神品质。所谓经验规定性即指讯问人的个体讯问经验、判断、激情、良知、信念等多种教育元素的全过程参与，是讯问人个人讯问经历与教育情境的真实反映，是讯问人不断关注、反思和提升教育经验并进而升华成教育智慧的过程。这种经验规定性具有个体性、实践性、情境性、综合性、智慧性特征。思想政治教育是改造和培养被讯问人的社会实践活动，这种社会实践活动具有不确定性、复杂性和特殊性等诸多性质，讯问人需要不断在未知的教育情境中敏感机智地洞察、审视和判断各种可能性，进而作出一种合理的选择和正确的判断，由此而言讯问人的教育实践亦是讯问人自我超越、自我建构和自我反思的一种实践活动，是一种有意识有计划有组织的实践活动。思想政治教育正是以这些特殊手段来破裂反讯问动机的。具体表现为：思想政治教育实践的核心是被讯问人的进步与发展，讯问人对教育实践的理解其实是对被讯问人进步与发展的理解。教育实践是改造和发展被讯问人的活动，其关注被讯问人的点滴进步和发展，教育实践是以被讯问人进步与成长为主轴的实践活动，充盈着实践的丰富性和生成性，本身蕴含了被讯问人进步与发展的使命，蕴藏着被讯问人进步与发展的一切特质与品性，讯问人通过思想政治教育的规定性特质对反讯问动机进行智慧性破裂。这种智慧性破裂具有“临床”与现场性质，具有不可重复性与必然性，因为教育过程中的每一因素都是处于变化状态的，也因为教育情境的构成具有复杂性并充满不确定性和动态性，这就要求讯问人开展智慧实践，打破讯问实践操作的简单化、模式化、程序化和标准化。这种改造人的智慧实践是“行动中的知识”而不仅仅是理论知识，这种实践也是讯问人在复杂讯问情境下动态生成的应变能力，是特殊讯问情境中有效完成教育任务的能力，多表现为讯问人面对特殊讯问情境所作出的瞬时性和直觉性反应和顿悟，其应在讯问实践自身中呈现真善美。这种智慧实践是基于讯问人个体讯问经验和感悟与反思，经过对讯问情境和讯问实践的偶然性与情境性作出恰当的实践行动。这种智慧性行动更多体现为“应当怎样做”的行动，是讯问经验的升华和理性应用，其最终体现为一种合理化的讯问实践。这种智慧性实践是讯问理念和价值观等多方面的素质能力的个体化综合体现，主要表现为对讯问实践的合规律性与合目的性的深层理解、准确把握、敏锐判断和机智选择。在职务犯罪讯问实践中，讯问人通常以培植己之讯问智慧、理解讯问实践情境、生成实践理论、彰显道德品性等方式来努力破裂反讯问动机。

思想政治教育以国家治理功能离散反讯问动机。治理强调的是在多元主体协商合作中处理社会公共事务的活动;国家治理意指以坚持党的领导、人民当家作主和依法治国相统一为基本遵循,在完善和发展中国特色社会主义制度中实现国家治理体系和治理能力现代化,共建富强民主文明和谐美丽的社会主义现代化强国的活动;功能是指思想政治教育所发挥的有力的作用和效能;思想政治教育功能是指思想政治教育所具备的满足社会和受教育主体在适应和推动社会发展过程表现出的作用和功用;思想政治教育国家治理功能是指思想政治教育在以坚持党的领导和人民当家作主和依法治国相统一为基本遵循,在完善和发展中国特色社会主义制度中实现国家治理体系和治理能力现代化,共建富强民主文明和谐美丽的社会主义现代化强国的活动中所具有的作用和功用;就性质而言是指中国共产党所推进的思想政治教育在国家治理中的作用和功用;就时空境遇而言是指新时代思想政治教育在实现国家治理现代化过程中所发挥的作用和功用;其具有阶级性、社会性和长期性特征。思想政治教育是新时代国家治理的重要方式,习近平新时代中国特色社会主义思想为其提供了强有力的理论支撑,是对当下管党治国理政新任务、新形势的主动回应。国家治理是新时代思想政治教育的重要支撑,其一方面回应国家治理现实课题,另一方面坚持服务于国家治理大局,为新时代思想政治教育提供了良好外部环境及其发展方向,两者相互作用相互影响共同为中国特色社会主义事业稳健发展和国家现代化建设服务。思想政治教育国家治理功能是以国家治理过程中的需求为主要出发点,探究思想政治教育所具备的促进国家治理现代化建设的有用性,主要形态是巩固国家治理的共同思想基础、汇聚国家治理多维主体力量、培育具有重返社会能力的时代新人。当前我国国家治理位处两个百年未有之大变局当中,全面深化改革持续推进所带来的社会结构多方位调整各各利益主体诉求的增强以及多元文化思潮冲击再加之新冠疫情不断反复的影响,使得思想政治教育国家治理功能的发挥受到诸多因素的制约和干扰。对职务犯罪讯问而言,关键在于积极调整思想政治教育内部因素,提升其在国家治理过程中的有效性,通过明确职务犯罪讯问对于思想政治教育的国家治理目标、丰富讯问中思想政治教育的国家治理内容、优化思想政治教育的国家治理方式等路径,发挥思想政治教育国家治理功能,为国家有序运行提供政治思想和精神力量支撑,推进国家治理体系和治理能力现代化过程中增强思想政治教育的实效性。特别是以理想信念教育为核心构筑国家治理精神支柱和以爱党爱国主义教育为重点具有重要作用意义。以上这些都说明了思想政治教育的规范性规定，这些规范性内容与被讯问人反讯问动机内容是逆向的对立式存在，思想政教育的规范性内容逆向对应瓦解反讯问动机内容。言而总之，职务犯罪讯问中的思想政治教育的规范性以“是什么”、“有什么”、“怎么办”的逻辑主线来对应离散反讯问动机。具体来说，讯问人立基于思想政治教育与国家治理之间关系分析思想政治教育的国家治理功能“何以立”，来离散反讯问动机“何以立”的可能性和现实性；讯问人通过分析思想政治教育的国家治理功能主要形态来回答思想政治教育的国家治理功能“有什么”问题，来离散反讯问动机“有什么”的思想基础；讯问人通过研究分析思想政治教育的国家治理功能发挥路径以推动思想政治教育的国家治理功能“怎么办”问题的解决，来离散反讯问动机“怎么办”的负向功能作用。

思想政治教育以社会治理功能解体反讯问动机。社会治理作为新时代管党治国理政的重要方式对思想政治教育提出了新期待。所谓治理即是在促进公共利益和价值实现过程中采用公共权威方式开展管束活动和对人进行管束的全过程。所谓社会治理即是在党的全面领导下，采用民主协商方式对社会事务进行规范以满足社会成员发展和社会发展的需要，以达到保障社会秩序和促进社会善治的目的。教育被讯问人从社会治理角度来理解审查调查是职务犯罪讯问中进行思想政治教育的重要内容。就职务犯罪讯问而言，思想政治教育和社会治理在实施上具有交叉性，在作用对象上具有重合性，在追求目标上具有一致性，这些内在的关联使两者具有了相互融合的基础。从讯问人角度讲，需要不断充实新内容和新的治理理念，借助思想政治教育功能来拓展和延伸社会治理功能；从被讯问人而言，其需要借助讯问人采取的柔性治理方式和手段自觉接受并认同社会治理新理念，引领自己的应讯方向并自我激励与讯问人的配合意识，其应该自我认识到对其的组织审查是国家进行社会管理的重要组成部分，是党和国家具象化正风肃纪反腐的现实需要，其只有在个人追求目标与思想政治教育和社会治理目标保持一致的前提下才能谋取到真正的出路，这既是被讯问人的前程方向也是讯问人所努力的目标，只有通过讯问双方的目标交融才能产生彼此之间的共同价值，才能使思想政治教育实现阻止和瓦解反讯问动机的现实可能性目标。关于思想政治教育和社会治理的融合，我们首先要认识到思想政治教育为社会治理提供目标导向和重要保证：思想政治教育在职务犯罪讯问中采用不同的策略方式来达致净化被讯问人精神世界的目的，在这个过程中，思想政治教育作为一种意识形态尤其要发挥导向作用,通过引领政治方向和价值目标来激发被讯问人自我弱化反讯问动机的精神动力,通过形成一定社会行为规范方式把被讯问人的应讯情感意志和价值观引导到社会治理需要上来,通过具体的审查调查为社会治理提供导向目标。该目标导向应该体现于对被讯问人的理想信念指引,同时体现于社会治理的努力目标的指引。这个目标导向通过引领被讯问人将党和国家的奋斗目标转化为自身进步的目标,还可以通过充分利用思想政治教育进行政策宣传和理念教育来对被讯问人进行教育引导,使其在不知不觉中自我规范己之思维和行为,使其自觉遵守社会规范和社会治理的政策方针,并通过以上这些方式凸显思想政治教育的强烈政治性。其次我们要认识到社会治理为思想政治教育提供新的实践契机:思想政治教育需要不断更新内容和体系以做到与时俱进,在职务犯罪讯问中,思想政治教育的内容和体系离不开讯问人对现实且鲜活的讯问情势的反映和观照,讯问人要对被讯问人的应讯行为及时作出回应,这是讯问人立足于被讯问人思想进步所必须要做到的,讯问人只有敏锐地发现被讯问人思想与时代要求内容的差距系数,才能使己之施教内容始终与时代保持一致性。一方面,讯问人必须要让被讯问人认识到社会治理的重大意义,并且要求被讯问人在此基础上注重领悟社会治理与自身关系的相关内涵,帮助被讯问人根据社会治理需要更新和调整己之思绪内容,在接受思想政治教育过程中注意提高自身思想能力素质,并密切联系自身思想状况实际使己之思想符合党的政策方针路线的要求,在自我强化社会治理理念和内容中拓展符合社会需要和期盼意识,只有如此被讯问人才能为自己的思想开始产生先进性自我准备前提条件,才能为自己开始解体反讯问动机来打下思想基础;另一方面,讯问人要注意帮助被讯问人通过加深对社会治理的认识来自我提升接受思想政治教育的积极性,使被讯问人在主动加强与讯问人的合作交流中化解彼此之间的矛盾对立;再就是要帮助被讯问人意识到在自己已经遭受社会排斥的情况下直面社会环境对做人的影响程度和作用方式,要让被讯问人明白,其只有自现在开始自我培养重新适应社会需要的能力才能在将来获得社会立足的可能,要告诫被讯问人必须正视当前党和国家对腐败现象零容忍的坚强决心和铁腕反腐的行动导向,善于捕捉事关其前途命运的社会环境变化,珍惜党“惩前毖后治病救人”的良苦用心,自觉把握己之真正需要与社会现实的差距,自我修正既有的反讯问欲念,充分利用和满足党组织给予的宽大政策,以真诚改过悔罪的实际行动来适应社会治理的刚性要求，最大限度地体现自己具有良好态度的政治觉悟性，要告诫被讯问人如欲实现以上想法就要自我解体反讯问动机，以此体现自己已经真诚忏悔的决心和行动自觉，要告诫被讯问人要做一个社会治理的受益者而不是使自己陷入万劫不复的境遇中。思想政治教育与社会治理在存在内在关联基础上相互需要而形成思想政治教育社会治理功能，其内涵是：在新时代背景下，在思想政治教育和社会治理融合基础上，思想政治教育在推动社会治理目标实现过程中所发挥出来的效用和价值。总的说来，思想政治教育社会治理功能所表现出来的整合、引领、疏导、协调、培育和动员功能在一定程度上可以起到促进讯问人和被讯问人之间的平等交流与合作，具体表现为帮助被讯问人巩固并打牢共同思想基础，引领被讯问人遵循共同价值追求，疏导被讯问人培育良好社会心态，激发被讯问人提升应讯活力等。思想政治教育社会治理功能具有的特征是：政治性与社会性相统一；管理性与服务性相统一；多样性与层次性相统一；强制性与柔软性相统一；继承性与创新性相统一；显示性与隐蔽性相统一。思想政治教育社会治理功能实现的优化路径是：加强政治保障，主要是加强党的领导；提升讯问人素质，主要是提高讯问人的讯问能力；改善讯问环境，主要是讯问双方形成心理相容关系的人际关系；运用并开发功能实现资源，主要是灵活运用现有思想政治教育机制和载体。在以上路径优化过程中，讯问人充分利用和发挥思想政治教育的规划调节性，会注重对被讯问人的宣教工作，致力于贯彻社会治理新理念，来解体反讯问动机的思想基础；讯问人会致力于注重服务导向，以便于为被讯问人提供更好的服务，以解体反讯问动机的对抗基底；讯问人会注重问题导向，致力于解决讯问双方的心理对立，以解体反讯问动机的心理对抗条件；讯问人会注重方案导向，致力于提升说服被讯问人的素质能力，以解体反讯问动机的存在根据。

思想政治教育以心理育人功能崩溃反讯问动机。新时代的心理育人在立德树人中具有重要作用。首先在德育中发挥“以心养德”作用：心理育人奠定被讯问人接受德育教育的心理接触，具体表现为塑造被讯问人的思想道德认知，培养被讯问人的道德情感，增强被讯问人的理想信念，规范被讯问人的道德行为；心理育人有利于提升德育的亲和力和有利于提高德育的实效性。其次在智育中发挥“以心促智”作用：心理育人提高被讯问人的心理健康水平和奠定被讯问人学习的心理基础，激发被讯问人的学习动力和获得学习的内在动力，挖掘被讯问人的学习兴趣和掌握良好的学习策略,培养被讯问人的创新思维和提升被讯问人的创新能力。实现真诚悔过大局对被讯问人心理素质的紧迫要求:心理育人有利于被讯问人树立积极心态而“敢于有梦”,心理育人有利于被讯问人培养勇于承担纪法责任心理品格而“勇于追梦”,心理育人有利于被讯问人勇于坦诚罪过而“勤于圆梦”,心理育人有利于被讯问人夯实道德人格基础而“实现梦想”。实现悔过自新全局对满足被讯问人理想生活的迫切要求:心理育人有利于被讯问人满足理想生活的需要实现,心理育人有利于提升被讯问人获得理想生活的能力。将心理育人纳入立德树人体系具有应然性。从心理育人的学科属性看,心理育人归属于思想政治教育学科范畴,这就从根本上决定心理育人的“育人”本质,具有鲜明的意识形态性。意识形态性是思想政治教育所具有的最稳定的基本属性,规定着思想政治教育的根本性质和方向。心理育人在目标导向、价值取向、内容选择和教育倾向上均具有鲜明的意识形态性,是紧密围绕立德树人根本性任务展开。从内蕴功能上看,心理育人作为一种价值理念深刻影响着讯问中的思想政治教育,其所蕴含的育人功能和属性是在立德树人系统中发挥独特价值的内在逻辑依据。其所内蕴功能呈现的特征是:由预防治疗功能向发展性功能转变,由传统的育心功能向育人功能转变,由个体功能向社会功能延伸。新时代心理育人价值实现的机理揭示了心理育人的变化发展内在规律性。我们先谈新时代心理育人价值实现的目标,其内在地规定着心理育人的方向,因为目标是否得当直接影响到心理育人价值实现的过程的各个环节。职务犯罪讯问中心理育人价值实现的第一层目标是解答被讯问人的心理困惑,做好对被讯问人的心理疏导,这是心理育人价值实现的短期目标。其第二层目标是提升被讯问人心理素质和培育被讯问人健康心态,这是心理育人价值实现的中期目标。其第三层目标是实现被讯问人的价值引领和培养具有重返社会能力的时代新人,这是心理育人价值实现的终极目标。新时代心理育人价值实现的要素包括教育者、教育对象、教育环境和教育介体。讯问人是讯问中心理育人价值实现的主体要素,是思想政治教育重要的构成要素,在心理育人价值实现中处于主导地位。被讯问人是讯问中心理育人价值实现的核心要素,心理育人价值实现即是要抓住被讯问人的新时代特征,即,心理育人有效开展必须要牢牢抓住被讯问人的特点才能更有实效,了解与把握被讯问人的思想和心理与行为新特点,为更有效更有针对性地实施心理育人提供必要保障。被讯问人的思想特征是理想信念比较模糊,功利主义和实用主义倾向明显,道德素质和思想境界有待提高,责任担当意识淡薄。被讯问人的心理特征是在讯问前期个性突出,自我意识强烈,不喜欢与讯问人沟通和交流,注重己之内心感受而忽略他人体验,对价值追求具有不确定性,时而具有负面情绪体验,在讯问后期则表现的感性与理性皆具,独立性与依赖性交互,理想与现实交织,整体心理特征表现为矛盾性、两极性和易变性。其行为特征是行为表现更为务实且具有幻想性,在困难面前容易滋生冷漠和自私的负面心理体验,始终处于价值观和道德选择的困惑状态。其需要特征是呈现出差异性、多样性和层次性。教育环境即是讯问环境,是讯问中思想政治教育的路径之一,其中的心理育人从关注客观环境到重视主观心理环境的营造。介体是指讯问人利用一定介质对被讯问人进行教育以及被讯问人向讯问人反馈信息都要通过一定的介质来完成,其包括一定的教育信息,包含传承或承载信息和内容的具体活动形式或载体。心理育人价值实现的介体是指在心理育人实践活动中讯问人通过一定的心理育人内容来影响被讯讯问人及其在心理育人过程中所采用的方式方法和活动形式等,具有信息传递功能。在职务犯罪讯问实践中,讯问人要注重心理育人内容的变化,具体做到要坚持心理育人内容的社会发展需要与个人需要的统一,要坚持知识性内容与价值导向性内容的统一,要坚持心理育人内容的普遍性与个性化的统一。心理育人的价值实现即是心理育人中所蕴含的思想、价值和理念等内容被被讯问人所接受并内化为被讯问人稳定的心理结构,和外化为一种心理能量以及个体外在行为表现,主要体现在以下三个过程中,一是心理育人价值实现的实质是客体主体化和主体客体化过程,二是这种实质是主客体之间需要满足和相互作用的过程,三是这种实质是心理育人内在矛盾不断解决的过程。心理育人价值实现过程包括讯问双方达成共识、讯问人心理育人行为发生、被讯问人内化和外化践行以及评价反馈五个基本阶段。新时代心理育人价值实现的原则是阶段性原则、差异性原则、人本性原则和系统性原则。新时代心理育人价值实现的路径选择:一是发挥讯问中组织谈话主渠道,以打造立体化心理育人内容体系来崩溃反讯问动机的内容基础;二是以发挥思想政治理论对心理育人的重要促进作用来崩溃反讯问动机的思想基础;三是以发挥思想政治教育对心理育人同向同行的渗透作用来崩溃反讯问动机的行为基础;四是以搭建被讯问人心理危机管理平台和完善心理干预机制以崩溃反讯问动机的心理存在基础。

第九章 正确认识需要

需要泛指讯问人和被讯问人生理和心理上的缺失引发的寻求满足的愿望和要求,其经常以一种“缺乏感”被讯问人和被讯问人体验着并以意向和愿望的形式表现出来,当讯问人和被讯问人为了满足需要而行动的时候需要则即转化为推动讯问双方进行活动的动机心理。需要来源于讯问人和被讯问人生存与发展的客观要求,反映讯问人和被讯问人的内在的主观愿望,通常表现为一种内心的欲望,是讯问人和被讯问人个体积极性的源泉,也是讯问动机或反讯问动机产生的基础。需要具有以下特点:一是对象性,即,讯问人和被讯问人的需要是有目的和对象的,且随着满足需要的对象变化而变化;二是阶段性,即,讯问需要和反讯问需要会随着讯问阶段的不同而变化发展并在不同讯问阶段呈现出不同的特点;三是社会制约性,即,讯问需要和反讯问需要受时代环境和历史文化的影响;四是独特性,即,讯问需要和反讯问需要既有共同性也有独特性,由于讯问人和被讯问人法定地位不同,再加上讯问环境和讯问条件的不同影响,故而双方的需要各具特色。根据职务犯罪讯问实践,讯问人和被讯问人一般都具有三种基本心理需要,即,自主需要;胜任需要;关系需要。所谓自主需要是指讯问或反讯问的自我启动及自我调节需要,其所关注的核心是能够拥有自我选择和自我决定的空间;所谓胜任需要是指讯问双方各自具有的一种有效地开展讯问或反讯问活动并获得预期结果的需要,在这种需要的作用下,讯问双方总是希望自己把事情做好以证明自己有能力和有价值;所谓关系需要是指讯问双方中的一方与对方建立密切的情感纽带与附属关系的需要,反映了双方在情感上渴望与对方建立亲密关系。这三种心理需要在讯问实践中通常会发生裂变,对讯问人而言,其会裂变为尊重的需要、认知的需要和自主实现的需要;对被讯问人而言,其会裂变为求无的需要、求轻的需要和求生的需要。这些基本心理需要的满足是讯问双方产生满足感的基石,都广泛存在于不同的讯问情境中因而具有普遍性,其关注的焦点是需要的满足程度,如果讯问双方中的一方在其过去的经验中基本需要没有得到满足其以后就会发展出一些满足需要的“替代品”,讯问双方在特定范围内表现出的个体风格差异实际上是其的基本心理需要的满足程度不同造成的。由此可知,无论是讯问需要还是反讯问需要都是一种多样性的存在,其涉及到讯问双方需要与发展问题、讯问需要和反讯问需要的矛盾实质以及社会化等诸多问题,下面我们详述之。

第一节　需要与讯问双方的发展问题

讯问人和被讯问人是有需要的存在者,在他们人性逻辑长链里其他环节皆由此发端。在职务犯罪讯问中,讯问双方在互相辨识的时候,并非依靠的是理性界定,而是依靠本质直观,也就是说,当其接触到对方的时候就能依据生活经验直接指认对方是否与自己是同一类人,这就涉及人性逻辑长链的第二个环节,即,“想要—意志”环节,在进入自觉心理领域以后需要就转化为“想要—意志”,故而我们有理由讲讯问人和被讯问人是有意志的存在者。作为人性逻辑链条中的紧随需要的一个环节,意志对于讯问人和被讯问人的存在的构成效应首先表现在为讯问双方从事讯问或反讯问提供动机或确立目标,因为确立目标的的目的即是满足讯问双方的需要,由此讯问人和被讯问人会不自觉地滋生出“我欲故我在”的思考。从此命题出发,讯问双方的人性逻辑链条则进一步绵延到“价值”环节上,这时的讯问双方会基于意志从事讯问或反讯问的时候评判各种讯问事实对于自己满足需要有何意义,尤其是能否帮助自己弥补缺失而维系存在?由此而言我们可以讲价值即是讯问事实对讯问双方满足需要具有的意义,并且因此形成了好与坏的评判标准:能够有助于自己满足需要的即是好的,否者则是坏的,在这样的价值基准的指导下,讯问双方不仅总是趋向好的而且还会在“诸善冲突”情况下权衡比较各种需要在己之存在中的地位分量,以此将各种好与坏的价值区分为重要的或次要的,然后再按照“取主舍次”原则做出选择,努力维系自己想要达成的那种现实存在,实现自己最想实现的可欲目的,由此我们可以说讯问人和被讯问人是价值性的存在,而且其中包含着认知的价值,势必涉及到像真知与假知、清晰之知与混乱之知等不同的价值。由此我们可以从中演绎出讯问人和被讯问人是“自由意志”的拥有者的命题。至此我们可以最终得出结论,讯问人和被讯问人的人性逻辑链条组成是“需要——想要——意志——价值——自由”。

研究讯问人和被讯问人人性逻辑链条首先必须研究需要是什么,讯问需要和反讯问需要具有自身的特殊性,这种特殊性将其与讯问人和被讯问人的其他需要区别开来。讯问人和被讯问人的需要是多层次的,其的实现必须从具体的中国国情出发并体现自身特色。下面我们讨论讯问人必须具备的且必须说服被讯问人用来替代反讯问需要内容的新时代需要观。新时代中国人的需要观概括起来说主要体现在以下三个方面:一是新时代需要观必须体现中国特色社会主义价值取向;二是新时代需要观要更加注重精神生活;三是新时代需要观要充分体现中国文化特色。新时代需要观的理论来源首先是马克思人的需要理论。概括来讲,马克思关于人的需要的观点主要有:一是需要是人的本性,即,只有真正符合“人的本性”的需要才是人的需要,这种真正的需要应当符合个人需要与社会需要的统一和个人利益与社会利益的相统一,既有助于个人价值的实现又同时促进社会发展;二是人的需要具有无限性和广泛性,即,作为普遍存在的人在社会实践中所产生的需要也是普遍性的;三是人的需要具有自觉能动性,即,人的需要许多是由自己创造的,人们在能动的实践过程中满足需要并创造需要,人的主观意识反映外界情势后产生了最初的需要,在经过社会实践满足后需要满足的体验提升了对需要的认识,并进而产生了更高层次的需要,新的需要又催促人们进行新的实践,在这种需要—实践—新的需要——新的实践发展模式中,人的自觉能动性起着关键性作用。需要理论是马克思人学理论的重要基石,是马克思考察人类历史活动和社会历史发展规律的出发点和逻辑起点。新时代需要观理论的第二个来源是中国传统优秀文化中人的需要理论,即,中国传统优秀文化中人的需要理论体现了传统人们对需要的认识和追求,其尽管受历史发展程度的制约,使这些思想成果具有一定的历史局限性,没有揭示需要和人的本质之间的关系,但对我们今天研究新时代需要观仍然具有一定的借鉴意义。新时代需要观理论的第三个来源是中国共产党人的需要理论,即,中国共产党成立以来始终重视最广大人民群众的根本利益,始终关注人民群众的需要问题,尤其是习近平关于人的需要理论是基于马克思主义的立场、观点和方法并结合中国实际国情,根据新时代人的需要发生的新变化而形成的具有创造性意义的新时代需要观,习近平关于人的需要理论系统阐述了新时代中国人民美好生活需要的具体内容,并回答了以中国特色现代化方式实现中华民族伟大复兴中国梦的光荣历程中如何满足人民需要问题,既是对中国特色社会主义建设经验的理论总结,又是对中国特色社会主义建设的实践指导,彰显了一切以人民为中心的发展思想。新时代需要观坚持了以人为核心的价值取向,体现了科学认识和价值取向的统一,在唯物史观框架内讨论新时代需要观有助于提升人的需要理论的研究深度,有助于丰富马克思主义需要理论,从而构建新时代合理的需要理论体系,为实现人民群众的美好生活需要提供理论指导,有助于强化需要在人的发展中的动力作用,在需要满足中更好地实现人的全面发展,其的实践价值是为实现美好生活需要提供思路,为树立科学合理价值观与生活观提供有益启示。新时代需要观既是讯问人必须具备的价值观也是对被讯问人进行思想政治教育的有力武器,既是被讯问人接受思想政治教育的主要内容又是用来取代反讯问需要的工具。下面我们从需要与思想政治教育关系着手讨论讯问双方的发展问题。

对讯问人来讲,思想政治教育是一个双向提高政治思想觉悟的过程,其自身必须首先具有对被讯问人进行思想政治教育的能力水平才能取得以思想政治教育改造被讯问人思想的实效结果,这就决定了讯问人会自觉产生对思想政治教育的个体需要,这种个体需要既能使讯问人的需要观高尚之又高尚和纯洁之又纯洁,又能使讯问人自我提升思想政治教育能力和技术水平,从而以新时代需要观发展自身,改善其自身存在状况的质量。在职务犯罪讯问的现实中,有许多讯问人至今还沿用传统的教育方式,甚至单纯地将思想政治教育视作“洗脑课”,极大地影响了思想政治教育的效能,在传统的思想政治教育模式中,许多讯问人将自己置于教育关系的核心位置,在教育内容上强调灌输主流意识形态和主流价值观念而不是学会向被讯问人传导这些知识,在教育目标上过于突出强调宏观层面的社会需要满足从而对被讯问人的主体性需要视而不见,多数形成为一种“我说你听”的单向宣教模式,然而思想政治教育关系的形成历来不是理所当然的事情,就思想政治教育的实质而言,讯问人在思想政治教育关系中亦非具有先赋性的地位优势。思想政治教育关系得以建构的逻辑基础即是被讯问人对思想政治教育存在的需要,倘若思想政治教育仅仅是片面地强调国家和社会需要且对被讯问人的个体需要置若罔闻的话,则被讯问人就不会也不情愿接受思想政治教育，故而从思想政治教育的人本属性来看，满足被讯问人的合理需要应当与满足国家和社会需要一起纳入教育目标之中，对于思想政治教育是否取得实效性的评价标准亦应当由思想政治教育能否将被讯问人培养成具备重返社会能力和是否满足被讯问人全面进步需要两方面构成。思想政治教育从根本上讲是做被讯问人的工作，我们应当将此谓的“被讯问人”做两层面理解，一是把被讯问人理解成独立的个体或单个的人，而是将被讯问人理解为群体中的个体，前者需要讯问人从被讯问人的思想状况出发而注重因人而异和因材施教，后者则需要讯问人把关注的目光转向群体中的个体并注重分析被讯问人身上所带有的群体性烙印对其思想和需要所产生的影响而注重分类施策。讯问人倘若能够意识到这一点则可以拓宽认识思想政治教育的广度。思想政治教育是针对被讯问人的教育，满足被讯问人的合理需要是思想政治教育关系得以建构的重要前提，如果讯问人能够深入对此予以研究则可以增加认识思想政治教育的深度。思想政治教育即是传递知识的教育活动又是传递意识形态和价值观念的教育活动，其目的是要引导被讯问人对于教育价值内涵和价值取向产生认同并对个人与社会的辩证关系形成正确的理解，以促使被讯问人将国家和社会需要内化为个人的现实需要并进而指导应讯行为，亦即，思想政治教育与一般的知识教育活动具有根本性区别，思想政治教育在传递知识同时还要让被讯问人接受和认同主流意识形态和价值观念。从思想政治教育的整体过程来看，讯问人教育任务的完成仅仅是完成了“教”的任务，而“育”的任务能否完成或完成程度则依赖于被讯问人是否能够接受“教”的内容以及接受多少。被讯问人在接受意识形态和价值观念教育时，通常因为视角差异性而产生不同的教育结果，这种视角差异性与被讯问人基于己之成长经历和知识水平等所形成的认知体系密不可分，故而被讯问人对于“教”的内容的接受程度通常会受到其固有的认知体系的影响和制约，被讯问人认知体系不同导致其对思想政治教育的需要也不会相同，所以对不同被讯问人认知体系的正确把握是讯问人正确估量被讯问人个体需要并进而发挥思想政治教育实效性的重要环节，倘若讯问人在教育过程中仅是片面地采取“大杂烩”式的教育方式，做不到满足不同被讯问人提出的合理个体需要，则势必会使思想政治教育流于形式而难以深入人心，因此对讯问人而言，探寻在坚持教育内容统一性同时提升教育针对性和实效性途径是非常重要的。而要实现这种路径探寻，讯问人必须首先对何谓“需要”、“思想政治教育需要”和“思想政治教育需要个体需要”具有全面的认知。需要的意蕴包括:需要是人们为满足己之生存和发展而与客观世界结成的摄取状态;人们依赖于客观世界条件是需要产生的客观前提;需要的满足过程是人们自主选择并获取和享用特定对象的客观活动;需要是推动人们行动的内在动因;由此可知,需要是人们与外部世界的客观存在所结成的相互依赖关系,是人们对于己之物质和精神生活条件所提出的自觉性要求。思想政治教育需要是人们对于思想政治教育所产生的特殊需要,既有需要的共性特征又有一定的特殊性;从需要主体看,思想政治教育需要的产生、发展和满足建立在社会实践基础上,此亦意味着需要主体是从事社会实践的现实的人,与此同时人们在实践中会结成特定的社会组织形式,这些社会组织形式同样会对思想政治教育需要滋生需要,故而思想政治教育需要主体也会包括这些特定的社会组织形式,因为我们所探讨的是需要主体的个体性,所以从需要主体角度看思想政治教育需要须更着重强调人们的社会性;从需要客体看,思想政治教育需要的唯一客体即是思想政治教育,因此思想政治教育需要的客体更加明确也更加具象化;从需要的主客体关系看,在思想政治教育需要关系中,作为需要主体的人需要思想政治教育需要助其更好地融入社会,表现出需要主体对需要客体的依赖,但由于思想政治教育需要关系中也包含特定的社会组织形式要求个体人必须接受思想政治教育需要的规范性要求,故而需要主体与需要客体之间的关系更为复杂多样。基于以上论述,我们认为,思想政治教育需要是个体、国家和社会等社会化的人、特定组织形式为保证己之生存、发展而与思想政治教育需要所结成的相互依赖关系,不但包括人们对于思想政治教育需要所提出的自觉性要求,而且包括由己之所处的社群对人所提出的规范性要求。因为个体是具有独特特质的单个的现实的人,所以思想政治教育个体需要即是个体为了保证己之生存和发展而与思想政治教育需要所结成的相互依赖关系,不但包括由个体对于思想政治教育需要所提出的自觉性要求,而且包括由自身所处的社群对个体所提出的规范性要求和潜在影响。思想政治教育个体需要的特征是:个体性与社会性共存;生活性与政治性共存。所谓个体性与社会性共存即指因为个体是具有自身独特性且拥有独立思想和自我意识的现实的人而会产生体现其个体性需要,但又因为个体是生活于社群之中的个体必然会受到社群以及社群内其他个体的影响而呈现出社会性的一面。从现实的人角度看个体,个体的特殊性来源于个体生活状况的差异性,由于阅历经验、知识结构和社会关系的不同会使个体形成异于其他个体的认知结构，而个体需要的形成与发展和满足在某种程度上与特定个体认知结构差异性直接相关，仅有正确认知个体差异性才能正确把握与理解不同个体的差异性需要，才能进而针对性地对思想政治教育个体需要进行满足，故而不同个人经历所带来的需要差异构成了个体需要的个体性。从个体遭受社群及其成员影响角度来看，个体与个体之间也会存在近似性并进而导致个体需要也存在一定的共通性，故而不同个体需要呈现出一种能够体现自身所属社群特点的社会性特征构成了个体需要的社会性。所谓生活性与政治性即指个体为了融入群体生活产生的习得群体规范和行为准则的需要构成了个体需要的生活性以及个体对于思想政治教育政治性影响的接受在事实上构成了个体需要的政治性。以上这些知识是讯问人必须掌握的基础内容，只有弄懂了这些知识讯问人才能清楚自己为什么会产生思想政治教育个体需要。一般而言，讯问人产生思想政治教育个体需要具有物质性、精神性和政治性三个根源，由于物质性根源不在我们讨论范围之内，我们重点讨论精神性根源和政治性根源。我们都知道思想政治教育是一项特殊的实践活动，其特殊性体现在讯问人在施教之前需要自己先内化思想政治教育内容，这种内化会产生一种认知上的升华，这对讯问人来讲无疑是一种精神产品生产活动，然后在施教过程中通过与被讯问人的信息交互，又会在原先认知基础上加深对既有知识的理解和深悟，形成再高层次的升华，形成境界更高的新知识，这两层升华对讯问人来讲就是一种特殊性的实践活动，也就是讯问人欲让被讯问人提高思想认识自己必先提高认知，这就是思想政治教育的特殊性所在，这种特殊性意味着讯问人会滋生通过思想政治教育来升华认知的个体需要，讯问人这种对于精神发展的内在需要便构成了思想政治教育个体需要产生的精神根源。讯问人同其他人一样也具有一个独属于自身的精神世界，其在职务犯罪讯问活动中，通过对被讯问人的深入了解，在观念中形成了对被讯问人的反映和复写，与此同时也在其中加入了己之主观愿望，从而建构起承载个体需要的精神世界，也可以讲，对于那些具有高度责任心的讯问人来说，对被讯问人进行思想政治教育的目的也包含更好建构自己精神世界的目的，该目的内在地包含有讯问人对自己的精神内核与文化本质进行塑造和重构的因素，而这正是思想政治教育个体需要得以产生和发展的直接原因。对思想政治教育内容的认知升华不仅塑造了讯问人的精神内核和文化本质，亦在一定程度上使讯问人产生了完善与提升己之精神品质和文化品味的内在需要,正是基于这种内在需要讯问人才会主动寻求提升己之思想境界和道德境界的途径,才能自觉形成对于社会精神文化的内在需求,并进而产生对于思想政治教育的内在需要。这即是思想政治教育个体需要产生的精神性根源。职务犯罪讯问中的思想政治教育作为社会实践的组成部分具有独特的功用,因而不可避免的会承担起协调利益关系和传导政治思想的重要功能,而讯问人想要开展职务犯罪讯问活动,则必须接受思想政治教育的引导,故而讯问人接受引导的内在需要便构成了思想政治教育个体需要产生的政治性根源。在职务犯罪讯问实践中,部分讯问人的思想政治教育个体需要依然处于隐性需要状态,具体表现为只能认识到自身基本需要,对于思想政治教育的本质属性和要求知之甚少,这就使其思想政治教育个体需要面临现实的困境,主要表现为:一是意识自觉不足,即,意识自觉处于蒙昧状态,未能产生对于思想政治教育个体需要的必要认知;意识自觉已经摆脱了蒙昧状态并形成了必要的认识,但仅是将其视作普通需要进行理解;已经在理论层面完成了相对系统完备的思想政治教育知识,但在内心中对于思想政治教育并未产生认同心理,导致思想政治教育个体需要并不能被正确认知,从而无法生成意识自觉。二是层次提升不够,即,讯问人没能正确认识到思想政治教育对其的重要性,未能有效地使其个体需要与自身成长形成匹配,进而导致思想政治教育个体需要被遮蔽或被忽视:需要大多处于认知阶段,尚未上升到更高层面;个体需要更侧重于利己性;满足问题丛生,一方面满足方式过于被动和满足手段过于单一,另一方面满足过程过于迟缓。以上这问题形成的原因,除由于讯问人在教育目标上过于强调社会性和在教育方法上过于强调灌输性外,也与讯问人自身认知体系带来的制约有关:作为需要主体的讯问人对于需要的认知不足,不能及时拒绝被讯问人对于思想政治教育的认知排斥;讯问人对于被讯问人需要的认知失误等。这些问题的存在,需要其他讯问人引以为戒,自觉对己之思想政治教育个体需要进行优化。优化的原则是:主导性与主动性相统一,即,讯问人要发挥主导作用,鼓励被讯问人发挥主动性;社会性与个体性相统一,即,讯问人要正确把握思想政治教育个体需要的社会性,要重点关注己之思想政治教育个体需要的个体性;政治性与生活性相统一,即,讯问人要正确把握思想政治教育的政治性和生活性;理想性与现实性相统一,即,讯问人要正确把握思想政治教育个体需要的现实性,要自我合理引导思想政治教育个体需要的理想性。在遵循这些基本原则基础上,讯问人要对己之思想政治教育个体需要进行优化，具体路径是：一是主体同向发力，即，思想政治教育的核心是解决社会对被讯问人提出的要求与被讯问人现实思想状况不匹配的矛盾问题，总体包括讯问人施教阶段和被讯问人受教阶段，因此在优化过程中无论是“主导性主体”讯问人和“主动性主体”被讯问人都不能缺席，讯问人应当鼓励被讯问人同向发力自觉参与进来：讯问人要发挥自身主动性以实现自身需要意识的自觉，不但要能够管控自身需要而且要能积极主动地谋求自身需要的满足；讯问人要自觉提升自身素质，即，讯问人要修正自身对于教育关系的传统认知并着力提升自身专业素养以及要着力培养自身的教育能力。二是讯问人要彰显思想政治教育个体需要的客体属性，即，思想政治教育个体需要的客体是思想政治教育，思想政治教育自身属性带来的制约也是讯问人面临的困境成因，讯问人只有在优化时充分彰显思想政治教育个体需要的客体属性才能理直气壮地做好思想政治教育工作：凸显教育目的的人本价值，即首先做到科学理解教育目的的社会属性和正确认识教育目的的个体属性，再就是要凸显教育内容的人本特质。三是讯问人要做到支点的合理运用：作为系统工程的思想政治教育个体需要需要借助支点去沟通协调优化过程中的各个环节，所谓支点即谓勾连优化过程各个环节的关键性纽带，是连接讯问人个体需要与思想政治教育过程之间的桥梁，讯问人通过支点的合理运用可以明晰思想政治教育的本质性规律，同时为讯问人与思想政治教育个体需要之间的良性互动提供前提和保障，优化支点的合理运用的内容主要包含：找准优化的切入点，通过丰富教育形式和宏观框架以及细节框架来把握优化的需求点，要以优化教育话语和优化思想政治教育需要的沟通话语来探寻思想政治教育优化需要的平衡点。四是讯问人要进行场域构建，即，优化思想政治教育个体需要的产生场域：要合理优化微观场域（思想政治教育能发挥作用的最小场域，通常以具体情景表现出来）和合理提升中观场域（多呈现为组织生活状态）以及稳定宏观场域（偏重于长期性和稳定性）；优化思想政治教育个体需要的发展场域：合理规避思想政治教育场域的消极因素，适当增加思想政治教育场域的积极因素，激活思想政治教育需要的满足场域。

对被讯问人而言，思想政治教育是一个排斥却不得拒绝、接受又不情愿、自愿而且由衷的进展变化过程。在职务犯罪讯问过程中，被讯问人开始是不愿意与讯问人进行心灵沟通的，其也明知讯问人对其所进行的思想政治教育是想说服打动他，意欲让其做到主动彻底交代问题，但此时被讯问人一般持有较为强烈的反讯问动机，从心底里排斥思想政治教育，虽出于纪法强制不得不听但根本就听不进去，又由于接受思想政治教育是纪法规范义务，导致被讯问人虽然排斥却拒绝不了，在讯问开始阶段和反讯问动机强烈的情况下，被讯问人通常表现为对思想政治教育的被动受教，在思想上保持对思想政治教育的抵触，认为思想政治教育是对其不利且无益的事物，此时的被讯问人一般不会产生对思想政治教育的个体需要。但随着讯问活动的深入开展和思想政治教育的全面进行，被讯问人自主决定己之命运前程的幻想开始破灭，其在强大的组织调查能力面前开始感受到无奈和压力，开始感性认识思想政治教育，初步体悟到自己根本做不到自主选择和自主决定己之命运前程，开始意识到只有获得组织认可和宽大才能得以从宽处理，此时被讯问人开始将己之命运前途与组织关怀和接受思想政治教育关联在一起，开始在接受却不情愿的状态下与讯问人保持一种有距离的接触，在侥幸未泯的心理状态下与讯问人进行有限交流，在这种有限互动中被讯问人开始以有限理性观察讯问情势，开始以有限理性思考怎么处理与讯问人的交往关系，带着试探摸底的初衷尝试体会思想政治教育，意图从中获取更多的涉己信息以供自己参考并决策，此时的被讯问人开始产生对思想政治教育的依靠感但远未达到依赖的程度，尽管如此相较于之前被讯问人的思想毕竟有了有限的进步，开始产生对思想政治教育的个体需要感，即，被讯问人个体思想政治教育需要，尽管这种需要带有有限性，但被讯问人在这种情况下开始对讯问人讲些交心的话，虽然被讯问人并没有向讯问人交底但却能暴露出某些反映其真实思想状况的有用信息，讯问人会在综合分析这些信息基础上更有针对性地做思想政治教育工作，加快瓦解被讯问人反讯动机的步伐，被讯问人越来越觉得抵触没有出路和合作可能有希望，开始产生主动受教的冲动，这些冲动自带更加强烈的个体思想政治教育需要，这时讯问人会及时施以更加温暖的组织关怀，更有针对性地化解被讯问人的思想疙瘩，使被讯问人心理感觉越来越踏实，越来越趋近组织要求，越来越依赖组织，这是被讯问人开始真正转变态度的开端，被讯问人开始与讯问人进行真诚地较为全面的沟通，并且这种沟通至此不如较为持久稳定状态，被讯问人由主动接受思想政治教育发展到由衷状态，这时被讯问人会在原先基础上生发更加强烈的个体思想政治教育需要，有的被讯问人在主动交代问题上甚至会“竹筒倒豆子”，这意味着职务犯罪讯问取得了成功。这是绝大多数职务犯罪讯问的一般具象过程。在这个过程中，被讯问人的个体思想政治教育需要是指被讯问人意图在应讯中谋取个人利益最大化而对思想政治教育所产生的依赖和要求。被讯问人的个体思想政治教育需要的特征:一是静态性和动态性相统一:这是从被讯问人个体需要的产生和满足相统一角度讲的,被讯问人的个体需要不只是静态的关系反映,同时是动态的发展过程,一个完整意义上的被讯问人个体需要过程包括了需要的产生和满足;从被讯问人个体需要的产生过程来看,被讯问人探究的是其自己为什么需要思想政治教育:由于被讯问人不是纯粹意义上的个体,而必然是生活在特定社群中的个体,而社群是有包括价值感、归属感、认同感、文化道德、纪律法律、制度信仰等已之群体规范的,这些群体规范约束着被讯问人的应讯思想和应讯行为,这些群体规范不是被讯问人先天具有的,而是通过接受思想政治教育后天获得的,所以由此来看被讯问人之所以产生个体思想政治教育需要是为了获得与社群相关的知识能力以处理自己的命运前程问题,这些知识和能力能够使被讯问人适应和融入到接受思想政治教育中去,由此而言我们说被讯问人个体思想政治教育需要具有静态性特点;从被讯问人个体思想政治教育需要满足过程来看,被讯问人探究的是思想政治教育如何能够满足己之需要问题,对被讯问人来讲,思想政治教育是讯问人根据被讯问人思想品德形成发展规律,以特定的思想观念、政治观点、道德规范、纪法规范对被讯问人施加有目的有计划有组织的影响,使被讯问人形成符合社会主流价值观所需要的思想品德的谈话活动,这里的“根据”是动态掌握的意思,这里的“以”是使用的意思,这里的“施加”是实施的意思,这里的“有目的有计划有组织”是有秩序进行的意思,这里的“形成”是形塑的意思,这里的“谈话”是实施教育的意思,这些动态形式明确了开展思想政治教育的组织者、内容、方式和结果,均具有对被讯问人施加影响的意思,表明了被讯问人个体思想政治教育需要具有动态性特点;被讯问人个体思想政治教育需要的静态性与动态性是相互伴生的。二是自发性与自觉性相交织:这是从被讯问人个体需要内容和需要形式相统一角度讲的;从需要内容看,被讯问人个体思想政治教育需要作为客观的依赖关系是现实存在的且不以被讯问人的意志为转移;从需要形式看,被讯问人个体思想政治教育需要作为对依赖关系的反映是主观的和自觉的,可以被讯问人的意志为转移,故而被讯问人个体思想政治教育需要是主客观的统一,需要内容是客观的而需要形式是主观的,依被讯问人的具体情况而定,所以被讯问人个体思想政治教育需要处于自发性与自觉性交织状态。三是个体性与社会性相统一,这是从被讯问人的存在方式来讲的:被讯问人是拥有自我思想、自我意识和自我独立性的个体,亦是处于特定社会关系中受到讯问人和群体影响的个体,这种个体性强调的是思想政治教育需要因为被讯问人个体差异性而呈现出特殊性,社会性强调的是思想政治教育需要因为个体共同性而呈现出普遍性。下面我们转向对被讯问人为什么会产生个体思想政治教育需要的探讨。首先,被讯问人欲解脱被留置的困境使之需要思想政治教育:被讯问人作为具有鲜活的生命特征的自然人首先是自然存在物,这是被讯问人社会存在和精神存在的前提,失去这一前提则无所谓被讯问人的社会讯在和精神存在,因为被讯问人的生命存在会受到社会存在和精神存在的双重影响,尽管被讯问人的自然属性会受到社会属性和精神属性的影响,但并意味着被讯问人就不具有自然属性了,其仍然是自然性存在,只不过是人化的自然性存在,沾染有社会属性和精神属性的特质,所以被讯问人不单单是生物体存在,其会因社会性和精神性的影响而具有自己的独特性,而这种独特性是被讯问人在自身与己之心理的矛盾中实现的。上述被讯问人的自然性在职务犯罪讯问中表现为会为被留置而痛苦,会在痛苦中挣扎,会在挣扎中欲脱困境,会在追求自由的欲念支配下产生合理或不合理的欲求,会为实现欲求而选择与讯问人合作或选择不合作,等等,作为有生命的存在,被讯问人所要解决的是自由与脱困之间矛盾,这种解决矛盾的欲念说明了被讯问人是具有主观能动性的特殊生命存在,但其毕竟是一种对象的存在物,是受动的、受制约的和受限制的存在物,其为了实现利益最大化的应讯欲求不得不与讯问人进行信息交流和交换,如果离开了讯问人这一信息获取渠道,被讯问人就被意味着失去组织依靠,其连获得宽大的希望也没有了,其就从根本上上失去挣脱困境的任何希望,无论被讯问人的应讯动机如何复杂多样,但被讯问人作为对象性的存在必须依靠讯问人的帮助,因为此时的讯问人对被讯问人而言既是组织的化身又是组织的代言人,被讯问人无论是出于何种微观动机必须选择接受思想政治教育,从此角度讲,被讯问人的存在是一种自为的存在,可以按照自己的尺度行事,这也是其的本质力量的确证。也就是说,此时的被讯问人会将纪法规范和社会主流意识形态意识内化为自己的道德法则和行为准则,会以自律和他律相结合形式尊重讯问人、顺应思想政治教育和争取实现己之欲求,这时的被讯问人会不仅考虑当下的窘境而且还会思虑己之未来的出路和社会生存问题,在此思虑敦促下被讯问人开始思考如何对过去、现在和将来负责的问题,试图与讯问人和谐共生,而这一切均需要被讯问人从思想政治教育中寻找答案和可能性与现实性。因为此时的被讯问人已经意识到实现应讯利益最大化对其来讲目前还仅仅是一种理论假设和理想目标,其的追求之路是一个生成过程,而不是凭空产生的,而是其与讯问人有效互动的关系发展的结果,这种结果对目前的被讯问人仅仅具有必然的可能性,却不是一个必然的结果,而要将此结果现实化需要其付出痛苦的努力和唯一依靠对思想政治教育的认真体悟和真诚信仰,只有这样其自身思维与心理之间的矛盾才能得以真正的解决,其才会最有可能实现其应讯利益的最大化。我们讲被讯问人需要思想政治教育,并不是说被讯问人将思想政治教育作为一种生物性的直接需要而被需要的,而是说其作为指导生物性需要得到合理满足而被需要的,是作为保证其未来利益最大化的间接需要而被需要的。从这个角度看,被讯问人对己之过去、现在和未来勇于负责的勇气决定了其需要思想政治教育维系和指导其梦想实现。随着被讯问人意识的觉醒,被讯问人朝着未来目标在用心培育主动意识和规矩意识的过程中更加离不开思想政治教育,所以关于被讯问人思想与心理矛盾及其解决的正确思想如果不借助思想政治教育形式输导出去并成为指导被讯问人去积极争取的重要原则,那么这些思想就很有可能埋葬于讯问人头脑中而成为历史的云烟。所以思想政治教育在教导被讯问人处理己之思想与心理矛盾的过程中无疑具有特别重要的作用,此时思想政治教育作为讯问人的思想智慧指导而成为被讯问人维持正向应讯存在形态的重要工具。其次,被讯问人的社会存在需要思想政治教育:被讯问人以生命形态存在于社会从而区别于他人,这种社会形态强调的是被讯问人的社会属性,强调人是社会的人和社会是人的社会,被讯问人依存于社会而与社会不可分离,此时的被讯问人表现出双重关系,即自然关系和社会关系,社会关系是被讯问人的社会性的集中表现,对被讯问人而言此时的被依法留置就反映了被讯问人个体与社会之间的矛盾,这种矛盾反映了被讯问人与社会以及与讯问人之间的社会关系。此时被讯问人所欲解决的即是与社会和与讯问人之间的矛盾,也就是处理其与社会以及其与讯问人之间的社会关系。从此而言这种社会关系是由讯问人和被讯问人的共同谈话活动形成的;从组织形式看,被讯问人与讯问人之间的关系是最表层的社会关系,其背后所反映的是被讯问人与社会的关系;从具体内容上看,审查调查关系是最初的社会关系,由此延伸出被讯问人与讯问人之间的业缘关系;从基本性质看,业务关系是最初的社会关系,由此延展出政治关系和道德关系等。虽然社会关系表现出多种形态,但从最根本上讲,其伴随着被讯问人与讯问人之间的关系对抗和关系协作而产生与发展。这种社会关系的宏观表现形态是:先是被讯问人与讯问人的对抗,然后是被讯问人与讯问人的有限抵触,最后是被讯问人与讯问人的合作,这种社会关系的微观表现形态是:最初是人与人的拒绝关系,然后是人与人的接触关系,最后是人与人的依赖关系。这三种形态关系表明这种社会关系具有被物化的丰富性,从本质上讲这种社会关系其实主要是利益关系,被讯问人因为应讯利益最大化理想不得不与讯问人进行交往与互动从而形成审查与被审查关系,这种审查与被审查关系又在讯问双方的关系调整中不断变换具体内容。作为社会性存在,被讯问人首先是处于一定讯问利益分配关系中的人,这是被讯问人在目前的社会关系中最基础的形态,这与被讯问人的应讯动机在审查调查中的重要地位密不可分。因为被讯问人接受审查调查的历史无非是通过努力争取而实现利益最大化产出的过程,被讯问人正是在审查调查过程中先产出利益争取关系,然后在基础上发展出利益合作关系,这就决定了这种利益合作关系在整个审查调查中的基础性和决定性地位,被讯问人在这种审查调查关系中如果不了解人际应对关系和规矩运行规律,那么将很难或者很难轻松地争取到宽大处理,这就需要思想政治教育对被讯问人进行基本的纪法规范和道德价值普及。作为社会性存在,被讯问人也是处于一定政治关系中的人,这是被讯问人在审查调查中非常重要的形态,在当前强力正风肃纪反腐和对腐败零容忍的高压形势下,政治在特定的审查调查情境下起着决定性作用,政治一直会处于调控和整合审查调查关系的中心和主导地位,所以在特定的审查调查关系中,被讯问人如欲将利益分配“控制”在有利于自己或自己能够接受的范围内,就不得不接受思想政治教育,由此角度讲,被讯问人在现实中受各种政策制度和纪法规范的影响和制约,既享有一定的权利又必须承担一定的义务,如果被讯问人不了解这些权利义务甚至不懂纪法规范和纪检监察机关的政治运作机制特点,就极有可能陷入有事但又“求助无门”的尴尬境地,所以被讯问人就需要思想政治教育的存在,因为其认为思想政治教育可以通过有目的有计划有组织的教育活动使其掌握最基本的政治知识和纪法知识,了解最基础的政治关系和讯问利益分配机制,从而使自己较好地融入这种政治关系之中去。作为一种社会性存在,被讯问人也是处于一定道德关系中的人,因为职务犯罪讯问中内蕴着一定道德关系,这种道德关系更多地强调非亲近人或是陌生人之间的一种相处模式，这种模式既是一种价值导向又是解决被讯问人在利益面前选择问题的方式，从实质上讲这种道德关系依然是一种利益关系问题，而且这种利益关系具有强烈的意识形态性，这时思想政治教育的存在就显得非常有必要了，对被讯问人来讲，不管是道德律令的传授还是道德品质的培育都离不开思想政治教育。总起来说，被讯问人如果要适应和融入审查调查，就不可避免地处于特定社会关系中并要学会怎样正确处理这些关系，那么思想政治教育作为被讯问人社会化的重要方式显然是不可或缺的。再次，被讯问人精神存在需要思想政治教育：以一种超越性的精神存在对被讯问人来说具有十分特殊的意义，这种特殊性即是被讯问人所要解决的是其与自身的内在矛盾，虽然被讯问人也有与其他人精神交往的需要，但最终都是要转化为其自身内在的精神活动，故而这种精神活动本质上是被讯问人与其自身的一种沟通和和解以及释然的过程，是被讯问人自身精神世界的展开。被讯问人的精神存在强调的是其精神活动，主要包括知情意信等方面。因为被讯问人的精神活动是十分丰富的，故而以精神形式存在的被讯问人所要实现的不仅仅是一般意义上的有知识的文化人，亦是有情感体验的人。作为精神的存在，认知对被讯问人来说重于情感，因为倘若没有被讯问人对自身或他人情感的认知，情感本身即不存在，正是由于被讯问人能够认知到情感的存在并产生了这样的概念，情感本身才对被讯问人本身具有了意义。认知是一个复杂的组成，同时包括感性认识和理性认识，同时也是一个包括了感觉、知觉、记忆、想象和思维等的复杂过程，认知不管是作为静态的组成还是动态的过程在本质上是被讯问人对讯问环境的主观反映，这种反映有可能是正确真实的或者有可能是歪曲虚假的，所以带有较强的主观能动性和个体差异性，感性认知能使被讯问人形成初步的粗浅印象，因为这种粗浅的印象没有经过理性的分析所以有可能是错误的，理性认知是在感性认知基础上的进一步研判和选择，从而形成被讯问人关于讯问环境的本质认知，所以这两种认知的区别在于对讯问环境反映程度的不同，一个是表象和浅层且可能是错误的反映，另一个则是本质和深层且通常是正确的反映。那么如何正确地认知讯问环境的客观存在呢？这就需要思想政治教育有计划有目的有组织地对被讯问人施加影响，使被讯问人学会用科学的立场和方法来认知。作为精神的存在，情感亦是被讯问人所拥有的较为独特的对象，既有对讯问人的情感，也有对讯问活动的情感，而且在此过程中往往伴随着被讯问人喜怒哀乐和忧思悲伤等丰富的情绪体验。按道理讲被讯问人的情感应该是偏向感性的，但在现实的职务犯罪讯问中，被讯问人普遍会遇到感性和理性互相纠缠的困扰。有时被讯问人想要追随己之心意去做某件事，但理性却会告诉其不能任随心意去干，因为那样可能会导致不好的后果，但被讯问人又通常抵不住感性的作祟，由此陷入感性和理性的拉锯战中，倘若处理不好情感问题被讯问人很可能会因此产生心理问题。当情感由理性主导并成为习惯而不断趋于成熟时，被讯问人能够自觉调适己之情感而成为心理健康的人，但事实是这是一件非常不容易的事情，如何在情感中保持理性且客观冷静地处理应讯问题，这就需要思想政治教育的出场。思想政治教育最基础的目的即是要帮助被讯问人树立正确的“三观”，此对被讯问人在应讯的情感生活中怎样作出正确的价值选择具有直接的指导意义，同时思想中政治教育所提供的马克思主义立场、观点和方法亦能够为被讯问人解决实际的应讯情感问题提供方法论指导。作为精神存在，意志是被讯问人存在的重要组成部分。无论是来自因被依法留置所自然带来的困难还是面对讯问压力，意志都是支撑被讯问人应讯的精神动力，但是这种精神动力是正向的还是负向的，这就需要思想政教育来有意识有计划地教育和引导被讯问人正确地认识意志的存在和作用，教育被讯问人绝对不能用所谓的“坚强”意志来抗谈拒供，教育被讯问人在塑造个人品质的同时培养自己重返社会的能力，争取以后做一个对党和国家以及人民群众有用的人。作为精神的存在，信仰是被讯问人的超越性存在，正是因为这种超越性，在现实的职务犯罪讯问中，不同认知和情感，被讯问人不一定都拥有意志和信仰，因为被讯问人一般都是信仰丧失的领导干部，尤其是信仰，但这并不意味和被讯问人不再需要信仰。对党员领导干部来讲，马克思主义即是最高的信仰追求。违纪违法犯罪的党员领导干部虽然由于信仰丧失走向歪路和邪路，但并不意味着其不需要重塑信仰追求，信仰的选择和重塑关系到被讯问人目前能否争取到较为理想的出路，关系到被讯问人今后的人生之路如何走对走正确，这就需要通过思想政治教育来引导被讯问人，尤其是对共产主义远大理想和中国特色社会主义共同理想的崇高信仰的追求，需要讯问人通过思想政治教育来对被讯问人进行有组织有计划有目的的教育和引导，使之成为被讯问人最终的亦是最核心的追求。下面我们讨论被讯问人个体思想政治教育需要的分化。从以上内容可知，个体思想政治教育需要是一个具有内涵丰富、维度多向和层次多阶特点的复杂体系，其在被讯问人应讯过程中产生，并随着应讯的变化而分化，逐渐形成了被讯问人的思想政治教育需要体系。首先,被讯问人对于思想政治教育的自向性需要:自向性需要是指被讯问人为了自身目的而产生的需要。被讯问人具有利己性,出于自己的目的而产生对于他人的需要,包括对思想政治教育的需要。从需要本身的概念来看,需要是被讯问人为了自身的存在与发展而对外在人和事产生的依赖和需求,故而需要在最根本的意义上还是为了被讯问人自身的目的。思想政治教育作为内容丰富的实践活动,被讯问人对其产生需要的利己性原因也是多样的。其次,被讯问人对于思想政治教育的他向性需要:他向性需要是指被讯问人为了他人的目的而产生的需要。比如被讯问人想要向讯问人寻求帮助,那他就要知道自己应该怎样去寻求帮助,由此会产生对于思想政治教育的他向性需要。再次,被讯问人对于思想政治教育的交互性需要:交互性需要是指由于被讯问人与讯问人的互动而产生的需要,是利他和利己相统一的需要;被讯问人的交往需要要求其的社会化,而思想政治教育是被讯问人社会化的一种重要途径和方式,所以被讯问人对于思想政治教育的交互性需要亦是十分重要的。下面我们探讨个体思想政治教育需要的方向分化问题。个体思想政治教育需要的方向分化的主要依据是思想政治教育的内容属性。思想政治教育主要包括了思想、政治、道德、心理和法治五方面的内容,被讯问人对于思想政治教育需要也表现为此五方向上的需要。关于被讯问人对于思想政治教育的思想性需要:思想方向是被讯问人思想政治教育需要最基本和最常见的方向。被讯问人在此方向上所产生的需要主要是解决思想观念和思维方式等方面的问题,以帮助被讯问人获得改过自新的知识和能力。从特定程度上讲,思想方向上的需要可以看成是认知、情感和价值观需要的有机融合,但被讯问人对于思想政治教育的思想性需要并不局限于如此,其强调的是一种更为抽象的和更为宏观的以及更为普遍的对象,即思想观念和思维方式,是认知、情感和价值等的有机统一,能够为被讯问人改过自新提供世界观和方法论指导,故而此方向上的需要可以讲是被讯问人对于思想政治教育最基本的诉求,其关系到被讯问人在主客观的实际活动,是被讯问人行为的观念前提和理念先导。作为该需要的客体,思想方向上的思想政治教育或可称之为思想教育,其所强调的是讯问人用正确的立场、科学的理论、辩证的思维、崇高的精神、正确的价值和有效的方法等来启发和引导被讯问人并最终为被讯问人所掌握,思想问题的解决和需要的满足能够为被讯问人改过自新提供强大的精神力量支撑,所以被讯问人对于思想政治教育的思想性需要是被讯问人改过自新的先导性需要。关于被讯问人对于思想政治教育的心理性需要:心理方向也是被讯问人思想政治教育需要最基础的方向之一,被讯问人不仅需要科学的世界观和方法论来指导改过自新,而且在改过自新过程中被讯问人也在用科学的世界观和方法论认识和改造自身内在的主观世界。被讯问人在接受思想政治教育之后不是完全被动地和机械地按照既得理论来行动,这中间存在一个被讯问人内化的过程。在该过程中,被讯问人的心理建设是极为重要的一环。良好的心理状态在被讯问人改过自新过程中具有重要的激励和调节作用,被讯问人不仅需要获得一定的心理健康知识帮助自己正确认识自身和科学解除心理困惑以及排除心里郁闷和克服心理障碍,以建设和维护被讯问人的心理健康,而且需要形成一定的心理素质来帮助被讯问人建立起持久、稳定且健康的心理状态,使自己能够从容不迫地应对在改过自新过程中所出现的各种问题,在建设心理健康基础上进一步铸就心理强大,由此而言,更具体地说,思想政治教育即是做被讯问人的思想工作和心理工作的。关于被讯问人对于思想政治教育的政治性需要:政治方向是被讯问人思想政治教育需要最核心最关键的方向,其他的思想、道德、法治等内容都建立在以政治为核心的基础之上,对于被讯问人来讲,一旦涉及到其权利义务时,被讯问人的政治需要就会在这种特殊的或特定的场合凸显出来。关于被讯问人对于思想政治教育的道德性需要:道德方向是被讯问人思想政治教育需要的重点方向。道德不仅具有历史性还具有阶级性,所以道德教育也是思想政治教育的重要内容,亦即,思想政治教育不仅要使被讯问人形成符合社会需要的政治方面的认知和价值观等方面,也要使被讯问人形成符合社会需要的道德情感和道德品质等。被讯问人对于思想政治教育的道德性需要即是由被讯问人本身的需要所决定的,也是由思想政治教育本身的属性所决定的,两者在相互关系和相互作用中产生了被讯问人思想政治教育道德性需要的重要范畴。关于思想政治教育的法治性需要:法治方向是被讯问人思想政治教育需要的重要方向:法律和政治密切相关,是规范被讯问人行为和协调讯问中的人际关系以及维护讯问秩序的重要手段和方式,讯问人要注意培养被讯问人法治意识和法治思维,使法治由外在的工具变成内在的信仰,教育被讯问人自觉运用法律来协调关系以解决讯问中的具体问题。下面我们讨论被讯问人思想政治教育需要的层次分化问题。被讯问人思想政治教育需要的层次分化的主要依据是被讯问人本身的心理发展规律和参与思想政治教育的实际过程。

思想政治教育更多的是指被讯问人作为精神存在的直接需要,所以被讯问人思想政治教育需要在本质上是一种精神需要,在被讯问人的整个需要体系中,思想政治教育自身即已属于高层次的需要,而就被讯问人思想政治教育需要体系而言,其内部又可进一步划分为不同层次:关于被讯问人思想政治教育的认知性需要:被讯问人对于认知性需要所希望得到的是关于应讯活动的深层次的和本质性的理性认知,而思想政治教育作为认知对象具有复杂性,其既包括思想政治教育本身所蕴含的以政治为核心的思想观念、价值理论和精神追求等,也包括了与思想政治教育自身紧密相关的知识理论、方法体系和环境载体。被讯问人对于前者的认知需要是直接需要,但被讯问人为了满足此需要又不得不产生对于后者的认知需要,因为被讯问人是借助于思想政治教育的理论来获得关于思想、政治和道德等的认知信息,在此意义上讲,被讯问人对思想政治教育自身的认知性需要是一种工具性需要,是被讯问人为了更好地理解和掌握思想政治教育所要传达的关于人的社会化所必不少的认知内容而产生的需要,对思想政治教育所蕴含的具体内容的需要是被讯问人的目的性需要,被讯问人通过满足这方面的需要进而获得关于应讯活动的相关理论和信息,从而指导自己更好地融合进职务犯罪讯问中,同时认知也是对复杂动态活动的认知,所以完整意义上的被讯问人思想政治教育认知性需要既包括教育内容的认知也包括对思想政治教育自身的学科属性和专业特色以及活动机制的认知,既包括思想政治教育作为理论存在的知识理念、价值观念和精神追求的认知也包括对思想政治教育作为实践活动的活动目标和过程与方式和场所的认知,故而被讯问人对于思想政治教育的认知需要是工具性与目的性、静态性与动态性相统一的需要。关于被讯问人对于思想政治教育的情感性需要:被讯问人对于思想政治教育的情感性需要是建立在被讯问人对于被讯问人对于思想政治教育的认知性需要基础上,因为这种需要是一种理性且双重的需要。之所以强调理性是因为理性情感强调在理性指导下做出正确合理的行为,这也是思想政治教育所要达到的目标之一,第一重情感性需要是被讯问人基于对思想政治教育自身的理论认知所产生的情感性需要,主要是信任这一情感,被讯问人对思想政治教育的信任是其接受并认可思想政治教育的重要动力,亦表征着被讯问人对于所宣扬的意识形态的信任,这就涉及到被讯问人对于思想政治教育的第二重情感性需要,亦即,被讯问人基于对思想政教育所内蕴的关于思想和道德尤其是关于政治方面的认知而对党和国家及社会所产生的认同感和归属感,被讯问人的这种情感带有明显的意识形态性,这是由被讯问人思想政治教育需要的主客体双方共同决定的,所以被讯问人思想政治教育的情感性需要具有明显的意识形态性。关于被讯问人对于思想政治教育的价值观需要:被讯问人对党和国家及社会的情感在一定程度上表征着其对人生生活的态度和选择,故而在世界观和人生观中已经包含了价值观。被讯问人对于思想政治教育的价值观需要所强调的是思想政治教育能够帮助被讯问人形成正确的价值观,包括正确的价值理念、价值选择、价值判断和价值标准等。讯问人要通过思想政治教育帮助被讯问人建立以集体主义原则为指导的正确价值观,帮助被讯问人在不同的价值选择困境中作出正确的选择。在接受组织审查调查过程中,被讯问人每天都要做出许多次选择,这些选择或多或少地受到价值观的影响,所以被讯问人需要正确的价值观指导。关于被讯问人对于思想政治教育的能力性需要:被讯问人仅有诸如观念性和理论性的东西还不能完全融入和适应职务犯罪讯问环境,还需要一定的能力得以将正确的理论知识和价值观念实现最大程度的内化和外化,以使理论换发生命和使价值绽放光彩。能力培养是被讯问人的一大重要需要,也是教育的一大重要目标,对于思想政治教育而言,其根本的目标即是提高被讯问人改过自新的能力,思想政治教育的独特之处即是能够满足被讯问人这种改过自新能力的特定需要。关于被讯问人对于思想政治教育的意志性需要:被讯问人意欲改过自新不仅需要理论和能力支撑,更需要强大的心理支撑和需要坚定的意志,而思想政治教育在帮助被讯问人正确看待意志的作用方面具有十分重要的作用。关于被讯问人对于思想政治教育的信仰性需要:被讯问人对于思想政治教育的信仰需要是希望和帮助自己寻找到人生的出路和价值努力目标,从思想政治教育角度而言,即是要在诸多信仰中帮助被讯问人选择并树立正确的信仰,尤其是对马克思主义和习近平新时代中国特色社会主义思想的信仰。

第二节 讯问需要和反讯问需要的矛盾实质

职务犯罪讯问的基本矛盾贯穿于职务犯罪讯问活动始终,规定职务犯罪讯问过程的根本性质,制约和影响职务犯罪讯问过程其他矛盾的解决。从此角度而言,职务犯罪讯问的基本矛盾也就是职务犯罪讯问过程的矛盾:一方面职务犯罪讯问作为一种实践活动其本身就体现为一种过程,故而基本矛盾一定是过程的基本矛盾,另一方面职务犯罪讯问基本矛盾的贯穿性、规定性和制约性决定了职务犯罪讯问即是职务犯罪讯问过程的基本矛盾。对于职务犯罪讯问基本矛盾的把握,既关涉到职务犯罪讯问基本理论自身的科学性和完整性问题,又是影响职务犯罪讯问实践过程和实效的重大问题。从理论上讲,只有正确把握职务犯罪讯问基本矛盾理论才能使职务犯罪讯问过程基本理论科学合理进而完整;从实践上讲,职务犯罪讯问的实践活动是要解决职务犯罪讯问的基本矛盾,只有正确把握职务犯罪讯问的基本矛盾才能在实践过程中解决矛盾,进而使职务犯罪讯问获得理想的效果和预期。那么职务犯罪讯问的基本矛盾是什么?到何处去寻找职务犯罪讯问的基本矛盾?如何才能把握职务犯罪讯问的基本矛盾?我们认为职务犯罪讯问的基本矛盾即是组织需要与对象需要的关系矛盾,这可以从职务犯罪讯问的缘起、过程以及实效追求中得到肯定。

职务犯罪讯问的缘起。矛盾存在于职务犯罪讯问展开过程中,职务犯罪讯问过程中始终存在着矛盾运动。职务犯罪讯问展开形式内部包含着自身特殊的矛盾,这种特殊矛盾就构成了职务犯罪讯问有别于他物的特殊本质。这意味着职务犯罪讯问的存在和展开是由其的特殊矛盾决定的,该特殊矛盾就是决定职务犯罪讯问的基本矛盾。关于职务犯罪讯问基本矛盾是什么可以从职务犯罪讯问产生的背景中找到答案。正是由于现实中的矛盾或基本矛盾的存在才会产生职务犯罪讯问以求解决这个基本矛盾,职务犯罪讯问教育是在组织需要与对象需要冲突背景中产生的,因为有了组织需要和对象需要的基本矛盾,才有了要解决这一基本矛盾的职务犯罪讯问。作为能动性主体的被讯问人所作的一切都是为了满足自身的某种需要。职务犯罪讯问与审查调查是结伴而生的社会事物,只要审查调查存在职务犯罪讯问就会存在,只不过形式内容有所不同罢了。职务犯罪讯问因审查调查需要而生,必须满足和服务审查调查,有什么样的审查调查需要就有什么样的职务犯罪讯问存在,职务犯罪讯问是满足和服务审查调查需要的工具。审查调查的产生有了对职务犯罪讯问的需要,进而职务犯罪讯问成为服务审查调查的工具。组织需要体现为承认维护公共利益的合理性、接受正风肃纪反腐的正当性和服从体现党和国家意志的规范的规约性,而对于被讯问人而言,是否接受组织需要、能否在组织需要"笼罩"下实现自己的现实需要就成为被讯问人最现实的需要,职务犯罪讯问中就是在这样的背景下产生的,其就是要解决组织需要和对象需要之间这个基本矛盾。

职务犯罪讯问的实践过程是解决组织需要和对象需要之间基本矛盾的过程。职务犯罪讯问实践活动围绕讯问内容展开的实践活动。现实中有了组织需要和对象需要之间的矛盾就有了对职务犯罪讯问的需要,就产生了职务犯罪讯问,职务犯罪讯问就是为了解决组织需要与对象需要的矛盾而产生的,这说明组织需要职务犯罪讯问来解决其与对象需要之间的矛盾。职务犯罪讯问是怎样解决这个矛盾的呢?职务犯罪讯问是一个实践活动和实践过程,其是在展开过程中解决矛盾的,也只有通过职务犯罪实践过程才能解决矛盾。透过职务犯罪讯问展开过程,我们可以清楚职务犯罪讯问是一个解决组织需要与对象需要的矛盾过程,可以让我们认识到组织需要和对象需要就是职务犯罪过程乃至职务犯罪讯问的基本矛盾。职务犯罪讯问是怎样一个过程呢?职务犯罪讯问的过程由三个基本要素构成:讯问人、讯问内容和被讯问人这三者之间的矛盾运动过程,实际上职务犯罪讯问过程就是讯问人作为讯问主体如何有效地将讯问内容传导给被讯问人这个对象主体的矛盾运动过程。作为一种职务犯罪讯问实践活动,职务犯罪讯问不能没有讯问对象,不能没有讯问人,但讯问对象和讯问者一定是有活动内容的,他们必定是围绕特定内容展开实践活动的。职务犯罪讯问内容是组织需要的观念体现。职务犯罪讯问内容是讯问人在讯问过程向被讯问人传导的信息,是被讯问人在讯问过程接收的信息。讯问实践活动是通过讯问内容来实现讯问宗旨的,职务犯罪讯问是围绕讯问内容而展开的实践活动,是为了让被讯问人认识接受讯问内容而展开的实践活动。围绕讯问内容展开活动的理由必然是内容的重要性。讯问人传导的信息包括政治、思想、道德和纪律与法律的观念体系,这些观念体系是社会政治、经济和纪法制度的反映,是政治经济法律规定的观念系统,这些观念系统是社会政治、经济、纪法制度的反映,是政治经济纪法制度的观念体现,是维系现实制度的需要,其本身即是这些需要的体现。价值反映的是主客体之间的需要和满足需要的关系,价值体系实际上即是满足人们需要的观念体系,核心价值就是党和国家主导的旨在满足社会制度稳定政权稳定和社会发展的观念体系,这是彰显的组织需要体系。党和国家意志比主流意识形态和核心价值体系更能直接具体地说明其是组织需要,因为党和国家的意志即是党和国家期望的具体体现,其是国家制度和国家利益的观念体现,是党和国家需要的思想观念体系,说到底就是党和国家需要的体现,无论是主流意识形态还是核心价值仰或是党和国家意志,都体现的是组织需要,是组织需要的观念体现。职务犯罪讯问实践过程是讯问人传导组织需要和被讯问人接受组织需要的过程。讯问人是职务犯罪讯问的组织者和设计者,是职务犯罪讯问过程的主导者,是讯问内容的传道者,是讯问效果的担负者,是说整个职务犯罪讯问过程由讯问人负责,讯问人作为讯问内容的传导者既要让被讯问人知道讯问内容还要论证引导被讯问人接受讯问内容;讯问人作为主导者在职务犯罪讯问过程中既要发挥被讯问人的主体作用,更要发挥讯问人对讯问过程的主导作用;讯问人作为讯问效果的担负者,是说讯问过程取得的效果好与坏都是讯问人传导、组织和主导的结果,其要承担好与坏结果的责任。倘若从更为根本的意义上看,组织需要缘起于组织需要与对象需要之间的基本矛盾,讯问人在职务犯罪讯问实践中即是在解决组织需要和对象需要的基本矛盾,其是组织需要和对象需要之间基本矛盾的解决者。为了完成以上职责,讯问人需要信仰坚定、知识渊博和功底深厚,需要把握讯问内容和把握被讯问人以及把握讯问方法。被讯问人是职务犯罪讯问过程的对象主体,说被讯问人是主体有三层含义:一是讲被讯问人与讯问人一样都是有思想有情感有意志有能动精神的的人,其对讯问内容和讯问过程的方法以及讯问人的人格魅力等都有自己的判断;二是说被讯问人在职务犯罪讯问过程中发挥主体作用,其参与和接受的程度如何直接影响讯问效果,无论讯问人问的或讲的还不好最后都通过被讯问人体现出来,三是说被讯问人是整个讯问活动宗旨目的指向的对象,职务犯罪讯问就是在面对被讯问人,就是在培养被讯问人,讯问内容和讯问活动都指向被讯问人,没有被讯问人讯问活动亦不存在。作为主体的被讯问人是讯问实践活动的被动参与者,虽是被动但一旦参与进来被讯问人也要满足自己的欲念,被讯问人由于具有自己的独特欲求而需要在现实的讯问实践中解决所面对的问题,从此角度讲被讯问人有接受组织需要的需要,因为组织需要体现着自我需要,对被讯问人来讲其只有接受组织需要并按照组织需要去做才能更好地满足自我需要,被讯问人要在组织需要中选择自己的需要和按照自己的需要去改观自我。职务犯罪讯问过程是讯问人解决组织需要如何变成对象需要的过程。讯问人在职务犯罪讯问过程中是以对讯问内容的把握、熟知、认同和信仰为基础,主要通过三个环节解决组织需要和对象需要之间的矛盾:一是针对组织需要进行传导,即,传导何谓组织需要和组织有哪些需要以及组织需要的合理性和价值性;二是针对组织需要和对象需要的关系进行传导,即,组织需要来自党和国家正风肃纪反腐的需要和组织需要代表对象需要以及组织需要的实现即是保护对象需要;三是针对被讯问人自我发展进行传导,即,组织需要被讯问人有改过自新的需要,被讯问人的对象需要是组织需要的内容,组织倡导被讯问人在组织需要中选择自我进步的需要,被讯问人如何才能实现自我进步的需要,组织对被讯问人个人进步的回报等。讯问人在职务犯罪讯问中就是这样来解决组织需要和对象需要之间矛盾的。职务犯罪讯问过程也是被讯问人解决自我需要与组织需要矛盾的过程。讯问人是具有主观能动精神的人,其在职务犯罪讯问中也有自己的需要,由于职务犯罪讯问是传导体现党和国家需要的党和国家意志的活动,因而讯问人参加职务犯罪讯问并不能获得物质需要的满足,其只能获得观念需要的满足:其一,作为审查调查成员有必须参加职务犯罪讯问的职责规约,这是作为特殊成员的附带义务因而必须参加;其二,其参加职务犯罪讯问也是为了满足对组织需要的认知:作为知识系统清楚组织有哪些需要,为自己接受组织需要做选择和准备;其三,在组织需要与自我发展需要之间寻找融合点,亦即,自己的发展需要在哪些组织需要中获得肯定和支持,这是讯问人进行职务犯罪讯问最大的动力。职务犯罪讯问强调要贴近实际和贴近现实以满足被讯问人的需要和期待,围绕被讯问人、观照被讯问人、服务被讯问人说的即是要满足这些需要。实际上,职务犯罪讯问过程就是要解决组织需要与对象需要矛盾的过程,一方面讯问人要通过自己的传导将组织需要变成对象需要,另一方面被讯问人要欲实现自我需要的话其就要在组织需要中寻找到自我需要融合点的最佳点。

职务犯罪讯问的实效追寻即是组织需要和对象需要矛盾的解决。职务犯罪讯问实效是组织需要和对象需要矛盾解决的程度,就职务犯罪讯问而言,其是基于组织需要和对象需要的矛盾产生的,也是为了解决这个基本矛盾而存在的,其实效即体现在组织需要和对象需要的矛盾解决上。一方面追求实效即是追求需要满足和矛盾解决的怎么样,一放面实效本身就体现为需要满足的程度和矛盾解决的程度。职务犯罪讯问实效体现在组织需要内化为对象需要。职务犯罪讯问过程是一个实现内化和外化的过程,可以讲其在实质上即是在解决内化与外化问题。职务犯罪讯问的主要目的是将社会要求内化为被讯问人的动机和意识,然后再由被讯问人将这些意识外化为行动并产生良好的行为结果。内化与外化既是职务犯罪讯问的目的又是职务犯罪讯问的效果。职务犯罪讯问是否具有效果,最重要的是看其所传导的思想、观念和规范能否为被讯问人所真正接受,即内化为他们的思想和态度并通过相应的行为表现出来,故而内化和外化即成为职务犯罪讯问至关重要的问题。在职务犯罪讯问过程中,内化与外化既密切联系又有所不同。内化是讯问人促使被讯问人变"社会要我这样做"为"我要这样做",外化则是讯问人引导被讯问人变"我要这样做"为"我正这样做"。职务犯罪讯问的实效从根本讲就体现为"社会要我这样做"和"我要这样做"的实际。在这里,"社会要我这样做"具体体现为讯问人所传导的知识规范和道德品质要求,这些知识规范和道德品质要求是党和国家意志、社会主流意识形态和核心价值观体系的表现形式也是党和国家以及社会的需要。"社会要我这样做"即是要求被讯问人按照以上这些需要内容要求去做;"我要这样做"意味着被讯问人将党和国家以及社会需要变成了自我需要,意味着被讯问人将讯问人传导的知识规范和道德品质要求变成了自我的价值追求和行动。职务犯罪需要的实效既是讯问人传导的知识规范和道德品质要求变成了被讯问人思想行为的效果,也是组织需要的知识规范和道德品质要求变成被讯问人需要的效果。实际上,职务犯罪讯问实效既是组织需要的实现程度又是被讯问人接受组织需要的程度,更是组织需要和对象需要的矛盾解决程度。此谓的问题是组织需要和对象需要的矛盾是如何解决的,被讯问人是怎样将组织需要变成自己需要的,或者讲被讯问人是如何将自我需要融入到组织需要当中去的,仰或讲讯问人怎样将组织需要和对象需要有机结合起来实现有机统一的。讯问人在职务犯罪讯问过程中,在阐释组织需要的正当性、价值性、代表性和根源性的同时,要为被讯问人的需要在组织需要中找到位置空间,肯定被讯问人正当进步需要的合组织需要性,这样就会使被讯问人自觉接受组织需要并按照组织需要要求去做,进而实现组织需要与对象需要的统一,而实现的统一程度即是职务犯罪讯问实效性的现实程度。职务犯罪讯问实效是对组织需要变成对象需要程度的评价,是对被讯问人内外化组织需要程度的评价,说到底即是有多少组织需要变成了对象需要,或者讲哪些组织需要变成了对象需要。从知识的或基础的维度看,知识是职务犯罪讯问的基础,职务犯罪讯问要坚持知识性和价值性的统一,寓价值观引导于知识传授中,这意味着职务犯罪讯问中包含知识传导,此谓知识即是诸如何谓价值观、为何有价值观以及有哪些价值观等关于价值观的知识,实际上这些知识是关于组织需要的知识。知识维度的评价即是被讯问人对组织需要的知识把握程度的评价;从价值观或核心的维度看,职务犯罪讯问实际上就是价值观教育,价值观维度在此处突出的是党和国家有哪些需要和这些需要的合理性根据是什么以及在实践中应该怎么做。价值观维度的评价即是对象需要对组织需要接受哪些和认同哪些;从践行的或关键的维度看,职务犯罪讯问最关键的或者说是最根本的即是“行”的问题,从职务犯罪讯问内化和外化的角度讲,内化是为了外化;从思想和行为角度讲,思想要化作行为才有意义;从知和行的角度看,只有将知变成行才是真知。行是试金石,行的评价体现在:明示追求价值规范的行为;符合价值规范的行为;落实和体现价值规范的行为。由知而认同而执行的条件是:组织需要有利于实现对象需要,即,这种有利于既可以是其正当性又可以是报答性,所谓正当性即是组织需要代表着社会发展的方向和对象的利益,报答性即是按照组织需要去做或不按组织要求去办都会得到相应的回报;组织需要鼓励对象需要在符合组织需要前提下得以自我满足;组织需要倡导对象需要的自我进步性,这种进步性是组织需要存在的职责所在。这三点成为满足被讯问人需要的可能。职务犯罪讯问指向的是被讯问人,其的需要传导的是被讯问人,其的目的实现也是通过被讯问人体现出来的,没有被讯问人一切都会成为空话,我们常讲的以人为本即是这个道理,这要求处理好长远的需要与现实的需要、集体的需要和自我的需要、可选择的需要和能选择的需要以及正当的需要与非正当的需要等问题。

组织需要不是讯问需要的全部,但却是讯问需要的最主要内容,在实践中我们一般用组织需要指代讯问需要。组织需要和对象需要的关系是贯穿职务犯罪讯问过程始终的问题,职务犯罪讯问的每个环节都在面对处理两者关系,因而这两者的关系问题是职务犯罪讯问的基本问题。认识组织需要和对象需要关系的目的是在职务犯罪讯问中处理好这两者的关系,只有透彻理解这两者的关系问题才能处理好这两者的关系,才能使被讯问人具有获得感,才能使职务犯罪讯问收到实效。讯问活动是有目的有计划有组织的实践活动,这是由讯问人的主观能动精神决定的。讯问驱动力主要来自组织需要。职务犯罪讯问与组织需要紧密联系在一起,因具有组织专有性而成为组织需要的体现,如何认识职务犯罪讯问是组织的需要。职务犯罪是组织需要的社会实践活动。职务犯罪具有目的性、对象性、工具性,强调的是是谁组织主张的主体活动,而这个主体则是国家,因为职务犯罪讯问是落实党和国家意志的实践活动。我们这样讲的原因是:用国家标识职务犯罪讯问主体更能彰显其国家属性;职务犯罪讯问是国家治理的手段之一,其根本目的是巩固政权稳固和社会稳定以及改造被讯问人;职务犯罪讯问是党和国家落实正风肃纪反腐具体措施的现实需要。一定的思想观念、政治观点和道德规范是组织需要的现实体现。以特定的思想观念、政治观点和道德规范对被讯问人施加有计划有目的有组织的影响是组织需要职务犯罪讯问的原因。对此我们需要考虑的是:组织需要职务犯罪讯问为何要用一定的思想观念、政治观点和道德规范去影响被讯问人?特定的思想观念、政治观点和道德规范是什么?根据马克思主义的观点,这些特定的思想观念、政治观点和道德规范是国家政治经济文化制度的综合精神反映,其所体现的是党和国家的需要,是党和国家需要的思想政治品德。组织需要的实现是讯问人形成组织需要的思想政治品德,由此而言讯问人对被讯问人施加影响即是在职务犯罪讯问中向被讯问人传导体现党和国家以及社会要求的意识形态,也就是让被讯问人知道组织需要有哪些和国家在意识形态场域主张什么和要求什么,同时论证这种意识形态的合理性和正当性,以此来引导被讯问人形成组织需要的思想政治品德,使被讯问人形成组织需要的政治思想品德。按照自己的要求去改造被讯问人,这是职务犯罪讯问要解决的最根本问题。组织要求和服务组织进一步明确思想观念、政治观点和道德规范都是组织需要的体现,而被讯问人形成组织需要的思想政治品德即是组织需要的实现,进而使被讯问人能够改过自新则是组织需要的实现表现。我们既要理解组织需要也要理解对象需要。需要是被讯问人应讯的内在动力,是被讯问人机体内部的某种匮乏而产生的期望,被讯问人有了应讯需要就会有满足需要的动机并进而去做满足需要的活动。职务犯罪讯问不只是组织需要的体现和实现活动,同时也是被讯问人对象需要的体现和实现活动。如果讯问活动仅仅体现组织需要而对对象需要视而不见,被讯问人改过自新的可能性就不会有太大的几率。这既是对对象需要的认知偏差又是对职务犯罪讯问的认识偏差,这种认识偏差既会影响对象需要的实现也会影响组织需要的实现。因此充分论证组织需要和对象需要有哪些以提高职务犯罪讯问实效就成为实现对象需要和组织需要的关键环节。这说明被讯问人需要组织需要或者讲被讯问人主观上对组织需要有需要。关于这一点我们前文已经有所涉及,在此不赘。如何使职务犯罪讯问既能实现组织需要又能实现对象需要呢?这就需要讯问人将被讯问人改过自新需要的满足摆在组织需要满足的落脚点上,摆在组织需要实现的关键点上,摆在组织需要的思想政治品德实现的切入点上。

第三节 正确把握需要

讯问需要和反讯问需要之间的关系是讯问动机和反讯问动机接触的逻辑起点。所谓逻辑起点既不是游离于科学以外的外加因素也不是讯问双方头脑中固有的纯思辨性的先验产物,探索讯问动机和反讯问动机接触的逻辑起点是对讯问动机和反讯问动机关系的前提予以反思的结果,有利于提高我们深化认识讯问动机和反讯问动机的产生背景和运维条件。富有差异性的讯问双方的需要是双方动机构成要件系统中不可或缺的支点因素,深入探究这个逻辑起点有利于我们全面深入地把握讯问动机或反讯问动机的产生和运维规律。搞清价值意蕴是催生讯问动机或反讯问动机实效性的重要思路。有效的讯问动机或反讯问动机的前提是某种真实的组织需要或对象需要的存在,而探讨讯问双方的需要的逻辑起点是突破讯问动机或反讯问动机研究的瓶颈,是催生讯问动机或反讯问动机实效性的重要思路。首先,从组织需要和对象需要探索讯问动机或反讯问动机接触的逻辑起点是马克思主义的内在要求。无论是讯问人还是被讯问人都是现实中的人,无论是承担立德树人任务的讯问人还是具有潜在进步需求的被讯问人都离不开人的需要。这种需要是讯问双方大脑对生理需求和社会需求的反应,其本身则是能使这些要求得到满足的决定性原因。把握讯问双方的需求现状和阶段性变化是催生讯问动机或反讯问动机的核心要义。其次,构建组织需要和对象需要的关系是催生讯问动机或反讯问动机实效性的有益方法。目前建构组织需要与对象需要关系的模式有五种:一是维权模式,即,过分强调组织需要而漠视对象需要模式,其优点是讯问人能够在最短时间内将理论和知识传递给被讯问人,缺点是易于导致思想与实践脱节现象,理论的内化效果与外化行为不一致也不显著;二是趋利模式,即,被讯问人受个人利益驱动而被动接受组织需要模式,其优点是能够调动起被讯问人的主观能动性,然而由于利益是把双刃剑,需要讯问人对被讯问人进行科学有效的引导;三是信服模式,即,被讯问人以理性和客观的态度接受讯问教育的模式,其优点是讯问人能够以理服人,缺点是讯问人对被讯问人内在需求的关注度有待提高;四是情感模式,即,讯问人以特定的教育内容引发被讯问人的情感共鸣的模式,其优点是能够引致被讯问人的情感共鸣，缺点是理论性显得不足；五是浸润模式，即，讯问人通过隐性教育手段在被讯问人不自觉的情况下完成知识传导并且具有较为理想的效果，其优点是显而易见的，我们不再多言。在职务犯罪讯问中，任何一个具有实效性的讯问活动都从这种关系建构开始的。在职务犯罪讯问中，如果没有基于被讯问人的需要进行有针对性的教育，那么对被讯问人的思想和精神面貌的转变将不会有任何影响，甚至还会产生极为负面的影响，基于对象需要构建积极有效的说服关系是立德树人的关键。其次，把握组织需要和对象需要关系的内在逻辑是基于讯问双方的需要建构讯问动机或反讯问动机关系。探究组织需要和对象需要关系的逻辑起点主要目的是使职务犯罪讯问变得更有浸润力以实现知情意的统一。研究讯问动机和反讯问动机不能离开讯问需要和反讯问需要的现实状况。组织需要和对象需要的关系是讯问人和被讯问人基于讯问中的互动而产生的，基于个人利益与集体利益之间关系而了解讯问双方应对讯问需要状况是建构讯问动机和反讯问动机关系的重点，是讯问人开展讯问的重要条件。构建组织需要和对象需要关系是催生讯问动机与反讯问动机关系的实践前提，关注讯问双方的需要是催生讯问动机与反讯问动机关系生成的逻辑前提，因此讯问双方的需要作为催生讯问动机与反讯问动机关系生成的逻辑起点具有两个特征：一是逻辑上的优先性，即，讯问人如果不基于组织需要和对象需要与被讯问人构建双方之间的动机接触关系，那么后续的说服教育工作则是无效的或是低效的；二是内涵的丰富性，即，组织需要和对象需要具有多层含义，建构有效的动机关系要在讯问双方之间的诸多层次和诸多阶段需要中划分合理需要与正当需要。再次，将对象需要指向的是合理正当的需要作为建构原则：在讯问互动中的讯问双方的需要是构建讯问动机与反讯问动机关系的逻辑起点，从讯问双方的需要探求讯问动机与反讯问动机关系的逻辑起点是对讯问动机与反讯问动机关系生成的起点把握。讯问人要在满足被讯问人悔过自新需要中建构动机接触关系。作为动机关系逻辑起点的对象需要指向的是被讯问人的合理且正当的需要。讯问双方的动机接触关系不是自然生成的，也不是依靠命令就能发生的，其的产生有其前提、基础和具体的行为构成因素。判断对象需要是否合理正当主要依靠纪法尺度和道德尺度，在这种判断过程中，讯问人要寻找出被讯问人与纪法尺度和道德尺度的结合点，基于这一逻辑起点建构起来的动机接触关系能够塑造被讯问人的精神世界。这就要求讯问人既要重视被讯问人的需要，也要发挥讯问人自我确证发展需要在讯问过程中的作用。讯问人要在动机接触关系中帮助被讯问人实现内化与外化的统一。动机接触关系的建构立基于以人的需要为核心的“需要—动机——行为”原理,这说明人的需要是讯问人建构动机接触关系的切入点和关键点。讯问人所传导的思想、观点和规范能否内化为被讯问人的思想和态度以及外化为被讯问人的行为表现和行动习惯,是评估动机接触有效性的重要准则。动机接触关系生成后,被讯问人的需要就从自发转向自觉,逐渐产生接受讯问教育的动机,这是内化的前提。接受动机是被讯问人将教育内容内化于心和外化于行的基础,在讯问中满足被讯问人的合理需要能使被讯问人对讯问教育中的个人价值和社会价值产生期待,这时讯问人要根据被讯问人的特点借助动机接触关系及时培育被讯问人的角色期待和行为外化动机。

对象需要具有合理与非合理之别,在职务犯罪讯问中如何将不合理的对象需要转化为合理需要呢?马克思关于对需要的论述为我们提供了科学指引。马克思指出:人的需要是人的本性;需要与利益和价值有关;需要与社会发展和人的发展有关。具体讲,人的需要与人的生存直接相关;需要是对象化实践活动的需要;需要是社会关系的需要。需要的特征:客观性与主观性相统一;自然性与社会性相统一;稳定性与变化性相统一。需要对人的意义和作用是:需要是人的重要存在方式,需要是人行为的直接动力,需要规定者人的本质。需要与人的发展的关系是:人的需要是人的发展的基本前提,人的发展是人的需要的最高目标,人的需要与人的发展相促进。以上马克思的需要理论为讯问人转化被讯问人不合理需要提供了具体的路径和科学的工具,这就要求讯问人要以正确的价值观引领来纠正被讯问人虚假的需要,要以精神生活的发展来纠正被讯问人片面的需要,要以知识储备的增长来纠正被讯问人过度的需要。所谓虚假的需要即是被讯问人由于主客观原因的干扰错将不需要的东西当作自己的需要来追求,在职务犯罪讯问实践中,虚假的需要就是指被讯问人把那些不利于个人和社会发展的需要作为自己的需要。虚假需要不符合被讯问人的本质特点,亦对社会发展有害,所以需要加以纠正。价值观是驱使人行为的内部动力,对人的行为起着引领作用,人的正确的价值观形成得益于合理性需要的满足,讯问人要以价值观的动力作用、标准作用、导向作用和调节作用来纠正被讯问人的虚假需要。此谓片面需要是指被讯问人只重视物质享受而丧志了精神追求和只注重眼前利益而忽视将来的发展。人的精神需要是人在社会生活中体现出来的感性和理性的欲望和要求。讯问人要以精神生活内容的的丰富性和以扩大精神生活范围的方式纠正被讯问人片面的需要，以提高被讯问人科学文化素质来提升被讯问人的品味，最终改善被讯问人的精神境界。所谓过度的需要即是指被讯问人的需要超出了自身必要的需要而追求某些不必要的东西。知识储备的增长可以使讯问人成为有思想深度的人和具备发现问题与解决问题的能力，讯问人要以帮助被讯问人增长知识储备的方式使被讯问人成为一个求真理明事理的人，以丰富的知识来纠正过度的需要。

人的需要作为人的发展的重要动力对社会发展同样具有重要意义。需要具有社会性，但并非天然即具有社会性，这需要一个需要社会化过程，讯问人要认真研究被讯问人需要社会化问题，更好地理解被讯问人的需要与社会互动问题，从而促进被讯问人的进步。前文我们讲到过修改需要的问题，在此处我们又将涉及到这个问题。在讯问人修改被讯问人的需要方式中，影响被讯问人需要社会化也是效果较为理想的方法。讯问人要使被讯问人明白一个深刻的道理，那就是从本质上讲，社会发展和需要的发展都是人的发展，被讯问人的需要及其进步自身发展与社会发展是一体的，其中，社会发展是包括被讯问人在内的人的发展的外在表现，而需要的发展是包括被讯问人在内的人的发展的内在表现，具体到被讯问人身上，那就是社会发展是包括被讯问人在内的人的活动的结果和产物。在现实意义上，被讯问人的进步和发展以及被讯问人价值理想的实现与社会发展之间具有直接的联系。被讯问人的进步和价值理想实现的逻辑起点是对象需要和社会需要。讯问中的说服教育是协调对象需要和社会需要的重要形式，由此而言说服教育效果的实现过程即是一个谋求对象需要与社会需要相统一的过程。对象需要和社会需要相契合是说服教育效果的生成基础。在中国特色社会主义条件下，对象需要和社会需要的关系在政治上体现为人性与党性的关系，契合并非是迎合，在讯问实践中讯问人要处理好这两者的关系。对象需要与社会需要相契合的途径是对象需要社会化和社会需要个体化相统一。讯问人要坚持以人为本的原则，以传导理想信念、政治观点、政治方向、政治立场、基本路线方针以及形势政策等方式，来帮助被讯问人做好对象需要社会化和社会需要个体化相契合工作。

第十章
理性看待目标

目标是期望达到的成就和结果也是行为的导向,一直被认为是动机的重要组成部分。此谓理性看待目标即是理智地对待目标。对讯问人而言,无论是讯问目标的设定还是克服反讯问目标的设计都必须指向核心素养的培育。核心素养是指讯问人和被讯问人在接受思想政治教育(此谓的思想政治教育包括纪法教育)过程中逐步形成的适应个人终生发展和社会发展需要的必备品格与关键能力,其具体内涵包括政治认同、科学精神、纪法意识和公共参与在内的品质与能力。培育核心素养既是职务犯罪讯问中思想政治教育的目标所指,也是落实立德树人根本任务的必然要求。但是核心素养培育目标并不能直接落地生成,而是需要经由讯问人解读与设计转化为说服教育式的讯问目标。

第一节 讯问目标与核心素养的关系

从任务分解角度看,讯问目标的内容有两个,一个是说服被讯问人消除抵触情绪而配合组织审查调查,另一个是动员被讯问人彻底履行供述义务。讯问目标是职务犯罪讯问的出发点和归宿,或者讲其是职务犯罪讯问的灵魂且支配职务犯罪讯问全过程并规定职务犯罪讯问的方向。指向核心素养培育的讯问目标的设计需要重点把握和深刻理解核心素养与“三维目标”的关系,这样能为具体的讯问目标设计梳理思路并提供方向指引。所谓“三维目标”即是讯问双方在职务犯罪讯问过程中应该达到的三个目标维度:知识与技能;过程与方法;情感态度与价值观。所谓知识与技能,对讯问人而言即指纪法知识与讯问技能,对被讯问人而言即指纪法知识与配合技能;所谓过程与方法,对讯问人来讲即指施教过程与施教方法，对被讯问人来讲即指受教过程与受教方法；所谓情感态度与价值观，对讯问人来说即指对待被讯问人的情感意识和对待倾向与应该持有的社会主义核心价值观，对被讯问人来说即指对组织审查调查的情感意识和应讯态度与应该禀赋的社会主义核心价值观。其中“知识与技能”强调的是讯问双方在职务犯罪讯问中不可或缺的关键知识和基本技能，是职务犯罪讯问的最基本部分；“过程与方法”之“过程”强调的是讯问双方所处的讯问环境和在互动交往中的体验，而“方法”强调的是讯问双方在职务犯罪讯问中的基本思维方式和领悟方式，包括自主学习和合作探究等内容，是职务犯罪讯问的内在建构；“情感态度与价值观”则强调的是讯问双方对待讯问的兴趣、动机、态度和个人价值与社会价值的统一体，是职务犯罪讯问的灵魂。此三维度在职务犯罪讯问中相互作用相互联系，既不能脱离过程与方法、情感态度与价值观去获取知识与技能的提升，也不能离开基本的知识与技能去空谈过程与方法去获得情感态度和价值观。核心素养是“三维目标”的整合与提升，亦即，具体讯问目标是指以核心素养为框架而构成的一个有机整体。从讯问人角度讲，就是在政治认同方面把被讯问人培养成一个有政治立场且重新具有社会理想的个体，在科学精神方面把被讯问人培养成一个有正向独立思想和有重新回归社会能力的个体，在纪法意识方面把被讯问人培养成一个有自尊且遵纪守法的个体，在公共参与方面将被讯问人培养成一个有担当且善于正确表达的个体。由此可见，核心素养是建立在“三维目标”基础上，更加强调“三维目标”的并进与整合，关键知识、关键能力和必备品格是“三维目标”融为一体的具体表现，尤其突出了育人价值，是对“三维目标”的超越，但核心素养的形成离不开“三维目标”作为路径和载体，同时核心素养的整合也使“三维目标”走向更为丰饶的核心素养。厘清两者的关系可以为传导目标的有效设计提供方向指引。传导目标反映的是讯问人向被讯问人传导纪法知识和道德知识结束后被讯问人内部心理结构变化的不同水平的接受结果，也指讯问人在思想政治教育中预期达到的学习结果和标准。传导目标是被讯问人学习和接受的结果而非讯问人传导结果，是对被讯问人“能做什么和会什么”的预设，是需要通过一定的思想政治教育之后才能够得以达成，是关于思想政治教育将使被讯问人发生何种变化的明确表述，是具体明晰且可操作的知识输送目标，是指导思想政治教育现场输送的指南。职务犯罪讯问目标体系大致分为讯问目的、改造目标、宣讲目标和传导目标四层，其中讯问目的体现的是国家整体的教育价值，对核心素养具有价值引领作用；改造目标体现的是不同讯问阶段的思想政治教育所提出的对被讯问人进行改造的要求，对核心素养具有方向指引作用；宣讲目标体现的是指包括纪法教育在内的思想政治教育的价值，对核心素养具有同级参照作用；传导目标体现的是包括纪法教育在内的一定思想政治教育内容的价值，对核心素养具有具体细化作用。从育人角度看，这个目标体系突出了包括纪法教育在内的思想政治教育的育人价值，被讯问人通过对特定知识的学习能够获得在解决现实情境中所需要的综合素养。包括纪法教育在内的一定思想政治教育既具有包括概念、事实、原理等陈述性知识在内的表层结构，又包括诸如观念、思维、方法和价值等程序性和策略性知识在内的深层结构，其中的深层结构知识是被讯问人必须具备的知识，因为这种知识是能够提升被讯问人分析和解决问题的能力的关键知识，具有育智和育德的双重功能。与传统的侦查讯问不同，指向核心素养的职务犯罪讯问目标具有一定的现实性特征：一是聚焦核心素养以增强育人导向，更加关注被讯问人在关键知识、关键能力和正确价值观等方面的提升与达成，明确对被讯问人“改造成什么样的人？”和“为谁改造人”的时代之问，凸显了育人价值，强化了育人导向。二是整合“三维目标”以落实传导目标，注重“三维目标”的整体推进，发挥其重要的育人作用。三是关注学习行为以尊重被讯问人主体地位，以关键知识、关键能力和必备品格为传导目标的基本结构，使被讯问人明白自己“从哪里来？到哪里去？”着眼于被讯问人的长远出路。四是引领传导活动以重视必备知识，注重引导被讯问人在接受思想政治教育过程中的学习状态上从被动到主动和由主动到互动的转型，培养被讯问人在面对复杂情境时所具有的探究能力以及分析和解决问题的综合品质。

关于指向核心素养的思想政治教育传导目标的多维价值。设计传导目标是落实党和国家立德树人根本任务的起点和具体途径，是讯问人展开思想政治教育的灵魂，体现了国家与社会、纪检监察机关和纪检监察人员、职务犯罪讯问与被讯问人的多维价值。从国家与社会层面讲，这是落实国家监察体制改革要求，实现以思想政治教育立德树人功能；从纪检监察机关和纪检监察人员层面讲，这是回归思想政治教育德育本质，改变取供为本教育观；职务犯罪讯问与被讯问人层面讲，这是尊重被讯问人主体地位，生成被讯问人核心素养。

在国家监察体制改革以来，绝大多数讯问人意识到思想政治教育对于改造被讯问人思想和培育被讯问人综合素养的重要性，但仍有部分讯问人在“惩前毖后治病救人”方面存在形式主义,表现为在职务犯罪讯问中还按传统套路来,将思想政治教育宣讲目标与传导目标混为一谈,不能整合纪法知识和道德知识以培养被讯问人核心素养。存在的问题:一是传导目标设计存在形式主义,二是将思想政治教育整体目标与具体的传导目标混为一谈,三是传导目标设计不能整合纪法知识和思想政治教育知识与核心素养,四是传导目标设计缺乏可操作性。产生这些问题的原因:一是讯问人讯问理念落后,讯问以“套口供”为根本,二是讯问人传导目标意识薄弱,忽视其导教、导学和导评价值,三是讯问人讯问经验不足,不能达成“三维一体”。在国家监察体制改革的时代背景下,如何符合“惩前毖后治病救人”政策要求,并设计指向被讯问人核心素养培养的思想政治教育传导目标,是每一位讯问人的所面临的时代之问,需要每一位讯问人不断地进行探索、反思和实践,至少应该做到以下几点:一是转变思想观念,提升对思想政治教育传导目标设计的价值认识,具体要转变育人观念,强化“通过知识获得教育”意识;提升对思想政治教育传导目标设计价值的认识;加强对有关传导目标设计理论的学习;二是准确把握被讯问人现有知识状况,整合其知识与素养,具体要认真学习习近平新时代中国特色社会主义思想及党的路线方针政策,把握思想政治教育的传导标准;认真分析和解读准备向被讯问人传导的知识内容,看是否符合党的路线方针政策要求;立足被讯问人的认知基础及能力态度因人施教;三是规范传导目标表述,增强可操作性,具体要明确己之讯问责任,凸显被讯问人本位;要规范己之行为,能够对被讯问人的接受结果有所判断和预测;要细化被讯问人可能的行为变化条件,增加对被讯问人进行素养教育的情境化;四是认真评价被讯问人具体表现程度,指向其核心素养培育。

第二节　反讯问目标与核心素养的关系

反讯问目标与核心素养是背道而驰的,其内容之间具有对立性和矛盾性。对讯问人来讲,核心素养的培育是讯问人用来克服反讯问目标的最有效方式。对被讯问人而言,核心素养的培育历经一个由拒绝到不情愿接受再到愿意接受最终自愿接受的过程。

反讯问目标的设定是被讯问人不具备核心素养的直接体现。在职务犯罪讯问中,被讯问人抗谈拒供是一个十分普遍的现象。抗谈拒供动机是被讯问人以拒绝与讯问人沟通交流方式而隐瞒违纪违法犯罪事实的内心起因和内隐动力因素。这种动机通常是由被讯问人恐惧纪法制裁和不愿面对自己违纪违法犯罪的现实等原因造成的,但总起来说,在影响被讯问人抗谈拒供的主客观原因中,抗谈拒供动机是一个较难把握的现象,原因是绝大多数被讯问人并非被动式抗谈,而是以设定反讯问目标方式来拒供。就反讯问目标内容而言,其具有个体性内容,即,被讯问人是个体性的,具有自己独特的个性特征和社会经历以及案件情况;其具有社会性内容,即,被讯问人是一个具有诸多共同点的群体,比如可能具有相似的违纪违法犯罪经历和具有相同的外部环境等,这些共同点导致不同的被讯问人在现实需要以及诱因等方面具有相对一致性;但无论是个体性内容还是社会性内容,其中均没有丝毫的与核心素养相同的内容,可以讲反讯问目标的内容都是与核心素养内容直接抵触和矛盾对立的。就政治认同来说,这些被讯问人早已丢失了党性原则,丧失了初心使命,其违纪违法犯罪行为是对党和国家事业的背叛,已经谈不上所谓的政治认同了;就科学精神而言,这些被讯问人早已"三观扭曲",满脑子铜臭,亦与科学精神风马牛不相及;就纪法意识而言,这些被讯问人在我们党对腐败零容忍的情势下罔顾党纪国法而肆意妄为,根本就不具备纪法常识和遵纪守法意识;就公共参与而言,这些被讯问人在职务犯罪讯问中对讯问人采取直接拒绝的态度,根本没有主动配合组织审查调查的意思表示,更谈不上所谓的公共参与了。

反讯问目标设定是被讯问人构建的结果。被讯问人关注怎样在既有认知结构前提下来建构抗谈拒供的新认知,其通常的感觉包括两个方面:一是利用获取的讯问人传导信息来决定设定反讯问目标,二是对既有经验结构重组和改造以搭建反讯问目标框架。这是一个被讯问人以自身经验为基础通过编码组织信息从而建构己之对讯问信息内容的理解过程。被讯问人具有针对抗谈拒供欲念在头脑中建构抗谈拒供新知识的能力,在其中反讯问目标设定的主动性、非合作性和对讯问人的距离感尤为突出。此谓主动性是一种负向的主动性,被讯问人在接受讯问过程中通过分析整理讯问人传导的信息并与自己的侥幸心理相结合,构建起己之反讯问目标,这种反讯问目标的外在表现即是拒绝与讯问人进行互动交流,内在层次的表现即是在非合作中寻找机会,或尽量保持沉默或虚情假意地与讯问人周旋,一味单向度接受传导信息而自己却不外输信息,以自我关闭心灵大门形式自我同化、自我顺应和自我平衡,在预设与生成理念指导下试图不断自我强化抗谈拒供意识，并在畏惧心理严重的情况下负重应讯。反讯问目标设定的实质是被讯问人根据已有的知识经验建构起抗谈拒供模式，并将这一模式应用于对当前所输入信息的理解的过程。由于被讯问人个人头脑中的原有认知结构、认知方式和认知策略各有不同，再加上各自对讯问人传导信息的领悟程度和领悟角度不同，所生成的知识感悟也各不相同，所以被讯问人在反讯问目标内容设定上亦各不相同。

反讯问目标设定是被讯问人预设的结果。“预”是指被讯问人思维上的准备，“设”是指被讯问人实际的操作；“预设”即指被讯问人在抗谈拒供行动之前对反讯问目标的运演路径与结果进行计划和预期，包括抗谈拒供行动之前的设想、规划和安排，具体说反讯问目标设定中的预设是被讯问人围绕抗谈拒供的侥幸心理和畏责心理而设计的反讯问环节和程序，以说明反讯问目标设定是一个有计划的活动。预设是反讯问目标设定的前提。因为反讯问目标设定自身是带有目的的活动，被讯问人通过预设对反讯问目标的任务和过程予以整体把握，是反讯问目标设定的质量保证，其表现在接受讯问中是被讯问人按照事先的计划和安排有序进行抗谈拒供；表现在结果上，是被讯问人获得了预设性进展。站在被讯问人角度，反讯问目标的设定分为即时性设定和延时性设定，所谓即时性设定是指被讯问人在接受讯问现场设定反讯问目标，所谓延时性设定是指被讯问人在接受讯问后设定反讯问目标，延时性设定的反讯问目标对今后的组织谈话会产生影响。

反讯问目标实质是一种获得性目标。获得性目标是指通过维系和增加资源来实现个人利益最大化的目标，其能使被讯问人对投入和收益的高度敏感，此有助于保护和改善被讯问人自身的资源。获得性目标的时间跨度是中长期的，目标实现的标准是提高或防止减少被讯问人自己的资源。获得性目标框架反映了被讯问人的计算意图，并增加了对心理侥幸回报的关注，从而导致与资源相关的诸如讯问威胁等子目标很容易被感知，但与被讯问人个人情感和规范行为有关的目标则被推到背景认知中。在反讯问目标设定中，被讯问人是否愿意接受讯问人的宣教取决于其对有益于自己的积极结果的看法，与此同时，获得性目标框架下的被讯问人会参与到对自己有利的讯问环境中，然而一旦其中的利益激励取消，被讯问人会将参与局面恢复到初始状态。

相较于获得性目标，核心素养培育是一种规范性目标。规范性目标强调个体要采取适当的行动和做正确的事，这是对获得性目标的纠正。对被讯问人来说规范性目标支持被讯问人关注应讯行为的适当性,但被讯问人对感觉认为自己应该做的事情更敏感,对规范性目标是不感兴趣的,甚至是极力反对的,这就产生了与核心素养规范性目标的尖锐矛盾。由于反讯问获得性目标是中长期目标,其会在职务犯罪讯问中持续存在很长一段时间,所以这种矛盾也会伴随抗谈拒供持续较长时间,这就是为什么绝大多数被讯问人会在讯问前中期顽固不堪拒不配合的原因,只有当这种矛盾消失以后,讯问局面才会发生改观。这种矛盾的产生和消失体现在被讯问人反讯问心理的产生与演变上。根据职务犯罪讯问实践,被讯问人反讯问心理变化阶段一般分为形成、反应和终止三个阶段。反讯问心理形成阶段可以出现在组织谈话的任意阶段,其开始的标志是当讯问人试图获取相关案件信息时被讯问人主观上尝试通过一定的言行干扰或阻止。当讯问人意识到并对被讯问人反讯问心理作出反应时,被讯问人的反讯问心理就转入反应阶段,此时被讯问人的反讯问心理会向强化或消退两个方向转化,当强化持续进行时反讯问心理便会停留在原讯问阶段,当消退持续发生时,被讯问人的反讯问心理才会进入终止阶段。被讯问人反讯问心理是强化还是消退主要基于以下考量因素:一是抗谈拒供手段是否有效,二是抗谈拒供的效果是否优于如实供述,三是与供述案件事实相关联的其他后果是否可以接受。根据惯常的经验,在反讯问心理形成阶段会伴随着对核心素养教育强烈的拒绝现象,在反讯问心理反应阶段会伴随着对核心素养教育由不情愿接受到愿意接受的转化现象,在反讯问心理终止阶段会伴随着对核心素养教育最终自愿接受的转化现象。这里我们还要着重强调一点,即,被讯问人为何反对规范性目标的直接原因:如果被讯问人处在规范性目标框架之下,其就会被激活与适当性相关的子目标,诸如行为正确且规范等,规范性目标关注集体资源的保护、社会群体的规范、长期问题的解决和对冲动的控制,这是被讯问人所不能接受的,由于规范性目标为亲组织行为提供了最稳定的基础,这是被讯问人所极力反对的。核心素养规范性目标会促进道德行为和纪法行为,当规范性目标得到加强并成为焦点时,被讯问人不得不弱化或消弭反讯问目标,同时会采取亲组织倾向并愿意为此付出努力。

由上可知,目标本身反映了在特定情境下激励讯问人或被讯问人的因素,当一个目标被激活时,被激活的目标会影响讯问人或被讯问人此刻的想法,影响讯问人或被讯问人对什么信息敏感和感知到什么样的行动选择以及将采取何种行动,目标会根据情境线索的启示而改变,使讯问人或被讯问人在处理输入信息方面具有选择性,无论是反讯问获得性目标还是核心素养规范性目标,其核心思想都是目标控制认知过程从而决定讯问人或被讯问人的意愿或行为。

第三节 理智地对待目标

无论是讯问目标还是反讯问目标都是由个体性和社会性组成的复杂内容体系,其具有相对稳定性和绝对易变性特征,不断地在稳定与变化的矛盾运动中辩证地发展着,因此讯问人要理智地对待目标。讯问人要理智地对待目标首先要从整体上设计讯问目标,即,处理好整体性讯问目标与阶段性讯问目标之间的关系,合理的讯问目标是有效讯问的前提。目标正确是有效讯问的重要特征,要实现有效讯问必须在讯问之前的准备阶段设计正确的讯问目标,制定正确的讯问目标要全面把握讯问目标,要整体性制定讯问目标,要在讯问目标计划中重视"三维目标"的有机融合,要注重讯问目标的具体性和可操作性。

下面我们讨论整体设计讯问目标问题。所谓整体是指由职务犯罪讯问各构成要素所组成的统一体,与部分相对而言,整体是上位目标,部分是下位目标。所谓讯问目标是指职务犯罪讯问将使被讯问人发生什么变化的具体的且明确的表述,指的是讯问活动中所期待获得的被讯问人的领悟结果,讯问目标设计是讯问设计的首要问题,是对讯问活动过程预期要达到的结果的规划,职务犯罪讯问目标是被讯问人通过讯问中的核心素养培育而发生变化的明确表述,是讯问人期待被讯问人通过职务犯罪讯问得到的被讯问人的领悟结果,实际上是被讯问人的一种自我提升目标。职务犯罪讯问目标整体设计是指讯问人在设计职务犯罪讯问目标过程中要结合横向和纵向两个维度的讯问目标设计;横向设计意指讯问人在进行阶段性讯问目标设计时要兼顾"三维目标"内容,而在中长期职务犯罪讯问目标设计上要包含唯物史观、时空观念、史料实证、历史解释和家国情怀五大核心素养内容;纵向设计意指讯问人在设计职务犯罪讯问目标时要从上位目标角度设计不同的阶段性下位讯问目标;纵横两个维度的目标内容是紧密联系的,在设计职务犯罪讯问目标时一定要有整体观念。在国家监察体制改革以后,随着"惩前毖后治病救人"新理念的提出,绝大多数的讯问人都改变了职务犯罪讯问目标设计的内容和形式以适应新形势的需要,但仍有部分讯问人沿用老套路进行职务犯罪讯问目标设计,所以当前存在新旧问题交织的局面。具体表现为：一是职务犯罪讯问内容不合理，即，偏重套取口供而不注重知识目标和能力目标，各阶段性讯问目标孤立而不连续，讯问目标表述方式不恰当。究其成因：一是讯问人不够重视职务犯罪讯问目标设计且观念陈旧，二是讯问人设计职务犯罪讯问目标时缺乏纪法规范和政策标准，三是讯问人缺乏职务犯罪讯问目标设计的基本技能，四是讯问人缺乏职务犯罪讯问目标设计的整体观。被讯问人职务犯罪讯问目标设计原则：一是以被讯问人为中心原则，即，在职务犯罪讯问中，被讯问人是本源习惯的存在，讯问人是条件性的存在，职务犯罪讯问要充分发挥被讯问人的主动性，尽可能让被讯问人在职务犯罪讯问过程中获得直接经验。二是连续性原则，即，讯问人核心素养的落实要连续，各阶段讯问目标具有连续性；三是整体性原则，即，讯问人在进行职务犯罪讯问时要着眼于被讯问人的长远进步和发展。四是有效性原则，即，让被讯问人对讯问目标有清晰的认识，有助于提高被讯问人对接受教育的重视；五是具体性原则，即，讯问目标要针对具体的对象，讯问目标表述必须具体。职务犯罪讯问目标整体设计方法：一是引入讯问目标阐明流程图，整体设计讯问目标：1、明确不同阶段的讯问目标之间的联系；2、做好讯问目标整体计划；二是综合运用核心素养和“三维目标”表述法，合理表述讯问目标。职务犯罪讯问目标整体设计策略：一是开展讯问前测，确定目标起点：1、把握前测要点，做好前测准备；2、掌握前测方法，开展有效前测；3、分析前测结果，确定目标起点；二是明确设计步骤，整体设计讯问目标：1、确定阶段性讯问目标，2、确定阶段性讯问目标设计步骤，3、设计阶段性讯问目标；三是及时开展讯问评价，完善整体讯问目标：1、选择评价方式和时间，2、明确目标类型，选取评价方法；3、分析评价结果，完善整体讯问目标。

下面我们讨论核心素养取向的职务犯罪讯问目标建构。核心素养聚焦于被讯问人在解决现实情境中的复杂问题过程中表现出来的价值观念和必备品格以及关键能力，进而将职务犯罪讯问目的情境化、具体化和可操作化，讯问人应该认真分析被讯问人的认知水平和心理特点，科学构建适合职务犯罪讯问的核心素养培育目标。职务犯罪讯问目标要素和结构由讯问情境、被讯问人行为表现和变化情况组成。核心素养目标在本质上反映着以人为本的讯问理念，直接指导解决“如何改造人和怎样培养人”的现实问题。核心素养的讯问目标建构应该坚持以被讯问人为主体，拓展和加深讯问情境，综合考虑讯问过程中被讯问人外显行为及其变化情况，从而对职务犯罪讯问预期目标作出一般陈述。关于讯问情境:违纪违法犯罪是过去的事实,被讯问人作为违纪违法犯罪的亲历者需要认真回忆事件过程和体悟当下的对此的感受,乃至选择和决定供述与否以解决当前所面临的讯问压力。讯问人通过解决不同层次的情境性问题能够形成相应层级的价值观、品格和能力。关于行为表现:作为个体内部心理过程,讯问本身无法被直接判断和测评,讯问人通过观察被讯问人在讯问前后的行为表现及其变化情况,能够推断被讯问人内部价值观、能力和品格的形成或提升。关于变化情况:被讯问人在职务犯罪讯问前后的行为表现的变化情况对应着价值观念、必备品格和关键能力的具体标的。下面我们讨论目标匹配与分层问题。职务犯罪讯问目标指导着讯问现场和讯问评价,因此必须具有非常准确的针对性和可操作性。讯问人只有立足讯问内容,抓住主要线索和概括中心问题,提炼知识要点和匹配核心素养,通过重点内容突破来带动整体内容的讯问,具体要重点做到:第一,提炼纪法知识和道德知识要点,匹配核心要素:思想政治教育基础知识是职务犯罪讯问目标建构和实施的基础和载体,讯问人需要明确思想政治教育专题教育所涉及的范围,概括和确定其中的关键问题,通过分析讯问内容的认知角度、思维能力度和视野广度,把这些关键问题与核心素养的培育建立联系,也就是用内容整合后提炼的要点瞄准核心素养,对应具体的水平划分层级。第二,参考讯问质量,明确目标分层:职务犯罪讯问目标有助于设计各种对被讯问人应讯行为进行测量的工具从而确定是否实现了讯问目标。下面我们讨论目标表述与特征问题。核心素养目标的设计应该体现并适应讯问质量标准的要求,既要反映目标要素的准确性又要凸显目标层次的差异性。讯问目标本身即是将讯问目标中含有未尽信息的关键词具体化、规范化,使之更具可操作性和可测量性:第一,关于核心素养目标的表述:讯问目标具有行为和内容两个维度,如果欲将核心素养目标表述清楚到足以指导讯问和评价的程度,则既要指明期待被讯问人通过讯问过程形成的某种行为,又要指出该行为的变化情况或适用的知识范围。第二,关于核心素养目标的特征分析:讯问人能够看到核心素养取向的讯问目标具备下列特征:一是目标要素的准确性,二是素养匹配的适当性,三是内部结构的整体性,四是讯问设计的连贯性,五是语言结构的规范性。讯问人只有从目标建构出发并指向预期结果,通过讯问实践逐步将核心素养目标落地、试误、生根和完善,才是解决真正问题的关键之道。

下面我们探讨目标导向下职务犯罪讯问双方互动的策略问题。目标导向是以被讯问人需要取得的终极效果为导向并反向设计教学过程,分阶段分层次进行评价考核,使被讯问人能够进一步获得持续性和更高的成功经验的教育模式,其特征是以预期学习产出为中心组织实施和评价,强调教学产出目标的确定,围绕产出目标设计教学架构,重视教学产出过程和结果评估。对讯问人而言,目标导向即是在明确讯问目标的前提下依据讯问目标反向设计讯问实施方案,在此过程中注重以被讯问人为本位,利用及时的持续性的讯问评价反馈被讯问人应讯效果,最终达到讯问目标的教育理论。利用该理论进行讯问设计时,首先需要清晰明确讯问目标,以此作为整个讯问过程进行的初衷和归属。关于目标导向教育理论的实施原则:目标导向教育理论的四项基本原则分别是成果的清楚聚焦、反向设计、给予成功持续和更高期望和扩大机会。所谓成果的清楚聚焦即是清晰地定位讯问目标和改造被讯问人思想的性质;所谓反向设计即以之前明确的讯问最终目标为讯问设计的起点和最终归属点并回过头来设计一套针对讯问目标的系统的讯问方案;所谓给予成功持续和更高期望意指讯问目标应该是分阶段而循序渐进的;所谓扩大机会即是讯问内容设计要充分考虑到每位被讯问人的个体差异并给予被讯问人足够的改过自新空间。关于目标导向教育理论的实施要求:目标导向教育理论主要关注四个问题,即,想让被讯问人取得什么应讯效果;为什么要让被讯问人取得这种预期效果;如何引导被讯问人取得预期效果;如何知道被讯问人已经取得预期应讯效果。这样依次构建多层次关联机制,建立持续改进的闭环式讯问质量保障体系。这四个问题转化为理论实施的基本要求就是:第一,确定讯问目标和应讯成果;第二,讯问目标和应讯成果的确定要遵循客观现实需要;第三,根据讯问目标进行包括讯问内容和讯问方法及手段的讯问设计;第四,讯问评价要注重评价主体层次内容的多元性和评价环节的阶段性持续性。这些基本要求以确定讯问目标为起点,以根据目标反向设计讯问实施过程为核心,以科学系统的讯问评价为保障,对讯问目标的实现进行成果检验,进而再度反馈进入讯问实施过程中,不断提高讯问质量,故而目标导向教育理论同时亦是一种环环相扣并不断循环往复且促进讯问质量持续提高的教育理论。关于促进讯问目标达成的有效策略:讯问人与被讯问人互动作为一种讯问方法是完成讯问任务的必要条件。第一,互动前的准备:1、基于讯问目标制定互动任务:讯问目标是讯问人与被讯问人互动的内在根据和最终目的;基于目标制定互动任务要求讯问人认真钻研思想政治教育标准,在确定讯问目标的基础上明确被讯问人在互动中应该完成的学习任务以及获得的应讯效果，由此看来，互动前讯问人优先考虑的应该是完成一场讯问任务的整体目标而非讯问内容，互动设计亦不仅仅在于是否有明确的可测量性的目的揭示，更重要的是在互动过程中落点的选择和到位程度。2、根据讯问情势把握被讯问人与目标的差距，互动任务的确定除了从讯问目标出发外，还需要分析被讯问人的特点与需求，基于讯问情势分析强调以被讯问人为主体，关注被讯问人的提升需求，是对被讯问人前在状态和所期望达到的目标之间的差距解读和分析。3、立足目标为被讯问人创造有效学习条件：任何学习行为的产生都依托一定的条件，学习条件是被讯问人完成学习任务的必要保障；在讯问互动中，被讯问人的有效学习正是在内部驱动和外在条件相互作用下的自我发展，学习条件的确定需要根据预期的讯问目标进行分析；首先是知识性目标对应用于回答“是什么”的陈述性知识，其次是技能目标对应学习结果中的智慧技能，在讯问人与被讯问人互动中经常表现为知识迁移与问题应用能力的训练；再次是情感目标对应学习结果中的态度；第二，互动环节的问题策略：讯问目标是讯问双方互动探究的根本依据，其关系这讯问互动的每个环节，是讯问人设计、组织、实施和评价所有讯问活动的中心，故而目标导向的作用不仅在于互动前的任务制定和讯问情势分析，更重要的是将目标达成作为主线贯穿讯问双方互动的始终：1、定义讯问出现问题的目标属性：现场提问是讯问互动的主要类型，为了保持互动过程与讯问目标的一致性，需要讯问人在设计问题时有意识地将问题与目标建立联系，把讯问目标作为对问题的解答后学习结果评估的基本依据；2、建立目标与问题的对应关系：掌握从知识领域和思维领域两个维度定义问题属性的基本方法，可以帮助讯问人合理安排讯问问题的目标层次，为实现目标、互动和评估的一致性，还需要进一步将提问与讯问目标建立联系；3、体现以被讯问人“学”为中心的讯问目标设计思路：现场的学习结果取决于讯问目标的直接反映，而讯问目标的达成需要通过问题加以体现，目标导向的问题设计正是以知识问题为基础、被讯问人问题为起点、讯问人问题为引导的三位一体模式，该模式更能体现以学为中心的设计思路，而且也是可以做到的；4、讯问人要基于讯问经验创设问题情境：讯问目标与对应的问题属性确定以后，需要结合被讯问人认知特点确定设计相应的活动和所需要的环境。第三，互动环节的认知策略：1、利用引导材料联结新旧知识；2、运用思维导图，强化认知结构；3、以大概念为统领，促进知识迁移。

第十一章
厘清情绪功能

情绪以讯问人或被讯问人的愿望和需要为中介，表现为讯问人或被讯问人对职务犯罪讯问的态度体验及相应的行为反应。情绪是多成分组成的多维量结构和多水平整合并为讯问人和被讯问人互动交往而同认知交互作用的心理活动过程和心理动机力量。情绪最能表达讯问人和被讯问人的内心和精神状态，是讯问人和被讯问人心理状态的晴雨计和监测器。厘清情绪功能对我们准确说明讯问人和被讯问人在讯问中的应对表现和状态具有重要意义。

第一节　情绪及其功能内涵

情绪即是一种由客观事物与人的需要相互作用而产生的包含体验、生理和表情的整合性心理过程。情绪是用以表示异于认识和意志心理活动过程的概念，被严格限定在精神活动范畴中，特指讯问人和被讯问人心理状态的激烈波动，突出强调讯问人和被讯问人的态度、体验和感受。情绪具有维度性。所谓情绪维度即指情绪在其固有的某种性质上存在着一个可变化的度量，主要指情绪的动力性、激动性、强度和紧张度方面。越来越多的研究表明，情绪具有积极情绪和消极情绪两个维度。基于情绪的这个两分法，我们可以从积极情绪和消极情绪两个维度考察情绪的功能。国外情绪的认知理论认为情绪就是在目标实现过程中取得进步或得到他人积极评价时所产生的感受，国内学者则认为积极情绪是与某种需要的满足相联系的通常伴有愉悦的主观体验，并能提高人的积极性和活动能力。一般而言，积极情绪的功能被认为是促进趋近的行为或回避的行为。根据这种经典的观点，体验积极情绪的讯问人和被讯问人会积极参与讯问活动,这种活动具有在进化上的适应性。积极情绪具有耗损的自我充电和恢复功能,当人们专注于自我情绪调节的能力被耗尽的时候,积极情绪的体验有助于对系统再充电或补充能源,积极情绪藉由使系统返回到其先前损耗的状态,在自我情绪调节上具有一种恢复效应,积极情绪状态能以各种各样的方式加强调节其自身的修复能力,积极情绪具有消除自我损耗的功能。积极情绪还具有拓展人们短暂的思维行动倾向的功能,我们可以拓展人们的瞬时心态以建立持久的个人资源,我们可以通过探究积极情绪改变人们如何思维和如何表现的方式来检验这些思想。积极情绪能拓展人们的注意、认知和行动等范围,使人更能有效地获取和分析信任,作出更恰当的行动选择并采取创造性行动。积极情绪能够构建个体持久的资源,通过扩大注意和思维,积极情绪能导致新想法、行动和社会联结的发现。积极情绪扩展心态可以消解消极情绪的延迟效应。积极情绪具有加强社会支持和应对压力的功能。下面我们讨论消极情绪的功能。持久性的消极情绪能够直接伤害人的心灵,使人的感知、记忆、注意、思维、想象和性格发生病变。这些令人不愉快的消极情绪被称作耗损性情绪,这种耗损性情绪通过宣泄、压抑和控制方式进行减少、减弱和消灭。消极情绪的功能有时具有巨大的潜能效用,关键是我们如何适时适地适人地利用消极情绪的功能为我们服务。情绪的强度可以影响消极情绪功能。消极情绪还具有某些积极的功能,一是警报作用:即,消极情绪是人心理上的警报器,一旦外界对人的身心构成威胁时该警报器即会发出相应的警报信号,提醒人对不良威胁采取适当应对措施,以保护自己免受伤害;二是促进认知作用:适度的消极情绪能够提高判断力和强化记忆,使人不易上当受骗。总起来讲,无论是积极情绪还是消极情绪还具有共同的功能:适应功能、动机功能、组织功能和信号功能。适应功能能够帮助个体作出与环境相适宜的行为反应,从而有利于个体生存与发展。情绪来自个体对己之目标实现过程的评价,当个体目标或是遭到威胁或是遇到阻碍或是需要调整的时候情绪就产生了。特定情绪在特定类型的且高度重复出现的个体目标实现受到干扰时出现,并且能够重新组织并指引个体行为朝着新目标努力以应对所受干扰。情绪功能能为个体提供对与目标导向有关的行为的评价,并根据所评估的结果引导个体的适应性应对行为。关于动机功能:情绪和动机是心理学中两个非常重要的概念,在心理学研究中将情绪与动机联系起来的观点早已存在,向来不乏对情绪和动机关系的讨论,很多情绪理论中出现情绪具有动机性质的观点,这些研究都认为情绪具有重要的动机性作用,甚至认为情绪本身可能就是一种基本的动机系统,其基本理论观点是:第一,动机是情绪的另一维度,独立于效价和唤醒度:首先,动机具有不同的方向,是指对事物和目标的趋近或回避;此外,动机还有强度,是指动机的力度,在给定的动机方向下可以从低到高变化;第二,不同动机强度的情绪对认知的影响不同:积极情绪状态使人的注意范围更加开阔,更容易看到整体,而消极情绪状态使人的注意更加集中,更容易看到具体。第三,认知控制是对基本认知加工进行有意心理控制的所有高级认知加工过程,涵盖了信息选择和抑制、记忆更新、冲突觉察和行为决策等心理加工过程:认知功能作用的作用在于其能够使人们运用有限的认知资源抵制内外干扰和最终达成目标;认知功能包括抑制、转换和更新三个基本部分;抑制的主要作用在于抵制与任务无关的刺激或反应的干扰;转换的主要作用是使得个体能够根据任务要求灵活地调整认知资源,在两种或以上的任务中切换;更新的主要作用是主要负责对工作记忆表征的更新与监控。第四,情绪对认知控制的影响:认知控制是个体对各种认知过程进行的控制和调节,使个体做出符合当前目标的行为,是个体完成复杂任务的基础:积极情绪会干扰执行功能;积极情绪对抑制功能具有阻碍作用或促进作用。积极情绪会损害抑制功能,会干扰熟悉表征之间的转换,会促进熟悉表征向新异表征的转换;消极情绪对抑制功能具有损害作用或促进作用;消极情绪对转换功能具有阻碍作用。关于组织功能:情绪的组织功能会对注意和决策以及记忆等心理过程产生重要影响;一般而言,正性情绪会起协调组织的作用,负性情绪会起破坏、瓦解和阻断的作用;情绪会影响记忆的准确性和记忆内容;决策者的预期后悔或预期失望等预期情绪以及决策时体验到的预支情绪和偶然情绪皆会直接或间接影响个体的认知评估和决策行为。关于信号功能:情绪具有在人际间传递信息和沟通思想的功能,通过情绪外部表现信息的传递人们可以知道他人正在进行的行为及其原因,也可以知道其自己在相同情境下怎样进行反应,同理,他人可以根据人们的情绪外部表现成分体验人们的感受到的情绪;另外,情绪还可以传递人际关系的信息。

第二节　情绪功能与讯问人的讯问状态

我们先讨论情绪公正感问题。讯问人是组织的代言人和传声筒，在被讯问人面前即是党组织的化身，一言一行都会给被讯问人带来深刻影响，故讯问人在讯问中规范自己的言行非常有必要。讯问人的言行能给被讯问人留下直接的印象，在很大程度上决定着被讯问人是否信赖讯问人。如果讯问人想给被讯问人留下值得信赖的印象，首先必须自己公正行事，同时让被讯问人产生公正感，讯问人能否做到这一点非常关键。具体而言，公正感主要有三个面向：第一，公正感的维度有哪些？第二，讯问双方为什么关心公正问题？第三，讯问双方如何形成公正判断？下面详述之。

关于公正感的维度。就讯问关系本质来说，被讯问人都期盼自己在职务犯罪讯问中得到同样的对待，这是被讯问人在职务犯罪讯问中寻求公正的直接原因，而能否给被讯问人以同样的对待则是讯问人追求公正的直接动因。事实上，在职务犯罪讯问中，每位被讯问人对是否得到了同样对待的感受是不同的，因而激发了其对公正问题的关注。而对讯问人来讲，职务犯罪讯问中的公正主要是指程序公正和互动公正。

程序公正主要指辩论程序公正、程序规则公正和互动公正，互动公正主要指人际对待关系公正。所谓辩论程序公正即指讯问人在职务犯罪讯问过程中采用对抗制谈话形式并使得被讯问人拥有辩护控制权，具体表现为决策控制——被讯问人对决策结果的控制和过程控制——被讯问人对证据的进度、选择和呈现的控制。对讯问人来说，公正的辩护程序应当让被讯问人对辩护过程拥有控制权，而结果则交由第三方来决定。程序规则公正内容包括：第一，一致性，即，讯问程序应保持时间与对象的一致性，时间体现了讯问程序的稳定性特点，对象体现在讯问程序面前人人平等，任何人皆无特权；第二，无偏见，即，讯问程序不应该受到个人喜好或其他人为主观因素的影响；第三，准确性，即，讯问程序应尽量建立在有效的信任和洞察基础上，尽量减少误差；第四，可纠正性，即，讯问程序应能接受申诉和诉求，能够修改或接受不同意见；第五，代表性，即，决策程序必须允许所有相关人员反映其意见；第六，伦理性，即，讯问程序应该与个体所持有的道德伦理价值观一致。互动公正即是职务犯罪讯问中人际交往的公正性，指的是在讯问程序实施过程中讯问双方对人际对待方式的敏感程度,其具有四个规则:第一,实事求是:在讯问决策程序中讯问人应做到诚实开明和正直并避免欺诈;第二,合理性:讯问人为决策程序提供充分的解释;第三,尊重:讯问人真诚而郑重地对待被讯问人,避免粗鲁地对待或攻击被讯问人;第四,礼貌得体:讯问人避免作出有偏见的评论或问不合适的问题。

讯问双方为什么关心公正问题?根据心理学研究,讯问双方的公正感至少与控制、归属、自尊和意义这四种心理需要相关联。关于控制需要:讯问双方都有控制讯问环境的需要,这表明其渴望预测和管理某些重要的互动,包括对某些渴望结果的交换和接受,这不仅说明讯问双方关心其所得结果,也对预测讯问进程感兴趣;关于归属需要:双方能够做到彼此公正对待可以使其在职务犯罪讯问中关系更密切,能够建立起更强大的人际关系纽带以促进讯问合作;关于自尊需要:讯问双方都渴望对自我有积极的评价,不公正能够伤害讯问双方的自尊;关于意义需要:讯问双方关系公正的部分原因是其希望在一个公正的讯问环境中成为一个有道德的行动者,而道德的目的即是意义寻求的一种体现。

讯问双方如何形成公正判断?讯问双方通过公正调节自己对信息不确定性的反应,从与信息不确定性相关乃至无关的公正体验中寻找安全感。具体步骤:一是信息不确定性引起对公正的关注,这是讯问双方对信息不确定和公正的判断:当被讯问人对讯问环境充满不确定感时,其会对讯问人的权威性产生怀疑,从而动摇对讯问人的依赖感,此时已经觉察到这点的讯问人对于讯问中需要注意的事情也充满不确定感,这时双方都会关注公正问题。二是信息不确定性引致替代过程,这时讯问双方对不确定性和公正判断的形成:信息不确定性会激发讯问双方对公正的关注和引起公正判断过程中特殊的认知过程,讯问双方会通过公正判断来应对信息不确定性,如果讯问双方想要知道哪些是公正的就不得不考虑不确定性问题是如何影响其之公正判断的。在此过程中,讯问双方往往又缺乏这些与公正判断相关的信息,在这种信息不确定性的情境中,讯问双方会使用一类公正信息来替代另一类公正信息,来避免是否遭受到公正对待的不确定性。无论是结果公正还是程序公正,在信息不确定的条件下,其之间可以互相替代,作为判断对方是否公正的参照。

在职务犯罪讯问过程中,讯问人自身的情绪也需要被其他心理过程所调节。此谓情绪调节是指讯问人有意识或无意识地对情绪发生、体验和表达施加影响的过程。这个概念强调了情绪调节的适应性、功能性和特征性,同时描述了情绪调节的动态性。我们在把握情绪调节概念时应认识到其具有的三个核心特征:第一,无论是使情绪增强还是减弱,讯问人既能调节积极情绪也能调节消极情绪,因此情绪调节具有社会性;第二,尽管典型的情绪调节发生在意识层面,但情绪调节活动可以在开始时即处于潜伏状态,然后在没有意识觉知的情况下发生,因此情绪调节是一个连续体;第三,对于是否存在绝对好或者是绝对坏的特定情绪调节形式不需要作任何先验性假设。讯问人的情绪调节是在其情绪发生过程中展开的,讯问人在己之情绪发生的不同阶段会产生不同的情绪调节及运用不同的情绪调节策略,这些情绪调节策略是:情境选择、情境修正、注意分配、认知改变和反应调整,这些策略在情绪调节发生过程的每一个阶段都会产生作用。情境选择是讯问人趋近或避开被讯问人以调节情绪,这是讯问人首先使用的一种情绪调节策略,情境选择发生的背景有三:一是讯问人对说服被讯问人具有信心而愿意趋近被讯问人以增加积极情绪体验的机会;二是讯问人对被讯问人抗谈拒供产生不满而意欲暂时停止与被讯问人的接触以避免负性情绪的发生;三是讯问人对被讯问人抗谈拒供心生怨气而故意短期晾晒被讯问人以降低负性情绪的滋生。这三种背景情况都发生在讯问人了解讯问情势可能具有的远期特征基础之上,讯问人对这些远期特征作出情绪反应同时适当权衡情绪调节的短期收益与长期投入之间的比例关系。由于这些权衡的复杂性,情境选择的讯问人需要借鉴他人的看法。情境修正是指讯问人对情绪事件进行初步的控制并努力改变情境。情境修正一方面通过被讯问人主动配合的支持性存在而产生,一方面通过被讯问人抗谈拒供的具体措施而滋生。情境修正通过讯问人一系列的口头提示得以展开,讯问人希望以此能够解决问题,或者希望以此确认己之情绪反应的合理性。尤其是在压力情境下,讯问人的情绪性应对能力是受被讯问人抗谈拒供具体抵触措施的影响被迫提升的,这就是我们平常所谓的“魔高一尺道高一丈”。情境具有很多侧面,注意分配涉及到讯问人怎样在特定情境中分配自己的注意,并使注意分配关注情境中诸多方面中的某一方面或某些方面,其展开方式包括讯问人以分心或集中形式而对被讯问人的情绪反应进行重新内部定向,也包括讯问人对被讯问人对自己的注意力重新定向作出反应等。随着讯问人逐渐意识到情绪体验的内在因素,其对注意分配的依赖性亦逐渐增加,因为这种情况能够使其成功控制己之情绪。当情境选择发生背景产生时,讯问人针对讯问情势实际认为自己应当减低或增大情绪反应或者改变情绪性质时,就会采用认知改变,这种认知改变对讯问人特定情境中的心理体验、行为表达和生理反应产生强烈影响,这时讯问人通常将自己与被讯问人的互动表现进行比较以整理双方的应对特点,在分析基础上理清被讯问人采取的应讯思路,进而有针对性地采取应对反应,意图改变对情境的解释以减少自己的消极情绪。反应调整是讯问人在已之情绪被激发的后期对情绪反应趋势施加影响,主要表现为降低情绪反应的行为表达和调节情绪表达行为。反应调整是指讯问人尽可能直接地影响生理性、体验性或行为性反应。由上可知,讯问人情绪调节过程是在情境、注意、评估和反应的情绪发生过程关键点上采用情境选择和修正、注意分配、认知改变和反应调整策略的过程。

讯问人在职务犯罪讯问中应该具有现场情绪调节能力。现场情绪调节能力是讯问人在具体的讯问情境中表现出来保证讯问效果的专业能力,从其真正意义上讲,其是讯问人在具体的讯问情境中表现出来的而一种特殊职业能力。讯问人在讯问能力方面必须具备:第一,利用思想政治教育的能力,即,讯问人在讯问现场中“知道其原料”和知道怎样去讯问,能够将特定概念和信息传授给被讯问人;第二,使用多种讯问模式的能力,即,讯问人能够适时对特定的被讯问人和为提高讯问效果选择最适当的讯问模式。讯问现场情绪调节包括对讯问人自己和对被讯问人情绪两个方面的调节,讯问现场情绪调节能力包括对积极情绪的调节能力和对消极情绪的调节能力。讯问现场情绪调节能力是讯问人对自我即被讯问人情绪强度和情绪性质上的调节能力,具体内容是:讯问人在讯问中对自己积极情绪调节主要包括积极情绪唤醒、维持、加强或降低、表达的控制和调整四个方面,消极情绪的调节主要包括消极情绪的消除或降低、表达的控制和调整;对被讯问人积极情绪的调节包括积极情绪的唤醒、维持、加强或降低三个方面,消极情绪的调节主要包括消极情绪的消除或降低、预防两个方面。从此观察,我们可以说讯问现场情绪调节能力是指讯问人在讯问过程中激发、维持和加强自己和被讯问人的有利于讯问的积极情绪,降低或消除或预防不利于讯问的消极情绪,从而保证讯问活动顺利进行并有利于提高讯问效率的一种能力。讯问人现场情绪调节能力大小与其心理素质具有直接关系。心理素质是讯问人在先天生理素质基础上将外在获得的刺激内化成稳定的、最基本的、内隐的且具有基础、衍生和发展功能的并与讯问人的适应性行为密切联系的心理品质。情绪调节的实质是认知控制情绪的过程,讯问人心理素质可以通过认知功能和认知品质控制情绪,尤其是工作记忆水平高的讯问人,其能够以更加客观的方式评价和看待情绪刺激,进而有效地调节由这些刺激所带来的情绪和情绪体验。心理素质具有情绪保护功能。心理素质强的讯问人的情绪调节表现出适应性的情绪调节取向,主要表现为:心理素质强的讯问人在讯问过程的情绪调节中以适应性情绪调节策略占主导地位,以及使用适应性情绪调节策略的情绪调节效应优势;心理素质强的讯问人具有积极的情绪控制内隐态度,在自动注意控制能力和自动反应抑制能力上具有显著优势。讯问人通常会采用认知重评和表达抑制作为讯问中情绪调节的适应性情绪调节策略,尤其是认知重评不仅能有效调节讯问人的情绪而且不需要消耗认知资源,对讯问人的心理健康具有积极的促进作用。心理素质强的讯问人通常倾向于使用认知重评减弱调节负性情绪和增强调节正性情绪,具有弱化负性情绪和增强正性情绪的倾向。消极情绪会窄化讯问人的意识和行为能力,对讯问人的适应性行为具有破坏作用,有效减弱消极情绪有助于讯问人的适应和发展;积极情绪具有拓展讯问人认知范围和建构个人资源的功能,增强积极情绪是讯问人的一种适应性的追求,积极情绪作为心理资源有助于讯问人调节负性情绪,因为调整不愉快的情绪和提高愉快的情绪来达到适应讯问环境的状态是讯问人的本能动机,是讯问人良好适应的潜在机制。因此讯问人的适应性品质越优秀越倾向于作出适应性的行为反应,故而具有良好心理和情绪。心理素质作为一种内源性的心理品质对讯问中的有意识层面或无意识层面的情绪调节能力都具有显著的影响,心理素质中的认知品质是影响讯问现场情绪调节的直接因素。

讯问人在职务犯罪讯问中应该具有现场情绪感染能力。此谓情绪感染是指讯问人的感官情绪被被讯问人感知并自动化地和无意识地加工成与讯问人相同的情绪状态的心理现象。由此概念可知讯问现场情绪感染的发生机制为:讯问人感官情绪信息——被讯问人觉察——被讯问人无意识模仿——被讯问人生理反馈——被讯问人情绪体验。其中的无意识模仿和生理性反馈在情绪感染机制中扮演着重要角色,并且具有独特的神经运行机制。讯问人是被讯问人接受思想政治教育的引导者,又是讯问活动的管理者、讯问秩序的维护者,讯问人的情绪必然是被讯问人关注的焦点,这种关注会使得情绪感染的发生更加可能。在通常情况下,讯问人的情绪决定了讯问现场的情绪基调,但根据职务犯罪讯问实践,在很多时候讯问现场中的讯问人的情绪感染更具复杂性,讯问人的积极情绪不一定都能提高讯问现场情绪感染力,讯问人现场情绪的合理表达更能吸引被讯问人的现场注意力,只有这样才能提升讯问人情绪的感染效果,才能增进被讯问人的现场投入,因为此时对被讯问人来说,其关注讯问人的情绪表达是因为其认为讯问人的情绪表达是一种重要信息。讯问实践表明,讯问人的情绪可能具有很大的感染力,在正性情绪的主导环境中,被讯问人能体验到更多的积极情绪,反之亦然。讯问人的情绪能影响被讯问人的应讯动机,正性的主导情绪能降低反讯问动机,负性的主导情绪能加强反讯问动机。鉴于此,在管理情境下的情绪感染就显得特别重要,讯问人要充分利用这一机制提高讯问现场吸引力,增强被讯问人接受思想政治教育的主动性和积极性。根据心理学研究,被讯问人感受讯问人情绪的过程是:观察讯问人的状态激活了被讯问人代表相同状态的区域;该种代表观察状态相同形式的激活是由代表该身体状态的大脑区域所感知的;这种被感知的状态被解释或被归因于讯问人的以区别于被讯问人自己的情绪。情绪感染的无意识性对讯问人具有这样的启示:第一,讯问人要提高自己的情绪劳动水平;所谓情绪劳动即是指讯问人有计划地故意控制地表达组织期望的情绪。对于讯问人而言,情绪感染就是有计划地有意识地表现讯问目的或培养要求所期望的情绪以使讯问效果最大化。讯问人要清楚情绪劳动的重要性,讯问人的言行及其所蕴含的情绪信息都会被被讯问人无意识地模仿并成为被讯问人可感知的情绪状态,其是讯问现场情感基调的形成基础,对被讯问人的认知加工会有重大影响,可以促进或终止甚至中断被讯问人的认知加工,这取决于讯问人的有意识的情绪劳动水平,能否通过情绪感染操控被讯问人的情绪状态,让被讯问人情绪不知不觉地被讯问人诱导,吸引到讯问现场的接受教育任务当中;第二,讯问人要注意“免疫”来自被讯问人的情绪感染,讯问人的情绪可以感染被讯问人,那么反过来被讯问人的情绪亦可以感染讯问人。例如讯问人用积极的情绪劳动在极力缓解被讯问人的思想压力和不安情绪时,有时会发现对沮丧的被讯问人开展工作非常困难,被讯问人无常的现场表现让讯问人通常感到难以把控,讯问人心情随之变得糟糕,情绪也变得不稳定,这是来自被讯问人的情绪感染。特别是那些抗谈拒供意志顽强的被讯问人,讯问人在给其做思想政治教育工作时,其的情绪劳动亦会被来自被讯问人的情绪所感染而使得情绪劳动更加困难,甚至中止情绪劳动表现出自然的情绪状态,例如不耐烦和生气等,所以讯问人应该意识到己之情绪已经被被讯问人的不良情绪所感染，此时应该寻找思想政治教育中失策的原因，重新理性分析思想政治教育方法与策略，找到被讯问人不良情绪的原因，重新引导被讯问人的而情绪。讯问人应该清楚情绪感染是无意识的，只要有人际交往的地方必然有情绪感染，比此更重要的是讯问人要意识到并及时排解来自被讯问人的不良情绪感染，使讯问人对被讯问人的不良情绪具有一定的“免疫力”。情绪感染的结果是可知的和可调节的，讯问人应该有意识地提高自己对思想政治教育内容的情感性处理策略：首先是讯问人如何巧妙组织教育内容来调节被讯问人接受教育的心向，具体的策略有心理匹配策略、超出预期策略（由超出预期的刺激引起惊奇并由惊奇转化为兴趣）等；其次是讯问人如何有效地利用教育内容中的情感资源来陶冶被讯问人的情操，具体的策略有展示情感策略、发掘情感策略、诱发情感策略和赋予情感策略等。情绪感染的意识性调节的另一路径是通过高级认知加工影响被讯问人的情绪状态和注意力水平，从而影响被讯问人的觉察水平，被讯问人的觉察水平会影响其无意识模仿水平，并会通过被讯问人自身情绪状态有意识地调节自身的表情动作，从而提升和削弱甚至抵消无意识模仿水平。可见情绪感染的意识性调节最终决定了被讯问人的情绪体验水平，讯问人除了提高己之情绪劳动水平外，还应该从思想政治教育内容、被讯问人心理状态入手操控被讯问人的意识性调节状态，使讯问人的情绪感染力、语义情绪信息、被讯问人自身的心理状态臻于一个最和谐的组合，引领被讯问人形成最佳的接受教育情绪状态。讯问人的身份信息可以调节其情绪感染力。讯问人的身份信息属于高级语义信息，其中也内蕴着情绪元素，比如对于讯问人良好的评价会增强被讯问人的“向师性”，否者则会让被讯问人感到“敬而远之”，尤其是对处于内外交困状态的被讯问人来讲，讯问人的人格魅力尤为重要。讯问人身份信息对被讯问人而言是一种“先入观念”，其会在接触讯问人时自动化提取出来，并自上而下产生相应的情绪状态，这种情绪状态可以显著提高讯问人命令的执行力，能使讯问现场的教育效果更为高效。讯问人情绪的合理表达可以调节情绪感染效果。讯问人不一定总是要在讯问现场呈现积极情绪，需要呈现什么类型的情绪要视讯问现场情势而定，例如对那些感到对前途失望的被讯问人可以适时表现出消极情绪，可以表现出伤感情绪，情绪与情境或语义相一致时会使情绪更具感染力，否则被讯问人不能合理地解释情绪展示原因，情绪感染就不会发生。讯问人在讯问现场不但要管理好自己的情绪，还要管理好被讯问人的情绪,讯问人的情绪觉察能力和情绪劳动能力与讯问人的个性密切相关,也与讯问人的情绪智力(人以情感为操作对象的能力)密切相关,讯问人不但要善于觉察被讯问人的情绪,也要善于调整自己的情绪,以免己之情绪被被讯问人情绪所牵制,讯问人要根据教育内容、现场情境、被讯问人情绪状态合适地表达情绪,并能科学地预测和评价情绪表达的效果,最终使被讯问人乐于接受教育。言而总之,讯问人表达合适的情绪是讯问中最具主体性和影响力的情感来源,讯问人的情绪劳动水平影响了讯问成效。讯问人的情绪劳动对于被讯问人而言也是情绪事件,其会影响被讯问人的情感、态度和行为,讯问人有能力减轻负性情绪对被讯问人接受教育的影响,也同样可以有意识地操控己之情绪表达来激发出讯问人所期望的被讯问人反应,故而有必要在自我提升素养过程中增加情绪劳动的培训内容。首先,情绪劳动水平与个性特征有关,外向性格和乐观情性的人具有较低的表层行为和较高的深层行为,更倾向于自然表达;悲观性格和低责任感的人具有较高的表层行为和较低的深层行为,且不倾向于自然表达,这些心理学研究成果可以作为讯问人自我培训内容的一部分,如提高讯问人的责任意识和情绪管理能力等。其次,情绪劳动水平与情绪智力密切相关,提高讯问人的情绪劳动水平更重要的是提高讯问人操作己之情绪的能力,由表层情绪劳动向深层情绪劳动转变,让表情与内心体验相一致,这是情绪智力在情绪劳动中的生动体现。再次,情绪劳动水平与个体对组织的情绪表现规范的承诺有关。所谓的情绪表现规范即是一种对合适情绪表现的期望,情绪劳动即是一种恰当表现情绪的行为,而不管情绪表现与内在真正的情绪是否有差距。情绪表现规范其是一种讯问人想尽力达到的工作目标,情绪表现规范对行为的影响程度取决于讯问人对规则的承诺程度,这暗示着承诺在情绪表现规范与工作行为之间起中介作用,如果讯问人对情绪表现规范不承诺则这种关系就会被削弱。对情绪表现规范的承诺在情感规则理解与表层行为、深层行为之间起中介作用,当对规则的承诺高时这种关系强而积极,当承诺低时规则才能对行为产生影响。

第三节 情绪功能与被讯问人的应讯表现

我们先谈不同心理素质水平下被讯问人的情绪调节差异问题。心理素质是包含认知、个性和适应性品质的综合性心理品质,是被讯问人在心理和行为上的内容要素及功能价值的统一体,我们不仅要探索被讯问人的动机而且还要揭示被讯问人外在功能和价值。心理素质高的被讯问人习惯使用适应性情绪调节方式,心理素质差的被讯问人更习惯使用非适应性的情绪调节方式。外倾性高的被讯问人对积极情绪更多采用认知重视、表达宣泄的情绪调节策略,较少采用认知忽视和表达抑制的情绪调节策略,因此他们的消极情绪一般不容易被激活,有效减弱以后消极情绪维持在一个较低水平。在心理素质与情绪调节效应上,被讯问人的心理素质能够正向预测其情绪调节能力,且情绪调节能力在被讯问人的心理素质与孤独感之间起到中介作用。在适应性情绪调节方式使用频率上,心理素质好的被讯问人要高于心理素质差的被讯问人;在负性情绪增强调节和负性情绪减弱调节等非适应性情绪调节方式上,心理素质强的被讯问人要低于心理素质差的被讯问人;在运用认知重评等适应性调节效果上,心理素质强的被讯问人要好于心理素质差的被讯问人。心理素质强的被讯问人具有显著的自动情绪调节优势:这部分被讯问人对情绪控制持积极的内隐态度,在任务执行过程中倾向于控制情绪,使自己维持相对稳定的情绪状态。心理素质强的被讯问人的情绪调节表现出适应性的情绪调节取向,具体表现在:被讯问人如果心理素质强的话,其在应讯中所采取的主导策略是适应性情绪调节策略,其具有积极的情绪控制内隐态度并在自动注意控制能力和自动反应抑制能力上具有显著优势。在被讯问人接受思想政治教育过程中,当被讯问人不认同和不接受讯问人的观点时,就会出现认知与情绪的竞争状态,被讯问人自动激活情绪调节的相关图式,抑制情绪干扰的能力,也就是说,这时的被讯问人会自动激活抗拒来自讯问人干扰的能力图式以拒绝接受思想政治教育。讯问实践表明,无论是否存在讯问人对被讯问人的指令,心理素质强的被讯问人的情绪调节能力都强与心理素质弱的被讯问人。这就提示我们,情绪调节是被讯问人心理素质保护性过程的关键因素,被讯问人情绪调节功能对被讯问人心理素质发展和心理素质功能发挥具有重要作用,故而讯问人有必要针对被讯问人情绪调节进行有目的的调训:

在讯问过程中,应加强对被讯问人在不同讯问情境中采用的情绪调节方式的引导,鼓励被讯问人采用认知重评等正向的具有适应性情绪调节方式,再就是将情绪调节技能调训作为常态化的科目对被讯问人进行有计划有目的的调训,提高心理素质差的被讯问人的心理健康程度和水平,抑制心理素质强的被讯问人的情绪调节方式的负向发展以弱化其反讯问动机,以达到对被讯问人良好的情绪调节。良好的情绪调节应当使被讯问人同时具有社会的人际适应性和个人的心理适应性。讯问人要为被讯问人在特定的讯问背景下找到适合其的情绪调节方式,首先要弄清不同被讯问人对情绪调节的偏好,所谓情绪调节偏好即是被讯问人的情绪调节倾向,也就是被讯问人的情绪调节方向,这种情绪调节方向具有情绪上调和情绪下调两种心理偏向。被讯问人情绪调节倾向具有特质和状态之分。每一次的情绪调节被讯问人在情绪调节策略的选择和执行前都会形成即时的情绪调节倾向。在惯常情况下,即时形成的情绪调节倾向与被讯问人一贯的情绪调节倾向具有一致性;但在特殊性况下和特殊情境中,被讯问人即时形成的情绪调节倾向可能与其一贯的倾向不一致;被讯问人会根据讯问情境的不同形成不同的情绪调节倾向,主要是根据情绪目标的不同而发生变化。在当前集体主义的讯问文化背景下,讯问人倾向于采用情绪压抑策略来实现被讯问人情绪下调。当被讯问人情绪调节策略与情绪调节倾向不匹配时,被讯问人就很可能受到这种冲突带来的负面影响。下面详述之。

情绪调节倾向就是被讯问人对情绪调节方向(情绪上调或情绪下调)的心理偏向,是发生在被讯问人情绪调节策略选择和执行前的心理认知。所谓情绪上调即是被讯问人对情绪反应的延长、维持和增强;所谓情绪下调是指被讯问人对情绪反应的阻止、缩短、减弱和停止。从这两个概念出发,所谓的情绪调节即是被讯问人对具有何种情绪、情绪何时发生以及如何进行情绪体验与表达施加影响的过程,亦即,被讯问人在具体执行情绪调节策略之前即已形成对情绪是否进行上调或下调的心理偏向。情绪调节倾向是被讯问人对情绪上调或下调的一贯偏好,在特定的讯问情境中情绪调节倾向会根据讯问情境和调节情绪的不同具有不一样的表现,比如当被讯问人当要完成对抗性任务时更倾向于上调愤怒情绪,反之则更倾向于下调愤怒情绪。情绪调节倾向与情绪调节策略具有特定的关系。情绪调节策略是被讯问人在面临需要被调节的情绪时所用来调节情绪的方式和手段,其本身没有好与坏之分,亦不暗含社会认可的衡量标准,某种情绪调节策略可能对某些被讯问人有益但却对另外某些被讯问人无益,可能在某个方面对被讯问人有益但在其他方面却可能带来不利影响。成功的情绪调节是被讯问人根据讯问情境的变化灵活采取既有益于自我身心健康又适应社会环境需要的策略来调节控制自己的情绪。这种情绪调节发生在情绪产生过程和情绪反应倾向展现过程的任一点上。情绪调节最常用的策略是认知重评和情绪压抑。认知重评是认知改变,改变对情绪事件的理解和对情绪事件个人意义的认识,其试图以一种更加积极的方式使被讯问人产生挫折、生气等负性情绪事件或者对情绪事件进行合理化;情绪压抑即是通过控制要发生或者正在发生的情绪表达性行为达到调节情绪反应的目的。对被讯问人来说,这两种策略都以减弱情绪为主要目的。情绪调节倾向会影响被讯问人情绪调节策略的选择以及情绪调节策略使用效果。持有特定情绪调节倾向的被讯问人可能会倾向于使用与其态度相一致的调节策略。在这一点上,我们需要强调的是:高情绪控制偏向的被讯问人既可以通过情绪压抑策略也可以通过认知重评策略来控制情绪,低情绪控制偏向的被讯问人也是这样。还有一种常见情况就是具有低情绪控制偏向的被讯问人迫于讯问压力或被教导使用情绪压抑的调节策略,这种情况经常在讯问人认为有必要改变被讯问人的情绪调节策略的背景下才会发生。情绪调节结果必然发生在情绪调节策略的执行之后,故而情绪调节倾向并不直接作用于情绪调节的结果,而是通过影响情绪调节策略的执行来影响情绪调节的结果,这种结果包括情绪调节策略执行的有效性和情绪调节策略执行后的心理愉悦度。在这一点上,具体的情况非常复杂,需要我们注意的原则是:情绪压抑导致的情绪调节结果因被讯问人文化背景的不同而不同,最能代表这种文化差异且与情绪调节相关的即是情绪调节倾向的差异,亦即,情绪调节倾向很可能在情绪压抑与情绪调节结果关系中起到调节作用,低情绪控制倾向会增强情绪压抑与积极结果之间的负向关系,而高情绪控制则倾向削弱甚至扭转两者之间的负向关系。情绪调节倾向与情绪调节目标之间具有特定关系。被讯问人情绪调节是一个目标导向的适应性行为,其以社会允许的方式作出适当情绪反应的能力,这种能力促使被讯问人在作出情绪反应时可以灵活有效地控制自己的冲动并延迟冲动行为。被讯问人情绪调节是为了使自己在情绪唤醒的情境中保持功能上的适应状态,是被讯问人为完成应讯目标而进行的监控、评估和修正自己的情绪反应的内在与外在过程。情绪调节不仅是一个简单或被动的适应社会情境要求的活动,也是一个与自身利益密切相关的活动，被讯问人是否进行情绪调节以及如何进行情绪调节是对社会情境的主观主义以及自身应付能力的认知函数。可见，实现特定的个人目标是情绪调节的核心，而情绪调节的目的本身则是灵活的，依据讯问情境的变化而变化的。职务犯罪讯问实践是一种集体文化实践，在更多的情况下，其中的主流思想是通过积极的和消极的情绪体验之间的平衡来寻求一个中庸之道。情绪调节目标与情绪调节倾向具有特定的关系。情绪调节倾向的形成与情绪调节的目标息息相关。对于被讯问人惯常的情绪调节倾向而言，为实现讯问互动的人际关系的和谐目标，被讯问人更倾向与压抑己之情绪，亦即下调自己的情绪，但在被讯问人为实现独立个性的时候，被讯问人则更倾向于表达己之情绪，也就是上调自己的情绪。还有一种情况，那就是在特定的讯问情境中，被讯问人情绪调节倾向亦会因即时的目标不同而有所不同。例如同样是愤怒情绪，当被讯问人意欲对抗时其怎能有助于被讯问人的成功可能性，此时被讯问人更倾向于上调己之情绪；而在被讯问人选择合作的时候，愤怒会阻止被讯问人合作得以进行的欲需，此时的被讯问人通常更倾向于下调自己的情绪。总的说来，情绪调节目标会影响被讯问人情绪调节倾向，具体而言即是会影响被讯问人对特定情绪是上调还是下调的想法。总起来讲，被讯问人能够根据特定讯问情境的需要灵活地使用恰当的情绪调节策略即是适应性情绪调节的重要体现，具体而言，当被讯问人情绪调节策略与情绪调节目标、情绪调节倾向相匹配时才能达到最优的调节效果。

讯问现场情绪管理是备受讯问人关注的热点话题。当前的讯问现场情绪管理基本上是一种“他控”式管理模式。在此模式中，讯问人和被讯问人的情绪管理基本上处于非均等运动，讯问人的情绪管理在整个讯问现场情绪互动中处于支配地位，而被讯问人的情绪管理则处于低落地位。随着职务犯罪讯问实践的深入，越来越多的讯问人意识到被讯问人应该在讯问现场管理中发挥其应有的主体作用。对于被讯问人进行情绪管理不仅有助于不同类型的被讯问人形成形同的价值观，而且有助于改变讯问人和被讯问人之间情绪互动方式，使得讯问人和被讯问人之间的情绪互动由传统静态式转变为动态式情绪互动。目前许多讯问人正在尝试进行“自调”式情绪管理模式，这种模式将目光投注于讯问人和被讯问人之间，强调建构讯问人和被讯问人之间平等的情绪互动关系，倡导讯问双方共同管理以形成讯问现场情绪管理共同体，这种模式与以讯问人为中心的讯问现场情绪管理模式互相补充相得益彰。情绪管理是对被讯问人个体情绪和人际情绪进行调控的过程,是被讯问人对自身情绪和对方情绪的认识、协调、引导、互动和控制,建立和维护良好情绪状态的过程和方法,不仅取决于被讯问人对人生观价值观总体把握的水平,取决于讯问过程中的环境认同和身心体验培养出的情绪质地,而且取决于被讯问人与讯问人、与党组织之间的人际交往艺术。讯问现场管理是建立有效讯问现场环境和保持讯问现场互动的历程。基于讯问人的讯问现场情绪管理是指在讯问人的指导和引领下,以被讯问人的情绪期望为出发点,借助于讯问现场主阵地,通过情绪感知和体验、情绪表达、情绪调节和情绪分享四个情绪管理环节,促进被讯问人深入参与到讯问现场情绪管理当中来。基于讯问人的讯问现场情绪管理的意义是:一是有助于营造和谐的讯问气氛,二是有利于形成平等的讯问互动人际关系,三是有助于实现讯问现场内被讯问人的自我管理。这三点意义对讯问人的启示是:在讯问现场情绪管理中,讯问双方是相互依存彼此制约的,而双方的情绪也是彼此感染的,那么讯问人如何在讯问现场将被讯问人的情绪转化为讯问现场接受教育的动力呢?主要途径是:一是讯问人了解自己和被讯问人的讯问现场情绪,形成双方讯问现场情绪比对表象,保证讯问现场情绪管理的完整性和连续性,也为修正其中的不当情绪反应提供了可能性。二是充分重视被讯问人的情绪反馈信息,保证被讯问人情绪信息反馈的全面性以便于讯问人全方位地对被讯问人的情绪反馈进行有效加工,也保证了被讯问人情绪反馈的客观性以便于讯问人对被讯问人的情绪反馈信息进行有效地处理和预测;三是讯问人应该提高情绪调节能力,包括对己和对被讯问人的情绪调节能力。

被监察留置意味着被讯问人遭到了社会拒绝。所谓社会拒绝是指被讯问人在社会互动过程中意识到被他人和被组织不接受以及关系和归属受阻的现象和过程。社会拒绝与被讯问人负向情绪体验之间关系密切而复杂。一般情况下,社会拒绝会引发被讯问人受伤感、孤独感、内疚感和悲伤感等,缺乏积极社会关系支持的被讯问人经常表现出焦虑和孤独等情绪。但也有时候社会拒绝会导致不同的情绪状态,社会拒绝所引起的是情绪麻木而非剧烈的社会痛苦,社会拒绝会引起被讯问人个体情绪解体状态而引发防御机制的发生,从而降低和减弱社会拒绝所导致的后果。被讯问人在遭到社会拒绝情境下的习惯化情绪调节策略使用状况可以预测被讯问人情绪调节效应。注意转移和认知重评策略是被讯问人情绪调节领域常被关注的两种情绪调节策略。在高强度的社会拒绝情境中，被讯问人更偏向选择注意转移策略，而在低强度社会拒绝情境中，被讯问人更偏向于选择认知重评策略。具体而言，意识到内在情绪体验的被讯问人越多采用注意转移偏向意味着被讯问人的满意感程度越高，否者相反。社会拒绝情境下被讯问人的情绪调节策略的运用是其努力适应讯问情境的情绪操作和情绪加工的产物。相应的动机趋向与被讯问人的情绪需求紧密联系，当被讯问人希望有好的反馈却得到差评反馈时则会引发挫败感，但其内在动机趋向仍在好的反馈方向上，被讯问人在遭遇负性事件和情境时则会激发出一种积极情绪偏向，这就是为什么在实践中有的被讯问人抗谈拒供动机越来越强烈的原因。社会拒绝情境下的被讯问人情绪调节机制是有目标的反向调整机制，即对理想情绪情境予以主动偏向以中和社会拒绝情境所诱发的负性情绪体验，当且仅当被讯问人强烈体验到这种负向情绪时才能激发情绪调节目标，这时候被讯问人反向调整机制才能发生，具体体现为注意转移和认知重评等习惯化情绪调节策略的有效使用。

被讯问人自我损耗会降低其亲社会行为下降。被讯问人在应讯中实施自我控制时过度消耗心理资源就是自我损耗。亲社会行为即是被讯问人作出使讯问人和社会受益的积极行为。自我损耗为什么会降低被讯问人亲社会行为呢？首先，被讯问人在作出亲社会行为选择时会面临利己和利他的冲突权衡选择，需要通过自我控制来调节这种冲突；其次是自我控制失败的被讯问人其自私的内部冲动容易表现出来；再次，处于自我损耗状态下的被讯问人更可能做出坏的行为。根据职务犯罪讯问实践，以案例树人的启动榜样效应可以缓解被讯问人的自我损耗后行为。另外积极情绪可以缓解被讯问人自我损耗后效，因为积极情绪对被讯问人自我控制资源的损耗具有补偿作用，在自我损耗状态下低趋近动机积极情绪能够缓解自我损耗后效并增加亲社会行为。

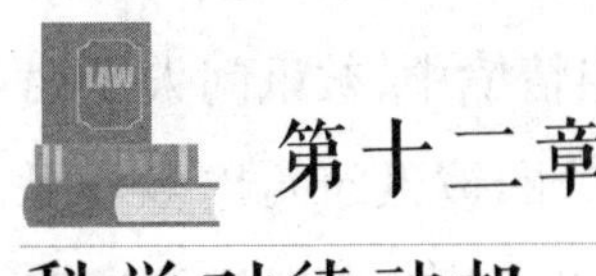

第十二章
科学对待动机

动机在现实中表现为"说着有定则无"的尴尬境地,让人在职务犯罪讯问中难以把握,如何科学地对待动机就成为了一个不是问题的问题。这就决定了我们必须从能够反映动机存在及其存在状态的情感、观念和思维三方面来考察动机的存在及其存在状态。

第一节 情感层面的动机

讯问情感是讯问活动的重要组成部分,其特指讯问人在

讯问活动中的职业性情感,讯问人与被讯问人的关系是讯问情感的核心内容,讯问情感是动态变化的,讯问活动给予讯问人的感受、讯问人的自身素质、讯问人与被讯问人的关系这三个方面的变化能够讯问情感的变化。首先,讯问情感是最具特殊性的讯问人职业情感:讯问情感具有特殊的对象,讯问人的职业要求决定了其兴趣多和视野广的特点,讯问人不仅在知识上博闻强识而且在情感层次上丰富,在讯问活动相关的各种情境面前都需要恰当地表达己之喜怒哀乐,尤其是在关乎被讯问人的情境中,更是无法忽略和漠视情感态度的表达,讯问人在讯问活动中无可避免地要与被讯问人进行全方位和多层面的交流,没有一种互动交流可以在情感缺位的状态下进行。其次,讯问情感具有细腻的触角:讯问人在讯问活动的对象是在情感上正处于脆弱敏感期的被讯问人,被讯问人在接受讯问中的点滴变化和细微差别经常能反映出某些内心深处的激烈变化,讯问人需要通过深入观察和细致分辨才能准确及时地表达作为引导者的情感态度,并且还要在不同的被讯问人以及每个被讯问人不同的方面作出适当的调整。再

次,讯问情感具有丰富的内容:铸魂育人是一项触及灵魂的工程,一个浅薄单一的人是不可能胜任讯问职业的,讯问人的情感表现在举手投足之间,却无不倾注着真挚的饱满深情,讯问人丰富的情感表达是被讯问人乐于听从指教和顺应劝导的必备条件。最后,讯问情感脱离不了人类情感的范畴:讯问人虽然被认为是应该在讯问中作为情感施与方出现,但其实也不可避免地要作为讯问互动交流的情感传递的承受方,讯问人不可能脱离人类情感交流范畴的正常模式而绝缘于情感的承受。由此可见,讯问情感既包含于人类情感之中又具有独特的内涵和特性,讯问人在所从事的讯问活动中总会获得已之体验并进而保持某种态度,而这正是讯问动机的内容组成部分。情感是讯问人的主观感受,讯问动机是讯问人的心理状态,讯问动机通常以情感形式外显出来而得以被表达,讯问动机可以情感形式影响讯问人的全部言行。讯问情感的表达是指讯问人根据讯问情境的要求在感情意识和感情管理的基础上通过适当方式表达已之感情从而有效地影响被讯问人和自身的感情状态或体验能力,并在这种情感表达过程中反映出已之对被讯问人和自身的态度与情感的看法,且从中体现趋近或趋离讯问情境与被讯问人的讯问动机。讯问人通过情感表达达到更好地影响被讯问人的目的,使被讯问人通过讯问情感的感染来更好地理解思想政治教育内容,从而使讯问双方相互走近对方的精神世界,为彼此的交流拉近感情距离,这也是讯问动机实现方式的体现。从实质来看,讯问动机虽是内隐的心理过程但却有许多外显的方式。根据心理学研究,总的来说讯问情感具有微表情和肢体动作的肢体语言和言语表达两种形式,这两种表达方式方便了讯问双方之间的交流,使讯问双方可以走近彼此的内心动机领域。从讯问动机的总体发生过程来看,有的讯问动机是通过情感自然表现外露的,有的则是通过情感艺术表现表达的,自然表现多见于表达包含对自身的情感和对被讯问人情感内容的讯问动机,艺术表现主要见于包含对教育内容和对讯问环境的情感内容的讯问动机,这些讯问动机通常不直接外露而是通过艺术手法表达出来。无论是自然外显还是艺术表达,一般都具有直现、缩减和夸张三种讯问动机形式。所谓直现即是将讯问动机原貌展现出来;所谓缩减即是将某些讯问动机的外部表现降低到最低限度;所谓夸张即是将某些讯问动机内容有意突出和放大以获取有利于自己的益处。情感并不是被动地反映讯问动机,而是在满足情感个体性和社会性平衡基础上能够对讯问动机进行调节。这种调节可以分作两类:一类是适应讯问环境,讯问动机与讯问情感一样都具有个体性和社会性特征,如果讯问动机不适应社会或不完全适应讯问人自己那就需要对此进行调节以保持平衡。讯问情感的调节既包括对讯问动机的激发和持久也包括对讯问动机的控制、引导和改善。真实讯问情感的正确表达最好是尽可能缩短与讯问动机的距离,两者若能完全保持一致则调节效果更好。调节的方法是:首先讯问人要树立以讯问情感调节讯问动机的观念,即,在职务犯罪讯问实践中,并非有的讯问人不会以讯问情感调节讯问动机,而是其根本没有以讯问情感调节讯问动机的观念,更没有以讯问情感调节讯问动机的察觉能力,其要想以讯问情感调节讯问动机,最重要的是培育对以讯问情感调节讯问动机的觉察和感觉能力。其次是讯问人要理解以讯问情感调节讯问动机的必要性,主要是反对自由调节论,即讯问人不分场合绝对自由调节讯问动机而不遵守社会文化脚本之感情规则要求。最后是讯问人要把握以讯问情感调节讯问动机的度衡,要避免过之或不及的两种调节极端。在以讯问情感调节讯问动机的能力形式中,最常用和最有价值的是认知重评能力和表达抑制能力。认知重评能力即是讯问人对引发以讯问情感调节讯问动机的诸因素进行重新认知,从而再来改变自己调节讯问动机的心理暗示,使得这种调节避免消极或由消极转向积极。表达抑制能力即指讯问人调动自我控制能力,在以讯问情感调节讯问动机上对自己将要发生或正在发生的情绪表达行为进行抑制,从而掌握以讯问情感调节讯问动机的能力。

对被讯问人而言,应讯情感是指被讯问人在包括生理、心理和认知等方面在内的已有条件基础上通过与自我和讯问人互动作用所产生的一种自我的好恶感受和体验。被讯问人的应讯情感也是一种话语实践并具备批判反思功能,是在讯问和被讯问关系中建构起来且受讯问环境、人际互动和政治权力规则影响的产物。在职务犯罪讯问中,我们一般将应讯情感指称为被讯问人对受讯的态度体验及相应的行为反应,应讯情感通常包括被讯问人内部成分、情感表达、人际关系成分和讯问环境因素(社会政治文化因素),以提供信息、影响认知过程和情感管理等方式反应和调节应讯动机是其核心功能。从操作和对象两个维度划分,应讯情感具有认知、表达和调节应讯动机的能力、理解讯问情感的能力、与讯问人情感互动的能力、刺激和反馈讯问情感的能力、领悟和选择以及加工所接受教育内容的能力。从心理学视角出发,应讯情感包括评价、主观体验、自身变化、情感表达和行为倾向五部分。从批判和政治角度观察,应讯情感是改变讯问人与其互动关系和权力关系的组成力量。从被讯问人个人与讯问环境互动的视角出发,应讯情感是由社会建构且由被讯问人个人执行的存在方式,这种方式的存在在于应讯目标的追求过程中的标准和信念的维持。通过上述梳理我们可以发现,应讯情感不是一个人们通常认为的简单概念,而是一个涉及多维度和多因素的复杂概念,既具有生理层面的因素又受讯问环境的影响,同时还受约于受讯的身份特殊性,是被讯问人主观层面的受讯体验和表现,既体现为被讯问人的心理历程又具有涉身的外在表征,既可以概念化为一种状态又可以被视作一个动态过程,故而应讯情感是被讯问人在受讯环境中产生的试图与应讯目的保持一致的情感体验,这种情感是一种寻求在社会文化规则、教育规范和被讯问人个体认知等方面的契合,是一种被高度社会化的情感。接受讯问是被讯问人围绕着思想政治教育内容所产生的一种特殊的人际交往活动。被讯问人与讯问人和教育内容是讯问活动中认知传递的三个最基本要素和情感交流的三个最初原点,并由此形成了相应的认知信息和情感信息流动的动态网络,故而受讯过程也充满了情感因素,弥散在讯问双方的互动中。由此我们可以说,应讯情感是在受讯过程中被讯问人基于社会文化规则和讯问规范在理性和感性之间建立联结且情感因素和认知因素相互作用并不断深化情感互动的具体过程,具有个体性、交互性、可调节性和情境性特征。这些特征使得多数被讯问人在受讯过程中通常选择隐藏焦虑和不安的应讯心理状态,但实际上被讯问人却在受训过程中经常不自觉地流露出更多的焦虑感和不安感。主要有以下两方面的原因:一是被讯问人基于当前困境的困扰和对前途的担忧,二是源于讯问互动中的“高期待”,通常幻想被放一马或侥幸脱责脱罪。还有的被讯问人摄于法定身份的压抑而在情感调节策略上选择压制不满和愤怒,在讯问人面前轻易不敢发火或正面抵触,而是变着法子软磨和软抵抗。这些负面情感策略也会体现在对应讯动机的反映和调节上。根据职务犯罪讯问实践,被讯问人在私下里对应讯动机的反映更倾向于使用自然行为和深层表演来表达自己的情感,而在受讯过程中却倾向于表层表演来反映应讯动机。所谓自然行为是指被讯问人自然地将受讯的真实情感感受与组织情感表达规则不一致的感受表达出来;所谓深层表演即指被讯问人通过己之内部心理调适来产生适当的情感表达;所谓表层表演即指被讯问人仅仅改变外部的情感表达而不改变己之内心的真实感受。对那些抗谈拒供的被讯问人而言,在对应讯动机的反映上,私人价值超越公共价值驱动被讯问人产生更多的真实行为,这些真实行为表明情感法则对这类被讯问人并不具有天然的约束力,在受讯中应该表现出哪些情感或应该抑制哪些情感都是被讯问人人为选择的结果,这种选择的初衷并不是真正想符合讯问情境的要求,而是想表面迎合讯问情境的要求,以隐瞒内心的真实欲念。只有对那些意欲配合组织审查调查的被讯问人才能做到公共价值超越私人价值,情感法则才具有天然的约束力,被讯问人在这种约束力规制下更愿意使用深层表演策略进行应讯动机反映和调节,以便于在受讯过程中符合组织要求。从通常意义上说,讯问规则是纪法规范和情感规则相互作用的结果,他们一起构成了被讯问人应讯动机的情感体验基础。因此从一般意义上讲,被讯问人对应讯动机的反映最初是由感受讯问规则而起,经由实际感受到的规则选择适当的情感策略,再通过一定的情感方式将应讯动机呈现出来,亦即,被讯问人在应讯中的动机反映经历了感受规则——选择策略—表现动机这样一个过程。在受讯过程中,讯问规则无形中规制着被讯问人的言行,被讯问人一般都能意识到情感表现规则存在于受讯过程中,规定着自己应该说什么或不应该说什么,感受规则作为前因系统是被讯问人情感建构和应讯动机反映的信息源,应讯中涌现的情感互动和人际交往作为特定的情感符号被被讯问人有意识地接收、处理、表达和调适,同时也感受到己之应讯动机倾向。受讯认知是被讯问人感受情感规则的内置环境。被讯问人在受讯过程中总是会不自觉地评价自己感受到体验,这种评价方式是以内隐的方式自主进行的,被讯问人的认知系统能够觉察并评价被讯问人的情感体验和表达的隐性规则,同时驱动被讯问人在已有的期待、愿望和信念等认知因素的协同作用下呈现出相应的应讯动机外显反映倾向。被讯问人的这种应讯动机外显反映倾向具有个人倾向性和明确的目的性,并且经由表情传递显示外倾倾向。讯问规则是被讯问人感受情感规则的显性要求,讯问人意图通过讯问规则的强制性约束并规定被讯问人应该做什么和不应该做什么,而被讯问人在很多情况下却会与此背道而驰,总会以自己对讯问规则的感受建立起自己的情感规则体系,并依己之标准来对抗讯问规则,依己之选择来触摸应讯动机。社会文化是被讯问人感受情感规则的隐性约束。说到底,所谓的情感实际上就是被讯问人在情感规则制约下所进行的表演,被讯问人可以依据讯问情境以及己之体验的意蕴进行情感的调节以便呈现出其认为的合适的自我。在受讯过程中,社会规则会在很多时候通过隐性的和精神价值观上的软约束对被讯问人施加道德伦理上的规则,因此被讯问人所处的受讯状态也是特定的社会文化结构，被讯问人的言谈举止和人际互动所投射的也是社会的隐性文化规则。我们可以将这个社会的隐性文化规则理解为由框架规则和感受规则组成的解释型框架，这个框架规则能够体现出被讯问人进行情境的解释和意义生发时其内心的感受和变化，而感受规则是一种更加具体的对情境的再要求，其始终内嵌在这种框架规则中并约束着被讯问人进行受讯感受的方向，但由于被讯问人由于法定角色的反动性决定了其受讯感受的方向在大部分时间内不与讯问方向同向而行，这就导致了被讯问人在受讯过程中的“虚假上场”，经常在受讯时进行情感伪装，此时被讯问人通过情感反映的应讯动机不一定是其真实的应讯动机，这会增加讯问人辨识应讯动机真面目的难度。选择情感表达策略是被讯问人在受讯时情感建构的核心系统，被讯问人在应讯动机反映上真实或伪装的情感表达无一不受这种情感规则的制约。一般来说，被讯问人的自然行为是表现真实的情感，其表层表演是刻意伪装的情感，其深层表演是努力整饰的情感，在具体的应讯中被讯问人选择哪种情感表达形式一方面反映了被讯问人调适情感的能力强弱，另一方面取决于被讯问人具体讯问情境下的应讯需要。表达规则是被讯问人在特定的受讯情境规制下在应讯时表现出的适宜自己情感行为的一整套法则，意在呈现被讯问人在受讯过程中的进行情感建构和调适的结果，其以探寻被讯问人受讯时的情感表达的情感尺度来反映应讯动机。一般来讲，被讯问人的自然行为是通过表现真实的情感来反映应讯动机的，其表层表演是通过刻意伪装的情感来反映应讯动机的，其深层表演是以努力整饰的情感来反映应讯动机的。由此看来，被讯问人的情感反映应讯动机的面向具有多维度，如果想要将这种多维度改向为单向度的正性应讯动机，还需要从情感感化入手。此谓情感感化是指讯问人利用情感为媒介，根据被讯问人的自身情况，以被讯问人的情绪为着手点，激发被讯问人潜在的积极健康的情感以推动产生积极的情感体验，从而转变和提高被讯问人的思想认识和消除其存在的供述障碍，促使其态度发生改变并进而如实供述的讯问方法。情感感化能够缓解讯问人和被讯问人的对立情绪，由于被讯问人与讯问人所处的法律地位以及监察程序查明案件事实真相的需要，两者在讯问过程中产生对立是不可避免的，情感感化所具有的天然优势即是能够在最大程度上消除与被讯问人的对立情绪，情感感化不仅能够转变被讯问人的拒供态度，还能够以情感为依托获得被讯问人真诚悔罪并意识到己之所为的社会危害性，情感感化能很好地帮助被讯问人唤醒积极的情感，完成对被讯问人的思想和行为改造。职务犯罪讯问中的情感感化的使用方法是：第一，具体做到尊重人、理解人、信任人，要多办实事，切实关心人和帮助人，要情理交融、以情动人和以理服人。首先要尊重被讯问人的个人尊严，其次要以行动关心被讯问人，尽力帮助其解决实际问题，再次要情理并重，更好地促进被讯问人的态度转变。第二，情感感化准备阶段的任务是：首先，讯问人对于被讯问人相关信息进行汇总，其中包括基本案情、被讯问人家庭关系和社会关系、被讯问人个人履历和心理状况等；其次通过了解被讯问人的近况来进行情感感化主题的准备，这要结合前期所收集到的被讯问人信息来综合分析，如果被讯问人重视亲情且对家人较为关心，那么主题可以选择为亲情；如果被讯问人对涉案朋友十分看重，那么主题则可选择为友情；如果被讯问人在被留置期间出现精神压力大和内心痛苦等情况，讯问人可以从被讯问人内心中存在的道德良知着手；如果被讯问人在此前的人生经历中有“闪光点”出现过并对其具有重要意义的情况下，主题则可以选择为社会责任等；讯问人在进行主题准备时应当以全面多角度为原则，尽量多准备可用主题，这样在讯问中能够及时变换以确保情感感化效果。第三，情感感化实施阶段的任务是：首先，注重引导被讯问人的情绪，其次，做好情感感化时机的选择，再次，有效化运用情感感化主题。第四，情感感化结束阶段的任务是：讯问人应当着重关注两方面情况，一是被讯问人触动情况，观察被讯问人是触动明显、还是触动不明显，或是毫无触动甚至产生厌恶；二是被讯问人的态度改变情况，观察被讯问人是态度改变不明显而不愿供述还是态度有所改变而部分供述或是态度改变而完全供述。下面我们还要强调几点：一是结合大数据调查做好情感感化的准备工作，大数据调查具有查询和预测功能，在情感感化的准备阶段，讯问人要尽量通过大数据调查尽可能多地收集被讯问人的有关数据信息，以充分了解和掌握被讯问人的个人情况以及案件相关信息，这有这样才能对被讯问人进行准确判断，同时也有助于保障准备情感感化主题的全面性和可行性。二是在实施中适时评估与调整情感感化策略，首先是评估和调整情绪引导效果，其次是评估与调整情感感化主题的选择，再次是评估与调整情感感化辅助行为，最后是评估与调整情感感化情境氛围控制情况。三是注重情感感化方法的技巧性：积极倾听与被讯问人构建良好沟通关系；丰富感化形式、主题以提升感化效果；注重情境氛围营造以增强感染力；强化讯问方法间的密切配合，尤其是做好情感感化与说服教育相结合工作以及情感感化与使用证据相结合工作;四是依据被讯讯问人特征有针对性的运用情感感化方法,尤其是要针对被讯问人的人生闪光点激发其积极情感。

第二节 观念层面的动机

价值观念作为意识形态的内核和职务犯罪讯问中施教的核心内容,在理论和实践领域占据着举足轻重的地位。那么价值观念层面的讯问动机是什么?观念层面的讯问动机应该反映什么样的价值观念?对于这些问题的回答是揭开观念层面的讯问动机实质的密码。对讯问人来说,价值观念是指讯问人在讯问活动中形成的关于讯问情势的总体性和综合性看法或价值意识。这种价值观念的本质在其现实性上讲,表现为讯问人对讯问价值的历时反映和实践转化,其蕴含的内涵即是指价值观念这种反映既包括讯问人对讯问情势当下的判断也包括对讯问价值的未来期盼。思想政治教育视域中的价值观念层面的讯问动机是讯问人借助思想政治教育活动的载体形成的具有由主流价值观引领的集价值原则、价值规范和价值理想于一体的价值意识内容的讯问动机。具体而言,这种讯问动机具有五个面向:一是从存在基础来看,其强调个人利益与集体利益的关系,主张个人利益与集体利益的内在一致性;二是从核心内容来看,其强调组织价值观并和组织价值观的引领作用;三是从心理结构来看,其强调讯问人价值观念的知情意相统一和以组织价值观为准则进行价值判断、价值评价和价值选择,并对组织价值观形成情感认同和意志坚守以构筑思想防线;四是从外在形式上看,其集中表征为讯问人所持有的理想信念和信仰;五是从价值目标来看,其强调讯问人对确信性的价值关系的一种追求,是在主导价值观念的引领下促使自己追寻己之精神归宿和意义世界的价值意识。由此可见,思想政治教育视域中的价值观念层面的讯问动机的根本目的是双向立德树人,也就是在教育被讯问人的同时先立德自树。思想政治教育主要围绕思想、政治和道德三个维度向被讯问人浇筑理想信念之魂,而讯问人自身先要明白自己想要什么、坚信什么和计划实现什么,从而能够进行正确的价值判断、价值选择和价值评价,并形成正确的思想观念和鲜明的政治观点以及正确的道德认知以构筑自己的精神世界,使自己实现由知识获得向灵魂洗礼的转向,以使自己形成符合中国特色社会主义社会要求的价值观念,首先完成立德自树的根本任务。思想政治教育视域中的价值观念层面的讯问动机包含着一种不可或缺的价值承诺,即,对自己和对被讯问人进行价值观念的传导和改造。这是合规律性的必然要求,因为讯问人正确价值观念的养成也需要思想政治教育的指导;这是旨在达成讯问人对主流价值观念的认同需要,因为思想政治教育不进为讯问人的价值观念提供理论标尺而且为讯问双方提供方法论,让讯问人在主流价值观念指导下自觉外化为正确的行动;这是旨在筑牢讯问人价值观念防线的需要。这种价值承诺的构成要素是:一是依循思想政治教育的基本逻辑,以社会主流意识形态引导讯问人形成主体定位意识,明确“我是谁”,对自我进行原点定位;二是引导讯问人形成主体原则意识,明确“我想要什么”,对自我需要进行排序;三是引导讯问人形成主体规范意识,明确“我要遵循什么”,对自我需要的实现提供保障;四是引导讯问人形成主体实践意识,明确“我要做什么”,为自我需要的实现提供行为先导。对讯问人来讲,最重要的是要在明确“我是谁”的自我意识基础上形成“为了谁”的使命意识和“成为谁”的目标意识,这也是讯问需要的主要内容并成为讯问动机的主要驱力。这种价值承诺应当具有的价值观念主体尺度的原则意识有:一是支配性的首位原则意识,这是讯问人处理价值关系时最为重要的原则意识,在价值原则意识中发挥主导作用,决定价值观念的性质和规定与影响其他价值意识的存在与发展,表征着讯问人需要完成的使命初心;二是化解性的服从原则意识,该原则是与首位原则意识相对应的原则意识,其他价值意识因处于被支配地位而受首位原则意识的统领故被称为服从原则意识,并在价值观念体系中发挥重要的化解各价值观念之间的矛盾作用;三是互通性共享原则意识,该原则意识是价值观念主体渗透于首位原则意识和服从原则意识之中并与外部互通所形成的价值意识;四是价值观念主体应然的规范意识,包括纪律规范意识、法律规范意识和道德规范意识;五是价值观念主体理想的实践意识,对讯问人而言包括行动意志、工具理性和反思意识。以上应当具有的价值观念主体尺度的原则意识表明了这种价值承诺的基本特性,即,其所强调的价值观念不仅是让讯问人能够知道什么和了解什么,而且也使讯问人明确自己相信什么和想要什么,有其自身的特性,其坚持以人为本并强调价值观念的主体性,关注讯问人确立何种价值取向、如何进行价值评价和向往何种价值追求,其不仅传递知识而且更加强调超越知识性的价值观念,以实现铸魂育人和立德树人的旨归,其注重讯问双方之间的价值观念关系引导,以尊重差异和解决冲突以及达成共识为己任。这种价值承诺的存在形态:一是以价值目标为旨归的理想形态,这种理想源自讯问人的自为需要,表征为讯问人的本质规定力量并以崇高追求为引导理想;二是以价值判断为核心的信念形态,这种信念承载着讯问人的价值定向功能;三是对共产主义的远大理想和新时代中国特色社会主义共同理想的信仰处于价值统摄最高位阶。这三种形态具有内在的辩证逻辑,其中的理想是信仰的具象转化,信念是理想的精神力量,而信仰是处于最高位阶的信念。

被讯问人在被留置前也曾经形成过有益的价值观,只不过后来由于其党性原则丧失而把这些价值观弄丢了。被讯问人的价值观是在长期调整和积累对人对事的观点和看法所形成的系统化的价值观念体系,这些价值观体系是被讯问人系统梳理在工作生活中所积累的各种价值观念的结果,其会作为一种精神意识支配被讯问人的思想和言行,但是由于被讯问人放松了“三观”改造和接受不良习气的浸染,其将这些有益价值观置于脑后和弃于云霄,并没有用此来指导自己的工作和生活,这就使有益价值观发生性质的改变,以致于堕落为庸俗低劣的价值观,从而走向违纪违法犯罪道路。被讯问人被依法留置后,讯问人对其进行思想政治教育的根本目的就是让其重新建立科学的价值观念并使之成为被讯问人今后人生之路的思想行动指南,使被讯问人具备重返社会的能力,帮助被讯问人为走好今后的人生之路奠定基础。对被讯问人进行思想改造即是帮助其重塑社会主义核心价值观,这是被讯问人作为受讯主体对审查调查现实的主观认识、理解和评判而重新形成的价值观,是被讯问人根据受讯状况而做出自我决策的一种内在标准和尺度,是被讯问人在受讯过程中开展价值评判和价值选择的深层次依据。被讯问人价值观的不能自主形成,必须在讯问人的教育下逐渐形成,被讯问人在受讯过程中依据自我需要来加强对谋求出路的探寻并找出其存在的价值,当其认为讯问人为其所指出路是正确的时候那么被讯问人就会记住这种观念并在接下来的应讯中接受这种观念的指导,这样经过特定时期的强化记忆被讯问人就会对讯问人所传导的价值观产生固定的看法和观点并由此形成一种新的价值观,即,社会主义核心价值观。当被讯问人将自身各种观念进行重新整理划分时则会形成一套完整的思想观念体系,并对被讯问人的应讯活动产生潜移默化的指导作用。被讯问人价值观能否重新形塑关系到讯问成败。讯问人应当教育被讯问人形成正确的价值观目标导向来形成正确的应讯动机。被讯问人的价值观并不是其纯粹主观或完全自觉地产生的,而是需要讯问人的教化唤醒。

目标是一种方向和标准,明确而恰当的目标导向是被讯问人价值观形成的出发点和落脚点,是有效促进被讯问人正确应讯动机形成的关键所在。从一定程度上看,只有讯问人的教化唤醒转化为被讯问人的人格品质才会形成正确的应讯动机。讯问人的思想政治教育是对被讯问人进行的精神塑造,其全部目标都要围绕帮助被讯问人形成正确价值观目标导向来展开,并且将这种目标渗透到被讯问人应讯动机的形成过程中,以帮助被讯问人明确价值观形成的方向和标准形式来为被讯问人形成正确的应讯动机提供有效保障,使被讯问人的应讯动机形成更具方向性。讯问人应当教育被讯问人形成正确价值观核心目标来形成正确的应讯动机。对讯问人而言被讯问人价值观形成的核心目标即是完善被讯问人的基本价值观念,重塑被讯问人的精神世界,达到符合社会发展需要的基本道德要求。对被讯问人来讲,这种核心目标就是爱党爱国和诚实善良四个方面,这四个方面即是指导被讯问人进行思想道德建设的指导思想和基本原则,也是讯问人教化被讯问人必须做到的基本道德规范,将这四个目标纳入到被讯问人价值观形成的核心目标可以使被讯问人明确自身应讯动机的价值取向,为被讯问人幡然悔悟提供正确的政治方向。讯问人要教育被讯问人形成价值观的高远目标来形成正确的应讯动机。对被讯问人来讲,自己的前途在哪里和今后如何重返社会都是被讯问人魂牵梦绕的焦虑之处。讯问人对被讯问人进行思想政治教育不能对被讯问人的这些顾虑视而不见,而要首先针对这些思想顾虑进行相应的答疑解惑工作,要让被讯问人明白问题的关键不是承受纪法制裁,而是如何具备良好的态度来配合组织审查,以真诚悔过悔罪的行动赢得组织宽大,立足当前力争最为理想的前途,而不是侥幸和幻想行事。这就要求讯问人教育被讯问人要树立崇高的社会主义理想和坚定共产主义信念,即使在严重违纪违法犯罪的情况下也能够将个人的发展与国家命运联系在一起,以使得在将来重返社会时还能够在生活中发挥应有的作用。

第三节 思维层面的动机

对讯问人而言从思维层面讨论讯问动机主要是指要重视动机的社会性本质及其实现。我们都知道,动机是推动讯问行为和应讯行为的直接心理动力,讯问动机和应讯动机无论是在心理构成要素、心理过程、心理功能还是在动机的激发和培养方面，都充分体现了讯问行为或应讯行为的社会性本质特征。正确认识和努力实现动机的社会性本质特征有利于促进职务犯罪讯问的健康进行。在现实的职务犯罪讯问过程中，人们在认识动机的时候习惯性地将动机视作由目标引导、激发或维持讯问活动或应讯活动的一种内在心理过程或内部动力，着重从动机的个体特征入手来研判动机的类型、功能、过程和机制等，而没有意识到或故意忽略动机的社会性特征，从而在对讯问动机或应讯动机的认识上没有做到全面且深刻，导致在动机探究上的偏颇和差错。下面我们进行纠偏工作，着重讨论动机的社会性特征。对于讯问动机或应讯动机而言，除了需要一个持续性的行为动力外，还需要一个符合党组织要求的正确的行为动机。因为无论是讯问人还是被讯问人都是社会中的人，其任何一种行为不仅需要动力或原因，而且还要努力地使己之行为动机符合社会所倡导的主流文化价值观念，符合党组织的要求所指引的正确方向，有益于维护个人和集体的正当权益，能够做到遵守道德规范和遵纪守法等要求，否者其行为就会遭到社会排斥和社会拒绝，也不可能被周边人所接受。亦即，人生活在社会上，己之行为既需要一个动机还需要一个易于被社会和组织以及他人所接受的正当理由和原因。本能的东西绝不是讯问动机或应讯动机的本质，讯问动机或应讯动机的本质仍然是社会性的，是讯问人或被讯问人大脑对讯问现实的主观反映，是社会教育和社会文化熏陶的结果。无论是讯问动机还是应讯动机社会性都是其首要的本质特点，对讯问人而言，其要在发挥己之主观能动性前提下经常主动反省自己的动机，并自觉针对变化了的讯问情势调控自己的行为，力求使己之动机不仅符合社会道德和纪法规范的要求，而且还要使之能够为社会所接受为组织所肯定，同时还要教育被讯问人提高应讯动机的境界性和高尚性，引导应讯动机朝着更加积极的方向进步和发展。对讯问动机或应讯动机而言，即使具有了需要但并不必然产生动机，这中间还需一个复杂且必要的心理转化过程，亦即，除了需要的强度和诱因问题外，更为重要的是在内部需要和外部行为之间的心理转化问题上必须满足需要行为的符合社会性本质并遵守社会道德和纪法规范。这对讯问人来讲意味着必然的要求，对被讯问人来讲意味着进步的朝向。对党组织而言，重要的不是在于讯问人和被讯问人存在何种需要，而是在于其需要怎样向动机进行合理的转化，从而使其动机符合组织要求和组织规范。不可否认，讯问双方的动机都受主客观心理因素和社会因素的影响，其动机往往还表现出复杂的心理来源和表现形式，这就要求讯问人在看待己之动机和应讯动机上应秉持复杂性和多样性观点和理念。针对动机的复杂性和多样性,在讯问动机与应讯动机的交锋中,讯问人应该清楚讯问动机和应讯动机都具有激发功能、指向功能和维持功能等个体性功能以及价值评价功能和认知理解功能等社会性功能,讯问人应该努力尝试科学利用这些动机功能。所谓价值评价功能是指不同的行为动机会被人们赋予不同的社会价值意义,从而导致不同的社会评价结果。在现实的职务犯罪讯问中,讯问人不仅会经常追问或试图了解被讯问人行为的原因或理由,而且还会以其应讯动机类型和性质来对其的行为作出相应的价值认知评价。同样面对组织审查调查,有的被讯问人抗谈拒供而受到组织否定,而有的被讯问人主动交代问题以进行真诚忏悔则能获得组织肯定而被鼓励和受到提倡,其实之所以如此,问题并不在于被讯问人应讯本身,而在于其应讯背后的动机,因为后者更具有积极的社会价值意义。所谓认知理解功能是指在人际交往活动中对彼此行为动机的认识了解有助于增进人与人之间的更好的相互理解、信任和交流沟通,减少相互猜疑和不信任以建立良好人际关系。在职务犯罪讯问过程中,无论是讯问人还是被讯问人在接触到对方时都可能会有一种心理期望,或者讲都会自觉或不自觉地对对方的行为动机进行归因,以便更好地解释和预测对方的行为。由此而言,能否主动将己之动机告诉对方已经成为讯问互动的必要条件,是讯问双方之间不断增进信任的重要途径。正因为动机对于讯问双方行为的这种更为突出的社会性功能作用,所以讯问人首先要自觉培养并教育被讯问人培养形成己之正确的具有积极社会价值意义的行为动机,并在这种动机的支配下努力实现较为理想的讯问效果。其次讯问人还要注意与被讯问人的交流沟通以减少不必要的矛盾和猜疑。再次讯问人要在讯问互动的人际评价中正确地坚持动机与效果的有机统一,避免"惟动机论",即,只看动机而勿论行为效果所可能带来的偏颇,同时还要注意到动机的内隐性特点,学会慎重和客观地对被讯问人的动机进行归因,防止被被讯问人欺骗所可能带来的消极后果。讯问人要知道人的动机需要不断地被培养和激发,因为人的行为更多地是为了满足人的各种复杂的社会性需要和精神性需要,特别是被讯问人的动机需要通过讯问人必要的教育去培养形成,需要讯问人采取多种有效措施去不断激发,从而为讯问活动的顺利进行提供充足的和持久的内部心理推动力量。为此,讯问人要通过艰苦的思想政治教育来引导被讯问人的应讯动机朝着积极的方向变化发展。古今中外的教育形态虽有较大差异,但在教育的根本目的上是基本相同的,那就是教会人们怎样做人和怎样做一个适应社会发展要求的对社会有用的人。针对被讯问人来讲,讯问教育除了要帮助被讯问人学习和掌握必要的纪法知识和道德知识外,还要传授给被讯问人相应的思想观念,帮助被讯问人树立正确的“三观”和正确的理想信念,而这恰恰是人的社会性动机的重要心理来源和不同的表现形式,可以讲越是高尚的社会性动机就越需要后天的教育培养和引导。讯问人要努力研究和探讨各种能够充分调动被讯问人应讯积极性的有效方法和手段,采取各种激励方式更好地激发和调动被讯问人的应讯积极性。

从被讯问人思维角度讨论应讯动机主要是指被讯问人立基于自我认识之上的关于应讯动机的各种认识。自我认识是被讯问人自我意识认知的首要成分,是被讯问人自我调控的心理基础,具体包括自我感觉、自我概念、自我观察、自我分析和自我评价,是被讯问人能将包括自己生理情况、感知和思考情况、体验和意图情况、思维活动情况等心理状况、心理过程和心理内容及其特征报告给自己,其体现的是被讯问人对自己是什么样的人以及想成为什么样的人的自我认知。关于“自己是什么样的人”是指被讯问人针对其素质状况是否具有接受纪法教育和思想政治教育浸润强烈愿望的自我认知。关于“想成为什么样的人”是指被讯问人对其是否具有通过纪法教育和思想政治教育浸润实现自我成长和自我发展愿望所致的自我期盼的自我认知。被讯问人的反讯问动机因为这种自我认知而具有超越性:所谓反讯问动机的超越性是指反讯问动机超出既有现实规定性以及反讯问动机活动和内部诸要素在某方面超出的本质特性。反讯问动机虽然建立在应讯现实的基础上,但反讯问动机又是对应讯现实的超越,既是未来对应讯现实的超越又是美好对不足的超越。反讯问动机的超越性是关注和激发被讯问人超越意识的价值自觉,其始于被讯问人的超越性又归结为被讯问人的超越性,被讯问人的超越性与应讯的超越性具有内在同一性,超越性是反讯问动机活动诸方面的基础,超越性作为反讯问动机的本质特性并不是唯一的,反讯问动机在适应与超越的矛盾关系中保持必要的张力,反讯问动机具有实践性、生成性、主体性和批判性特征。被讯问人超越性存在是反讯问动机超越的逻辑起点。被讯问人的未特定化或未完成性客观上要求被讯问人必须超越自身生理上的限制,被讯问人的自我意识使其能够认识到己之不足和局限,对未来的希望是被讯问人敢于超越的永久动力。被讯问人对自我的合理认知是自我超越的前提,被讯问人的自我超越是对应讯理想的坚守。反讯问动机的超越是有限度的,受制于讯问中的组织能力和组织压力。在讯问中的组织能力和组织压力下,被讯问人总是在寻求超越与适应之间的平衡。当然这种平衡离不开讯问人的纪法教育的归化和思想政治教育的教化,最终平衡的结果是被讯问人一般都会产生认罪认罚从宽的期待可能性动机,这是被讯问人之所以能够主动供述的基本动力来源,也是讯问人对被讯问人进行纪法教育和思想政治教育的效力表现。随着我国监察体制改革的深入展开,我国进行了进一步推动宽严相济和坦白从宽刑事政策的制度化和规范化建设,创建了符合我国本土法治资源且独具中国特色的认罪认罚从宽制度。2018年3月公布实施的《监察法》第31条在监察程序中确立了认罪认罚从宽制度,并赋予了监察机关行使认罪认罚从宽建议权;2018年10月修改通过的《刑诉法》第15条明确规定了该项制度,由于职务犯罪调查的证据和程序最终需要与刑事诉讼程序相衔接,因此刑诉法的该项规定同样适用于职务犯罪案件;认罪认罚从宽制度的适用本质上牵涉罪与罚的问题,这意味着其适用和刑法规范也难以割裂,故而刑法也是该项制度的实体规范支撑,这三门法律的相关规定使得监察机关行使认罪认罚从宽具有了规范基础。《监察法》第31条规定的认罪认罚从宽条件是:自动投案,真诚悔罪悔过的;积极配合调查工作,如实供述监察机关还未掌握的违法犯罪行为的;积极退赃,减少损失的;具有重大立功表现或者案件涉及国家重大利益等情形的。《监察法》之所以赋予监察机关这一权力,其目的主要是鼓励严重违纪违法犯罪的监察对象主动投案,积极配合调查,以获得从宽处理的优待,进而实现监督执纪"四种形态"的运用。这些从宽条件也是讯问人在进行纪法教育和思想政治教育过程中着重强调的内容,从某种角度讲亦是讯问人展开纪法教育和思想政治教育的出发点和落脚点。从纪法教育和思想政治教育的效力看,被讯问人在经过纪法教育和思想政治教育的归化后,认为不但讯问人讲的有道理而且对其具有现实性的利益可图,故而会产生认同和服从动机,可以讲这对讯问双方来讲是一件双赢的事情,因为这样可使讯问双方各有所图和各有所安。

后　记

本书与《职务犯罪讯问要素研究》第一章是姊妹篇，两部分结合起来即是本人近几年对职务犯罪讯问动机和反讯问动机研究的心得成果。即使如此，这些心得体会也是较为粗糙的，只求“有”不求“无”而已。职务犯罪讯问中的动机细究起来是一个细微且宏大的问题，涉及跨学科研究，但囿于本人知识结构的偏宥目前还无法做到更优的研究，只能点到为止了，其实还是有好多问题值得进一步探究的。比如，职务犯罪讯问中的动机的生理机制问题，牵及更加前沿的脑科学和神经科学等研究成果的运用；还有职务犯罪讯问中的动机的动力机制问题，有待于最新的心理学研究成果的支撑，等等，笔者无力把握只能粗略地提及。但本人相信职务犯罪讯问中的动机研究还能够深入，我愿继续为此努力！仓促成文，定有不当之处，敬请批评指正！

本书的写作得到了山东省纪委监委和第十二审查调查室领导和同志们大力支持，山东政法学院和科研处领导以及山东人民出版社相关编辑同志亦为本书的出版付出了努力，在此表示诚挚感谢！

高新平

2022 年 12 月 24 日于济南

参考文献

1.徐小丽:《博弈视角下的知识联盟形成动因与机制研究》,江西财经大学2010年12月硕士论文。

2.曾昭皓:《德育动力机制研究》,陕西师范大学2012年5月博士论文。

3.李旭东:《法律规范理论之重述—司法阐释的角度》,南京师范大学2010年7月博士论文。

4.吴芳:《法律秩序研究》2002年5月博士论文。

5.王君:《个体思想政治教育需要研究》,兰州大学2020年5月硕士论文。

6.方学梅:《基于情绪的公正感研究》,华东师范大学2009年4月博士论文。

7.杨五洲:《技术创新动因影响技术创新行为的作用机理研究:组织学习与组织激励的双中介模型》,西南财经大学2014年4月博士论文。

8.夏冬杰:《教师学习动力机制研究》,上海师范大学2018年5月博士论文。

9.任永泽:《教育知识的性质研究》,东北师范大学2009年5月博士论文。

10.苟羽菲:《强制性公民行为对知识隐藏的影响研究---基于情绪耗竭的中介作用》,西南财经大学2021年3月硕士论文。

11.王春梅:《情绪的动机性对认知控制的影响》,天津师范大学2016年5月博士论文。

12.张奇勇:《情绪感染的发生机制及其调节模型—以教学活动为取向》,上海师范大学2014年4月博士论文。

13.马伟娜:《情绪调节内隐态度对情绪反应的调整机制及其应用》,华东师范大学2010届博士论文。

14. 田学英:《情绪调节自我效能感:结构、作用机制及影响因素》,上海师范大学2012年4月博士论文。

15. 王金情:《人的需要与思想政治教育效果研究》,2010年5月博士论文。

16. 丁泓茗:《思想政治教育个体需要研究》,吉林大学2022年5月博士论文。

17. 于诚真:《思想政治教育国家治理功能研究》,西南大学2022年5月硕士论文。

18. 付晓艳:《思想政治教育社会治理功能的实现研究》,中国矿业大学2021年6月硕士论文。

19. 安蕊:《心理距离对反事实思维方向的影响》,广州大学2016年5月硕士论文。

20. 王瑾:《指向核心素养的思想政治课教学目标设计研究》,哈尔滨师范大学2022年6月硕士论文。

21. 王婷婷:《自我调节学习过程中的动机研究》,华东师范大学2008年4月博士论文。

22. 李天尧:《党内法规建设的动态研究---基于过程论和系统论视角》,2016年5月中央党校硕士论文。

23. 宋赫:《犯罪嫌疑人供述的法律激励机制研究》,中国人民公安大学2020年6月硕士论文。

24. 李坪峰:《合理化讯问策略研究》,中国人民公安大学2021年6月硕士论文。

25. 张博:《侦查讯问中情感感化方法研究》,中国人民公安大学2021年6月硕士论文。

26. 魏冉:《道德接受中的情感因素研究》,河南师范大学2016年5月硕士论文。

27. 罗法洋:《价值观念实践生成研究》,广西师范大学2019年6月博士论文。

28. 王亚利:《教育情感及其评价研究》,山西大学2011届硕士论文。

29. 陈臣:《大学生社会主义核心价值观教育机制创新研究》,北京交通大学

2018年12月博士论文。

30.孟浪琴:《建立健全党内监督保障机制研究》,中共黑龙江省委党校2020年5月硕士论文。

31.张贺檬:《新时代高校实践育人机制创新研究》,陕西师范大学2020年6月硕士论文。

32.周湘莲:《党的思想政治教育内容整体构建研究》,湖南师范大学2003年4月硕士论文。

33.孙畅:《情感思想政治教育研究》,中国质地大学(北京)2018年12月博士论文。

34.王钰淞:《习近平严明党的纪律和规矩重要论述研究》,吉首大学2018年12月硕士论文。

35.张阳:《新时代中国共产党纪律建设研究》,吉林大学2020年6月博士论文。

36.颜心雨:《动机影响情绪调节策略选择的认知机制和ERP特征》,西南大学2021年5月硕士论文。

37.陈跃峰:《利益动力论》,中央党校2015年6月博士论文。

38.张玉磊:《颠覆性创新的动因、过程和实现路径研究》,广东工业大学2022年6月博士论文。

39.李晓安、杨宏舟:《寻找法律秩序正当性基础—和谐社会的法律供给》,载《政治与法律》2006年第3期。

40.杨力:《社会结构性矛盾与现代法律秩序生长》,载《西南师范大学学报(人文社科版)》2005年1月第一期。

41.龙艳:《反事实思维与行为意向的关系》,广西师范大学2010年5月硕士论文。

42.王柏棣:《个体理想形成过程研究》东北师范大学2012年6月博士论文。

43.张丽娟:《我国党政领导干部道德评价标准研究》,中央党校2011年7月博士论文。

44.常倩倩:《习近平关于选人用人重要论述研究》,中共四川省委党校硕士论文。

45. 付文利:《论新时代纪检监察干部的使命与担当》,载《石油化工管理干部学院学报》2019年第5期。

46. 余瑛:《全面从严治党背景下基层纪检监察干部队伍建设研究》,南华大学2018年3月硕士论文。

47. 闫国新:《新时代纪检监察干部职业道德建设研究》,东北师范大学2019年硕士论文。

48. 郭晓蓓、鲁姚姚:《自我认识的心理机制及途经分析》,载《赤峰学院学报(自然科学版)》2015年9月第9期。

49. 马兰:《勾连科学与人文信息哲学》,载《哲学论丛》2012年第6期。

50. 李璇:《历史唯物主义视域下规矩意识和规矩养成研究》,河北科技大学2021年12月硕士论文。

51. 刘立明:《党纪与国法关系设定的基本原则》,载《攀登》2020年第4期。

52. 刘玢、彭凯平:《个体对他人权力感知与情绪体验》,载《心理学探新》2020年第1期。

53. 熊明明、朱建华:《构建监督执纪中纪法情理贯通融合的实现机制》,载《河南社会科学》2021年第9期。

54. 赵慧礼:《前面从严治党视域下增进党的纪律认同问题研究》,载《大连干部学刊》2020年第8期。

55. 康翰月:《新时达党的政治纪律教育研究》,辽宁大学2021年5月博士论文。

56. 刘梅敬:《思想政治教育视域中"价值观念"基本理论研究》,吉林大学2021年6月博士论文。

57. 张绣蕊:《心理空间的认知哲学》,山西大学2021年6月博士论文。

58. 赵政:《思想政治教育视域下人的利益及其实现研究》,湖北大学2019年5月博士论文。

59. 王肖:《基于目标导向教育的中职法律课程教学设计》,曲阜师范大学2021届硕士论文。

60. 闫旭:《人的需要和人的发展—基于马克思需要理论的哲学思考》,北京交通大学2021年6月硕士论文。

61. 郄伟林、孟其昌:《论当代大学生需要视角下思想政治教育个体价值的实现》,载《人力资源》2010年第12期。

62. 张国岭:《美好精神生活需要视域下大学生思想政治教育创新研究》,山东建筑大学2021年4月硕士论文。

63. 王金刚:《意识形态视域下大学生政治责任感培育路径探赜》,载《学校党建与思想教育》总第518期。

64. 赵义泉:《超越式学习论》,东北师范大学2005年5月博士论文。

65. 安俐静:《道德认同对亲社会行为的影响机制探索与道德教育启示》,天津大学2015年12月硕士论文。

66. 周英杰:《师生自主间性论纲》,华东师范大学2017届博士论文。

67. 魏屹东、张秀蕊:《"自我"概念的语境分析》,载《山西大学学报(哲学社会科学版)》2020年1月第1期。

68. 张君博:《思想政治教育视角下大学生自我发展研究》,陕西师范大学2019年11月博士论文。

69. 李贤、张玉琛:《唯物史观视域下自我革命精神四维透视》,载《中学政治教学参考》2022年10月第4期。

70. 莫燕:《新时代中国共产党自我革命精神的守正创新》,载《现代商贸工业》2022年第23期。

71. 陈雪雪:《中国共产党革命观研究》,中央党校2021年5月博士论文。